生涯理財規劃

善的生涯理財規劃，讓我們達到未雨綢繆的目的！ 第**4**版

宜隆 著

五南圖書出版公司 印行

歷經2000年網路投機泡沫化風暴、卡奴卡債災難、2007年次級房貸災難和隨之而來的2008年金融海嘯席捲全球，連動債投資虧損，許多人一生的積蓄、股票投資和房地產就在這些災難中一夕之間化為烏有，有人沉著應付臨危不亂，有人受不了討債、房貸還款和股票斷頭的壓力，選擇攜家帶眷自殺一了百了，到底我們社會和民眾的理財觀發生了什麼事？錯了嗎？錯在哪裡？

美國政府逐漸了解到要導正這些錯誤的理財觀，唯有從教育著手，目前最少有40州將生涯理財規劃課程列入中小學必修的課程，臺灣也逐步將生涯理財規劃課程列入中小學和大學選修的課程。而我通常在教授畢業班的課程時，將基礎生涯理財課程（保險、股票、共同基金和遺產規劃）透過授課方式傳授給學生，希望學生將來在家庭理財上能擺脫「貧賤夫妻百事哀」的宿命，雖然不知道成效如何，但是希望他們能成功。許多社會團體邀請我去針對生涯理財規劃做演講，雖然我知道在短短2小時內的演講，要說服這些社員照著演講內容去做生涯理財規劃有點困難，畢竟「行百里者半九十」，但總是有一、二位在多年後打電話給我，告訴我他們的好消息，或許這就是我最大的收穫。

本書是根據作者在金融市場「打滾」多年的心得（I put my money where my mouth is.）運用學術理論基礎和架構，配合實務數據和範例編寫而成。全書分為〈Ⅰ〉基礎課程、〈Ⅱ〉資產管理、〈Ⅲ〉資產配置和〈Ⅳ〉退休規劃四個部分共十七章，適合每學期二學分的課程教授。

本書的完成要感謝我的父母親、內人琦芳、先揚和先睿，在寫作期間容忍我帶給他們的不便，在此感謝他們無怨無悔的付出。

　　本書撰寫編排匆促，用字遣辭立論基礎或有疏失，引用經濟數據難免有差錯，請學者先進不吝來函指正：ylliaw2222976@gmail.com，以配合改版時更正，本書備有課程教學PowerPoint和測驗題庫，歡迎教師配合使用。

廖宜隆

2019. 07. 01

目　錄

〈１〉
基礎課程（Basic Courses）

Chapter 1 導論
Introduction

Chapter 2 就業與所得
Career and Income

Chapter 3 個人財務狀況分析和財務規劃
Personal Financial Analysis and Planning

Chapter 4 貨幣的時間價值
Time Value of Money

Chapter 1
導論

理財觀

臺灣青年的惡夢

任職臺灣智庫的張國城研究員投書媒體指出,臺灣新世代青年面臨四大惡夢,分別是高等教育普及卻繳不起學雜費的困擾、畢業後面臨失業危機、就業薪資所得倒退和就學貸款還款負擔重的問題。

　　以上這四個問題的背後原因,可以歸納為在全球化的浪潮下,製造業不斷外移至開發中國家,導致就業機會大幅減少,中產階級快速流失,結構性長期失業問題無法解決;另一方面,全球化經濟果實為少數人所掠奪,占領華爾街行動(Occupy Wall Street)在全球金融區展開,富者愈富、窮者愈窮似乎成了21世紀初的最佳寫照。

　　馬英九總統宣稱要將幸福指數納入經濟統計調查的項目,但是居高不下的失業率和通貨膨脹率所組成的痛苦指數,卻是青年人揮之不去的夢魘,如果青年人找不到工作,就學貸款當然無法清償,成家立業當然成為無法達成的夢想。

資料來源:

張國城,〈臺灣青年四大惡夢〉,《自由時報》,2010. 09. 04。

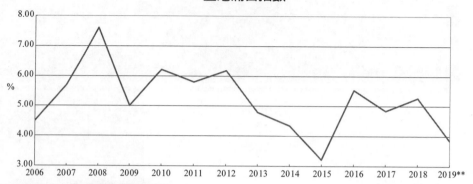

臺灣痛苦指數*

*失業率和通貨膨脹年增率之和
**2019年3月預估值
資料來源：經濟部統計處。

臺灣痛苦指數在2008年達到7.6%的高峰，雖然痛苦指數近年來有降低的趨勢，但是臺北市、新北市、臺中市和高雄市等都會區的持續高房價，卻讓一般百姓吃不消。

　　有人一生當中做了很多的規劃，例如：每一個年度的旅遊計畫、子女的教育計畫、個人生涯規劃、班級活動計畫等，但是卻很少人針對一生中最重要的財富管理，做詳細的規劃和執行。為何要從事生涯理財規劃呢？「金錢不是萬能，沒有金錢萬萬不能」這句話或許不是十分正確，但是一文錢逼死英雄好漢，卻是不爭的事實。在本章導論中，將針對生涯理財規劃的目的、階段性目標，以及影響生涯理財規劃的經濟因素，和生涯理財規劃的13項守則做詳細的討論。

1.1　生涯理財規劃的目的
（Objects of Personal Financial Planning）

　　生涯理財規劃的目的是什麼？不做生涯理財規劃的最終結果會是什麼？完善的生涯理財規劃最後的結果是什麼？相信很多人有時會問自己以上的問題，而且每個人所得到的答案都不一樣。有人認

為生涯理財規劃的目的在於累積財富，讓自己在人生的每一階段，例如：求學期、就業期、結婚期、育兒期、置屋期、空巢期和退休期，免於缺乏金錢支持的窘境。也有人認為生涯理財規劃的目的在於妥善運用財富，不要成為金錢的奴隸。也有人認為人生夢一場，最終也是要化為塵土，根本不需要從事詳細的生涯理財規劃，一切以簡約、樸實的方式生活，就可安然渡過一生，例如：在花蓮「鹽寮淨土」力行簡樸生活的一群人[1]。到底生涯理財規劃的目的是什麼？接下來我們將以精神上的滿足與物質上的享受、讓金錢成為朋友、從事公益幫助別人、改善生活方式和運用財富達成人生目標等小節做詳細的討論。

1.1.1 精神上的滿足 vs. 物質上的享受

當新聞媒體上不斷報導，許多青壯年卡債族受不了銀行或地下錢莊暴力討債的手法，而全家走上絕路時，不免令人唏噓，小孩何其無辜，要在父母親的牽累下步上黃泉呢？只因大人理財規劃的錯誤，就造成無可挽回的人倫悲劇。比較之下，平時過著節儉樸素生活，雖然每月微薄的薪水要支付各種開銷，例如：房租、小孩安親班費用或是各項租稅規費，已經捉襟見肘，但是沒有卡債的問題，在「無債一身輕」的思維下是何等幸福啊！

有人則將財富的功能發揮得淋漓盡致，不僅能滿足自身的日常生活所需，購屋置產，行有餘力還能幫助別人，完全達成馬斯洛心理需求層次理論（Maslow's Need-Hierarchy Theory）的五種層次，如圖1-1所示。

例如：美國鋼鐵大王卡內基（Andrew Carnegie）以一句「人死時留下大筆財產，是可恥的（The man who dies thus rich dies disgraced）。[2]」帶動美國富商巨賈將其財富捐獻給慈善機構，或成立基金會從事公益事業的風潮。例如：世界首富比爾‧蓋茲

---

1 區紀復，《鹽寮淨土》，晨星，1995. 05。

2 Andrew Carnegie, "The Gospel of Wealth", *North American Review*, 1889.

圖1-1　馬斯洛心理需求層次理論

（Bill Gates），財富總金額高達500億美元，但是他在2005年捐出350億美元，成立比爾·蓋茲和美琳達基金會，致力於全球醫療保健和愛滋病的疫苗開發與治療，讓比爾·蓋茲的頭銜從「世界首富」，搖身一變成為「世界最大的慈善家」。

　　但是在追求物質享受的思維下，各種消費性金融工具不斷推陳出新，再加上媒體的廣告促銷，打著「借錢是一種高尚行為」的口號下，許多沒有財務基礎的青年人，在借錢消費、滿足物質享受的前提下，面對現金卡、信用卡每月的帳單和高達18%的利息支出，淪為卡奴一族，一輩子無法財務自主。如果透過卡債協商機制，可能未來10～20年之內，都必須過著勒緊褲帶的生活。例如：根據金管會的統計，在2007年7月時，臺灣的卡債族高達50萬人。而由於國內大專以上學生的就學貸款條件大幅放寬，只要學生家庭年收入114萬元以下即可申貸，再加上政府補助就學貸款的利息費用支出，以致申辦人數大幅增加，在2006年7月時，累積核貸人數達74萬人次，就學貸款餘額達1,163億元，平均每位就學貸款學生的負債金額為15萬7,162元[3]。而隨著國內大專院校學雜費不斷調漲，申請就學貸款的學生和金額不斷攀升，有些學生不禁感嘆大學畢業就

3　陳怡慈，〈申貸餘額破千億元，35萬人搶學貸，國庫年貼30億〉，《中國時報》，2006.08.27。

必須背負償債的壓力。

1.1.2 讓金錢成爲朋友

透過生涯理財規劃，我們可以讓短暫的金錢，轉化成爲一生的財富，讓我們成爲金錢的主人，而不是成爲它的奴隸。完善的生涯理財規劃可以讓我們達到未雨綢繆的目的，避免臨渴掘井的窘境，畢竟人生的過程存在許多無法預期的突發事件。有規劃的理財人生，讓你能安然渡過這些難關。再者，透過財富的累積，讓你的親友在生活上無慮，例如：支付養兒育女的各種教育費用支出，或是爲自己籌措未來的退休費用，能夠無慮地安享銀髮族的退休生活。

妥善的生涯理財規劃，能夠讓你避免陷入許多金融詐騙的陷阱。由於金融投資商品的不斷推陳出新，例如：期貨、選擇權或是結構性金融商品，業務員花俏的言詞，保證獲利××%的廣告代言，讓許多人忘記了金融商品高報酬背後所隱藏的高風險，同時也忘記了業務員銷售這些金融商品的眞正目的——佣金收入，而不是你的獲利所得。最後完善的生涯理財規劃，讓你妥善運用財富，合法達成節稅的目的，而不是每年逐步地以個人綜合所得稅或遺產稅的方式繳回國庫。例如：英業達集團副董事長溫世仁生前身價高達120億元，但是他在2003年突然去世，來不及做租稅規劃，被國稅局課徵的遺產稅高達50億元。後來其配偶透過行使「配偶剩餘財產分配請求權」的方式，使得遺產稅金額減爲20餘億元，但是其遺孀在2007年也突然去世，同樣沒有做租稅規劃，也必須繳納高達30億元的遺產稅，合計溫世仁夫婦相繼過世，其遺產稅高達新臺幣60億元。[4]

而台塑集團創辦人王永慶和王永在兄弟，卻透過公益信託方式，將市價高達新臺幣932億的台塑、台化和南亞公司股票交付信託，達到合法節省贈與稅466億元，同時又能避免家族分家各擁山

---

4 鄭琪芳，〈大企業主繳多少稅，蔡萬霖不到5億，溫世仁20多億〉，《自由時報》，2005.08.31。

頭的目的。每年三家公司發放的股利所得，則全數捐贈給長庚技術學院、長庚大學和明志科技大學，在2006年時所捐贈的現金股利高達85億元，如果以最高所得稅率40%計算，節稅金額高達34億元。[5]

1.1.3　幫助別人

　　金錢財富的眞正意義是什麼？對一般人而言，新臺幣100萬元可能是一筆大數目，但是對億萬富翁而言，新臺幣100萬元可能只是一堆數字而已（1個壹加上6個零），如何妥善運用財富達到助人助己，才是最高的藝術。畢竟財富存在銀行帳戶中，只是一堆數字而已，如何花費才能讓這些數字產生最大的效用，考驗一個人的智慧。例如：美國石油大王洛克斐勒（John D. Rockefeller）31歲（1870年）創立史丹達石油（Standard）（現在的Exxon艾克森石油），在1873年就成爲百萬富翁，雖然其行事風格備受爭議，並且運用托拉斯模式（Trust）獨占美國石油市場，成爲美國政府反托拉斯（Antitrust）的首要打擊目標。但是隨著財富的累積，洛克斐勒也不斷思考如何妥善運用其財富，爲他創造出最大的財富效用，決定將其一生財富捐出，成立洛克斐勒基金會，從事公共衛生的推廣和傳染病防治工作，同時捐贈8,000萬美元給芝加哥大學（University of Chicago），讓芝加哥大學從原本沒沒無聞的小學校，經過百年努力，成爲世界頂尖的經濟學研究學府。洛克斐勒逝世時，只留下他所創立的史丹達石油公司的第一張股票作爲紀念，他的兒子小洛克斐勒（John D. Rockefeller Jr.），則不讓其父專美於前，以850萬美元購買位於美國哈德遜河（Hudson River）的土地，捐獻給聯合國組織成立聯合國總部，並且購買許多位在美國國家公園的自然保護區，捐贈給國家公園管理當局。使得美國國家公園能不斷地擴建，同時從事環境和自然生態的保育工作。

　　在臺灣也有許多民眾妥善運用其財富，幫助別人成就大事業，例如：位在花蓮的慈濟證嚴法師，秉持人間佛法的理念，運用

5　陳鳳英，〈王永慶昆仲逾85億股利落袋〉，《中國時報》，2007. 02. 08。

成千上萬慈濟信徒的小額捐款，成就慈濟救人濟世的志業。而臺灣世界展望會每年舉辦的「飢餓三十活動」，號召上萬民眾參與，並且募款幫助全球有需要的兒童。還有臺灣家扶中心，則妥善運用家扶人的小額捐款，給予家境貧困或家庭經濟突然遭受變故的兒童在生活和學業上的協助。

1.1.4　運用財富達成人生的目標

　　一位23歲的大學畢業生，從踏出校園開始就業，就面臨不斷的財富挑戰，這些財富挑戰隨著他（她）的年齡增長、結婚生子、養兒育女、置產購屋、屆齡退休等不同階段，其所面臨的財富負擔與日俱增，以上這些階段的發展，都需要透過財務活動的後勤支援才能畢竟其功。例如：在置產購屋的前置階段，可能就需先透過強迫儲蓄的手法，累積將近100萬元的頭期款，而後透過銀行30年利率3%的300萬元房屋貸款，才能購買臺中市西屯區占地30坪、總價400萬元的集合式住宅，每月需繳納房屋貸款本利和共13,000元，對月收入5萬元、有2位小孩的雙薪家庭父母親而言，都是沉重的負擔。

　　生命有限，但是人生各種階段對金錢的需求似乎是無窮的，面對此種不對稱的情勢，剛畢業的大學生如何自處？「人不理財，財不理人」似乎是我們對付此種不對稱局勢的出發點，也就是透過不同階段的理財規劃，才能讓金錢成為你的朋友，而不是讓你成為金錢的奴隸。人生在不同的階段，到底有哪些理財的目標呢？我們將在第二節中加以討論。

1.2　生涯理財規劃的階段性目標
（Objects of Life Cycle Financial Planning）

　　生涯理財規劃的階段性目標，隨著不同經濟變數的加入或減少，而有不同的目標，這些影響理財目標的經濟變數，因婚姻狀態

（未婚、已婚或單親）、就業情況（就業中、失業或待業中）、家庭成員多寡（扶養親屬多寡、家庭照護需求或空巢期）、整體經濟情勢（經濟景氣繁榮、經濟景氣衰退、市場利率變動或通貨膨脹的壓力）和財產（負債）的繼承或轉移，而有所不同。但是我們簡單的以三種階段：財富累積的第一階段、準備退休的第二階段和退休的第三階段，做詳細的討論，如圖1-2所示。

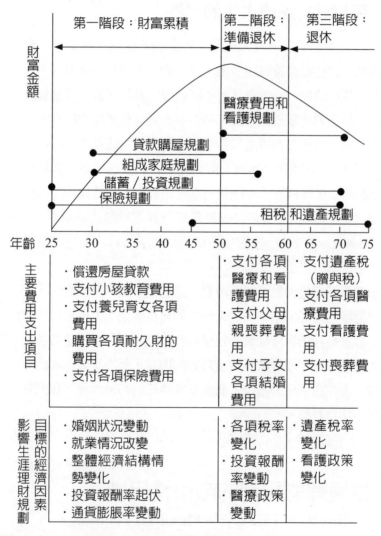

資料來源：Keown, Arthur J., *Personal Finance*, p. 8.

圖1-2　生涯理財規劃的階段性目標

1.2.1　第一階段：累積財富

　　對於一位年滿25歲剛從大學校園老鳥，一下子轉變爲社會新鮮人的年輕人而言，此刻正是他／她生涯理財規劃的關鍵時刻，如果他／她無法在此刻擬定正確的生涯理財規劃，則隨著時間的消逝，要達成生涯理財的目標距離將愈來愈遠。因爲許多成功的生涯理財規劃的重要法則即是：愈早開始愈好、愈年輕執行愈好。例如：同樣的保險和保障，年輕人所繳的保費比中老年人所繳的保費來得少。再者，愈早進行定期儲蓄或投資計畫，則儲蓄或投資的複利效果愈大。最後，愈早進行遺產規劃，所繳交的遺產稅愈少。從上述的論點可得知：時間是生涯理財規劃的幫手。

　　在生涯理財規劃的第一階段，是所謂的財富累積階段，一般人大約從25歲開始就業，到工作滿25年之後50歲屆齡退休的階段。在此階段他／她必須做生涯理財規劃的第一個關鍵計畫：購買人身保險來保護最重要的資產——自己，再者陸續爲配偶、房地產和相關動產（汽車）購買相關保險，以確保資產的安全。此時必須要做的決策包含哪種保險（定期保險／終身保險）才能確保資產安全？保障金額是否能支付出險後，後續的相關費用支出，或提供保險受益人（配偶／子女）後續的財務保障？保費的支出是否會影響到日常生活費用的支出？

　　接下來所面對的生涯理財規劃第二個關鍵計畫，便是透過「強迫」儲蓄或投資的方式進行儲蓄／投資規劃，其目的在爲後續組成家庭的計畫，儲蓄適當的家庭生活費用，同時爲後續的貸款購屋規劃，準備購屋的頭期款。此時要做的決策包含哪家銀行的定期存款利率比較高？一年期的定期存款或是三年期的定期存款收益比較好？股票或是共同基金的投資收益比較高？此項投資的金額是單筆購買或是採取定期定額投資比較好？

　　到了30歲左右，他／她可能就面臨組成家庭的規劃，及後續的養兒育女任務。此時必須做的決策包括他／她結婚的對象是否有正當的職業？配偶在結婚生子後，是否能返回工作崗位繼續就業？還

是留在家中從事家管的工作？預估所要養育的子女數？誰需要負責子女從出生到上小學階段之間的照顧責任和費用？

在財富累積階段的最後規劃，便是所謂貸款購屋規劃，年輕夫妻在組成家庭後，立即面臨的問題便是，是否要另組小家庭或是與父母親同住，組成大家庭？如果要另組小家庭，是要租屋或是自購住宅？如果是自購住宅，則透天式住宅或是集合式住宅比較適當？除了現有的購屋自備款之外，如何從銀行體系中取得購屋貸款？購屋貸款額度是多少？貸款利息高低和貸款期限是多久？每月攤還的房貸金額是否會排擠到日常生活費用的開支？

而在生涯理財規劃第一階段的末期，也應該進行租稅和遺產的規劃，此時考慮的重點便是如何善用贈與稅的相關規定，達到將財產轉移給被繼承人的節稅目的。或是規劃將財產透過公益信託或成立基金會的方式，將遺產稅降到最低。或是預立遺囑，將財產做適當的規劃繼承，以免因為突發的身體健康惡化，導致繼承財產的紛爭或是繳交大筆的遺產稅。

■主要費用支出項目

生涯理財規劃的第一階段雖然稱之為財富累積的階段，但是主要的花費開支還是非常龐大，這些花費的項目包括持續30年支付各項保險費用（壽險／產險）、每隔7～8年購買各項耐久財的費用（家電用品／空調機器／事務機器）、持續25年支付養兒育女的各項費用（嬰兒托育／安親／教育費用）和持續20～30年償還房屋貸款費用。面對這些龐大而且長期的費用支出，一位剛就業領微薄薪水的社會新鮮人，如何從容因應？答案只有一個：強迫儲蓄，愈早開始愈好。

■影響生涯理財規劃目標的經濟因素

雖然在財富累積的第一階段，就已經進行完善的各項理財規劃，同時透過「強迫儲蓄」的方式，來支付第一階段的各項相關費

用支出，但是有一些經濟因素的變化，卻隨時衝擊各項理財規劃的計畫，這些因素變化之大，有時超過我們的預期，使得某些理財規劃功虧一簣。這些經濟變數包括婚姻狀況變動、就業情況改變、整體經濟結構情勢變化、投資報酬率起伏和通貨膨脹率變動。例如：臺灣整體經濟結構從1990年代中期開始，就產生了重大的變化，許多勞力密集、生產成本高、僱用大量勞動力的製造業，例如：製鞋業、紡織業、造紙業和初級金屬製品加工業，便在勞力成本考量下，整廠輸出到中國生產。大量遭解僱的中高齡就業人口，再加上缺乏重新進入職場的相關電腦資訊技能，使得中年失業的危機瀰漫在就業人口中，整體失業率仍然維持在2.0%左右，如圖1-3所示。一旦家中的父母親有人失業，其經濟收入頓時減少，馬上衝擊相關的理財規劃，例如：原本不用運用就學貸款的兒女，可能在新學期開始就必須申辦就學貸款，家中經濟馬上產生負債的情況。

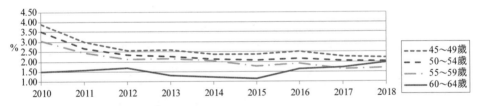

資料來源：行政院主計總處。
中高齡失業人口以45～49歲族群為最高，2018年時本族群失業率高達2.20%，總體來說中年族群失業率仍然偏高。

圖1-3(A)　中高齡人口失業率統計

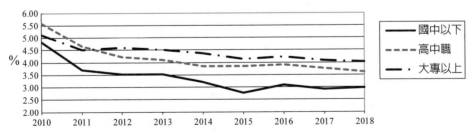

資料來源：行政院主計總處。
失業人口中以大專以上教育程度者失業率最高，2018年時本組族群失業率達4.02%。

圖1-3(B)　失業率按教育程度統計

1.2.2　第二階段：準備退休

　　25歲的年輕人歷經成家立業的階段，好不容易工作滿25年，隨即面臨退休的階段，在此時其財富累積的過程，如果按照第一階段的妥善規劃，並且按部就班地執行，所累積的財富已經達到高峰，其子女已經陸續完成學業，準備離家投入職場，家庭的空巢期已經來臨。另一方面30年的房屋貸款即將繳清，此時只有儲蓄／投資規劃和保險規劃，是從第一階段持續到本階段進行中。在此階段最重要的生涯理財規劃事項，便是醫療和看護費用規劃。雖然臺灣有完善的全民健保醫療制度，正常的醫療行為費用都有給付，而全民健保不給付的項目只有12項，如表1-1所列。

　　但是自費醫療、預防性醫療費用和看護的項目，卻愈來愈受到重視，如何事先妥善規劃這些醫療和看護費用的支出，便是此階段的重點。

表1-1　全民健保不給付項目

項目	內　　　容
1	依其他法令應由各級政府負擔費用之醫療服務項目。
2	預防接種及其他由各級政府負擔費用之醫療服務項目。
3	藥癮治療、美容外科手術、非外傷治療性齒列矯正、預防性手術、人工協助生殖技術、變性手術。
4	成藥、醫師藥師藥劑生指示藥品。
5	指定醫師、特別護士及護理師。
6	血液。但因緊急傷病經醫師診斷認為必要之輸血，不在此限。
7	人體試驗。
8	日間住院。但精神病照護，不在此限。
9	管灌飲食以外之膳食、病房費差額。
10	病人交通、掛號、證明文件。
11	義齒、義眼、眼鏡、助聽器、輪椅、拐杖及其他非具積極治療性之裝具。
12	其他由保險人擬訂，經健保會審議，報主管機關核定公告之診療服務及藥物。

資料來源：衛生福利部，2019.01.01。

■ 主要費用支出項目

　　在生涯理財規劃第二階段主要的費用支出項目，包括支付各項醫療和看護費用、父母親喪葬費用和子女各項結婚費用。在支付各項醫療和看護費用方面，隨著臺灣人口平均壽命的延長（2017年時男性為77.3歲，而女性為83.7歲），各項中老年的醫療費用和看護的費用不斷增加，由於成年子女無暇照顧年老有慢性病的父母親，必須聘用外籍看護工的人數逐年攀升，其薪資費用也不斷攀升，如表1-2所示。

表1-2　外籍看護工薪資　　　　　　　　　　　　　單位：新臺幣元

項　　　　目	金額
月薪17,000（最低薪資）（依工作內容再予以調整1,000～3,000元）	17,000
就業安定費（繳付給勞動部）	2,000
健保費（繳付給健保局）	1,047
加班費567×4（週日休假則免付）*	2,268
合計	22,315

*週日無休假
資料來源：勞動部，2019. 01. 01。

　　另外在中年階段，也陸續面臨父母親死亡的各項喪葬費用支出，雖然臺灣在90年代末期，陸續有業者推出生前契約的業務，但是購買此類商品的民眾畢竟不多，在此情況下，父母親的喪葬費用，必須由成年子女來支付。根據內政部在2006年的統計資料顯示，平均每場喪葬費用為新臺幣35萬元，而40%的家庭在服喪期間無法即時支付該項費用，如何妥善籌措此筆經費，便成為此階段的重點。

　　雖然在第二階段的理財規劃已接近退休階段，子女也都已經完成學業開始就業，同時著手進行婚嫁的階段，依照臺灣的習俗，父母親可能為子女籌措婚嫁的各項費用，包括聘金、結婚喜宴或是拍攝婚紗照片等費用。根據內政部2017年的統計，平均每對新人的結婚費用為74萬元，雖然有婚姻顧問公司推出定型化的婚禮契約服務商品，但是大部分新人的結婚費用，還是由雙方父母親和參加親友的結婚禮金支付。

■影響生涯理財規劃目標的經濟因素

在準備退休階段，有許多經濟因素影響此階段的理財規劃，這些因素分別是各項稅率變化、投資報酬變動和醫療政策變動。在各項稅率變化方面，主要是受政府機關為吸引各法人團體投資金融市場、投資新興產業或是鼓勵資金回流到臺灣，不斷調降各項稅率，例如：營利事業所得稅、遺產稅或是機動調降利率以鼓勵投資，這些稅率的變動，直接或間接的影響理財規劃。例如：為鼓勵國人的海外資金回流，同時鼓勵富人繳交遺產稅，財政部調低遺產稅率，遺產稅課稅金額規定如表1-2(A)所示。

表1-2(A)　遺產稅課稅規定

課稅級距	基本稅率（金額）	再加徵金額
遺產稅免稅額新臺幣1,200萬元		
遺產淨額5,000萬元以下者	課徵10%	無
遺產淨額5,000萬元至1億元者	課徵500萬元	超過5,000萬元部分再加徵15%
遺產淨額超過1億元者	課徵1,250萬元	超過1億元部分再加徵20%

資料來源：財政部，2019.01.01。

在此階段，也必須將單純財富投資的觀念，逐漸轉型為財富的保存觀念，以因應將來的退休資金需求。此時可能要將部分資產由高風險、高報酬的股票型投資工具，轉為低風險中度報酬的債券型投資工具，例如：公司債或政府公債。而全民健保醫療政策的改變，再加上為支付不斷虧損的健保給付和解決藥價差額黑洞，全民健保勢必要增加個人投保保費收入、提高掛號費、提高醫療自負額和自付藥價差額，來解決全民健保所面臨的困境，這些措施都增加了民眾醫療費用的支出金額，影響生涯理財規劃的目標。

1.2.3　第三階段：退休

生涯理財規劃的第三階段為退休階段，此時理財規劃的重點

為租稅和遺產的規劃，其目的是透過合法節稅的方法，將遺產稅降到最低。另一方面，要將由第一階段所累積的各項投資資產，轉變為流動性最大的資產，例如：現金或定期存款，用以支付各項費用。

而醫療費用和看護規劃，則是以醫療看護為規劃的重點，透過事先的醫療保險規劃，以支付將來因為疾病因素，造成生活上無法自理，必須聘請看護照顧生活起居的相關費用為目標。

■主要費用支出項目

在生涯理財的最後階段，主要的費用支出項目為支付遺產稅（贈與稅）、支付各項醫療費用、支付看護費用和支付喪葬費用，此時各項費用的支出都必須以現金為主。例如：遺產稅的繳交大多以現金為主，如果在被繼承人死亡時，所遺留的財產沒有足夠的現金時，勢必要透過限時出售的方式，將在第一階段和第二階段所累積的股票、共同基金、公司債或流動性較差的房地產，轉換成現金，以支付遺產稅，由於是限時出售的緣故，有些資產可能面臨虧損出售的狀況。為了避免此種情況的發生，此時以持有大量現金為目標，用以支付大量的現金費用。

■影響生涯理財規劃目標的經濟因素

在生涯理財第三階段，有二項經濟因素影響此階段的理財規劃，分別是遺產稅率的變化，和政府看護政策的變動。雖然世界各國政府對遺產稅的改革方案，偏向於逐步減少遺產稅的課徵，例如：提高遺產稅免稅額和降低遺產稅率，以鼓勵原本儲存在租稅天堂的資金回流，但是不管遺產稅如何調降，遺產稅還是要繳交，就如同富蘭克林（Ben Franklin）的名言：「生命中唯一不變的只有死亡和繳稅。」（Nothing is certain in life except for death and taxes.）

1.3　影響生涯理財規劃的經濟因素
（Economic Factors Affect Personal Financial Planning）

生涯理財規劃雖然是個人或家族的事務，而且每個人生涯理財規劃的目標和達成這些既定目標的步驟與方法都不盡相同，但是有些經濟因素的變動，卻對每個人生涯理財規劃的目標產生重大影響，值得在從事生涯理財規劃時加以討論，以作為理財規劃的參考因素，這些經濟因素包括經濟景氣循環變動、通貨膨脹率變動、市場利率的升降和個人綜合所得稅率級距。

1.3.1　經濟景氣循環變動

經濟發展的成果是一國整體發展優劣的指標，具體的證明便是一國國民所得（財富）的變動。因此，各國政府莫不致力於制定適當的經濟政策，以維持一國經濟的穩定成長，例如：經濟成長率上升、國民所得增加、國民充分就業和失業率維持在一定的水準之下。但是經濟景氣循環卻透過經濟成長率的變化，不斷地像波浪一般歷經擴張期、衰退期和復甦期的階段，而一個經濟景氣循環的完成（如圖1-4所示），就是另一個經濟景氣循環的開始。完成一個經濟循環所需的時間，短則2年、長則5年，如表1-3所示。例如：

經濟景氣循環
（Economic Cycle）
指經濟景氣經歷擴張、衰退和復甦的階段。

表1-3　臺灣經濟景氣循環週期

循環次序	開始（年／月）	結束（年／月）	持續期間	
			擴張期（月）	衰退期（月）
1	1983.02	1985.08	15	15
2	1985.08	1990.08	45	15
3	1990.08	1996.03	54	13
4	1996.03	1998.12	21	12
5	1998.12	2001.09	21	12
6	2001.09			

資料來源：李沃牆，《現代經濟學》，前程，2006，p. 490。

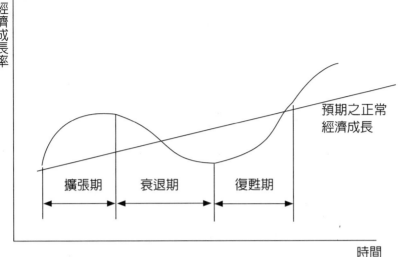

圖1-4　經濟景氣循環週期

1990年8月開始，臺灣經濟景氣持續長達54個月的擴張期，而後接著13個月的衰退期，整個循環在1996年3月結束。

■擴張期

在經濟景氣循環的擴張期間，每季經濟成長率持續上升，企業不斷運用各種資源投入生產，也由於消費者的需求不斷增加，為了滿足消費者的需求，企業運用此階段偏低的市場利率和穩定的通貨膨脹率（物價水準穩定）向銀行貸款，擴增廠房、增僱人工、擴增產能。由於企業生產活動旺盛，需要增聘員工增加就業機會，造成就業人口增加，失業率維持在合理水準。

耐久財
（**Durable Goods**）

指使用期限超過一年以上的資產。

充分的就業水準，使得此階段的消費者運用薪資所得購買許多耐久財，例如：家電產品、汽車和房地產。另一方面，金融市場也欣欣向榮，股票市場呈現一片榮景，股票資產價格不斷上升，使得有從事生涯理財規劃的人，其財富不斷快速地增值。

由於企業在經濟景氣擴張期，對於未來經濟景氣過分樂觀的預期，認爲消費者會不斷地增加消費以滿足其需求，企業持續不斷地從金融市場借貸資金，擴增產能，資金的需求逐漸大過於資金的供給，市場利率逐漸上升，企業借貸成本也跟著上升。另一方面，消費者也對將來的就業情況保持樂觀的態度，在失業無慮（失去薪水）的心情下，過度消費的行爲，使得物價水準不斷的上升，各種不利經濟穩定成長的經濟數據相繼出爐，經濟成長率首先下降，股票市場率先反映此種趨勢，股價指數率先大幅下跌，經濟景氣循環進入衰退期。

■衰退期

衰退期
（**Recession**）

指經濟成長率連續二季呈現衰退。

當經濟成長率連續二季呈現衰退時，經濟景氣循環便正式進入衰退期，其具體的象徵便是報章雜誌的經濟新聞報導中，不斷出現「經濟蕭條」的字眼。由於消費者的需求減少，企業所生產的產品面臨需求減少、商品滯銷，不得不縮減產能，其具體的做法便是裁員，造成失業人口增加，失業率不斷的攀升。另一方面，市場利率和通貨膨脹率的快速上升，使得消費者對於耐久財的消費行爲，改採觀望的態度，加深經濟景氣衰退的惡化，由於投資人對於企業的預期獲利抱持悲觀的態度，而退場觀望，股票市場陷入盤整期。

在經濟景氣循環的衰退期間，民間的消費力量呈現衰退，而民間企業的投資行爲也呈現停滯，企業商品的出口量也減少，整體經濟體系成長呈現停滯的狀況。經營體質不良或財務狀況不健全的企業紛紛倒閉，政府相關的租稅收入也大幅減少，例如：房屋稅、土地增值稅、證券交易稅、營業稅、營利事業所得稅和個人綜合所得稅等。爲了刺激經濟景氣復甦，政府不得不採取增加公共建設投資

的方式，例如：興建高速公路、增建大型體育場館或增加都市更新建設，挹注資金於金融市場中，增加民間消費能力，幫助經濟景氣循環走出谷底。

■復甦期

當政府挹注大量資金於公共建設，為金融市場注入活水，另一方面增加就業人口，提振經濟景氣的同時，經營體質不良或財務不健全的企業也在倒閉之餘，釋放出大量閒置的資源，為其他企業所接收。中央銀行和財政部也採取相關的措施，例如：以緊縮貨幣供給額或調升市場利率的方式，抑制不斷上升的通貨膨脹率。這些措施雖然短期內很難看到成效，但是經濟活動卻慢慢出現轉機，加速經濟復甦的腳步。

圖1-5為臺灣的經濟成長率，從2001年開始，每年皆有大幅的成長，除了在2009年有大幅衰退之外，其餘每年皆有2.0%的成長。而圖1-6為臺灣的失業率統計，除了對照圖1-5於2002年經濟衰退造成失業人口大幅增加之外，每年失業率大約維持在3.0%左右。

為了有效衡量經濟景氣循環的狀況，避免以訛傳訛的情況發生，行政院經建會以9項經濟指標，依據經濟指標狀況給予不同的分數，而後將分數加總，依據分數多寡，給予不同的燈號，以顯示不同階段的經濟景氣循環，如表1-4所示。

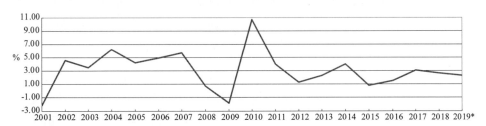

*預估值

資料來源：行政院主計總處。

臺灣經濟成長率在2009年時因全球金融危機影響下，呈現負1.80%的成長，但是從2013年開始，經濟成長率趨緩是不爭的事實。

圖1-5 臺灣經濟成長率

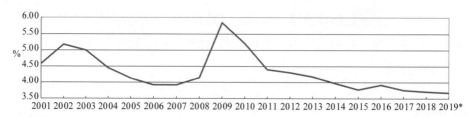

*預估值

資料來源：行政院主計總處。

臺灣失業率在2009年全球金融危機時達到5.85%的高峰。

圖1-6　臺灣失業率

表1-4　經濟景氣循環對應燈號

燈號	經濟景氣	對應之經濟成長率
紅燈	擴張期過熱	9.5%以上
黃紅燈	擴張期活絡	8.0～9.5%
綠燈	擴張期穩定	6.0～8.0%
黃藍燈	衰退期欠佳	4.5～6.0%
藍燈	衰退期衰退	4.5%以下

資料來源：行政院經建會。

1.3.2　通貨膨脹率變動

🌀 **貨幣購買力**
（Purchas-ing Power）

在貨幣面值不變的狀況下，其所能購買商品價值的變動。

🌀 **通貨萎縮**
（Deflation）

在貨幣面值不變的狀況下，其所能購買的商品價值增加。

　　通貨膨脹率的變動，代表物價水準的上升或下降，由聖娜多堡一個菠蘿麵包多年來的售價是逐漸上升或下降，可觀察得知。例如：菠蘿麵包的售價因爲進口麵粉價格上漲，從一個20元調漲爲25元，則消費者原本用20元可以購買一個菠蘿麵包，現在必須花費25元才能得到相同的享受。在此情況下，一般消費者的貨幣購買力下降了，因爲貨幣面值沒有隨著增加，但是商品卻漲價了，這就是通貨膨脹。有時物價水準不升反降，也就是商品的價格逐漸下降，例如：一個菠蘿麵包的價格由20元降爲15元，則原本20元的貨幣，如今可以買1.34個菠蘿麵包，消費者的購買能力增加了，此種物價不漲反跌的現象稱爲通貨萎縮。一般用來衡量通貨膨脹變動的指標爲

消費者物價指數，一般用消費者物價指數年增率，來了解每一階段（每年）通貨膨脹率變動的情形，圖1-7為臺灣通貨膨脹率變動的情形，一般來說，通貨膨脹率還維持1.0%的合理水準。

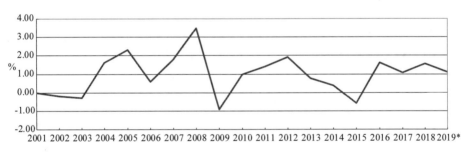

○ **消費者物價指數（Consumer Price Index, CPI）**

代表一般消費性商品價格變動的指標。

生涯理財規劃中，為何必須將通貨膨脹的因素考慮進來，而且列為最重要的考慮因素？在生涯理財規劃的各項投資和保險計畫中，我們都設定在歷經長時間的投資和保險完成階段後，可以領到一筆「固定金額」的財富，例如：5年後從儲蓄保險中領回100萬元，而後運用這筆錢來購買房地產、車子或支付子女教育費用。在本例中，為購買一輛進口汽車，但是在每年通貨膨脹率的推波助瀾下，進口汽車的售價不斷上升，5年後其售價可能遠遠超過100萬元。5年後縱然有100萬元，卻無法購買5年前售價100萬元的同型汽車。有關通貨膨脹對貨幣購買力的影響，我們將在第4章貨幣的時間價值中詳細加以討論。

*預估值

資料來源：行政院主計總處。

臺灣消費者物價指數年增率在2008年05月時因進口原物料和原油價格大幅上漲，達到4.27%的最大漲幅，但是季節性和民俗性的物資仍然推升物價上漲，從2010年開始則維持平均每年1.20%的漲幅。

圖1-7 臺灣消費者物價指數年增率

1.3.3 市場利率的升降

○ **市場利率（Market Interest Rate）**

由實質利率和預期通貨膨脹率組合而成。

使用或購買商品必須付出代價或成本，這個代價可能是付出勞力或支付貨幣，而金錢借貸的成本就是市場利率。

市場利率基本上是由二個成分所組成，如下所示。

市場利率 = 實質利率 + 預期通貨膨脹率

實質利率為消費者暫時放棄目前的消費,將金錢存入金融機構的機會成本,而預期通貨膨脹率對物價變動的影響,在上一節中已經討論過。所以市場利率的高低在於確保消費者將錢存入銀行一段時間後,所領到的資金報酬——利息,不僅能彌補機會成本的損失,還能抵抗通貨膨脹對於貨幣購買力減少的影響。

市場利率的變動主要影響企業資金的借貸成本,例如:當市場利率上升時,企業資金借貸成本增加,利息費用支出上升,使得企業稅後淨利金額減少,造成股票價格下跌,也影響到理財規劃中,股票投資報酬率的變動。

在投資人的立場上來思考,因為市場利率的上升,投資人投資股票所承受的風險也相對增加,當然所要求的投資報酬率也必須增加,使得理財規劃的困難度不斷上升。

在生涯理財規劃的第一階段中,我們曾提到利用銀行房屋貸款來購置自用住宅,而且採用機動市場利率來支付每月房屋貸款利息。當市場利率上升時,每月所需繳交的貸款利息也跟著水漲船高,相對剝奪房貸者每月可支用所得的金額,影響房貸者的每月消費水準。當通貨膨脹率惡化時,市場利率也跟著漲到難以忍受的水準,房貸者可能無法支付每月不斷上升的房貸利息,最後不得不放棄房貸,所貸之房屋由承貸銀行收回,房貸者無家可歸,而承貸之房屋由銀行進行拍賣,收回房貸資金。

1.3.4　個人綜合所得稅稅率級距

雖然人生各階段的生涯理財規劃,都有詳細的計畫和目標,但是有一項必須面對而且無法逃避的就是繳稅,尤其是每年5月底前申報的個人綜合所得稅,由於個人綜合所得稅稅率採級距方式課徵,如表1-5所示。如何運用合法節稅手段,使得綜合所得稅淨額減少,將邊際稅率降低,例如:8%降為7%;或是有參與股票投

資，當股票發放股利時，只要該公司股票可扣抵稅率大於個人綜合所得稅稅率，則投資人參與除權除息（領現金股利或股票股利），不僅可獲得股利收入，還可獲得退稅收入。反之，當個人綜合所得稅稅率大於公司股票可扣抵稅率時，則投資人參與除權除息，不但實領股利金額減少，還要補繳個人綜合所得稅。

表1-5　2019年個人綜合所得稅稅率

單位：新臺幣元

綜合所得稅淨額	稅率級距	邊際稅率	累進差額
0元～540,000元以下	5%	0%	0元
540,001元～1,210,000元	12%	7%	37,800元
1,210,001元～2,420,000元	20%	8%	134,600元
2,420,001元～4,530,000元	30%	10%	376,600元
4,530,001元以上	40%	10%	829,600元

資料來源：國稅局。

1.4　生涯理財規劃的13項理財觀
（The 13 Fundmental Principles of Personal Finance）

生涯理財規劃成功的要件就是年齡愈輕愈早開始愈好，但是對於一般沒有財務或金融背景的人而言，生涯理財規劃似乎是遙不可及的問題，再加上金融市場和各金融投資商品的複雜性，除了細心詳讀各類金融商品的介紹，和不斷充實各種金融知識之外，有一些基本原則必須隨時謹記在心，這些基本原則如下。

1.4.1　先儲蓄自己的工作所得

當你／妳每個月領到薪水時，你／妳運用當月薪水所做的第一件事是什麼？支付上個月信用卡帳單金額？邀請朋友一同上餐廳吃飯，好好犒賞自己一番？購買夢想很久的音響、電腦、洋裝或名牌包包？或是先將部分薪水存到理財帳戶中？大部分人都會選擇前面

幾項,而把薪水儲蓄擺在最後一項,畢竟花錢才是首選,儲蓄是行有餘力才爲之(當月薪水有剩餘時才存錢),這種思維模式造成大部分的上班族或社會新鮮人成爲「月光族」(每月薪水皆花光的上班族),此種消費模式就算工作10年,也不太可能有多少積蓄,可供生涯理財規劃。正確的理財觀應該不是老闆付你薪水,而是自己付給自己薪水。每月所領的薪水要先將一部分,例如:5,000元或10,000元,透過自動存款機制,存入儲蓄帳戶或投資帳戶,作爲慰勞自己當月努力工作的「報酬」,剩餘的薪水才按每月預定計畫和支付費用優先順序,依序花用。

1.4.2　知識就是防止金融詐騙的唯一良方

生涯理財規劃免不了要從事各項金融商品的投資,或是購買各項保險,以規避可能的風險,有些金融商品是「投機」的工具,但是投資人在缺乏金融知識或不肖理財專員的花言巧語包裝下,卻成爲投資商品,就如同許多健康食品,對身體只有保健的功能,卻被銷售人員吹噓成具有醫學療效的商品一般。有些理財或財經週刊刊登各種「理財達人」的投資績效報導,事實上這些報導都是投資信託公司或投資顧問公司置入性行銷的新聞稿。而部分的保險商品連結投資商品,成爲所謂的「投資型保單」,銷售給買保險的人,保險的本質不見了,卻一直強調投資商品的高報酬率特質。再者金融商品的價格或是投資組合的價值,會隨著各類經濟數據的出爐或是金融市場的變動而變動,有基本金融、會計學或經濟學知識的投資人,就會知道經濟景氣有循環,商品價格會波動,沒有必要跟著一般人在金融市場中殺進殺出,畢竟「手中有股票、心中無股價」,才是生涯理財投資規劃的最高原則。

理財觀

微型保險上路　低收入戶受惠

為解決低收入戶家庭遭受家庭變故時，沒有商業保險的保障，造成家中經濟陷入困境的窘況，金管會協商保險公司推出微型保險。

一年期的微型保險分為30萬元保障的人壽保險和30萬元保障的傷害保險，二者合計年保費為840元。低保額、低保費設計的微型保險，主要提供低收入戶等九大經濟弱勢團體的保障。在2009～2011年期間已有超過30,000人投保，共有16家保險公司推出微型保險商品嘉惠低收入民眾。

資料來源：王孟倫，〈微型保險出爐，300萬人受惠〉，《自由時報》，2009.07.03。

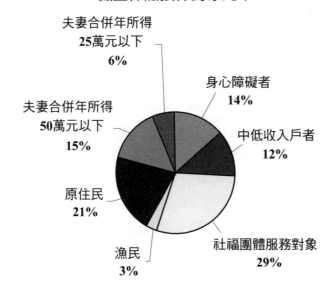

微型保險投保對象比率

夫妻合併年所得 25萬元以下 6%
身心障礙者 14%
夫妻合併年所得 50萬元以下 15%
中低收入戶者 12%
原住民 21%
漁民 3%
社福團體服務對象 29%

統計至2011.09.18。
資料來源：金管會。

1.4.3　理財規劃金融商品愈簡單愈好

　　生涯理財規劃每個目標達成的時限短則5年，長則達50年，不斷推陳出新的金融商品令人眼花撩亂，再加上結合保險、銀行和證券經紀業務的金控公司紛紛成立，許多單純的金融商品以連動方式結合在一起，例如：單純的人壽保險變成投資型保單，公司債轉換成連動式債券或結構債、單純的存款帳戶演變成資產管理理財帳戶，或是單純的共同基金轉型為雨傘型基金或基金中的基金。但是這樣由簡化繁的理財商品真的有助於投資人嗎？還是只是金控公司理財專員賺取佣金的花招？其實理財規劃的金融商品愈簡單愈好，而且要找對正確的金融通路，才能事半功倍。例如：找銀行辦理房屋貸款、金錢投入股市或共同基金、透過證券商買賣股票、向投資信託公司購買共同基金、向保險公司購買保險，如果將錢存入郵局、向保險公司購買基金或到郵局購買保險，基本上都是歧路亡羊。

1.4.4　人生無常，有保險最好

　　生涯理財規劃雖然在規劃和實踐的過程中，不斷強調財富累積目標的達成，但是如果沒有資金風險管理的觀念，則所累積的財富就如同蓋在沙灘上的城堡一樣，隨時有可能被海浪沖蝕殆盡。有什麼方法可以有效保護這些財富和資產？購買適當保障的人身保險、醫療險和產險，就是最好的資產保護方法。而且保險的規劃不僅讓自己遇到任何意外時，可有適當的保障和理賠，對依賴我們的家人，也能更增添一份安全感。但是許多人不了解保險的本質，不知道自己的保險需求，僅憑保險業務員的說詞便購買保險，結果不是保障不夠，就是保費偏高，繳交保險費成為每年重大的財務負擔。最後的結果就是無法持續繳交保費，失去保險的保障，因為一般人落入了「被迫」買保險，而不是自己「要買」保險的陷阱；簡單來說，就是保險業務員把保險「賣」給你，而不是你向業務員「買」保險的思維。

1.4.5　小心以佣金爲出發點的業務員

　　生涯理財規劃的過程中，有時需要許多專業人士的協助，例如：投資股票時透過股票分析師的協助、購買保險時透過保險業務員或保險經紀人的介紹或保險規劃、在銀行理財專員的介紹下，購買共同基金，或是透過不動產仲介人的介紹購買房地產。但是這些經紀人或仲介人眞的有爲身爲委託人的你我，以最合理的價格購買最佳的金融商品嗎？還是以銷售佣金多寡爲出發點，專門銷售佣金最高，但是不適合委託人的商品。例如：銀行理財專員爲了佣金收入，鼓勵共同基金的投資人短線進出（買入又贖回），以炒作股票的方式買賣共同基金，最後是理財專員的佣金收入大幅增加，投資人卻虧大錢。要避免落入業務員佣金陷阱最好的方法，就是隨時學習新的金融知識，同時透過網際網路查詢相關的新聞和知識。

1.4.6　風險與報酬的選擇

　　各種生涯理財規劃的金融商品，都有其風險性，例如：價格變動、利息升降，甚至失去所有資本，但是伴隨著這些風險，金融商品也提供適當的報酬率給風險的承擔者。

　　一般來說風險與報酬是正相關的，也就是高報酬率的背面就是高風險，而高風險也伴隨著高報酬率。但是一般投資人或是理財顧問，往往強調金融商品的高報酬率，卻刻意忽略或故意隱瞞這些金融商品的高風險性，其背後的原因很簡單，人性喜歡成功或高投資報酬率的故事，報章雜誌或商業性週刊更是喜歡報導投資成功的故事，失敗的故事沒人會喜歡閱讀。但是高報酬率的背後就是高風險，是顚撲不破的道理，悟透風險與報酬的關係，才能順利進行生涯理財規劃，晚上睡覺才能安心。畢竟要投資多少金錢於不同風險的商品，取決於二件事——「你要睡得好或是要吃得好？」（You want to sleep well or you want to eat well.）

1.4.7 分散投資能降低風險

雖然我們在上述章節中討論到風險與報酬的關係，但是透過將資金按照不同比例，投資在風險程度不一的金融商品上，形成投資組合時，能有效降低投資風險。畢竟「不要將所有雞蛋放在同一個籃子裡」，是投資金融商品或是購買保險的最高準則。分散投資無法幫助投資人獲得高報酬，卻能夠幫助投資人將風險控管在一定範圍，以獲得合理報酬，就算沒有獲得合理的報酬，也能夠避免造成重大的損失。

1.4.8 不要相信你的直覺，相信市場看不見的手

生涯理財規劃過程是一種理性的行為，因此在規劃的過程中要摒除你的直覺，閱讀各種理財文章後，經過自己詳細的理性分析，同時以你／妳在學校所學到的各種學問，包括投資學、經濟學、會計學或是統計學，做出正確的決策，畢竟在金融市場中各種真假消息皆有，而且反映在金融商品的價格變動上。如何區分這些消息的真假？市場上有隻看不見的手，這些資訊自然會透過供給與需求配合的過程，讓這些真假消息沉澱，同時讓金融商品的價格反映其合理價值。

不要相信你的直覺，要相信市場看不見的手，其背後的理由，在於金融市場有所謂的「效率市場假設」，就是金融商品的價格，「立即」反映著當時市場上已公開資訊對該商品的最佳預估值。我們所謂「立即」的意義，在於任何已公開的消息，在其發布的時間點上，大多會對該商品的價格產生立即的波動。最好的例子就是2007年8月20日，華航一架搭載157名乘客的班機，在日本琉球機場降落後，於臺灣時間9時35分爆炸起火燃燒，消息經有線電視播出後，華航股價馬上下跌3%（下跌0.5元），由於事後報導無人傷亡，僅是飛機燒毀的財物損失而已，華航當日股價以13.20元收盤，比前一日收盤價上漲0.20元。

效率市場假設（Efficient Market Hypothesis）

金融市場的商品價格，已充分反映市場上現有的資訊。

1.4.9 貨幣的時間複利效果

我們設定的生涯理財目標，往往是超過目前所能想像的目標，例如：每月投資5,000元於年報酬率10%的共同基金中，20年後要一次提領340萬元作為子女的教育基金。一般人一看到這個目標大多覺得遙不可及，這個目標未免設得太荒唐了？因為20年的所有本金總和只有120萬元（5,000元／月×12月×20年），但是投資收入卻高達220萬元，這種目標如何達成？其背後原因除了每年高達10%的投資報酬率之外，另一個重要的因素，就是20年時間內所產生的複利效果，也就是貨幣的時間價值，而且時間愈長，貨幣的時間價值複利效果就愈大，如表1-6所示。

表1-6 貨幣的時間複利效果

每月5,000元，一年60,000元，投資於年報酬率10%的共同基金			
年	10年	20年	30年
本金	600,000	1,200,000	1,800,000
投資收入	356,220	2,236,440	8,069,460
合計	956,220	3,436,440	9,869,460
邊際收入	—	2,480,220	6,433,020

在表1-6中，分別列出每月投資5,000元（每年60,000元），於年報酬率10%的共同基金，在期數10年、20年和30年後所得到的本利和。如果把投資期限由10年變為20年，則這10年期間所增加的收入高達2,480,220元，如果把投資期限由20年延長為30年，則這10年期間所增加的收入高達6,433,020元，這就是貨幣的時間複利效果，也唯有這個效果，才能抵擋通貨膨脹對貨幣購買力所產生的負面效果。難怪愛因斯坦曾說「複利真是世界上第八大奇蹟」。

貨幣時間複利效果的另一個功效，就是雖然經濟景氣循環會對金融商品的價格和生涯理財規劃的累積財富產生短期波動效果，短期間讓人寢食難安，但是只要把投資時間拉長為10年、20年或30年，這些市場波動的效果皆一一消除，因為你不必問投資某某金融商品的時機是不是到了？要投資多少才夠？現在是不是賣出金融商

品現金落袋爲安的時機？只要投資時間夠長，這些都不是問題，因爲時間站在你／妳這邊，時間就是你投資的好朋友。

1.4.10　資產要有流動性

　　雖然我們所規劃的生涯理財目標都是中長期，而所投資的金融商品也都屬於中長期的資產，例如：股票、公司債或是不動產，但是有時一些突發的事故，不得不讓我們出售一些資產以取得現金，來解決這些突發事故所衍生的金錢問題，此時這些資產能否順利出售取得現金，也就是資產本身是否具備流動性或週轉性，便成爲重要的課題。所謂資產的流動性，表示有資產買賣的價格訊息和成交量的資訊存在，不致於形成有行無市（有價格資訊，但是沒有買賣成交）或是有市無行（有買賣成交，但是買賣價格沒有公開），以上二種情況都不利於緊急情況時資產出售變現的情勢。最糟的情況便是坐擁大量資產，卻不得不向其他金融機構借貸短期現金以週轉渡過難關，將來還必須定期償還本金和利息。

　　所以在生涯理財規劃的過程中，我們投資的資產必須具有相當的流動性，而且以具有公開的價格資訊爲主。例如：已上市公司的股票、已核准發行的開放型共同基金、公開交易的公司債或政府債券。至於流動性偏低的不動產，例如：房屋以自用爲主，而沒有公開成交資訊的古董、未上市股票、度假村或球場俱樂部會員卡，則不在我們生涯理財規劃的商品討論項目中。

1.4.11　合法節稅和降低交易成本

　　在生涯理財規劃的過程中，買賣所投資的金融商品，必須課稅和繳交各項手續費，而有些投資收入還必須併入年度個人綜合所得稅計算，每年繳交。在人生的最後階段將財產轉移給子女，也必須繳交遺產稅或是贈與稅。既然繳稅和付手續費不可免，如何合法節稅和降低手續費支出便是重點。例如：提升投資報酬率最好的方法，便是降低資產買賣次數和以次計算所支付的各項手續費。再者

每項金融商品買賣所支付的稅率都不同,例如:買賣政府公債不用課稅,如何慎選投資金融商品便是重點。合法節稅的意義在於所適用的稅法條文合法,而節稅的方法也合法,千萬不要因為節稅的稅法合法,但是方法不合法,而吃上逃稅被國稅局起訴,同時追繳稅款的官司,得不償失。

1.4.12　持之以恆,有志者事竟成

生涯理財規劃包含短期、中期和長期的目標,而要達成這些目標所需的時間,可能長達30年,如何在面臨不同的人生階段挑戰,或是變動的金融市場下,仍能不為短期的波動因素所影響,達成最後的目標,其中最重要的關鍵便是持之以恆的決心。畢竟最平凡的事情能夠連續做10年,也會變成不平凡的事情,例如:每個月3,000元的共同基金定期定額投資計畫,連續10年的投資也會成為一筆財富。只可惜大部分的人都是3分鐘熱度,無法排除一切障礙,朝目標前進。

而一般的人身保險,例如:定期險或終身壽險,其繳費期限長達30年或20年,如果無法持之以恆持續繳費,則保障可能喪失,使得生涯理財規劃的既定目標無法達成。同樣的道理也適用在長達30年的房屋貸款,或是3年的汽車貸款規劃上,雖然每月需繳交的本利和金額不多,但是只要連續3個月無法繳交貸款金額,就有可能面臨房屋被拍賣或是汽車被銀行追回的狀況。要持之以恆的達成這些理財目標,排除人為因素的干擾,方法其實很簡單,只要透過銀行自動扣款的機制,就可輕易達成這些目標。

1.4.13　金錢不是萬能

生涯理財規劃的目標是累積財富供將來消費使用,但是為何又出現「金錢不是萬能」的原則,這個原則似乎跟我們前面所設定的各個理財目標相違背,也和一般的俚語「金錢不是萬能,沒有金錢萬萬不能」不相符。沒有錯,金錢不是萬能,有時再多的金錢也

無法挽回失敗的婚姻、買到快樂，或是身心靈完全的解脫，但是「金錢不是萬能」背後所要傳達的訊息，卻是要大家培養正確的理財觀，不要成爲財大氣粗的富翁，更不要成爲債務纏身的卡債族。「金錢不是萬能」更深一層的意義，是要給家人一份免於財務困擾的心，一份安定家人的心。

其實金錢的用途很多，可以做很多事，捐款從事慈善事業便是其中一項，我們不需要等待有錢有閒的時候才來行善，現在就可以，每個月以定期定額的方式將300元或500元捐贈給家扶中心、世界展望會或創世基金會，幫助有需要的人，相信能讓你／妳的財富發揮更大的效果。當比爾·蓋茲（Bill Gates）在1994年將個人90%的財富成立蓋茲和美琳達基金會（The Bill & Melinda Gates Foundation）從事全球慈善事業時，包括治療AIDS新藥開發、各種疫苗開發和推動非洲脫貧計畫時，蓋茲已從全球首富轉型爲全球慈善家，而同一時間和蓋茲同時創業，並且引領全球消費電子風潮的蘋果公司已故總裁史帝夫·賈伯斯（Steve Jobs），雖然每次推出新產品，例如：iPod、iPhone和iPad都能占據全球各大報紙的頭條新聞並且引起討論話題，但是誠如《新聞周刊》（Newsweek）記者Daniel Lyons所寫的：「賈伯斯或許是今天報紙的頭條新聞，但是蓋茲卻是未來100年民衆討論的話題。」（Jobs may be the one in the headlines today, but Gates is the one people will still be talking about 100 years from now.）**⁶**

1.5　摘要

生涯理財規劃的目標在於人生不同的成長階段，爲自己和家人提供免於財富匱乏的生活，這些目標有可能是精神或物質上的滿足，逐一達成馬斯洛的各項心理需求，最終目標是讓金錢成爲朋

6　Daniel Lyons, "Beyond Gadgets", *Newsweek*, February 15, 2010.

友，幫助別人，或是運用財富達成人生的目標。生涯理財規劃的階段性目標，依據各項經濟因素或非經濟因素的影響程度，可區分為財富累積的第一階段、準備退休的第二階段和退休的第三階段。在財富累積的第一階段，以貸款購屋、組成家庭、儲蓄／投資和保險規劃為主。準備退休的第二階段，以醫療和看護費用規劃為主要的工作。而最後的退休階段，則以租稅和遺產規劃為主。

影響生涯理財規劃的經濟因素，包括經濟景氣循環變動、通貨膨脹率變動、市場利率的升降和個人綜合所得稅稅率級距。經濟景氣循環變動分為擴張期、衰退期和復甦期，其週期依每次循環期間長短而有所不同。通貨膨脹率變動對貨幣的購買力產生影響，市場利率的升降，則影響購置各項長期資產的決策，而個人綜合所得稅稅率級距的變化，使得生涯理財目標的達成有著重大影響，透過合法的節稅方法，降低所得稅或遺產稅金額，成為理財規劃的另一個重點。

1.6　問答題

1. 生涯理財規劃的目標有哪些？
2. 列出馬斯洛心理需求層次理論的五種需求層次。
3. 遺產規劃所要達成的目標為何？
4. 生涯理財的階段性目標，依年齡層變化可分成哪三個階段？
5. 在生涯理財規劃的第一階段，主要的理財規劃重點為何？
6. 在生涯理財規劃的第三階段，主要的規劃重點為何？
7. 經濟景氣循環的變動，可區分為哪三大階段？
8. 通貨膨脹率的變動，對理財規劃的主要影響力為何？
9. 經濟景氣循環進入衰退期的主要訊號指標為何？
10. 當市場利率上升時，對採用機動利率的房屋貸款人償還房屋貸款的影響為何？
11. 提升投資報酬率的方法，除了選對投資標的之外，尚有何其他

方法？

12.「市場有隻看不見的手，可以調整商品的供給與需求」，試解釋其中的意義。

1.7　討論題

1. 請教銀行理財專員有哪些共同基金連續5年，每年的投資報酬率都達到10%以上，請其列出基金名單。

2. 請教壽險經紀人，年齡30歲，投保20年，保障300萬元的終身壽險，1年保費要多少金額？

3. 請教教授投資學、財務管理或理財規劃的老師，其資產配置情況？定期存款、共同基金、股票和房地產各占多少比率？

Chapter 2
就業與所得

理財觀

教 育服務業人員薪水最低
根據行政院主計總處的調查統計，2011年受僱月薪最低的行業為教育服務業，平均月薪只有22,414元，而同一時間受僱月薪最高的行業為電信業，平均月薪高達104,838元。

　　根據主計總處的調查顯示，月薪最低的十大行業，為不需專業證照或專業技術訓練的行業，例如：餐館業、建築物及綠化服務業。而受僱薪資最高的行業為電信業，或許反映了近年來智慧型手機和其相關周邊商品的熱銷，帶動了從業人員的薪資，智慧型手機的研發和銷售，或許正是21世紀初期的顯學，而金融業相關的保險理財、退休金管理和金融仲介業也都進榜，代表了臺灣在金控公司陸續成立之後，客戶理財規劃成了金融業中最受倚重的部門。

2011年受僱薪資最低和最高十大行業

單位：新臺幣元／月

受僱薪資最低十大行業		
排名	行業名稱	平均薪資(元)
1	教育服務業	22,414
2	其他教育服務業	22,414
3	其他汽車客運業	23,109
4	理髮及美容業	25,979
5	餐館業	26,459
6	兒童及少年之社會工作服務業	27,060
7	建築物及綠化服務業	27,651
8	廢棄物清除業	29,130
9	住宿及餐飲業	29,761
10	非金屬家具製造業	29,786

受僱薪資最高十大行業		
排名	行業名稱	平均薪資(元)
1	電信業	104,838
2	石油及天然氣礦業	102,129
3	電力供應業	101,051
4	港埠業	97,156
5	電力及燃氣供應業	94,955
6	石油及煤製品製造業	93,921
7	其他金融仲介業	91,651
8	其他保險及退休基金輔助業	91,221
9	用水供應業	91,023
10	銀行業	88,488

資料來源：行政院主計總處。

　　生涯理財規劃除了設定目標之外，當然還包括要達成這些目標的步驟，其中第一步便是如何找到一個適合自己興趣，而且薪水與工作負荷相當的工作，為何就業與所得如此重要？因為就業所得決定了達成生涯理財規劃目標的難易程度，例如：在本章開頭理財觀的文章中，年薪最高的十大行業第十名銀行業和年薪最低的十大行業第十名非金屬家具製造業，分別要以貸款方式購買一棟500萬的自用住宅時，每月償還的房屋貸款，對哪一位的薪資所得負擔較重？答案已經非常明顯。其實就業和所得大大影響生涯理財規劃。本章將就影響求職就業的個人因素、個人求職就業理念和個人求職就業的準備，做詳細的討論。

2.1　影響求職就業的個人因素
（Personal Factors That Affect Career and Employment）

　　每年6月許多應屆畢業生在踏出校門之後，展開一系列面試求職之旅。寄履歷表→準備面試→面試→錄取試用→試用期滿→晉升為正式職員。這一連串的過程，短則6個月，長則達1年以上，有人寄出履歷表之後，石沉大海沒有任何回應；有人在試用期間無法適應工作內容或工作環境，決定離職；也有人通過試用期的考驗，但是工作一段期間之後選擇離職。另一方面「高學歷高失業」的新聞報導，充斥著各種求職就業的統計新聞，到底是高學歷的求職者找不到工作？企業老闆不願意僱用高學歷的求職者？或是高學歷的求職者不願意屈就低薪工作呢？以下針對影響個人求職就業的個人因素：教育背景、地理環境因素、性別和婚姻狀況等加以說明。

2.1.1　教育背景

　　臺灣的經濟發展從早期的勞力密集、技術密集、資本密集、

　　資訊密集的發展過程，一直進步到如今以知識經濟為基礎的設計和創意產業，所需的勞力素質教育背景也從以往高中職畢業、專科學歷，一直進步到以技職校院和高等教育體系的畢業生為主。畢竟人力資源才是企業最重要的無形資產，在此思維下，企業似乎願意僱用最有人力資源潛力的求職者為其效力，而相對的其所願意付出的薪資也較高。在雇主的眼中，能反映求職者將來人力資源發展潛力的具體指標，當然就是求職者的學歷，而反映在薪資水準上就是學歷較高者起薪較高，而學歷較低者起薪較低。例如：在表2-1中，具有研究所學歷的求職者，其起薪水準皆高於其他學歷求職者，而且這種情形也適用在各個產業上。例如：在工業及服務業部門的合併統計中，具有高中職學歷的新鮮人起薪只有23,380元／月，而具有研究所學歷的新鮮人起薪是33,313元／月，二者之間薪資水準落差高達9,933元／月。雖然從高中職到研究所這段期間，所需付出的時間因素高達7年，同時也需支付這7年當中，額外的學雜費和生活費負擔，但從上述的統計結果得知，這些額外付出的金額是值得的。雖然求職者的學歷背景影響其起薪水準，但是求職者所從事的行業別，更加影響其將來的月薪水準和未來的生涯發展。例如：在本章開頭的理財觀中，月薪最高的族群大多為具有職業證照、專業技術密集的產業人才，例如：銀行業、金融仲介業，相對地，月薪最低的族群大多為臨時工作性質，不需要專業技能訓練、工作替代率高的服務業族群，例如：餐館業、住宿及餐飲業。

表2-1　2016年各教育程度別初任人員每人每月經常性薪資──按大職類分

單位：新臺幣元

項目別	總平均	國中及以下	高中或高職	專科	大學	研究所及以上
工業及服務業部門	26,726	22,221	23,380	25,198	28,116	33,313
專業人員	33,656	─	─	─	31,558	36,645
工業部門	26,554	22,056	23,198	25,063	27,939	33,154
專業人員	33,404	─	─	─	31,285	36,288

表2-1 2016年各教育程度別初任人員每人每月經常性薪資──按大職類分（續）

礦業及土石採取業	25,281	21,771	23,649	24,896	27,890	30,906
專業人員	34,282	—	—	—	33,501	35,844
製造業	26,482	21,959	23,061	24,926	27,832	33,136
專業人員	33,337	—	—	—	31,127	36,323
電力及燃氣供應業	28,507	23,802	25,787	26,843	29,982	33,554
專業人員	34,900	—	—	—	33,313	37,058
用水供應及汙染整治業	27,306	22,372	24,285	27,532	29,197	33,787
專業人員	34,140	—	—	—	32,134	36,749
營造業	27,154	23,194	24,018	25,791	28,815	33,305
專業人員	33,893	—	—	—	32,830	35,484
服務業部門	26,982	22,400	23,671	25,425	28,371	33,554
專業人員	34,051	—	—	—	31,966	37,242
批發及零售業	25,969	22,693	23,574	24,951	27,330	31,871
專業人員	33,370	—	—	—	31,716	36,237
運輸及倉儲業	27,640	23,664	25,406	26,846	29,414	32,529
專業人員	35,346	—	—	—	34,114	37,151
住宿及餐飲業	24,787	22,699	23,500	24,463	26,350	29,264
專業人員	30,403	—	—	—	29,786	31,529
資訊及通訊傳播業	28,485	22,513	23,491	25,606	28,634	34,286
專業人員	33,382	—	—	—	30,815	37,180
金融及保險業	31,025	23,491	25,043	27,035	31,059	35,921
專業人員	35,633	—	—	—	33,468	37,895
不動產業	27,099	22,201	23,459	24,813	27,959	32,704
專業人員	34,261	—	—	—	32,960	36,119
專業、科學及技術服務業	28,879	22,584	23,802	25,505	29,095	36,203
專業人員	34,927	—	—	—	31,821	39,658
支援服務業	24,799	21,674	22,825	24,741	26,639	30,779
專業人員	32,089	—	—	—	30,558	34,660
教育服務業	24,794	22,336	23,043	23,424	24,543	28,860
專業人員	26,251	—	—	—	25,152	29,786
醫療保健服務業	27,704	22,091	23,481	26,042	29,680	33,698
專業人員	36,076	—	—	—	34,708	38,166
藝術、娛樂及休閒服務業	24,910	22,340	23,213	25,059	26,413	29,041
專業人員	30,082	—	—	—	29,241	32,397

表2-1　2016年各教育程度別初任人員每人每月經常性薪資──按大職類分（續）

| 其他服務業 | 23,598 | 21,335 | 22,480 | 23,786 | 25,440 | 28,119 |
| 專業人員 | 31,611 | ── | ── | ── | 30,600 | 36,667 |

資料來源：勞動部。

　　對於即將踏入大學或高中職就讀的年輕人而言，學歷固然是影響薪資水準的重要因素，但是哪些行業是未來人力需求最高的產業，才是年輕學子關心的重點，因為人力需求愈高的產業，應屆畢業生找到就業機會的機率才愈大，如此才能提早做生涯規劃，在學期間就開始從事這類產業的相關研究或就讀相關科系，未來才能成為就業職場的當紅炸子雞。例如在1993年商業化網際網路問世，帶動全球新的商機，管理模式和生產鏈管理知識大幅翻新，而2007年初次問世的iPhone在短短10年內已經改變全球人士的生活模式和就業型態。AI人工智慧的發展和少子化的趨勢，已經對就業市場產生重大衝擊，例如在圖2-1中，預估在2015～2025年期間藍領工業者將大幅減少，具有科學工程學歷背景者和醫療保健照顧經驗的專業人員，配合少子化和高齡社會的成形，其就業機會將大幅增加，如圖2-2所示。

　　而同一期間內金屬、機具製造及有關工作人員職業別每年就業機會減少最多，如圖2-3所示。

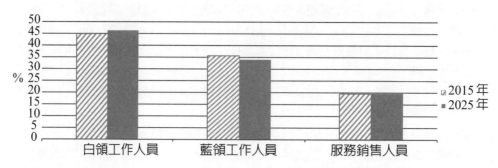

資料來源：國發會。
預估在2025年時藍領工作人員將大幅減少，白領工作人員將增加，服務銷售人員將持平。

圖2-1　2015～2025年職業就業結構預估

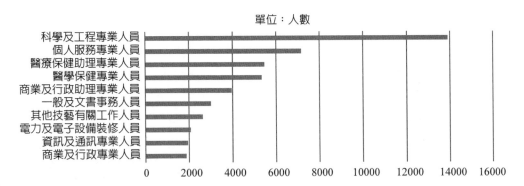

資料來源：國發會。

在2015～2025年期間預估職業別每年增加就業人數以科學及工程專業人數最多，每年增加13,905個就業名額。

圖2-2　2015～2025年期間就業增加最多職業別平均每年變動人數

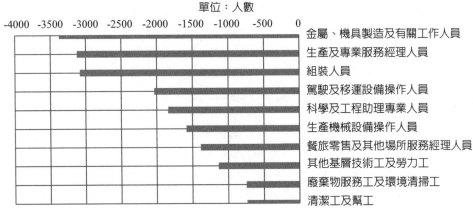

資料來源：國發會。

在2015～2025年期間預估金屬、機具製造及有關工作人員職業別，每年將減少3,374個就業機會。

圖2-3　2015～2025年期間就業減少最多職業別平均每年變動人數

2.1.2　地理環境因素

　　臺灣面積狹小，加上高鐵和國道3號、6號的陸續通車，交通的便利使得臺灣一日生活圈逐漸成形，也促進勞動人口的移動，但是就業機會和各地薪資水準仍然存有差距。在表2-2中顯示就業機會以都會區為主，而農業區的就業機會最少，這種情形也顯示出臺灣

　　歷年來區域產業發展的特色，主要製造業和工商服務以臺灣西部走廊為主，而且集中在南北二大都市——臺北市和高雄市為主。也由於都會區的就業型態和生活水準，其可支配的薪資水準也比其他地區的薪資水準來得高，如表2-3所示。

表2-2　各縣市失業率

單位：%

	2015	2016	2017	2018
臺灣地區	3.80	3.90	3.80	3.71
新北市	3.70	3.90	3.80	3.70
臺北市	3.80	3.90	3.80	3.70
桃園市	3.90	4.00	3.80	3.80
臺中市	3.90	4.00	3.90	3.70
臺南市	3.80	3.80	3.70	3.80
高雄市	3.80	3.90	3.80	3.70
宜蘭縣	3.80	4.00	3.80	3.80
新竹縣	3.70	3.90	3.70	3.70
苗栗縣	3.80	3.90	3.60	3.70
彰化縣	3.70	3.80	3.60	3.60
南投縣	3.80	3.90	3.70	3.70
雲林縣	3.80	3.80	3.70	3.60
嘉義縣	3.80	3.90	3.80	3.70
屏東縣	3.80	3.90	3.90	3.70
臺東縣	3.70	3.90	3.50	3.70
花蓮縣	3.70	3.90	3.70	3.50
澎湖縣	3.70	3.80	3.70	3.60
基隆市	3.90	4.00	3.80	3.70
新竹市	3.90	3.90	3.80	3.70
嘉義市	3.50	3.70	3.70	3.60
金門縣	1.20	1.30	1.20	1.20
連江縣	0.90	0.70	0.70	0.70

資料來源：行政院主計總處。

表2-3　2017年各縣市家庭收支重要指標

單位：新臺幣元

	平均每戶可支配所得	平均每戶儲蓄額
臺灣地區	1,018,941	207,271
新北市	1,046,576	223,114
臺北市	1,344,538	263,634
桃園市	1,105,711	226,203
臺中市	1,033,169	184,013
臺南市	902,536	195,040
高雄市	985,517	189,892
宜蘭縣	901,167	145,519
新竹縣	1,271,770	257,306
苗栗縣	853,451	199,957
彰化縣	816,320	194,584
南投縣	758,388	144,212
雲林縣	745,074	180,012
嘉義縣	769,976	131,554
屏東縣	801,448	153,124
臺東縣	752,275	233,015
花蓮縣	752,426	166,186
澎湖縣	724,107	220,250
基隆市	924,561	146,638
新竹市	1,283,253	330,179
嘉義市	915,716	179,385
金門縣	949,847	329,132
連江縣	959,721	396,878

資料來源：行政院主計總處。

2.1.3　性別

　　男女性別的不同，也是影響求職就業所得高低的重要因素，雖然女性主義和提倡男女平等的呼聲與運動在第二次世界大戰之後，風起雲湧地在世界各國社會運動中展開，部分共黨國家還高呼「女人撐起半邊天」的口號。但是男女平等的呼聲在21世紀的職場中，

　　還只是口號,畢竟男女在職場中的敘薪、升遷和工作環境還是存在不平等的現象,最具體的象徵便是男女同工不同酬的現象,此種現象也出現在臺灣的職場中,如表2-4所示。

表2-4　2018年性別薪資差異

單位:新臺幣元

	每人每月薪資	每人每月薪資/男	每人每月薪資/女	每人每月經常性薪資	每人每月經常性薪資/男	每人每月經常性薪資/女
金額	52,407	56,903	47,257	40,959	43,673	37,849

資料來源:勞動部。

　　由於女性在婚後必須兼顧婚姻(為人妻女)、家庭(為人母親)和職場(為人員工)三者的平衡角色,一連串養兒育女的過程中,需花費大量的時間和精力,不適合從事需要經常長時間出差洽公的工作,造成女性在職位升遷上也面臨瓶頸,使得女性在高階主管經理人員的職位上,就職數量遠低於男性主管。此種現象普遍存在各國就業市場中,而歐美國家則以挪威和瑞典男女高階主管的比率有所改善,日本則在本項調查中處於殿後的情況,如圖2-4所示。

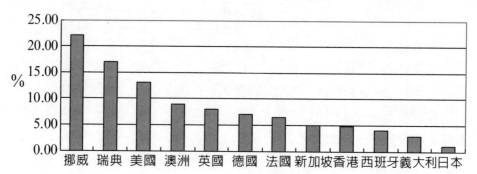

資料來源:Economist Intelligence Unit, 2005. 07. 21.
女性擔任股票上市公司董事職位比率,以北歐國家挪威和瑞典為最高。

圖2-4　女性擔任各國上市公司董事職位比率

2.1.4 婚姻狀況

　　男女的婚姻狀況也是影響求職就業所得的因素之一，更是影響生涯理財規劃最後目標達成的重要因素。根據內政部的統計資料，雙薪家庭（父母親同時有工作）的收支所得，遠大於單親家庭收支所得的1倍以上。就算是雙親家庭只有一位就業的收支所得，也遠大於單親家庭的收支所得。婚姻的維持需要男女雙方付出極大的心力，才能建構和諧的婚姻關係，其成果包括物質和精神上的，可說是彌足珍貴，也是生涯理財規劃的諸多財富目標之外，唯一的精神目標。

2.2 個人求職就業理念
（Career Planning－Value, Attitudes and Interest）

　　雖然個人求職就業受到許多外在因素影響，但最重要的是個人的求職就業理念，如果個人的工作理念和工作內容能夠相契合，個人就業工作充滿喜樂，雖然面對各種挑戰和困難，還是能達成上級所交付的各項任務達成目標。如果個人就業的工作和自己的本職學能不符，則無法勝任工作，不僅自己生涯充滿挫折感，最終也因無法達成上級所交付的任務，而遭解僱或降調其他單位的下場。影響個人求職就業的理念，大約可歸類為以下幾種，包括價值觀、工作態度和工作性向。

2.2.1 價值觀

　　個人價值觀影響求職就業的成功與否非常大，而且價值觀往往決定我們要從事的行業別、做事的方法和做事的目的。價值觀沒有高低對錯之分，因為價值觀的高低和對錯，是第三者站在旁觀的立場，提出他／她個人的看法，或是他／她以道德的眼光來判斷別人

的價值觀。例如：對從事人壽保險工作的業務員而言，有人是抱持做善事的心理，以提供風險管理的觀念，向他／她的客戶宣導保險的重要性，希望為他／她的客戶在緊急事件或意外狀況發生時，提供適當的財務保障。也有保險業務員以業績佣金為出發點，向他／她的客戶銷售不合其本身財務狀況的保險。而一般民眾對保險業務員的傳統看法，是一群穿著西裝或套裝，拚命向人拉保險的保險新鮮人。

　　同樣的情形，也發生在許多高學歷的就業者身上。臺灣的資訊科技發展需要許多博碩士人才，而且這些高科技的博碩士人才在職場上所領的高薪，再加上價值數百萬的認股權，往往令人稱羨，但是也有人寧願放棄高科技的高薪回到校園，每月領取固定的薪資，擔任教育學子的工作。

　　價值觀的影響力也蔓延到今日臺灣的教育事業，當96學年度大學考生只要學測成績18分，就能上大學的分發結果公布時，社會輿論一片譁然，大部分的人認為，臺灣高等教育市場開放太快，造成教育資源的浪費，而臺灣重視高等教育、輕視技職教育的現象，也使得臺灣經濟發展重要的推手——畢業自高職、工商專的生產線員工，在求學階段上，得忍受社會上認為技職學校學生是二流學生的有色眼光。「臺灣的『黑手』或『工程師』只是社會向上流動的過渡範疇，並沒有專業與社會價值上的自主性與尊嚴！這才是整個社會鄙視技術，奉行文憑主義，導致技職教育衰微的根源。」[1]

2.2.2　工作態度

　　工作態度意即就業者對其工作內容、工作環境或工作目標之達成，是否有一貫的看法或達成此一目標的使命感；換言之，意即就業者是否具有敬業的精神，能在有限的資源和支援下，完成上級所交付的任務，順利達成目標。一個人的工作態度決定其高度，而每

1　資料來源：吳泉源，〈18分的迷思〉，《財訊》，2007. 09. 30。

個人的工作態度都不一樣。

例如：為了幫助喜憨兒能自力更生，融入職場生涯，許多加油站僱用喜憨兒擔任簡單的洗車工作。洗車工作內容簡單，但是喜憨兒卻能嚴守工作守則，兢兢業業的完成洗車工作。另一方面許多具有高學歷的求職者卻抱著騎驢找馬的心態，在工作崗位上敷衍了事，或是在工作崗位上做出傷害自己公司業務的事情，這也難怪許多企業在新進員工上班之前，要求新進員工簽下「禁止競業條款」，防止員工在就業求職旋轉門下，攜帶公司商業機密投奔競爭對手。

2.2.3 工作性向

「男怕入錯行、女怕嫁錯郎」，一語道出正確認識自己工作性向的重要性。許多求職的大學畢業生在歷經多次轉業挫折之後，才發覺自己的興趣和專長原來是在某一行業，轉入此行業之後就能一帆風順。為了避免此種情形產生，學生在求學期間就應多多前往各校的生涯導航中心或實習就業輔導處，向各輔導老師請教，同時做各項工作性向測驗量表，找出自己的工作性向。另外，不妨利用寒暑假期間前往職場實習，雖然工讀生薪資不高，但是寶貴的工作實習經驗也是千金難換的寶貴所得。秉持「不會就學、不懂就問、有錯就改」的工作態度，就會找出自己的工作性向，讓自己成為職場達人。

2.3 個人求職就業的準備
（Career Planning – Personal Marketing）

在逐步發現和了解個人求職就業的理念之後。下一步便是如何在自己的就業理念之下，找到一份適合自己的工作。古有明訓「男怕入錯行、女怕嫁錯郎」，因此要相當慎重。打開報紙人事廣告欄或是網路求職就業的媒體網站，雖然職缺非常多，但面臨失業困境

的人仍然很多。人求事、事求人的廣告每天不斷登出，重要的是，你／妳做好求職就業的準備了嗎？你具備行銷自己的技巧了嗎？你的履歷表能吸引人事主管給你／妳面試的機會嗎？

2.3.1　設定目標

第一步先認識自己的性向，你的個性適合業務工作、文書工作、櫃檯工作、接待工作、產品研發工作、專案的協調人員或是生產線的員工，雖然每個工作的特性都不同，但是一旦選擇自己喜歡的工作，就必須設定自己職業生涯的目標。簡單來說，就是在年資的幫助下，逐年逐步爬上職位的樓梯——職員、領班、組長、襄理、副理、經理、專員。要達成這些生涯目標，當然必須在就業生涯中不斷地在職進修，取得各項訓練的認證，才能完善升等的條件。一旦有職位空缺，才能有升官的機會，畢竟機會只留給有準備的人（Fortune favours the prepared heart）。

🌀 行銷組合
（**Marketing Mix**）

以商品、價格、促銷和通路等四個要素，所組成的行銷計畫。

2.3.2　行銷自己

不僅商品需要行銷，求職就業更是要行銷自己，而且更要運用行銷業所強調的4P's行銷組合——商品（個人本職學能）、價格（個人所要求的薪資水準）、促銷（吸引雇主給予面試機會及僱用）和通路（透過各種管道找到就業機會），來為自己行銷。

■商品——個人本職學能

以雇主的立場來看，他／她是要找一位能幫公司賺錢的員工，而不是找一位占缺領薪水的員工，而且這位員工要「俗擱大碗」，除了基本的工作能力之外，還要具備各項專業才能，而且可塑性和配合度高。在此思維下，回頭思考自己是否具備此種條件，而且這些條件是否具有認證，也就是說，是否有各種市場上認可的職業證照，來證明自己有這項技能。在強調知識經濟，運用資訊設

備提升員工生產力的前提下，每一位求職就業的新鮮人，都應具備基本的電腦文書處理能力，例如Word、Excel和Power Point的操作技能，若能有Frontpage和Access，則更是加分的項目。

■ 價格——個人所要求的薪資水準

薪資是工作報酬的一部分，也是個人努力工作的具體表現，更是個人工作能力高低的具體指標。薪資高，代表本人有優秀的工作能力，可以獲得這樣的薪水；薪資低，代表個人的本職學能有待加強學習。也因為薪資高低和個人的工作能力成正比，因此在歐美國家的公司行號中，詢問公司同仁的薪資高低便成為禁忌，也是公司人事政策中禁止的行為。

一位求職的社會新鮮人，如何在面試或履歷表中明示自己的薪資要求，最簡單的方法便是查閱各地區類似工作項目的就業薪資資訊，或是詢問在該公司就業員工的平均薪資。如果缺乏這些薪資資訊的話，不妨在面試或履歷表的「要求薪資欄」中，以「依照公司規定」來做回應。

■ 促銷——吸引雇主給予面試機會和僱用

在求職的過程中，如何爭取到面試機會，是一個非常重要的環節，如果寄出履歷表連面試的機會都沒有，如何就業？但是爭取面試機會的方法有哪些？最簡單的方法便是根據所應徵職位的工作條件要求，量身訂作應徵該工作的履歷表，同時在履歷表中強調自己為何適合該工作，自己如何為該公司做出重大貢獻。除了寄出量身訂作的履歷表之外，也應該請自己熟悉的老師，或在學界、企業界有聲望的老師為自己寫推薦函，連同履歷表一起寄到該公司，透過老師的推薦函，能為自己爭取更大的面試機會。

雖然爭取到面試機會，但是如何在每次1小時或30分鐘的面試過程中，爭取雇主的好感，給予僱用的機會？最簡單的方法便是知己知彼、百戰百勝，事前充分做好面試的準備工作。這些面試的事

前準備工作，包括閱讀要就業的公司所處的產業，過去一年的產業發展趨勢相關文章（查詢《今周刊》、《商業周刊》、《財訊雙週刊》或《智富雜誌》的相關報導），明瞭該公司的發展歷史、相關產品及服務項目，同時了解該公司競爭對手的相關行銷組合策略。有了這些基本的產業常識，能幫助就業新鮮人儘快進入就業狀況，同時縮短就業的磨合期。在數百位求職者中，有著一位熟悉產業發展的面試者，雇主當然樂於僱用有這樣充分準備的求職新鮮人，因為僱用有準備的新鮮人，能夠立即投入職場，減少職前訓練的時間和花費。

■通路──透過各種管道找到就業機會

傳統求職管道不外乎是透過報章雜誌求職廣告、網路的求職網站、各縣市的就業服務站或是學校的就業博覽會，其實就業機會的管道不僅以上幾種。最好的方法便是透過學校所安排的寒暑假或平日的實習機會，前往企業實習，或是就讀所謂的建教合作班，一方面可獲取工讀的報酬，又可以透過工讀的機會，了解該公司發展和該產業的趨勢；更重要的是，如果對該工作有興趣，便可以在畢業之後，直接赴該公司應徵工作，一舉數得。

透過學校或親友介紹的工讀機會或是就讀建教合作班，不僅在工作場所的安全性比較有保障，而且不易產生薪資糾紛，畢竟這些提供工讀機會或參與建教合作的企業，都是經過學校事先篩選，符合相關規定的廠商，提供工讀生或建教生最大的就業安全保障。

2.3.3　履歷表 vs. 學習檔案

一般人在求職時，都會寄出履歷表到應徵公司的相關部門，履歷表扮演求職就業敲門磚的角色，如何編排一封能夠吸引雇主需要的履歷表便是重點。

履歷表雖然是傳統的應徵書信，但是隨著電腦資訊的發達，以及企業對員工多面向的工作要求，許多大學開始教授求職新鮮人製

作「學習檔案」，來彌補履歷表中陳述資料不足之困擾。所謂的學習檔案就是把求職新鮮人在學期間所製作的各類專題報告、摘要或讀書心得報告，參與學校社團活動紀錄、獲得的各項榮譽獎章或獎牌、校外企業實習或企業參訪紀錄相片，以及通過取得的各類證照和各學期成績單，透過現代電腦科技，將這些資料加以掃描、歸檔和美編之後，加上封面和目錄，印刷成冊。這類學習檔案鉅細靡遺的記錄學生在學期間所有學習過程，更能夠幫助雇主有效了解應徵員工的學習能力。

當求職者把履歷表和學習檔案準備妥當準備寄出時，不要忘記將一封文情並茂的應徵函附在其中，信中內容誠懇表達想要到該公司就業的意願，同時希望能有通知面試的機會。

2.4 摘要

個人的就業與所得影響生涯理財規劃目標，因此慎選工作便成為求職新鮮人重要的課題，影響個人求職就業的因素，包括個人的教育背景、地理環境因素、性別和婚姻狀況。一般來說，教育程度高低和薪資多寡成正比，而大部分的就業機會，以都會區和企業廠商群集的工業區為主。雖然男女平等為一般人皆知的觀念，但是女性在職場上的升遷機會和薪資多寡，仍然略輸給相同工作的男性同仁，形成同工不同酬的現象。而雙親家庭的家戶可支用所得，遠超過單親家庭或單身就業者的收入。

影響個人求職就業理念的因素，包括個人的價值觀、工作態度和工作性向。個人的價值觀無關對錯或高低，而是對事情的看法或對工作的看法能否持續一致。而工作態度則決定個人對工作投入的程度，以及對工作認真執著的程度。工作性向則決定求職者，是否從事哪一類的工作。既然「男怕入錯行、女怕嫁錯郎」，個人求職就業的準備工作便相形重要，設定求職目標便是成功就業的第一步。運用行銷業的4P's行銷組合為自己爭取面試工作機會，更是成

功就業的敲門磚。而完整的履歷表和學習檔案，則有助於為自己在面試時，爭取到更多的就業機會。

2.5　問答題

1. 影響個人求職就業的因素有哪些？
2. 教育背景為何影響就業薪資的高低？
3. 大部分的就業機會在哪些地區？
4. 男女同工不同酬的現象，受到哪些因素的影響？
5. 影響個人求職就業理念的因素有哪些？
6. 個人在求職時，行銷自己的行銷組合有哪些？

2.6　討論題

1. 透過所居住地區的就業服務站網站，查詢和自己主修科系相關的10個就業機會，並統計這些職缺所需的就業資格。
2. 詢問自己的父母親其工作內容、工作職稱、薪資高低和服務年資多寡。
3. 詢問5位在校內單位工讀和5位在校外工讀的同學，了解其工作內容、薪資多寡和應徵該工讀工作的基本資格。
4. 到校內的實習就業輔導室，詢問最近一屆畢業生的就業狀況，包括：就業比率有多少？失業者有多少人？找到第一份工作需花費多少時間？工作的內容是否和校內主修的科系相關？
5. 依第一題的查詢內容，為自己編寫一份求職的履歷表。

Chapter 3
個人財務狀況分析和財務規劃

理財觀

4 0年房屋貸款減輕房貸負擔？
有鑑於臺灣都會區房價居高不下，30年的房屋貸款期限，造成房貸者月負擔金額增加，有部分銀行推出40年的房屋貸款。

延長房貸期限真的能減輕房貸者的月負擔金額嗎？其實這都是銀行業的障眼法，銀行辦理房屋貸款不管30年或40年期限，銀行要賺取的利息收入是固定的，再加上預期通貨膨脹率的因素，銀行不可能做虧本的生意，羊毛出在羊身上，房貸者要償還的30年和40年本利和差價金額高達983,280元

資料來源：

李淑慧，〈40年房貸／利率若走高，負擔會變重〉，《經濟日報》，2012.03.23。

本章內容

不同貸款期限，月攤還金額比較

	30年房貸	40年房貸
貸款金額	8,000,000元	8,000,000元
貸款年利率	2%	2%
每月還款本息	29,570元	24,226
總付款金額	10,645,200元	11,628,480元
差　　額		983,280元

不管你是一位剛從大學畢業，一腳剛踏入職場的社會新鮮人，或是一位已就業一段期間的上班人士，還是雙薪家庭中負責償還房屋貸款，又要負責家庭日常生活開銷的中年人士，要設定生涯理財規劃的目標，都不是一件容易的事。萬事起頭難，但是現在不做將來就會後悔，而生涯理財規劃的第一個步驟，便是了解自己的財務狀況，同時針對自己的財務狀況做分析和規劃。因此在本章中，我們將針對個人財務報表分析、個人財務憑證保存和個人年度財務預算規劃等三大項目做討論。

3.1　個人財務報表分析
（Personal Financial Statements Analysis）

● 淨值
（Net Worth）
資產總值扣除負債之後的剩餘價值。

設定生涯理財規劃目標的第一個步驟，便是要秤一秤自己的斤兩，簡單來說便是計算自己有多少「淨值」可以做規劃。在本節中，我們將運用簡單的會計恆等式所產生的資產負債表和損益表，來做個人財務報表分析的起點。

● 資產負債表
（Balance Sheet）
代表企業或個人在某一日期的財務狀況。

3.1.1　資產負債表

在會計學的會計恆等式中，以簡單的資產、負債和業主權益（淨值）等三要素來代表企業（個人）的財務狀況，其關係如下：

資產＝負債＋業主權益（淨值）…………（公式3-1）

而會計三要素的每個具體意義如下：

資產

　　資產代表將來能為你產生收益的物品或貨幣的各項物資，稱之為資產，因為你或你的家人對這些物品擁有所有權，重要的是，這些資產有其實際的貨幣價值，並且可以用市價來衡量。這些資產依照其變現時間的長短，可以區分為流動資產和長期資產。

　　流動資產代表在1年之內可以變現成為現金的資產，而長期資產代表需要1年以上才能變現出售成為現金的資產。在本章中我們以丁一甲為例做說明，丁一甲和其妻子為雙薪家庭，育有二子，分別就讀小學三年級和六年級。丁一甲典型的資產表，如表3-1所示。

　　在表3-1資產表中，丁一甲的流動資產價值5,200,000元，而長期資產價值5,600,000元，丁一甲全家的總資產價值為10,800,000元。

會計恆等式（Accounting Equation）

資產等於負債加上業主權益（淨值）的和。

資產（Assets）

代表能在將來產生收益的有形和無形設備或物質。

流動資產（Current Assets）

能在一年內轉換成現金的資產。

長期資產（Long-Term Assets）

無法在一年以內轉換成現金的資產。

表3-1　丁一甲資產表

12/31, 2009

單位：新臺幣千元

〈Ｉ〉流動資產	
1.現金（活期存款、支票存款、定期存款、外幣存款……）	1,000
2.有價證券投資（上市公司股票、未上市公司股票、共同基金、公司債、政府公債）	4,000
3.保險現金價值（定期險、意外險、投資型保單、醫療險、終身壽險……）	200
	5,200
〈ＩＩ〉長期資產	
1.累積退休金	200
2.交通設備（汽車、摩托車……）	200
3.不動產（房屋、土地、停車位……）	5,000
4.其他投資（家電、家具、珠寶、古董、黃金、字畫……）	200
	5,600
總　資　產	10,800

■現金

在表3-1中，流動資產的第一項目為變現能力最高的資產——現金，這裡所謂的現金，包括登記在丁一甲全家成員金融機構中的活期存款帳戶、支票存款帳戶、定期存款和外幣存款（以即期匯率換算成新臺幣值）的存款總額，這些現金提供丁一甲一家四口日常生活花費之需，和應付緊急事故所需的預備金，在表3-1中，丁一甲的現金餘額為1,000,000元。

■有價證券投資

在表3-1中，流動資產的第二項目為有價證券投資，包括上市公司股票、共同基金、公司債和政府公債，這些有價證券有公開的交易行情和價格資訊（交易資訊可查詢各日報章證券行情表），因此其公平市價金額可以輕易計算出來。如果有購買未上市公司股票的話，因其不具公開的價格交易資訊，在保守性原則下，一律以未上市股票的投資面值來加以計算。

這些有價證券投資的主要目的，在於為達成生涯理財規劃的長期目標而設立，這些目標包括購買自用住宅、購置交通工具、儲備退休基金，或是籌措子女教育基金而設立，在表3-1中，丁一甲的有價證券投資金額為4,000,000元。

■保險現金價值

保險為理財規劃的重要項目，保險的主要目的在於風險管理，提供家人在家庭成員發生變故時，能夠給予其他成員財務上的保障。雖然大部分是在被保險人死亡或有人身傷害時，保險公司才會理賠一定金額的保險金，但是多數保險在要保人要求保險公司提前贖回保單時，還是有現金價值。一般生涯理財規劃中的保險規劃，包括定期險、意外險、投資型保單、醫療險和終身壽險，而這些保單的現金價值多寡，可以詢問你／妳的保險經紀人，即可立即

● 現金價值
（Cash
Surrender
Value）

保險尚未到期時，要保人要求保險公司贖回保單之價值。

得知，在表3-1中，丁一甲的全家各類保險現金價值爲200,000元

■累積退休金

　　累積退休金爲一般人在就業期間，雇主每個月所提撥的勞保退休金，或是在勞退新制下，勞工每個月從工資自提一部分比率（最高爲6%）的退休金，至勞工個人勞退專戶的累積金額。累積退休金的用途爲應付勞動者服務滿規定年資或服務年資及年齡合計達公司退休規定時，所提領的退休金額，供退休後應付日常花費所需，所以屬於長期資產。由於大部分的退休金以現金或證券投資方式，投資於風險較低的金融資產上，賺取收益，在保守性原則下，大多以退休金的帳面價值記載或呈報，在表3-1中，丁一甲和其配偶的累積退休金爲200,000元。

理財觀

勞退新制實施，勞工自提退休金

我國的《勞動基準法》有關勞工退休金提撥規定，在2005年7月1日實施新制度，勞工的退休保障邁入新紀元，勞工的退休更有保障。勞退新制將企業提撥員工退休金，由確定給付制改為確定提撥制，雇主必須每月按員工投保薪資的6%，提撥退休金至可攜式勞工退休金帳戶中，確保每位員工在退休時不管雇主是誰，都能領到一定金額的退休金，同時為了鼓勵勞工自提退休金，新法中也明訂勞工可以在每月薪資中，最高自提6%的金額至個人退休金帳戶中，而且這部分的自提金額，可以列為年度個人綜合所得稅的扣除額。

雖然由勞工退休金監理委員會監管的勞工退休金專戶，有每年保證收益2%的保障，但是在委託投資信託公司代為從事金融證券操作，卻交出不錯的成績單，在2007年8月時，舊制累積勞工退休金規模為4,481億元，投資收益年化報酬率8.43%，而新制累積勞工退休金規模為1,987億元，投資收益年化報酬率1.82%。

資料來源：

〈勞工退休金截至96年8月底止之運用績效概況〉，勞工退休金監理委員會，2007. 10. 02。

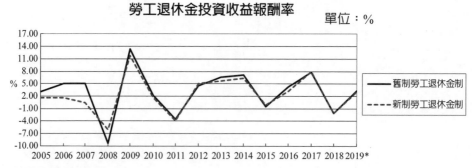

勞工退休金投資收益報酬率　　　　單位：%

*2019.01.31

資料來源：勞動部。

無論新制或舊制勞工退休金投資收益報酬率，在2008年和2011年因全球金融危機和歐債危機影響下，報酬率皆呈現負數，從2012年開始有反彈的趨勢。

■交通設備

　　交通設備的資產包括汽車和摩托車，雖然這些交通設備在當初購買時價值很高，但是不可否認的是，汽車是折舊非常高的資產，一輛價值100萬元的汽車，3年之後的二手車市價不到50萬元，5年之後的二手車市價不到15萬元。在此情況之下，交通設備的價值應以二手車市價來加以計算，不能以當初的買入成本作爲計算基礎，至於二手車的市價資訊，可以在坊間的二手車買賣雜誌中查出。在表3-1中，丁一甲的交通設備市價爲200,000元。

■不動產

　　不動產資產包括房屋、土地或是集合式住宅的停車位，而這裡所指的不動產，一般包括房屋內的造價和裝潢。對大部分的人而言，不動產是個人各項資產項目中金額最大者，購買一間自用住宅供全家人居住，是生涯理財規劃的重大目標，不可等閒視之。部分的民眾在行有餘力下，也會以購買小套房或公寓方式，供出租獲利之用。由於不動產的購入成本往往和市價之間存在極大的落差，若以購屋成本作爲資產之價值入帳，恐有失真之實。而同一地段的不動產交易常有公開之行情，透過地區性的不動產仲介業者，即可取得相關之資訊，因此不動產之價值應以市價爲基礎。在表3-1中，丁一甲的不動產價值爲5,000,000元。

■其他投資

　　其他投資代表你／妳所擁有的資產，無法歸類在流動資產或長期資產的項目中，其他投資的資產，包括家中的家電設備、家具、珠寶、古董、字畫等。這些資產可能是個人收藏的無價之寶，或許在將來有增值上漲的空間，但是在大部分人的眼中，或許這只是個人閒暇之餘的蒐集興趣，所以這些收藏之價值無法用市價來衡量，最好的評價方式是以當初購買價值的四分之一作爲市價基礎。在表3-1中，丁一甲的其他投資價值爲200,000元。

■負債

　　負債代表你／妳必須用你／妳所擁有的資產來償還的債務，負債又根據償還的期間長短，區分為流動負債和長期負債。流動負債代表在1年之內必須用資產（現金）來償還的債務，而長期負債代表在1年之後，才必須用資產來償還的債務。表3-2為丁一甲的負債表，流動負債為435,000元，長期負債為3,250,000元，總負債金額3,685,000元。

■家庭水電帳單

　　在流動負債的第一項目為家庭水電帳單，這些帳單包括當月尚未支付的水費、電費、有線電視收視費、垃圾清潔費或是集合式住宅的大樓管理費，這些帳單雖然金額很小，但是長期不支付的話，卻可能造成家中斷水、斷電，或住在集合式住宅無法使用電梯設備的結果。家庭水電費帳單的金額，可以透過每月所收到的繳費單據，清楚的計算出來。在表3-2中，丁一甲的家庭水電費帳單負債金額為5,000元。

表3-2　丁一甲負債表

12/31, 2009

單位：新臺幣千元

〈Ⅲ〉流動負債	
1.家庭水電費帳單	5
2.信用卡帳單餘額	20
3.今年應支付的房屋貸款／汽車貸款金額	360
4.末支付的保險費用（壽險、產險）	50
	435
〈Ⅳ〉長期負債	
1.房屋貸款	3,000
2.汽車貸款	200
3.其他貸款	50
	3,250
負　債　總　額	**3,685**

■信用卡帳單餘額

　　信用卡帳單餘額代表你／妳使用信用卡消費時，當月尚未支付的信用卡帳單餘額。如果有使用循環信用的話，則應將循環信用所產生的利息費用，加計在帳單金額內。如果有使用現金卡短期週轉的話，也應將現金卡的未償餘額和所產生之利息費用一起合併計算，信用卡帳單餘額的實際金額，可以將每個月的信用卡（現金卡）繳款帳單合計，便可得出。在表3-2中，丁一甲的信用卡帳單餘額為20,000元。

■今年應支付的房屋貸款／汽車貸款金額

　　一般的中長期房屋貸款或汽車貸款，都是採用定期定額分期支付的方式來還清貸款，一般的房屋貸款還款期限長達30年，而汽車貸款還款期限也有3年，這些房屋貸款／汽車貸款大多歸類在長期負債的項目下，但是今年應支付的房屋貸款和汽車貸款總金額，按照會計慣例還是要歸類為流動負債。至於這些貸款的金額，只需將每月還款金額乘上12，便可得到今年應該償還的貸款金額。在表3-2中，丁一甲今年應支付的房屋貸款和汽車貸款金額為360,000元。

■未支付的保險費用

　　在流動負債的最後一項為未支付的保險費用，由於大部分人身保險、產險的繳費方式為月繳、季繳、半年繳或年繳，這些即將到期的帳單，大都屬於不得不繳的負債項目，因為一期不繳費的話，這些資產馬上就喪失保障，所以這些未支付的保險費用仍然列為流動負債。在表3-2中，丁一甲未支付的保險費用金額為50,000元。

■房屋貸款

　　在一般的家庭資產和收支結構中，房屋貸款往往是家庭中金額最大的長期負債，這裡所指的房屋貸款金額，是扣除今年即將到

期、屬於流動負債的房屋貸款後的淨額，如果房屋還有進行二胎貸款的話，也應將二胎貸款的負債金額加計在內。在表3-2中，丁一甲的房屋貸款負債金額為3,000,000元。

■汽車貸款

　　一般所指的汽車貸款，是採用分期付款購買汽車所產生的長期負債，另外是部分人士運用汽車為抵押品，向金融機構貸款作為週轉所產生的負債。汽車貸款雖然是長期負債，但應先扣除今年即將到期、列為流動負債的汽車貸款後的淨額。在表3-2中，丁一甲的汽車貸款負債金額為200,000元。

■其他貸款

　　長期負債的最後一項為其他貸款，凡是無法歸屬為房屋貸款或汽車貸款的，皆可歸類在其他貸款。例如：學生助學貸款、人身壽險保單質押的貸款，或是將個人勞工退休金作為質押的勞工貸款，皆屬此類。在表3-2中，丁一甲的其他貸款金額為50,000元。如果我們將公式3-1稍微調整，便可得到以下的公式：業主權益（淨值）＝資產－負債，也就是將資產扣除負債之後的剩餘金額即為淨值，淨值代表在此日期時所累積的「財富」。如果淨值為負數時，代表你過去所花費的金額，遠大於所賺取的金額，此時個人可能就處於破產的狀態了。表3-3為將表3-1和表3-2所合成的資產負債表，在表3-3中，丁一甲的資產淨值為7,115,000元。

　　淨值到底要多少才能達成生涯理財規劃的目標？要回答這個問題，必須考慮家中負責主要家計人員的年齡、工作性質、家庭成員多寡和生活方式才能決定。與其討論淨值要多少才能達成生涯理財目標，不如說淨值應該隨著家中負責主要家計人員之工作年資的增長而同步增加，而每年運用資產負債表所計算出來的淨值，作為衡量達成理財規劃目標值的績效指標。表3-4為臺灣家庭平均家戶資產負債的統計資料。在2016年流動資產項目中，以國內金融性資產為

表3-3 丁一甲資產負債表

12/31, 2009 單位：新臺幣千元

資　產		負　債	
〈Ｉ〉流動資產		〈Ⅲ〉流動負債	
1.現金		1.家庭水電費帳單	5
（活期存款、支票存款、		2.信用卡帳單餘額	20
定期存款、外幣存款……）	1,000	3.今年應支付的房屋貸	
2.有價證券投資		款／汽車貸款金額	360
（上市公司股票、未上市公司股		4.保險費用（壽險、產險）	50
票、共同基金、公司債、政府			435
公債）	4,000	〈Ⅳ〉長期負債	
3.保險現金價值		1.房屋貸款	3,000
（定期險、意外險、終身壽險、		2.汽車貸款	200
投資型保單、醫療險）	200	3.其他貸款	50
	5,200		3,250
〈Ⅱ〉長期資產		負債總額	3,685
1.累積退休金	200	〈Ⅴ〉淨值	7,115
2.交通設備（汽車、摩托車）	200	負債和淨值總額	10,800
3.不動產（房屋、土地、停車位）	5,000		
4.其他投資（家電、家具、珠寶、			
古董、黃金、字畫……）	200		
	5,600		
總資產	10,800		

表3-4 2016年臺灣平均家戶部門資產負債表

單位：新臺幣萬元

	2015年	2016年
一、非金融性資產淨額	601	596
房地產	557	551
家庭生活設備	45	45
二、金融性資產淨值	763	798
（一）國外金融性資產淨值	82	79
（二）國內金融性資產淨值（A-B）	681	719
（二）-1國內金融性資產淨值 　　　（不含人壽保險及退休基金準備）	445	460

表3-4　2016年臺灣平均家戶部門資產負債表（續）

國內金融性資產（A）	851	893
現金與活期性存款	152	164
定期性存款及外匯存款	189	190
有價證券	196	205
人壽保險準備及退休基金準備	236	259
其他國內金融性資產	78	75
（減）：國內金融性負債（B）	170	174
貸款	164	167
其他國內金融性負債	5	6
三、淨值	1,365	1,394
三-1、淨值（不含人壽保險及退休基金準備）	1,129	1,135

資料來源：行政院主計總處。

說明：1.平均每戶資產負債與平均每人資產負債為各項資產負債分別除以年底臺閩地區戶籍戶數與戶籍人數。

2.「有價證券」包含政府債券、國內公司債、金融債券、共同基金、上市上櫃公司股權及其他企業權益。

3.「其他國內金融性資產」包括附條件交易、非金融部門放款、短期票券、應收應付款及其他債權債務淨額。

4.住商工土地依市價進行重評值計價，並將企業與金融兩部門資產淨額，按最終所有權設算分配。

5.「有價證券」包含政府債券、國內公司債、金融債券、共同基金、上市上櫃公司股權及其他企業權益。

6.「其他金融性資產」包括附條件交易、非金融部門放款、短期票券、應收應付款及其他債權債務淨額。

7.土地按市價重評值計價。

最大宗，平均每戶金額為893萬元，長期資產中以房地產的資產價值最高，平均每戶房地產金額為551萬元，平均每戶負債金額為174萬元，而平均每戶淨值為1,394萬元。

3.1.2　損益表

資產負債表告訴我們，一個家庭在某日的財務狀況（資產有

多少、負債有多少、淨值總金額爲多少），但是資產負債表中淨值的多寡絕不是憑空而來的，而是平時靠著收入使得淨值增加，且日常費用支出使得淨值減少，在開源節流的觀念下，淨值才能不斷增加。要開源就必須了解收入的來源爲何？收入的金額有多少？要節流就必須明瞭費用是因哪些活動所產生？費用的金額有多少？要解決這些問題最好的方法，便是應用損益表來分析了。

損益表
（Income Statement）
代表企業或個人在一段期間內的收入和費用總和。

■收入

　　損益表代表一段期間內（月、季、半年、年），一家的收入和費用的匯總。收入項目代表一家所有收入的來源，包括日常薪資、企業所發放的紅利、佣金、政府所支付的各項年金或福利津貼（老人年金、老農年金……）、各項退休金收入或是投資有價證券的股利收入。有些收入雖然有列在薪資表，但是其金額並沒有出現在你的帳戶中，而是透過銀行自動扣款或轉帳機制，轉入許多投資帳戶或付費帳戶中，例如：勞工每月自提6%的薪資至個人退休帳戶中，或是每月的勞健保費用，這部分的金額仍應屬於收入的一部分。表3-5爲丁一甲的損益表，丁一甲雙薪家庭的年收入爲1,480,000元，扣除個人綜合所得稅192,000元後，可支用所得爲1,288,000元。而丁一甲全家四口的總費用爲960,000元，可支用所得扣除總費用後的可儲蓄及投資總額爲328,000元。

　　由於個人綜合所得稅爲必繳的年度費用，所以總收入扣除個人綜合所得稅後，才能成爲個人可支用所得，亦即可運用這部分從事各式各樣的費用支出。圖3-1爲2017年臺灣平均家戶所得來源的分配，主要所得來源爲受僱報酬，占總所得的57%。圖3-2爲臺灣平均每戶可支用所得統計，在2017年時爲1,018,941元。

■費用

　　費用亦即代表個人獲得收入之後，因爲生活所需必要的支出，這些支出包括日常食、衣、住、行、育、樂和雜項的花費。由

表3-5　丁一甲損益表

01/01～12/31, 2009　　　　　　　　　　單位：新臺幣千元

〈Ⅰ〉收入	
1.薪工資收入	1,300
2.利息和股利收入	120
3.其他收入	60
總收入	1,480
減：個人綜合所得稅	192
可支用所得	1,288
〈Ⅱ〉費用	
1.食品飲料及菸草	230
2.衣著鞋襪類	30
3.房地租、水費、燃料和動力	230
4.家庭器具及設備和家庭管理	30
5.醫療及保健	130
6.運輸交通及通訊	120
7.娛樂教育及文化服務	120
8.雜項支出	70
總費用	960
〈Ⅲ〉可儲蓄及投資所得	328

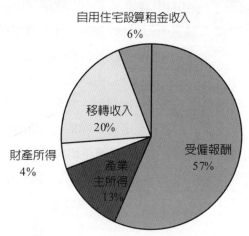

資料來源：行政院主計總處。

臺灣平均每戶所得來源在2017年時，以受僱報酬為主要來源，比率為57%。

圖3-1　2017年臺灣平均家戶所得來源

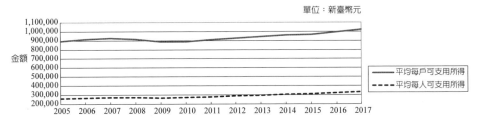

單位：新臺幣元

資料來源：行政院主計總處。

隨著臺灣經濟的持續成長，平均每戶可支用所得也跟著水漲船高。在2007年稍微下降，在2017年時有新臺幣1,018,941元，同時期個人可支用所得有331,903元。

圖3-2　臺灣平均每戶／每人可支用所得

於日常生活的花費非常繁多，而且要蒐集這些費用的收據有時非常困難，最好的方式是將這些花費分門別類，而後個別登記，匯總之後即可得到總費用。圖3-3為2017年臺灣家庭平均消費支出項目的統計，主要以「食品飲料及菸草」和「水電瓦斯及其他燃料」的支出為最大項，分別占總支出的15.60%和23.90%。而圖3-4為2017年臺灣平均每戶消費支出達811,670元。

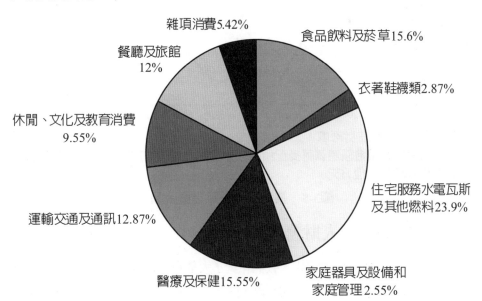

資料來源：行政院主計總處。

2017年臺灣家庭平均消費支出，以「水電瓦斯及其他燃料」為最大宗，比率為23.90%。

圖3-3　2017年臺灣家庭消費支出項目百分比

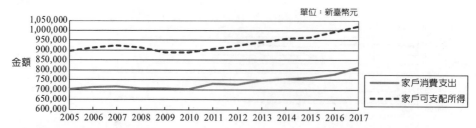

資料來源：行政院主計總處。

臺灣平均家戶消費支出金額隨著家戶可支配所得的增加也跟著水漲船高，在2017年時為新臺幣811,670元。

圖3-4　臺灣平均家戶可支配所得和消費支出

可支用所得扣除總費用後為可儲蓄及投資所得，可以運用這筆剩餘的金錢，作為達成生涯理財規劃各項目標的投資金額。圖3-5為2017年臺灣平均每戶儲蓄所得的統計，金額為207,271元，有逐年減少的趨勢。

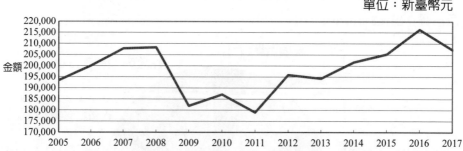

資料來源：行政院主計總處。

臺灣平均每戶儲蓄金額隨著可支配所得減少和消費支出增加影響下，造成在2017年時只有新臺幣207,271元。

圖3-5　臺灣平均每戶儲蓄金額

3.1.3　個人財務報表分析

在前面的章節中，我們花費了大量的時間和精力，做個人或每戶資產負債表和損益表的記錄，除了有助於編製後續的家戶年度預算表之外，最重要的是，透過已編製完成的財務報表，做個人財務報表分析，也就是從這些家戶會計科目的金額中，找出一些蛛絲馬跡，用以衡量家戶的財務狀況是否健全，是否能達成生涯理財規劃的目標，或

是面對以下三個問題時,能夠準確又迅速的回答標準答案。

1. 家戶所得是否有足夠的變現週轉能力,來應付許多突發事件的現金需求?
2. 家戶所得的資產能夠償還長短期負債嗎?
3. 家戶所得項目中的可儲蓄及投資所得,是否有足夠的金額能達成生涯理財規劃的眾多目標?

1. 家戶所得是否有足夠的變現週轉能力,來應付許多突發事件的現金需求?

第一個問題主要在衡量家戶所得的短期週轉能力,是否有足夠的現金來應付日常花費,是否有備用的現金來應付許多突發狀況,所需要的額外現金支出,例如:家人發生重大意外車禍時,龐大的醫療費用支出。我們可以用二個指標來衡量以上短期週轉能力是否達到標準,這二個基本指標分別為基本流動比率和每月生活費保障比率。

基本流動比率用以衡量家戶所得的流動資產,是否能有效支付流動負債的短期週轉能力,基本流動比率的公式如下所示:

$$基本流動比率 = \frac{現金}{流動負債} \cdots\cdots\cdots(公式3-2)$$

基本流動比率(Current Ratio)

現金除以流動負債所得之數字,用以衡量基本週轉能力是否適當。

在丁一甲的例子中,其現金資產1,000,000元,而流動負債為435,000元,其基本流動比率為2.29。

$$基本流動比率 = \frac{1,000,000}{435,000}$$
$$= 2.29$$

2.29的基本流動比率是否達到標準呢?一般的標準是基本流動比率應該大於1.0,而大於2.0是符合標準,基本流動比率大於2.0的

● 每月生活費保障比率（Month's Living Expense Covered Ratio）

現金資產除以每月生活費後所得之比率，用以衡量是否有足夠的現金來支持每月之生活費用。

背後意義為，面對1元的流動負債，家戶所得有2元現金可以用來支付流動負債之後，還剩下1元現金可應付緊急之現金需求。如果單純運用1年之基本流動比率來衡量家戶之短期週轉能力，或許有見樹不見林之盲點，最好的方式為將歷年之基本流動比率畫成趨勢圖，來觀察家戶之基本流動比率是維持平盤、逐年下降，或是逐年上升，而後找出上升或下降的原因，尋找改善的對策。

每月生活費保障比率用來衡量家戶之現金資產，是否能夠持續支付每月之生活費用，而且在現金資產用完之前，這樣的生活水準能支持幾個月。每月生活費保障比率的公式如下：

$$每月生活費保障比率 = \frac{現金}{*每月生活費用} \qquad （公式3-3）$$
$$*每月生活費用 = 年生活費用 / 12$$

在丁一甲的例子中，其現金為1,000,000元，而其每月生活費用為80,000元（960,000 ÷ 12），其每月生活費保障比率為12.5個月。

$$每月生活費保障比率 = \frac{1,000,000}{80,000}$$
$$= 12.5$$

一般來說，每月生活保障比率以3～6個月為標準，代表一旦家中負責生計的人失業時，在尚未找到新的工作之前，家中尚有現金資產可支撐3～6個月的生活費用。太高的每月生活費保障比率，代表有過多的現金資產存於流動性高、但獲利能力低的資產，長久下來不利於生涯理財規劃目標的達成。

2. 家戶所得的資產能夠償還長短期負債嗎？

許多不動產或動產商品的經銷商，例如：房屋建設公司、家電經銷商或汽車經銷商，為了達成銷售業績目標，紛紛以低頭期款、零利率或幾年之內免繳本金的分期付款方式來銷售商品，消費者

在此行銷活動下，忘記了自己是否有足夠的償債能力，購買此類商品，幾個月之後才發覺，自己並沒有多餘的現金資產來償還這些零利率分期付款，最後在違約情況下，面臨不動產（動產）被放款銀行收回的下場。要衡量自己是否有能力購買這些分期付款商品的最佳指標，便是負債比率和收入償債比率。

負債比率用來衡量家戶所得的負債狀況是否適當，運用銀行貸款來購買的長短期資產，雖然能讓家人立即享有舒適的生活水準和安全感，但是過多的負債和定期的償債費用，將逐漸壓縮可支用所得金額，造成生活品質下降。負債比率的計算公式如下：

負債比率
（Debt Ratio）

總負債除以總資產所得之數據，用以衡量家戶所得的負債狀況是否適當。

$$負債比率 = \frac{總負債}{總資產} \quad \cdots\cdots\cdots（公式3\text{-}4）$$

在丁一甲的例子中，其總負債為3,685,000元，總資產為10,800,000元，其負債比率為0.34。

$$負債比率 = \frac{3,685,000}{10,800,000}$$
$$= 0.34$$

一般來說，負債比率以小於0.50為原則，代表總資產中有一半以上的資產不是運用舉債（借款）方式取得，在此情況下，許多定期定額償債的金額，不會壓縮到日常生活費用支出。

收入負債比率用以衡量每年的收入中，有多少金額是必須用來償還當年的各項貸款金額，其公式如下：

收入負債比率
（Debt-To-Income Ratio）

每年負債償還金額除以年收入金額所得之數據，用以衡量償還負債的能力。

$$收入負債比率 = \frac{每年負債償還金額}{收入} \quad \cdots\cdots\cdots（公式3\text{-}5）$$

在丁一甲的例子中，其每年應支付的房屋貸款和汽車貸款金額為360,000元，而其總收入為1,480,000元，其收入負債比率為0.24。

$$收入負債比率 = \frac{每年負債償還金額}{收入}$$

$$= \frac{360,000}{1,480,000} = 0.24$$

　　一般來說，收入負債比率以低於0.3為標準，低於0.3的收入負債比率標準，代表雖然運用分期付款方式取得各項長期資產，但其所產生的每月定期定額還款壓力，並不會造成日常生活開支的減少，全家能夠維持一定的生活水準，並且可使日常生活的開支更加靈活化。值得注意的是，在現有財務結構下，而且又沒有增加不動產採購的情況下，收入負債比率應該隨著所得人年齡的增長，而逐漸降低，因為許多長期的負債已經逐漸清償完畢。

3. 家戶所得項目中的可儲蓄及投資所得，是否有足夠的金額能達成生涯理財規劃的眾多目標？

　　生涯理財規劃的目的是要透過有計劃的各種理財方式，運用自有資金來達成預定的目標，因此第一步驟便是分析有無自有資金來從事投資或理財的活動，其判定的最佳指標為淨值投資比率。

淨值投資比率
(Investment-
Assets-To-Net
Worth Ratio)

投資性資產除以淨值後所得之數據，用以衡量投資理財規劃是否適當。

　　淨值投資比率是將具有投資性質的資產（有價證券投資資產和保險現金價值）除以淨值所得之數據，用以衡量投資理財規劃是否適當的指標，如公式3-6所示，在丁一甲的例子中，他的有價證券資產為4,000,000元，保險現金價值為200,000元，而淨值為7,115,000元，故丁一甲的淨值投資比率為0.59。

$$淨值投資比率 = \frac{投資性資產}{淨值} \quad\cdots\cdots\cdots\cdots（公式3-6）$$

$$淨值投資比率 = \frac{(4,000,000 + 200,000)}{7,115,000}$$

$$= 0.59$$

　　0.59代表丁一甲的淨值中，有59%是由投資性資產所組成，在正常的情況下，這項指標應該隨著家戶所得中，主要所得者的年齡

增加而同步增加。一般剛成家的年輕人，受到房屋貸款和汽車貸款等各式各樣的限制，投資性資產金額普遍偏低。

另一個衡量家戶收入是否有足夠金錢用於投資的指標，即為儲蓄率。儲蓄率是將損益表中的可儲蓄及投資所得，除以可支用所得後之數據，用以衡量日常收入中，扣除各項生活支出後，有多少比率資金可用做儲蓄和投資之用，其公式如下：

🌑 **儲蓄率**
（Saving Rate）

可儲蓄及投資所得除以可支用所得後之數據。

$$儲蓄率 = \frac{可儲蓄及投資所得}{可支用所得} \quad \cdots\cdots\cdots\cdots（公式3\text{-}7）$$

在丁一甲的例子中，他的可儲蓄及投資所得為328,000元，可支用所得為1,288,000元，其儲蓄率為0.25。

$$儲蓄率 = \frac{328,000}{1,288,000}$$
$$= 0.25$$

25%的儲蓄率是否適當？一般來說，剛組成家庭的年輕夫妻，由於房屋貸款、汽車貸款和養兒育女各項日常生活費用支出偏高，所以其儲蓄率偏低，但是隨著家庭組成分子的逐漸穩定和成長，儲蓄率應該逐年提高。另一方面儲蓄率也受到地理因素的影響，都會區的家戶儲蓄率偏低，例如：臺北市和高雄市，如表3-6所示。另一方面，許多偏遠的縣市由於就業機會缺乏，加上各縣市社會安全補助機制缺乏，形成偏遠縣市民眾必須以較高的儲蓄率累積更多的自有資金，來應付緊急之需，例如：臺灣縣市別的家戶儲蓄率，以臺東縣為最高。整體來說，臺灣家戶所得平均儲蓄率，隨著臺灣經濟發展進步和各項社會安全福利制度的實施，有逐年下降的**趨勢**，在2017年時，家戶平均儲蓄率為20.34%，如圖3-6所示。

表3-6　2017年各縣市儲蓄率

單位：%

2017年	儲蓄率
臺灣地區	20.34
新北市	21.32
臺北市	19.61
桃園市	20.46
臺中市	17.81
臺南市	21.61
高雄市	19.27
宜蘭縣	16.15
新竹縣	20.23
苗栗縣	23.43
彰化縣	23.84
南投縣	19.02
雲林縣	24.16
嘉義縣	17.09
屏東縣	19.11
臺東縣	30.97
花蓮縣	22.09
澎湖縣	30.42
基隆市	15.86
新竹市	25.73
嘉義市	19.59

資料來源：行政院主計總處。

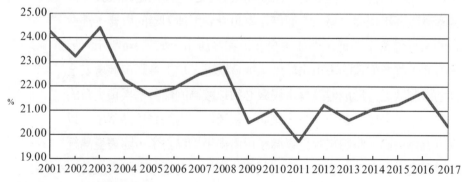

資料來源：行政院主計總處。

隨著臺灣整體薪資水準的下降和家庭支出費用增加，臺灣家戶儲蓄率也逐年遞減，在2017年時，家戶儲蓄率只有20.34%。

圖3-6　臺灣家戶儲蓄率

3.2　個人財務憑證保存
（Personal Financial Records Keeping）

　　當我們完成第一節個人財務報表分析後，大部分人的第一個反應便是，我真的有那麼多負債嗎？或是我辛苦一輩子所累積的資產，真的那麼少嗎？我每個月的薪水扣除所有的必要開支，所能儲蓄或投資的金額真的那麼少嗎？其實要回答這些問題，不是目前的重點，現在要做的步驟便是找出證明資產或負債，以及能代表你的淨值有多少的財務憑證在哪裡？在臺灣的法律制度下，任何的財產所有權轉移或持有都必須有憑為證（書面資料佐證）。接下來的問題才是要如何有效的保存這些財務憑證，避免受到天災人禍的破壞。

　　保有個人財務憑證的重要理由有三：有效申報個人綜合所得稅、嚴格控管日常生活費用支出，以及緊急狀況下有效處理資產。

3.2.1　有效申報個人綜合所得稅

　　每年5月1～31日有一個月的時間，可以申報個人綜合所得稅，但是大部分的所得稅申報義務人，卻都擠在最後幾天才完成所得稅的申報，其原因除無時間處理所得稅申報之外，另一個重要的理由是找不到各項列舉扣除額的扣繳憑單、投資股票的股利所得扣繳憑單、特別扣除額或是各項捐贈的扣繳憑單，導致延誤了所得稅的申報時間。

　　再者，按照《所得稅法》規定，執行業務者的所得稅申報憑證和帳簿，最少應保存5年，以備後續稅捐單位查稅之用。如果平常無法妥善保存這些憑證，不僅在申報所得稅時會造成困擾，也導致後續個人年度財務預算規劃的困擾。

3.2.2　嚴格控管日常生活費用支出

　　大部分的上班族在每月初領了薪水之後，支付各項費用，到

了月底才發覺自己成了月光族，但是又不曉得自己的薪水花到哪裡去？要明瞭自己每月花費的項目和金額多寡，最好的方法便是開始蒐集每日各項開銷的收據和發票，例如：每個月的信用卡帳單便詳細列出每項生活開銷的項目、用途和消費日期。而後將這些開銷收據按照各項生活花費的項目，分門別類編入表3-5損益表中各個費用分類帳，例如：食品飲料及菸草、衣著鞋襪類分類帳，而後每個月月底將這些費用分類帳金額加總，便可與每月預算金額相較，也才可以採取開源節流的手段，達到費用控管的目的。

蒐集發票和收據的過程雖然費時費力，但卻是生涯理財規劃的入門工作，千萬別把各種發票、各項水電費帳單隨手丟掉。

3.2.3　緊急狀況下有效處理資產

所謂「行車走馬三分險」，人活在世界上危及生命和財產安全的風險無所不在，但是在緊急狀況發生時，例如：家中主要生計負責人突然車禍去世或中風失去行動能力，如何有效地處理資產，便是此時的重點。接下來的問題便是資產（負債）在哪裡？資產（負債）的金額有多少？這些資產的憑證在何處？登記在誰的名下？有無預立遺囑？要過戶這些資產的印鑑在哪裡？如果事先沒有有效蒐集這些憑證資料並且妥善保存的話，則要處理這些資產（負債）轉移的問題，將會是非常棘手的問題，例如：家庭成員對於遺產繼承問題對簿公堂，或是由國稅局課徵遺產稅、贈與稅的結局。

要保存這些個人財務資料或資產的最佳場所，不是家中的保險箱，而是各銀行的出租保管箱，只要每年支付少許保管費，便可使得這些資料得到防水、防火、防盜的24小時安全監控保全。到底哪些個人財務資料是需要保存的呢？表3-7列出詳細的清單可做參考。

表3-7 個人財務紀錄保存項目

〈Ⅰ〉應永久保存的財務資料憑證
  1.遺囑
  2.房屋（土地）產權登記證
  3.交通工具所有權書
  4.房屋貸款合約書
  5.各類保險合約書
  6.銀行定期存款單
  7.股票（共同基金）投資憑證
  8.各銀行存款簿影本
  9.各類信用卡帳號（發卡銀行電話）
  10.家人身分證影印本、健保卡影印本
  11.各類其他投資資產相片和書面紀錄資料
〈Ⅱ〉應保存5年的財務資料憑證
  1.歷年個人綜合所得稅申報表影本
  2.各類地價稅／房屋稅／汽車牌照稅／汽車燃料費稅單
  3.各類申報所得稅扣繳憑證
  4.每月信用卡帳單
  5.各類家電用品保固書
  6.個人生涯理財規劃資產負債表／損益表
  7.各類家電商品購買發票
〈Ⅲ〉不需保存的財務資料憑證
  1.1年以上的消費發票
  2.已報廢的各類汽車所有憑證
  3.已過保固期限的產品保證書

3.3 個人年度財務預算規劃
（Personal Annual Budgeting）

　　在本章的第一節，我們透過編製個人財務報表（資產負債表和損益表）和財務報表分析的方法，了解個人或全家的財務狀況，以便作為不斷評估個人財務狀況是否健全，或是否達成理財目標的依據。在第二節，我們討論了各種財務憑證保存的重要性和方法。接下來的步驟便是如何執行這些理財計畫，最後達成理財目標，要達成這些目標的必要步驟，便是編製年度財務預算。

　　所謂年度財務預算也就是運用預先規劃的方法，將一年之中預計的收入和各項費用科目預先估計金額，然後編製成表格，再按月或按季去執行這些預算（或花費這些費用），以達成預定的目標。因為有了財務預算，才知道每筆錢的用途，同時也才能免除一些衝動性的購買行為，並讓個人維持財務調度的靈活性，保護資產的安全，同時又達成最少所得稅支出的目標。

　　要編製個人財務預算最簡單的步驟，便是從上一個年度的損益表著手，接下來我們便以表3-8丁一甲的財務預算做說明。

表3-8　丁一甲年度財務預算

財務預算表
01/01～12/31, 2010

單位：新臺幣千元

〈Ｉ〉收入		說　　明
1.薪工資收入	1,365	調薪5%
2.利息和股利收入	120	維持去年水準
3.其他收入	60	維持去年水準
總收入	1,545	
減：個人綜合所得稅	200	所得稅率13%
可支用所得	1,345	
〈ＩＩ〉費用		
1.食品飲料及菸草	230	維持去年水準
2.衣著鞋襪類	30	維持去年水準
3.房地租、水費、燃料和動力	253	增加10%
4.家庭器具及設備和家庭管理	60	增購冰箱一臺30,000元
5.醫療及保健	50	青少年二人減少醫療費用支出
6.運輸交通及通訊	132	增加10%
7.娛樂教育及文化服務	126	增加5%
8.雜項支出	70	維持去年水準
總費用	951	
〈ＩＩＩ〉可儲蓄及投資所得	394	

　　在表3-8中，各項收入和費用資料來源為丁一甲前一年的損益表，而後根據預估的薪資水準、物價水準、家庭成員結構變化和增購家用設備的因素，得到未來一年之財務預算，預估之可支用所得為1,345,000元，總費用支出951,000元，預估之可儲蓄及投資所得為394,000元，比前一年之328,000元增加了66,000元。

　　有了年度的財務預算之後，我們可以將年度財務預算表中的每筆金額用簡單的方法，例如：除以12，便得到每個月的財務預算表，而後將每月實際的各項收入和費用分門別類累積加總之後，便可得到每項收入或費用預算金額和實際收入支出金額的互相比較，找出其中的差異，而後在下一個月立即採取控管措施。例如：在1月分食品飲料及菸草的預算金額為19,167元，而實際支出金額為25,000元，超支5,833元，此時就必須在2月分或未來的日子中撙節支出，補足此部分的差額，如表3-9所示。

表3-9　丁一甲月財務預算

財務預算表*

01/01～01/31

單位：新臺幣千元

	預算金額（A）	實際支出（收入）金額（B）	差異金額（B）－（A）
〈Ⅰ〉收入			
1.薪工資收入	113.75	115	1.25
2.利息和股利收入	0	0	0
3.其他收入	5	5	0
總收入（月）	118.75	120	1.25
減：個人綜合所得稅**	0	0	0
可支用所得	118.75	120	1.25
〈Ⅱ〉費用			
1.食品飲料及菸草	20	18	−2
2.衣著鞋襪類	2.5	3.0	0.5
3.房地租、水費、燃料和動力	21	20	−1
4.家庭器具及設備和家庭管理	5	6	1
5.醫療及保健	4	5	1

表3-9　丁一甲月財務預算（續）

6.運輸交通及通訊	11	10	−1
7.娛樂教育及文化服務	10	12	2
8.雜項支出	5	4	−1
總費用（月）	78.5	60	−18.5
〈III〉可儲蓄及投資所得	40.25	60	19.75

*表3-8中，每一個會計科目金額 ÷ 12
**編列於12月分預算中

　　表3-9為丁一甲1月分的財務預算表，其中包含了預算金額、實際支出（收入）金額，和二者之間的差異金額。在1月分丁一甲的可支用所得預算金額為118,750元，而實際收入金額為120,000元，差異金額為1,250元，主要是因為薪資所得增加所造成的。而1月分費用項目的預算金額為78,500元，實際支出金額為60,000元，節省18,500元，主要是在1月分的食品飲料及菸草節省了20,000元所致。而1月分的可儲蓄及投資所得實際金額，比預算金額增加了19,750元，有助於理財規劃目標的達成。

　　要順利達成生涯理財規劃目標，最重要的步驟便是嚴格執行年度預算，尤其是費用項目的控管，在開源無方的條件下，節流便成為增加收入的變相方法。要如何節流？最好的手法便是運用所謂「信封法」，也就是將每個月各費用科目的預算金額，放置在各個費用的信封內，當月的各項費用支出即依照用途，從各個費用信封中取出支付，同時將費用收據置入信封中，當該月該費用信封項目內的金額用完時，本月即停止該項費用之支出，達到強迫停止消費的目的。例如：在丁一甲的例子中，每月娛樂教育及文化服務費用項目下，有每月1,000元的全家電影欣賞費，此1,000元費用在月初即放入信封中，當月中丁一甲全家去觀賞電影花費1,000元後，該月的電影觀賞活動即停止，因為該項費用預算額度已經用完，沒有多餘的預算額度可供挪用。

3.4 摘要

理財財務規劃的第一步驟為了解本身的財務狀況，而後再根據財務狀況，進行相關的個人財務報表分析。運用會計恆等式所編製的資產負債表和損益表，呈現個人在某一時期的財務狀況，以及某一段時期的收入和費用開支結果。個人財務報表分析，主要針對家計所得運用基本流動比率、每月生活費保障比率、負債比率、收入負債比率、淨值投資比率和儲蓄率等各項指標比率，來衡量個人財務狀況是否健全。個人財務憑證的保存，有助於達成有效申報個人綜合所得稅、嚴格控管日常生活費用支出，和緊急狀況下有效處理資產的目標，個人財務規劃預算的目標，在於透過事先預算的規劃，有效控管實際費用的支出。

3.5 問答題

1. 會計恆等式的三要素為何？
2. 損益表的二大項目為何？
3. 王中的年度總收入1,000,000元，總費用680,000元，可儲蓄及投資所得150,000元，則王中的個人綜合所得稅額為多少？
4. 丁中的資產負債表和損益表如下頁所示，求丁中財務報表分析的下列比率：
   (1) 基本流動比率
   (2) 每月生活費保障比率
   (3) 負債比率
   (4) 收入負債比率
   (5) 淨值投資比率
   (6) 儲蓄率
5. 丁中預估未來1年內其薪資調幅為10%，而股利收入預估增加150,000元，但是其運輸交通及通訊費用因油價高漲將增加

10%，未來1年內將增購家電設備100,000元。另外，房地租費用也因物價上升，房東要求調高5%，其餘收入和費用維持2×11年的收入和消費水準，根據第4題丁中2×11年的資產負債表和損益表，試編丁中2×12年的財務預算表。

丁中資產負債表

12/31, 2×11

單位：新臺幣千元

資　產		負　債	
〈Ⅰ〉流動資產		〈Ⅲ〉流動負債	
1.現金	2,000	1.家庭水電費帳單	10
2.有價證券	7,000	2.信用卡帳單餘額	35
3.保險現金價值	500	3.今年應支付的長期貸款	500
	9,500	4.保險費用	80
〈Ⅱ〉長期資產			625
1.累積退休金	600	〈Ⅳ〉長期負債	
2.交通設備	500	1.房屋貸款	5,000
3.不動產	9,000	2.汽車貸款	1,000
4.其他投資	500	3.其他貸款	80
	10,600		6,080
總資產	20,100	負債總額	6,705
		〈Ⅴ〉淨值	13,395
		負債和淨值總額	20,100

丁中損益表

01/01～12/31, 2×11

單位：新臺幣千元

〈Ⅰ〉收入	
1.薪工資收入	3,000
2.利息和股利收入	200
3.其他收入	80
總收入	3,280
減：個人綜合所得稅	492
可支用所得	2,788
〈Ⅱ〉費用	
1.食品飲料及菸草	500

丁中損益表（續）

2.衣著鞋襪類	80
3.房地租	200
4.家庭器具及設備和家庭管理	50
5.醫療及保健	200
6.運輸交通及通訊	200
7.娛樂教育及文化服務	150
8.雜項支出	50
總費用	1,430
〈III〉可儲蓄及投資所得	1,358

3.6　討論題

1. 蒐集前一個月的消費發票，並依照本章損益表的會計科目，將上述發票分門別類，編製該月的損益表。

2. 根據第1題所得到的損益表，編製下一個月的現金預算表。

3. 詢問父母親，家中資產的憑證存放於何處？同時編製資產憑證清單。

Chapter 4
貨幣的時間價值

理財觀

歐債危機造成美元成為搶手貨

2008年由美國華爾街所引發的金融危機，雖然引起全球的金融危機，但是美元卻成為這波金融危機的受害者，全球金融機構、中央銀行和民眾大量拋售美元，轉存歐元、英鎊或日圓，造成美元對主要貨幣匯率大跌，如下頁圖所示。

十年河東，十年河西，曾幾何時，2011年由希臘公債違約跳票的危機，引發歐債的危機，歐豬四國（PIGS）——葡萄牙、義大利、希臘和西班牙的國債危機如野火般蔓延，連帶使得歐元對美元匯率大幅貶值，美元在這一波金融危機中，似乎成了全球投資人資金的避風港。

美元對歐元匯率

*2019.03.31

資料來源：經濟部。

2011年歐債危機使得美元成為國際資金避風港，造成多年來美元對歐元匯率大幅升值，2019年03月時，美元對歐元匯率為0.8913。

在前面章節中，我們討論金融危機對貨幣價值的影響，同時也討論如何透過儲蓄的方式累積財富，其實財富的累積和對抗通貨膨脹是一體兩面的，因為這二個問題的背後，都牽涉到一個最基本的概念，那就是貨幣的時間價值。本章將針對貨幣現值與終值、年金和複利效果做討論。

4.1　貨幣現值與終值
（Present Value vs. Future Value）

4.1.1　貨幣終值

對抗預期通貨膨脹的方法之一，就是將錢存入銀行的定期存款帳戶中，因為定期存款有固定的利息收入，而且利息還會再生利息，形成「錢滾錢」的現象，這就是複利的效果。現在我們用簡單的例子來說明此種複利效果，大明將1,000元現金存入年利率10%的定期存款帳戶中，1年後，大明可以領回的本金與利息和為1,100

元（本金1,000元與利息100元），其利息計算公式如下：

利息＝本金×年利率
　　＝1,000×10%
　　＝100

如果大明將定存1年後的本利和1,100元，再度定存於利率10%的定期存款帳戶中，則1年後的本金與利息和爲1,210元（本金1,100元與利息110元），其利息計算公式如下：

利息＝本金×年利率
　　＝1,100×10%
　　＝110

其中第2年利息收入110元的組成成分中，包含定存1,000元本金的第2年利息收入100元，和第1年利息100元定存1年後所產生的利息收入10元，合計110元，這就是「錢滾錢」的現象，因爲「本金生利息、利息生利息、利息再生利息……」的現象會持續下去。

只要利率維持不變，「錢滾錢」的現象便會持續下去，同時利息的產生形成規則的現象，因此我們可以運用簡單的公式來代表，公式如下：

$FV_n = PV \times (1+i)^n$ ………… （公式4-1）
FV_n：第 n 年後的貨幣終值
PV：貨幣現值
i：利率（投資報酬率）
n：投資期數（年）

在大明的例子中，他將1,000元定存於存款利率10%的帳戶，2年後本利和爲1,210元。

$$FV_2 = PV \times (1 + 10\%)^2$$
$$= 1,000 \times (1 + 10\%)^2$$
$$= 1,000 \times 1.21$$
$$= 1,210$$

在公式4-1中，利息的變化是固定的，所以為了簡化計算過程，我們可將利息的複利效果予以定型化，形成所謂的終值因子表，如表4-1所示。而公式4-1也可以改寫如下：

$$FV_n = PV \times (1 + i)^n$$
$$FV_n = PV \times FVIF_{i,n} \cdots\cdots\cdots（公式4-2）$$
$$FV_n：第 n 期後的貨幣終值$$
$$FVIF_{i,n}：利率為 i 第 n 期的終值因子$$

在大明的例子中，定存2年，所以$n = 2$，而利率10%，所以 $i = 10\%$，查表4-1便可得知終值因子，$FVIF_{0.1, 2}$為1.21。套用公式4-2便可得到大明1,000元定存2年後，本利和為1,210元。

$$FV_n = PV \times FVIF_{i,n}$$
$$FV_2 = PV \times FVIF_{0.1, 2}$$
$$= 1,000 \times 1.21$$
$$= 1,210$$

表4-1　終值因子

期數	利　　　　率									
	1%	2%	3%	4%	5%	6%	7%	8%	9%	10%
1	1.010	1.020	1.030	1.040	1.050	1.060	1.070	1.080	1.090	1.100
2	1.020	1.040	1.061	1.082	1.102	1.124	1.145	1.166	1.188	1.210
3	1.030	1.061	1.093	1.125	1.158	1.191	1.225	1.260	1.295	1.331
4	1.041	1.082	1.126	1.170	1.216	1.262	1.311	1.360	1.412	1.464
5	1.051	1.104	1.159	1.217	1.276	1.338	1.403	1.469	1.539	1.611

表4-1　終值因子（續）

6	1.062	1.126	1.194	1.265	1.340	1.419	1.501	1.587	1.677	1.772
7	1.072	1.149	1.230	1.316	1.407	1.504	1.606	1.714	1.828	1.949
8	1.083	1.172	1.267	1.369	1.477	1.594	1.718	1.851	1.993	2.144
9	1.094	1.195	1.305	1.423	1.551	1.689	1.838	1.999	2.173	2.358
10	1.105	1.219	1.344	1.480	1.629	1.791	1.967	2.159	2.367	2.594
11	1.116	1.243	1.384	1.539	1.710	1.898	2.105	2.332	2.580	2.853
12	1.127	1.268	1.426	1.601	1.796	2.012	2.252	2.518	2.813	3.138
13	1.138	1.294	1.469	1.665	1.886	2.133	2.410	2.720	3.066	3.452
14	1.149	1.319	1.513	1.732	1.980	2.261	2.579	2.937	3.342	3.797
15	1.161	1.346	1.558	1.801	2.079	2.397	2.759	3.172	3.642	4.177
16	1.173	1.373	1.605	1.873	2.183	2.540	2.952	3.426	3.970	4.595
17	1.184	1.400	1.653	1.948	2.292	2.693	3.159	3.700	4.328	5.054
18	1.196	1.428	1.702	2.026	2.407	2.854	3.380	3.996	4.717	5.560
19	1.208	1.457	1.753	2.107	2.527	3.026	3.616	4.316	5.142	6.116
20	1.220	1.486	1.806	2.191	2.653	3.207	3.870	4.661	5.604	6.727

　　貨幣終值在生涯理財規劃的最佳運用，便是如何在利率（投資報酬率）已知的情況下，需要幾年的時間才能將手中的財富加倍（100萬元變成200萬元），最簡單的方法便是72法則，公式如下：

　　財富加倍所需時間（年）＝72 ÷ 複利利率（複利投資報酬率）
　　　　　　　　　　　　　　　　　　　　………（公式4-3）

　　例如：大明要將手中現有的1,000元透過年利率10%的定存帳戶，變成2,000元本利和收入時，需要費時幾年？答案是7.2年。

　　財富加倍所需時間 ＝ 72 ÷ 複利利率
　　　　　　　　　　＝ 72 ÷ 10
　　　　　　　　　　＝ 7.2

　　從公式4-3中，我們可得知要快速累積財富，達成理財目標（財富加倍）的方法，便是增加預期的投資報酬率，預期的投資報

酬率愈高（低），財富加倍所需的時間愈短（長），此種現象如圖
4-1所示。

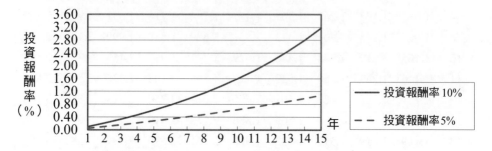

在相同投資期間內，投資報酬率愈高，複利效果愈大。

圖4-1　相同期間，不同投資報酬率複利效果比較

　　在圖4-1中，投資報酬率10%和投資報酬率5%的複利效果非常
明顯，而且隨著時間因素的延長，其複利效果所產生的差距愈大。
因此在理財規劃中，金融資產投資標的的選擇上，最應重視的因素
便是該資產的預期投資報酬率多寡。

4.1.2　貨幣現值

　　在上面的章節中，我們知道因為複利的效果，使得財富產生
「錢滾錢」的現象，接下來我們要討論預期通貨膨脹，對於財富購
買力的影響效果。最有名的例子便是壽險業務員推銷終身壽險的廣
告詞：「只要年繳保費24,000元，20年繳費期滿不必再繳，終身100
萬元死亡給付保障。」今天100萬元的死亡給付絕對可以購買許多
物品，如果被保險人在10年後死亡，則10年後的100萬元死亡給付，
到底可以購買哪些物品或許可知，如果被保險人在50年後死亡，則
50年後的100萬元死亡給付，能夠購買的商品或許變得很少了。

　　到底是哪些因素使得100萬元的購買力產生變化？這個因素就
是通貨膨脹，簡單來說就是同樣的商品，其價格將隨著通貨膨脹而
逐漸增加。換言之，今天一個20元的菠蘿麵包，在10年後其價格可
能變為40元。10年的時間從20元變為40元，不是菠蘿麵包變貴了，

也不是菠蘿麵包的品質變好了，而是製造菠蘿麵包的原物料價格在通貨膨脹催化下漲價，造成你的貨幣購買力下降了。

預期通貨膨脹對貨幣購買力的影響程度，我們運用貨幣終值的公式4-1來加以說明：

$$FV_n = PV \times (1+i)^n$$

$$PV = FV_n \times \frac{1}{(1+i)^n} \cdots\cdots\cdots （公式4\text{-}4）$$

PV：將來貨幣終值換算成現在貨幣的價值

FV_n：第 n 年後的貨幣終值

i：折現率（利率／投資報酬率）

在公式4-4中，我們將原本的利率／投資報酬率，i，改名為折現率，在上述的終身壽險給付例子中，如果被保險人在10年後死亡，而每年預期折現率為5%的情況下，則10年後100萬元死亡給付，換算成今日的價值只有614,000元，如以下公式所示：

折現率（Discount Rate）

將未來貨幣折算成貨幣現在價值的利率。

$$PV = FV_n \times \frac{1}{(1+i)^n}$$
$$= 1,000,000 \times \frac{1}{(1+0.05)^{10}}$$
$$= 1,000,000 \times 0.614$$
$$= 614,000$$

在公式4-4中的折現率 i 和年數 n 有規律的變化，因此我們可以將此部分定型化，公式4-4可改寫如下：

$$PV = FV_n \times \frac{1}{(1+i)^n}$$
$$PV = FV_n \times PVIF_{i,n}$$
$$PVIF_{i,n} = 折現率 i 第 n 期的現值因子$$

　　$PVIF_{i,n}$ 我們稱之爲現值因子，其定型化表格如表4-2所示。在上述的保險給付案例中，我們運用表4-2便可以立刻查出現值，如公式所示。

$$PV = FV_n \times PVIF_{i,n}$$
$$= 1{,}000{,}000 \times PVIF_{0.05,\,10}$$
$$= 1{,}000{,}000 \times 0.614$$
$$= 614{,}000$$

表4-2　現值因子

期數	利　　率									
	1%	2%	3%	4%	5%	6%	7%	8%	9%	10%
1	.990	.980	.971	.962	.952	.943	.935	.926	.917	.909
2	.980	.961	.943	.925	.907	.890	.873	.857	.842	.826
3	.971	.942	.915	.889	.864	.840	.816	.794	.772	.751
4	.961	.924	.888	.855	.823	.792	.763	.735	.708	.683
5	.951	.906	.863	.822	.784	.747	.713	.681	.650	.621
6	.942	.888	.837	.790	.746	.705	.666	.630	.596	.564
7	.933	.871	.813	.760	.711	.665	.623	.583	.547	.513
8	.923	.853	.789	.731	.677	.627	.582	.540	.502	.467
9	.914	.837	.766	.703	.645	.592	.544	.500	.460	.424
10	.905	.820	.744	.676	.614	.558	.508	.463	.422	.386
11	.896	.804	.722	.650	.585	.527	.475	.429	.388	.350
12	.887	.789	.701	.625	.557	.497	.444	.397	.356	.319
13	.879	.773	.681	.601	.530	.469	.415	.368	.326	.290
14	.870	.758	.661	.577	.505	.442	.388	.340	.299	.263
15	.861	.743	.642	.555	.481	.417	.362	.315	.275	.239
16	.853	.728	.623	.534	.458	.394	.339	.292	.252	.218
17	.844	.714	.605	.513	.436	.371	.317	.270	.231	.198
18	.836	.700	.587	.494	.416	.350	.296	.250	.212	.180
19	.828	.686	.570	.475	.396	.331	.277	.232	.194	.164
20	.820	.673	.554	.456	.377	.312	.258	.215	.178	.149

　　預期通貨膨脹對於生涯理財規劃目標有著重大且負面的影響，如圖4-2所示。在相同的期間內，預期通貨膨脹率愈大（愈小），則貨幣的購買力下降愈快（愈慢）。

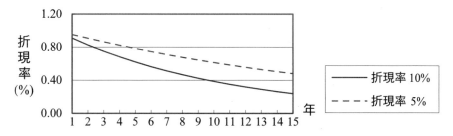

在相同折現期間內，折現率愈高，折現效果愈大。

圖4-2　相同期間內，不同折現率的折現效果比較

　　由於預期通貨膨脹率對貨幣購買力的影響力非常大，所以我們在生涯理財長程目標的設定上，應該儘量避免設定未來固定貨幣金額的收益目標，例如：10年後1,000,000元的存款本金收入，因為10年後的1,000,000元和現在的1,000,000元，其購買力絕對不一樣。

4.2　年金
（Annuities）

　　在生涯理財規劃達成理財目標的方法上，我們非常重視定期定額的投資或儲蓄方法。所謂定期定額方法，就是在固定的時間內，將固定的金額投資於固定的投資標的上，例如：每月5,000元投資於共同基金上。定期定額的投資方法，在生涯理財規劃的術語就是年金，一般年金的計算，可分為年金終值和年金現值二種。

4.2.1　年金終值

　　年金投資方法的最佳例子，便是父母親為小孩籌措大學教育基金的例子。面對大學學雜費的逐漸調漲，許多父母親為了孩子將

年金
（Annuities）

以定期定額方式投資於固定資金，而後在一定時間以一次領回本利和的方法。

來的學雜費問題而擔心，要解決這個問題，就是在小孩子上大學之前，每年提撥固定金額於報酬率穩定的金融資產上，例如股票，而後在小孩上大學的第1年，將所有投資的金額本利和一次領回，來支付小孩的大學學雜費。例如：王大為了籌措5年後的子女大學學雜費，決定在每年年底提撥50,000元投資於年報酬率10%的共同基金上，則第5年底，王大可領回305,250元，以支付小孩的大學學雜費，其計算過程如圖4-3所示。

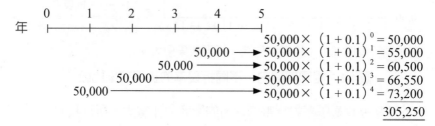

圖4-3   期末年金終值（年金50,000元，報酬率10%）

從圖4-3可得知5年的年金終值計算，其實就是將連續5年的貨幣終值加總而得到的結果，其計算過程如下：

$$FV_5 = 50{,}000 \times (1+0.1)^4 + 50{,}000 \times (1+0.1)^3 + 50{,}000 \times (1+0.1)^2 + 50{,}000 \times (1+0.1)^1 + 50{,}000 \times (1+0.1)^0$$
$$= 50{,}000 \times [(1+0.1)^4 + (1+0.1)^3 + (1+0.1)^2 + (1+0.1)^1 + (1+0.1)^0]$$
$$= 50{,}000 \times 6.105$$
$$= 305{,}250$$

在上述的計算過程中，每年利息複利效果的計算，有其規律性，因此我們可將其公式化，如下所示。

$$FV_n = PV \times FVIFA_{i,n} \cdots\cdots\cdots （公式4\text{-}5）$$

$FVIFA_{i,n}$：報酬率 i，n 期後的年金終值因子

　　各種不同報酬率和年數的年金終值因子表，如表4-3所示。在王大的例子中，其報酬率10%，期數5年的年金終值因子為6.105，因此運用公式4-5所得到的年金終值為305,250元。

$$FV_5 = PV \times FVIFA_{0.1, 5}$$
$$= 50,000 \times 6.105$$
$$= 305,250$$

表4-3　年金終值因子

| 期數 | 利　　　率 | | | | | | | | | |
	1%	2%	3%	4%	5%	6%	7%	8%	9%	10%
1	1.000	1.000	1.000	1.000	1.000	1.000	1.000	1.000	1.000	1.000
2	2.010	2.020	2.030	2.040	2.050	2.060	2.070	2.080	2.090	2.100
3	3.030	3.060	3.091	3.122	3.152	3.184	3.215	3.246	3.278	3.310
4	4.060	4.122	4.184	4.246	4.310	4.375	4.440	4.506	4.573	4.641
5	5.101	5.204	5.309	5.416	5.526	5.637	5.751	5.867	5.985	6.105
6	6.152	6.308	6.468	6.633	6.802	6.975	7.153	7.336	7.523	7.716
7	7.214	7.434	7.662	7.898	8.142	8.394	8.654	8.923	9.200	9.487
8	8.286	8.583	8.892	9.214	9.549	9.897	10.260	10.637	11.028	11.436
9	9.368	9.755	10.159	10.583	11.027	11.491	11.978	12.488	13.021	13.579
10	10.462	10.950	11.464	12.006	12.578	13.181	13.816	14.487	15.193	15.937
11	11.567	12.169	12.808	13.486	14.207	14.972	15.784	16.645	17.560	18.531
12	12.682	13.412	14.192	15.026	15.917	16.870	17.888	18.977	20.141	21.384
13	13.809	14.680	15.618	16.627	17.713	18.882	20.141	21.495	22.953	24.523
14	14.947	15.974	17.086	18.292	19.598	21.015	22.550	24.215	26.019	27.975
15	16.097	17.293	18.599	20.023	21.578	23.276	25.129	27.152	29.361	31.772

4.2.2　年金現值

　　許多人在就業服務快滿25年屆齡退休時，除了計劃退休後的生涯規劃之外，最令人頭痛的問題便是退休金的領取方式。一般屆齡退休的退休金領取方式不外以下二種：(1)月退俸方式，每月領取固定金額的退休俸，直到死亡為止；(2)一次提領，在退休當月一次領取退休金。月退俸或是一次提領，到

底哪一種比較好呢？一般人認為，如果自認身體健康可以從60歲退休後再活30年，那當然領月退俸比較好，因為未來30年不愁吃穿，每個月有固定金額的退休金可領。如果自認身體健康因素不佳，或是另有理財規劃的人，或許就會選擇一次提領退休金的方式。

其實要回答月退俸或一次提領退休金的問題，應該回到貨幣時間價值問題的本質。月退俸是未來退休的日子中，每月皆可領到一筆固定金額的月退休金，但是未來30年的預期通貨膨脹率，卻可能使得固定金額的退休金實質購買力下降。如果一次提領退休金，則要考慮退休金是否有適當的投資管道，能夠產生足夠的獲利，來支應未來的退休生活費用支出。要解決這個問題最基本的方法，便是使用年金現值的觀念。

在前一節中，我們運用貨幣終值的觀念，求出年金終值的公式，同理我們可用貨幣現值的觀念，求出年金現值的公式。

在前面退休金的例子中，王大在退休時，可以選擇方案一一次提領200萬元的現金，或是方案二每年年底可提領50萬元的退休金，連續5年，在折現率5%的情況下，王大應該選擇方案一或是方案二？要解決這個問題，首先要把方案二的連續5年固定金額的退休金額折算成現值，其計算過程如下：

$$476,000 = \frac{500,000}{(1+0.05)^1} \longleftarrow 500,000$$

$$453,500 = \frac{500,000}{(1+0.05)^2} \longleftarrow 500,000$$

$$432,000 = \frac{500,000}{(1+0.05)^3} \longleftarrow 500,000$$

$$411,000 = \frac{500,000}{(1+0.05)^4} \longleftarrow 500,000$$

$$392,000 = \frac{500,000}{(1+0.05)^5} \longleftarrow 500,000$$

2,164,500

圖4-4　期末年金現值（年金500,000元，折現率5%）

　　方案二的5年期年金現值，計算所得到的現金值為2,164,500元，遠大於方案一的一次提領退休金2,000,000元，所以王大應該選擇方案二。

　　從圖4-4中可得知5年的年金現值計算，其實就是將連續5年的貨幣現值加總而得到的結果，其計算過程如下：

$$PV = 500,000 \times \frac{1}{(1+0.05)^1} + 500,000 \times \frac{1}{(1+0.05)^2}$$

$$+ 500,000 \times \frac{1}{(1+0.05)^3} + 500,000 \times \frac{1}{(1+0.05)^4} +$$

$$500,000 \times \frac{1}{(1+0.05)^5}$$

$$= 500,000 \times \left[\frac{1}{(1+0.05)^1} + \frac{1}{(1+0.05)^2} + \frac{1}{(1+0.05)^3} + \frac{1}{(1+0.05)^4} \right.$$

$$+ \left. \frac{1}{(1+0.05)^5} \right]$$

$$= 500,000 \times 4.329$$

$$= 2,164,500$$

　　在上述計算過程中，每年折現率的計算過程有其規律性，因此我們可將其公式化，如下所示：

$$PV = FV \times PVIFA_{i,n} \cdots\cdots\cdots\cdots （公式4-6）$$

$PVIFA_{i,n}$：折現率 i，n 期的年金現值因子

　　各種不同折現率和年數的年金現值因子表，如表4-4所示。在王大的例子中，其折現率5%，期數5年的年金現值因子為4.329，運用公式4-6所得到的年金現值為2,164,500元。

$$PV = FV \times PVIFA_{0.05,\,5}$$

$$= 500,000 \times 4.329$$

$$= 2,164,500$$

表4-4　年金現值因子

期數	\multicolumn{10}{c}{利　　率}
	1%	2%	3%	4%	5%	6%	7%	8%	9%	10%
1	.990	.980	.971	.962	.952	.943	.935	.926	.917	.909
2	1.970	1.942	1.913	1.886	1.859	1.833	1.808	1.783	1.759	1.736
3	2.941	2.884	2.829	2.775	2.723	2.673	2.624	2.577	2.531	2.487
4	3.902	3.808	3.717	3.630	3.546	3.465	3.387	3.312	3.240	3.170
5	4.853	4.713	4.580	4.452	4.329	4.212	4.100	3.993	3.890	3.791
6	5.795	5.601	5.417	5.242	5.076	4.917	4.767	4.623	4.486	4.355
7	6.728	6.472	6.230	6.002	5.786	5.582	5.389	5.206	5.033	4.868
8	7.652	7.326	7.020	6.733	6.463	6.210	5.971	5.747	5.535	5.335
9	8.566	8.162	7.786	7.435	7.108	6.802	6.515	6.247	5.995	5.759
10	9.471	8.983	8.530	8.111	7.722	7.360	7.024	6.710	6.418	6.145
11	10.368	9.787	9.253	8.760	8.306	7.887	7.449	7.139	6.805	6.495
12	11.255	10.575	9.954	9.385	8.863	8.384	7.943	7.536	7.161	6.814
13	12.134	11.348	10.635	9.986	9.394	8.853	8.358	7.904	7.487	7.103
14	13.004	12.106	11.296	10.563	9.899	9.295	8.746	8.244	7.786	7.367
15	13.865	12.849	11.938	11.118	10.380	9.712	9.108	8.560	8.061	7.606

　　年金現值最常應用的例子，便是辦理房屋貸款或汽車貸款的定期定額償還方式。一般人向銀行辦理房屋貸款，除了關心貸款金額多少、利率高低和還款期間長短之外，便是每期（月／年）本利和應該攤還的金額為多少？這就是年金現值的應用。例如：丁中向台新銀行貸款200萬元購買自用住宅，利率10%，貸款金額於每年年底分5年攤還本利和，則丁中每年應該攤還的金額根據公式4-6為527,566元。

$$PV = FV \times PVIFA_{0.1,\ 5}$$
$$2,000,000 = FV \times 3.791$$
$$FV = \frac{2,000,000}{3.791}$$
$$= 527,566$$

雖然每期所償還的定期定額金額為527,566元，其中包含本金和利息，隨著繳款期限的拉長，每期所繳的利息部分愈來愈少，但是所償還的本金愈來愈多，如表4-5所示。

表4-5　定期定額貸款償還表

貸款金額2,000,000元，貸款利率10%，還款期限5年

期數	期初貸款餘額（A）	應付利息（B）	償還本金（C）	每期償還貸款金額（D）=（B）+（C）	期末貸款餘額（A）－（C）
1	2,000,000	200,000	327,566	527,566	1,672,434
2	1,672,434	167,244	360,322	527,566	1,312,112
3	1,312,112	131,211	396,355	527,566	915,757
4	915,757	91,575	435,991	527,566	479,766
5	479,766	47,800	479,766	527,566	0
合計		637,830	2,000,000	2,637,830	

4.2.3　房屋貸款（汽車貸款）攤銷

年金現值最常應用的例子，便是房屋貸款或是汽車貸款金額的攤銷，為了減輕貸款人的還款負擔，確保放款銀行的收款安全，大部分房屋貸款（汽車貸款）的定期定額還款期限，都改以月為單位，但是貸款利率仍是以年利率為單位，在此情況下，有必要將以年利率和年期數為準的年金現值表，改寫為以月利率和月期數為準的貸款常數表（Mortgage Constant），如表4-6所示。

在表4-6中，縱座標為年利率，而橫座標期數換算成每年12個月的期數，所以在5年期，貸款年利率10%的每月年金現值因子為21.25。在上述丁中的例子中，丁中如果要將每年年底還款的方式，改為每月月底還款時，其每月應攤還的本利和金額為94,118元。

$$PV = FV \times PVIFA_{\frac{0.1}{12},\, 5 \times 12}$$

$$2,000,000 = FV \times 21.25$$

$$FV = 94,118$$

表4-6　1,000元貸款，每月應攤還本金和利息金額

利率	貸　款　月　數										
	6	12	18	24	30	36	48	60	72	84	96
4.00%	168.62	85.15	57.33	43.42	35.08	29.52	22.58	18.42	15.65	13.67	12.19
4.25%	168.74	85.26	57.44	43.54	35.19	29.64	22.69	18.53	15.76	13.78	12.31
4.50%	168.86	85.38	57.56	43.65	35.31	29.75	22.80	18.64	15.87	13.90	12.42
4.75%	168.98	85.49	57.67	43.76	35.42	29.86	22.92	18.76	15.99	14.02	12.54
5.00%	169.11	85.61	57.78	43.87	35.53	29.97	23.03	18.87	16.10	14.13	12.66
5.25%	169.23	85.72	57.89	43.98	35.64	30.08	23.14	18.99	16.22	14.25	12.78
5.50%	169.35	85.84	58.01	44.10	35.75	30.20	23.26	19.10	16.34	14.37	12.90
5.75%	169.47	85.95	58.12	44.21	35.87	30.31	23.37	19.22	16.46	14.49	13.02
6.00%	169.60	86.07	58.23	44.32	35.98	30.42	23.49	19.33	16.57	14.61	13.14
6.25%	169.72	86.18	58.34	44.43	36.09	30.54	23.60	19.45	16.69	14.73	13.26
6.50%	169.84	86.30	58.46	44.55	36.20	30.65	23.71	19.57	16.81	14.85	13.39
6.75%	169.96	86.41	58.57	44.66	36.32	30.76	23.83	19.68	16.93	14.97	13.51
7.00%	170.09	86.53	58.68	44.77	36.43	30.88	23.95	19.80	17.05	15.09	13.63
7.25%	170.21	86.64	58.80	44.89	36.55	30.99	24.06	19.92	17.17	15.22	13.76
7.50%	170.33	86.76	58.91	45.00	36.66	31.11	24.18	20.04	17.29	15.34	13.88
7.75%	170.45	86.87	59.03	45.11	36.77	31.22	24.30	20.16	17.41	15.46	14.01
8.00%	170.58	86.99	59.14	45.23	36.89	31.34	24.41	20.28	17.53	15.59	14.14
8.25%	170.70	87.10	59.25	45.34	37.00	31.45	24.53	20.40	17.66	15.71	14.26
8.50%	170.82	87.22	59.37	45.46	37.12	31.57	24.65	20.52	17.78	15.84	14.39
8.75%	170.95	87.34	59.48	45.57	37.23	31.68	24.77	20.64	17.90	15.96	14.52
9.00%	171.07	87.45	59.60	45.68	37.35	31.80	24.89	20.76	18.03	16.09	14.65
9.25%	171.19	87.57	59.71	45.80	37.46	31.92	25.00	20.88	18.15	16.22	14.78
9.50%	171.32	87.68	59.83	45.91	37.58	32.03	25.12	21.00	18.27	16.34	14.91
9.75%	171.44	87.80	59.94	46.03	37.70	32.15	25.24	21.12	18.40	16.47	15.04
10.00%	171.56	87.92	60.06	46.14	37.81	32.27	25.36	21.25	18.53	16.60	15.17
10.25%	171.68	88.03	60.17	46.26	37.93	32.38	25.48	21.37	18.65	16.73	15.31
10.50%	171.81	88.15	60.29	46.38	38.04	32.50	25.60	21.49	18.78	16.86	15.44
10.75%	171.93	88.27	60.40	46.49	38.16	32.62	25.72	21.62	18.91	16.99	15.57
11.00%	172.05	88.38	60.52	46.61	38.28	32.74	25.85	21.74	19.03	17.12	15.71
11.25%	172.18	88.50	60.63	46.72	38.40	32.86	25.97	21.87	19.16	17.25	15.84
11.50%	172.30	88.62	60.75	46.84	38.51	32.98	26.09	21.99	19.29	17.39	15.98
11.75%	172.42	88.73	60.87	46.96	38.63	33.10	26.21	22.12	19.42	17.52	16.12
12.00%	172.55	88.85	60.98	47.07	38.75	33.21	26.33	22.24	19.55	17.65	16.25

4.3 複利的效果
（Compound Interest Rate）

發明相對論的科學家愛因斯坦（Albert Einstein）在明瞭複利的作用之後，曾經大嘆「複利是世界第八奇蹟」（Compound interest is the eighth wonder of the world），到底複利的魔力在哪裡？要回答這個問題，我們可從公式4-1中找到答案。

$$FV_n = PV \times (1+i)^n$$

在公式4-1中，影響 n 期終值多寡的二個主要因素，分別為利率 i 的高低和期數 n 的長短，以下我們將針對不同的利率水準和期數長短做討論。

4.3.1 相同期數，不同利率水準的複利效果

在公式4-1中，假設期數不變，當利率水準 i 愈大（愈小）時，則終值 FV_n 愈大（愈小）。例如：在圖4-5中，當期數為6時，利率6%所得到的終值因子，遠大於利率2%和利率4%各期的終值因子，而且期數愈久時，終值因子之間的差距愈大。從以上分析可知，在相同的投資時間內，雖然有不同投資工具可供選擇，例如：銀行定期存款、股票、公司債或共同基金，但在一定風險考量下，應該選

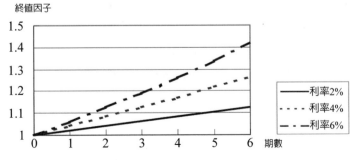

在相同期數下，利率水準愈高，終值因子愈大。

圖4-5 相同期數，不同利率水準之終值因子比較

擇投資報酬率（利率水準）最高的金融商品投資，才能達成最佳的
複利效果。

4.3.2　相同利率水準，不同期數的複利效果

在公式4-1中假設利率水準不變，當期數 n 愈大（愈小）時，
則終值因子愈大（愈小）。例如：在圖4-6中，當利率水準為5%
時，期數為7所得到的終值因子，遠大於期數為3和期數為5的終值
因子，而且期數愈大時，終值因子之間的差距愈大。從以上分析可
知，在相同的利率水準下（投資報酬率），雖然有不同期限的投資
工具可供選擇，但投資人應選擇在固定期限之內，複利次數愈多次
的投資工具或投資期間愈久的金融商品，才能達成最佳的複利效
果。例如：在表4-7中，大華銀行提供相同利率水準，不同期間的
定期存款服務，則在2年的定期存款期間內，投資人應選擇1個月定
期存款的服務連續2年，才能得到最佳的複利效果，因為在2年內，
1個月定存的複利次數達24次，如表4-8所示。

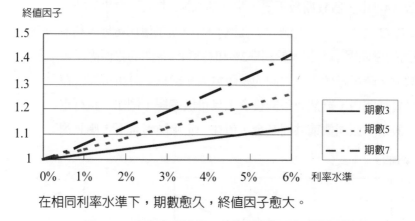

在相同利率水準下，期數愈久，終值因子愈大。

圖4-6　相同利率水準，不同期數之終值因子比較

表4-7　大華銀行定期存款利率水準

期　　限	利率水準（年）
2年	12%
1年	12%
6個月	12%
3個月	12%
1個月	12%

表4-8　定期存款相同利率水準，不同存款期限下本利和（本金**1,000**元）

期限	利率水準（年）	複利期數	終值因子	本利和
2年	12%	1	1.120	1,120
1年	12%	2	1.254	1,254
6個月	12%	4	1.262	1,262
3個月	12%	8	1.267	1,267
1個月	12%	24	1.270	1,270

　　在生涯理財規劃的實務上，金融業也知道複利效果，因此不可能出現如表4-7中，不同存款期限但是相同利率水準的定期存款服務。最常見的做法便是不同的存款期限有不同的利率水準，通常存款期限愈長（愈短），利率水準愈高（愈低）。例如：在表4-9中，臺灣銀行1年期的固定利率定期存款1.035%，遠大於6個月的固定利率定期存款0.795%。

表4-9　臺灣銀行定期存款利率

類別	期　　　別		機動利率（年息%）	固定利率（年息%）
定期存款	三年	一般	1.1.115	1.0650
		五百萬元（含）以上	0.2900	0.2800
	二年～未滿三年	一般	1.0900	1.0400
		五百萬元（含）以上	0.2600	0.2500
	一年～未滿二年	一般	1.0650	1.0350
		五百萬元（含）以上	0.2400	0.2300
	九個月～未滿十二個月	一般	0.9500	0.9100
		五百萬元（含）以上	0.2000	0.1900

表4-9　臺灣銀行定期存款利率（續）

定期存款	六個月～未滿九個月	一般	0.8350	0.7950
		五百萬元（含）以上	0.1700	0.1600
	三個月～未滿六個月	一般	0.6600	0.6300
		五百萬元（含）以上	0.1400	0.1300
	一個月～未滿三個月	一般	0.6000	0.6000
		五百萬元（含）以上	0.1100	0.1100
活期存款利率	—		0.0800	

資料來源：臺灣銀行，2019.04.10。

4.4　摘要

　　「錢滾錢」財富累積的現象，主要是由貨幣的時間價值所形成的。在考慮通貨膨脹因素下，貨幣終值可以降低未來貨幣購買能力下降的衝擊，而在折現率的觀念下，貨幣現值可以用來推估未來投資所得的現值，是否能和現在的消費水準相比擬。年金的觀念主要是運用定期定額的投資方法，在不同的利率水準和折現率下，求出年金現值和年金終值，用以衡量投資目標是否能夠有效達成的依據，年金現值主要用於計算房屋貸款或汽車貸款，每月定期定額應攤銷的金額。

　　複利效果主要是由利率水準高低和期數長短二大因素所造成的。一般來說，在相同的期數下，利率水準愈高（愈低），終值因子愈大（愈小），複利效果愈大（愈小）。另一方面，在相同的利率水準下，複利期數愈大（愈小），終值因子愈大（愈小），複利效果愈大（愈小）。

4.5　問答題

1. 運用貨幣終值表計算本金現值1,000元，在下列不同利率水準和期數之貨幣終值。

    (1) 年利率5%，期數5年

    (2) 年利率10%，期數2年

    (3) 年利率10%，半年複利一次，連續複利2年

2. 運用貨幣現值表計算本金終值1,000元，在不同折現率和期數之貨幣現值。

    (1) 折現率6%，期數4年

    (2) 折現率12%，期數2年

    (3) 折現率10%，半年折現一次，連續折現2年

3. 大明為籌措4年後1,000,000元的退休金，在年報酬率10%的情況下，大明現在應投資多少資金，才能達成這個目標？

4. 王大替其小孩投資共同基金，每年年底投資金額100,000元，預估年報酬率15%，則在10年後，其本利和為多少，可供其子女出國留學之用？

5. 丁中即將屆齡退休，其退休金領取方式分為兩種方案：(1)一次提領退休金3,000,000元；(2)每年年底提領退休金200,000元，可連續提領20年。在折現率5%的情況下，丁中應選擇一次提領退休金，或是分年提領退休金？

6. 大華向銀行貸款3,000,000元用以購買自用住宅，貸款利率12%，分20年攤還，請問每月底應定期定額攤還本金和利息共多少元？

7. 王明有1,000,000元現金，決定定存於銀行定期存款帳戶中1年，臺灣銀行1年定存利率為2.5%，台新銀行半年定存利率為2.4%，王明應選擇哪一家銀行，才能達成1年後本利和最大的目標？

4.6　討論題

1. 查詢臺灣銀行、台新銀行和合作金庫銀行的定期存款利率，在 1年期、6個月和3個月的定存利率項目下，哪一家的各期利率最高？

2. 詢問父母親或是班上老師，其退休金領取方式的偏好？

   (1) 一次提領的人數有多少？考慮因素為何？

   (2) 領取月退俸的有多少人？考慮因素為何？

3. 分析目前國民的退休制度，榮民、公務員、股票上市公司員工、私立學校教師、農民所領取的退休金各為何？（一次提領或是月退俸）

〈II〉

資產管理（Assets Management）

Chapter 5
現金流量管理

理財觀

存款愈存愈少？

一般人認為將現金存在銀行帳戶內，錢就自動會錢滾錢，愈存愈多，但事實並不是這樣，有時存款不但沒有增加，反而是愈存愈少，因為銀行要向你（妳）收取帳戶管理費。由於國內銀行業的經營環境非常競爭，再加上銀行業的經營固定成本高，例如：分行租金、人事費用、呆帳費用和存款保險費，許多銀行在撙節經營成本節流的考量下，對許多超過半年不曾有資金往來紀錄，或存款金額未達起息點的帳戶，紛紛列為「靜止戶」，停止給付利息。而外商銀行早就針對存款未達每日平均最低存款餘額的帳戶，加收每月500元或1,000元的帳戶管理費，存款戶的儲金在帳戶管理費的侵蝕下，有可能愈存愈少。金管會呼籲民眾，如有不再使用的帳戶最好結清，以免造成不必要的紛爭，畢竟銀行所提供的各項資金服務不再是免費的。

資料來源：

郭文平，〈錢進銀行未必生利息〉，《自由時報》，2002. 12. 01。

現代人運用信用卡消費購物或透過信用卡預支消費時,在循環利息機制下,高達18%的信用卡利息費用,造成許多持卡人為了支付每月信用卡帳單費用而捉襟見肘,形成「卡奴」的社會現象。其實要避免「卡奴」現象的持續發生,最好的方法便是在生涯理財規劃中,重視現金流量管理。在本章中,我們將針對現金管理金融機構、現金理財金融工具和現金流量管理因素做詳細討論。

5.1 現金管理金融機構
(Cash Flow Management Institutions)

要從事有效的現金流量管理,或是有效確保現金資產的安全,最好的方法便是透過市面上現有的金融機構,和其相關機制來從事管理成本低、時效性快和安全性高的現金流量管理。由於金控公司的紛紛成立,許多金控公司將傳統的金融業,例如:銀行、證券和保險,合而為一,造成消費者認知的混淆,其實金融業按照其是否收受存款的營業性質,可簡單區分為存款機構和非存款機構。

存款機構
(Deposit Institutions)
以接受存款和放款為主的商業銀行或信用合作社。

非存款機構
(Nondeposit Institutions)
不以接受存款或放款為主要業務的金融機構,例如:證券商或投信公司。

5.1.1 存款機構

存款機構泛指以接受客戶存款和放款為主要業務的金融機構,例如:商業銀行、郵局儲匯處或是信用合作社(農漁會信用部)。

■商業銀行

存款機構最普遍的就是商業銀行,在臺灣主要城市的大街小巷,幾乎都可以看到公民營商業銀行的分行營業據點。例如:在2018年時,臺灣財政當局核准設立的商業銀行(含信用合作社)分行數高達3,688家,如表5-1所示。配合各處皆有的自動提款機,商業銀行成為現代人有效管理現金流量的金融機構。

表5-1 臺灣核准設立存款機構家數

項　目	家　數	分行數
一般商業銀行	40	3,420
外商商業銀行	38	23
陸商銀行	2	2
信用合作社	23	268
農會信用部	283	821
漁會信用部	28	44
中華郵政儲匯部	1	2,595

資料來源：中央銀行，2018.12.31。

　　由於各分行據點有其營業時間的限制，為了配合現代人24小時的起居作息習慣，同時應用資訊網路科技的便利性，許多商業銀行紛紛開辦網路銀行的金融服務，提供金融客戶在家中或是工作場所的電腦，透過加密的網際網路進行資金的調度、轉移和網路理財活動。

　　商業銀行除了提供存放款的服務之外，另外在各分行還提供有資產保存需求的顧客保管箱服務，以及信用卡、現金卡或是個人理財諮詢服務。而遍布各營業據點、便利商店或是速食店的自動提款機跨行提款服務，更使得有資金需求的消費者享有24小時理財服務。

■郵局儲匯部

　　臺灣公民營銀行數高達78家，分行遍布大街小巷，但以分行分布的密度和數目數來區分的話，仍以中華郵政公司分布各地的郵局分局為數最多，尤其是許多偏遠地區都有郵局的設立，提供當地民眾在郵政服務項目之外的儲匯業務服務，同時提供簡易壽險、外匯買賣或是簡易的理財諮詢服務，而郵局所發行的晶片提款卡，也適用於各地的自動提款機。

■信用合作社（農漁會信用部）

在商業銀行業務尚未完全開放，政府禁止新設商業銀行的時代，許多有金融需求的企業或民眾，紛紛透過信用合作社的方式，取得資金融通服務。信用合作社業務範圍和商業銀行業務最大的不同，在於商業銀行可以辦理一般民眾的存放款業務，但是信用合作社的服務對象，只限於已經繳交入社費用的社員，非社員如果要到信用合作社辦理存放款業務，可能就要吃閉門羹了。而各地的農漁會信用部也是類似信用合作社的組織架構，只提供農漁民社員的資金融通服務。

由於信用合作社是由社員所組成，其經營成本偏低，而且比商業銀行更能提供社員量身訂做的金融服務。但因大部分的信用合作社只是地區性的經營方式，使其業務的發展和能提供的服務項目受到限制，在商業銀行的競爭壓力下，許多信用合作社紛紛改制為商業銀行，或是被其他商業銀行所併購，如圖5-1所示。

為了保障存款戶的權益，在存款機構發生經營危機時獲得保障，只要是加入中央存款保險機制的存款機構存款戶，都可獲得最高新臺幣300萬元的保障，但是保障範圍僅限於新臺幣的存款業務項目，至於其他業務，例如：外幣存款、信託服務或放款業務的客戶，則無法受到存款保險的保障。

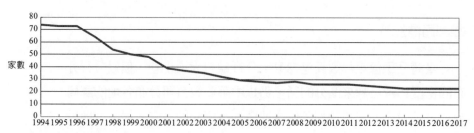

資料來源：中央銀行。
在金融業務自由化和金控公司化政策下，臺灣信用合作社家數急速衰減，在2017年時只剩下23家，分行數為268。

圖5-1　全國信用合作社家數

5.1.2 非存款機構

許多非存款機構雖然不接受顧客之直接存款服務，但是卻直接辦理理財金融商品銷售和個人理財諮詢服務，這些非存款機構包括投資信託公司、保險公司和證券經紀商。

■投資信託公司

投資信託公司依法申請成立各式各樣的共同基金，而後由投資人認購成立後，委由投資信託公司經理人代為操作各式各樣的股票、公司債或房地產，為共同基金持有人謀取投資收益，為了避免利益衝突，和確保基金投資人的資產安全，投資人在認購共同基金時，並沒有將資金匯入投資信託公司帳戶，而是透過商業銀行的銷售管道，將資金轉入基金的保管銀行。

由於共同基金依其投資目的和銷售方式不同，可區分為不同項目的基金型態，如表5-2所示。但是共同基金的高度變現能力，使得共同基金的投資，成為生涯理財規劃現金流量管理不可或缺的項目。

共同基金（Mutual Fund）

由基金所有人共同持有，但由投資信託公司代為投資操作的金融商品。

表5-2　投資信託公司發行共同基金一覽（部分）*

公司名稱	基金名稱	基金型態	投資地區	計價單位	投資標的
國泰投信	國泰科技生化基金	開放型	臺灣	新臺幣	債券、股票、RP、定存
第一金投信	第一金全家福貨幣市場基金	開放型	臺灣	新臺幣	政府公債、公司債及金融債券
新光投信	新光亞洲精選基金－美金	開放型	臺灣、東北亞（韓國、日本）、東南亞（新加坡、香港、泰國、馬來西亞、印度）、澳紐地區（澳洲、紐西蘭）等地區	美元	股票、指數股票型基金、存託憑證

表5-2　投資信託公司發行共同基金一覽（部分）（續）

富邦投信	富邦台灣采吉50基金	指 數 股 票型	臺灣	新臺幣	上市（櫃）股票，即經指數提供者納入為標的指數成分股。

*2019.03.31
資料來源：中華民國證券投資信託暨顧問商業同業公會。

■ 保險公司

　　保險公司雖然不接受民眾的存款，但是可向民眾銷售各式各樣的保險，例如：終身壽險、定期儲蓄險或儲蓄險；也開辦類似放款的業務，例如：保單質押借款，或是保單房貸業務。由於結合銀行、保險和證券經紀的金控公司紛紛成立，兼具投資和保險功能的投資型保單，成為金融市場的新商品，也是現金流量管理的新工具。

■ 證券經紀商

　　證券經紀商雖然不辦理一般投資大眾的存款業務，但是在生涯理財的各項投資業務，例如：買賣股票、買賣公司債或認購（贖回）共同基金，都需要透過證券經紀商的付費服務協助辦理，部分證券經紀商也提供理財諮詢服務。為了提供更便捷的服務，許多證券經紀商除了提供電話語音服務，也開辦網路券商的下單服務。

　　不同的金融機構有其業務經營的重點，包括強勢業務範圍和其弱勢的項目，例如：商業銀行能夠提供一次購足全方位的金融服務，例如：存放款、房屋貸款、汽車貸款、外匯買賣或基金銷售理財的服務，但是商業銀行所提供的金融商品服務成本，卻比其他金融機構來得高。而信用合作社只對社員提供金融服務，其資金成本比商業銀行低，而且其營業利潤歸全體社員所有，但是其所提供的金融商品服務範圍，受限於法令規定，有其侷限性。

　　而郵局由於其分局遍布全國各地，大街小巷皆有其分支機構的

存在，提供一般民眾非常便利的資金融通或現金週轉服務，但是其所能提供的業務服務範圍，仍是以郵政業務為大宗。在此前提下，在從事生涯理財的同時，都應將這些金融機構列為金融往來的基本機構，至於要將多少資金重心擺在何處，則有賴個人的資金需求和理財目標而定。

5.2 現金理財金融工具
（**Cash Flow Management Instruments**）

金融機構（存款或非存款機構）提供各式各樣的金融商品給消費者，以吸收民眾的資金作為其放款業務資金的來源，放款的利息收入也是其主要的獲利來源。一般金融機構所提供的現金理財金融工具，包括活期儲蓄存款、定期存款、支票存款、外幣存款、商業本票、國庫券和貨幣市場基金。

5.2.1 活期儲蓄存款

活期儲蓄存款為一般金融機構所提供最具便利性的現金理財服務，活期儲蓄存款又稱為存簿存款（Passbook Account），因為消費者只要在銀行開戶存入一筆微小的資金，例如：新臺幣1,000元，即可獲取一本存款簿，記載後續存款或是提款的紀錄。如果有附加辦理通儲或全行領款的功能，更可以在該銀行位於全國各地分行辦理各項臨櫃服務業務。為了降低臨櫃服務成本，大部分的活期儲蓄存款帳戶都有提供晶片金融卡，給消費者使用自動提款機的便利服務功能。

活期儲蓄存款大多是因為消費者在企業就業，在企業將每月薪資轉入員工薪資帳戶的便利性因素考量下，所開立的帳戶，而員工再將其薪資，按照不同用途轉入其他帳戶，因此其資金具有高度的流動性。在此情況下，金融機構無法運用此筆資金，作為長期之放

活期儲蓄存款（Savings Account）

提供極低的利息，但是可以隨時提領資金的便利性儲蓄帳戶。

款業務用途，因此只能提供偏低的利率作為消費者資金的報酬。例如：表5-3為各個商業銀行的活期儲蓄存款利率，其中臺灣銀行活期儲蓄存款利率只有0.200%。

表5-3　金融機構活期儲蓄存款利率

單位：%

金融機構名稱	活期儲蓄存款利率
臺灣銀行	0.200
華南銀行	0.230
彰化銀行	0.230
第一銀行	0.230
中華郵政	0.200

資料來源：各銀行牌告利率，2019.04.08。

5.2.2　定期存款

活期儲蓄存款雖然有其資金提領的便利性，但是其報酬率（利率）偏低卻是不爭的事實，為了吸引更長久的資金，每家商業銀行都有提供定期存款服務。定期存款顧名思義，係為消費者必須將資金存放於金融機構固定期間（最短30天）才能提領的存款服務，由於其存款期間為固定的，銀行有較大的權限可運用此筆資金作為放款業務之用，因此銀行願意以較高的存款利率來補償存款戶。

銀行在辦理存放款業務時所提供的利率水準，可分為機動利率和固定利率二種。

機動利率顧名思義表示存放款的利率，是根據央行所調控的基準利率變動而跟著變動，例如：存款戶選擇6個月的定期存款機動利率的話，若在這6個月期間，央行調控基準利率二次的話，存款戶的定存機動利率也會跟著調動二次。一般來說，存款戶若預期將來基準利率將逐步調高時，應選擇機動利率比較有利。

固定利率表示當存款戶選擇固定利率的定期存款時，在其存款期間，無論基準利率是調高或降低，其存款利率都不會隨之改變。一般來說，存款戶若預期將來基準利率逐步降低時，應選擇固定利

> **定期存款**
> （Certificates of Deposit）
>
> 需將資金存於商業銀行固定期間之後，才能提領的資金服務，有比較高的利息收入。

率比較有利。

　　由於資金的需求因素，一般來說，商業銀行對於愈大筆的定期存款資金，所能提供的利率愈高，而定期存款的期間愈久，利率也愈高，如表5-4所示。例如：在表5-4中，臺灣銀行1年的定存利率（固定利率）1.035%，比3個月的定存利率（固定利率）0.630%，高出0.405%。

　　定期存款雖然提供比活期儲蓄存款較高的利率水準，但是如果在定期存款尚未到期之前，就要提前解約提領該筆資金的話，可能就要面臨部分的違約罰款，或是利息收入減少的處罰。有時銀行剩餘資金過多，無法為資金找到出路，放款給企業或是消費者，銀行為了經營成本的考量，有時也會暫時拒絕大筆資金的定期存款。

表5-4　臺灣銀行定期存款利率

類別	期別		機動利率（年息%）	固定利率（年息%）
定期存款	三年	一般	1.115	1.065
		五百萬元（含）以上	0.290	0.280
	二年～未滿三年	一般	1.090	1.040
		五百萬元（含）以上	0.260	0.250
	一年～未滿二年	一般	1.065	1.035
		五百萬元（含）以上	0.240	0.230
	九個月～未滿十二個月	一般	0.950	0.910
		五百萬元（含）以上	0.200	0.190
	六個月～未滿九個月	一般	0.835	0.795
		五百萬元（含）以上	0.170	0.160
	三個月～未滿六個月	一般	0.660	0.630
		五百萬元（含）以上	0.140	0.130
	一個月～未滿三個月	一般	0.600	0.600
		五百萬元（含）以上	0.110	0.110

資料來源：臺灣銀行，2019.04.10。

5.2.3　支票存款

支票存款
（Checking
Accounts）

以開立支票便利性
作為付款服務的存
款業務。

　　區分存款機構和非存款機構業務差別，最好的方式就是支票存款服務了。只有存款機構才有提供存款戶支票存款的服務。一般活期儲蓄存款帳戶雖然有晶片提款卡，可以透過提款機作為資金轉帳、匯款或繳稅服務，但是為確保存款戶資金的安全，相關金融監理機關有規定，晶片提款卡每戶每日每次所能提款或轉帳的資金上限，超過此上限就必須親自前往銀行臨櫃辦理資金週轉服務。為了解決此種不便性，許多商業銀行或信用合作社提供客戶支票存款的服務，提供開立支票存款的帳戶，透過請領支票簿的方式，支票存款戶可以開立支票支付大額的貨款或稅金，或是每期的房屋貸款金額（汽車貸款）給收款人，而後所開立的支票透過各地票據交換所，將資金直接由支票存款帳戶中轉出給受款人。

　　支票存款帳戶業務，大多是各商業銀行為吸引客戶資金往來便利，所提供的附加服務，所以支票存款大多沒有提供利息收入的優惠，在此考量下，不宜將大筆資金存放於支票存款帳戶中，以免有喪失利息收入的機會成本產生。最佳的方式便是將資金存放於活期儲蓄存款帳戶中，當所開立的支票到期的前一天，才將開立的金額由活期儲蓄存款帳戶轉入支票存款帳戶內，以利隔日受款人提領。由於支票為信用交易的工具，所以在開立支票支付貨款的當時，必須確定將來有此筆資金可以支付，否則一旦支票到期無現金可以支付給受款人，形成跳票的紀錄，所有的跳票紀錄都會彙集到金資中心，供相關人士查閱徵信之用，一旦個人或企業有跳票紀錄的話，則未來要取得金融業的相關服務，例如：辦理房屋貸款或是辦理信用卡，都會因金融信用不佳而變得相當困難。

5.2.4　外幣存款

外幣存款
（Foreign
Deposit）

以外幣方式存放於
銀行帳戶中，以賺
取利息和匯率價差
的金融商品。

　　外幣存款為近年來金融機構在提供消費者更多理財商品下，所大力推動的金融商品，就是將外幣以定期存款方式存放於金融機構中，以賺取比同期間內新臺幣定期存款較高利率的差價利潤。例

如：在表5-5中，臺灣銀行新臺幣和美元的9個月定期存款利率分別
為0.910%和2.00%，利率差價利潤高達1.09%。

表5-5　臺灣銀行外幣存款利率

幣別	活期（年息%）	定期存款（年息%）							
		7天	14天	21天	1個月	3個月	6個月	9個月	1年
美元（USD）	0.480	1.050	1.050	1.050	1.100	1.550	1.900	2.000	2.150
美元（USD）大額	-	1.050	1.050	1.050	1.150	1.600	1.950	2.050	2.200
港幣（HKD）	0.050	0.100	0.100	0.100	0.200	0.300	0.400	0.450	0.550
英鎊（GBP）	0.050	0.080	0.080	0.080	0.150	0.200	0.250	0.250	0.300
澳幣（AUD）	0.200	0.750	0.800	0.900	1.200	1.300	1.400	1.450	1.500
加拿大幣（CAD）	0.150	0.250	0.250	0.250	0.500	0.600	0.700	0.850	0.900
新加坡幣（SGD）	0.050	0.100	0.100	0.100	0.100	0.150	0.200	0.300	0.300
瑞士法郎（CHF）	0.001	0.001	0.001	0.001	0.001	0.001	0.001	0.001	0.001
日圓（JPY）	0.001	0.001	0.001	0.001	0.001	0.001	0.001	0.001	0.002
南非幣（ZAR）	1.100	2.800	2.800	2.800	4.700	4.750	4.500	4.500	4.500
瑞典幣（SEK）	0.001	0.001	0.001	0.001	0.001	0.001	0.001	0.001	0.001
紐元（NZD）	0.350	0.650	0.650	0.650	1.450	1.500	1.500	1.600	1.650
歐元（EUR）	0.001	0.001	0.001	0.001	0.001	0.001	0.001	0.001	0.002

表5-5　臺灣銀行外幣存款利率（續）

人民幣 （CNY）	0.350	0.650	0.650	0.650	1.250	1.400	1.650	1.650	1.700

資料來源：臺灣銀行，2019.04.10。

　　外幣存款的另一個潛在投資（投機）利潤為理財者預期將來新臺幣對各種主要國際貨幣貶值的匯率差價利潤，例如：在圖5-2中，從2010年開始，新臺幣對國際主要貨幣，例如：美元和歐元都呈現升值的趨勢，如果消費者能預估此種趨勢，事先將新臺幣轉換成美元和歐元的定期存款，可能造成匯率價差的損失。

　　外幣存款雖然提供短期資金潛在的投資（投機）利潤，例如：利率差價和匯率差價，但是匯率變動的潛在損失風險，也威脅外幣存款戶的本金安全，另一方面銀行為有效管理外幣存款帳戶，都設有每一種外幣存款的最低開戶門檻，例如：在表5-6中，臺灣銀行美元外幣定期存款的最低開戶門檻為1,000美元。

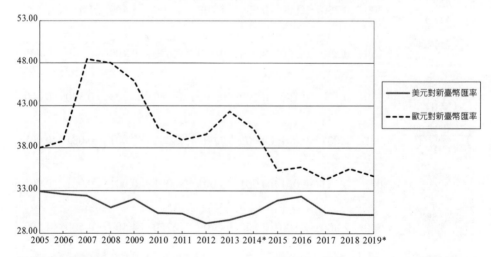

*2019.04.10
資料來源：中央銀行。
新臺幣對美元和歐元匯率在2008年歐美國家金融危機幫助下快速升值，但是隨歐美國家經濟的回升，新臺幣對美元和歐元匯率也隨之貶值，從2016年開始，新臺幣對美元和歐元匯率又開始升值。

圖5-2　新臺幣對美元和歐元匯率

表5-6　臺灣銀行外幣存款最低開戶金額

存款幣別	外匯活期存款 (開戶最低金額及起息金額)	外匯定期存款 (開戶最低金額) 七天期以上期別
美元	100	1,000
港幣	1,000	10,000
英鎊	100	1,000
澳幣	100	1,000
加拿大幣	100	1,000
新加坡幣	100	1,000
瑞士法郎	100	1,000
日圓	15,000	150,000
南非幣	1,000	10,000
瑞典幣	1,000	10,000
紐西蘭幣	100	1,000
歐元	100	1,000
人民幣	600	6,000

資料來源：臺灣銀行，2019.04.10。

5.2.5　商業本票

　　許多信用良好的公司或金融機構，為了滿足短期的資金需求，透過票券金融公司的協助，以折價方式發行無擔保到期償還本金的商業本票（Commercial Papers），給一般投資人作為短期的現金投資工具。其實購買商業本票和將資金存放於銀行定期存款的性質非常類似，只不過商業本票是投資者將資金交付給信用良好的公司，以取得將來還款的憑證，而定期存款是投資人將資金交付給有存款保險的銀行手中。在此前提下，商業本票所能提供的利率，遠高於同期的銀行定期存款或活期儲蓄存款利率，如表5-7所示。另一方面，商業本票的投資期限有相當的彈性，有不同的天期可供選擇，非常適合短天期的剩餘現金流量投資。

表5-7　臺灣銀行商業本票利率

		新臺幣票券								
期　別		10天期	20天期	30天期	60天期	90天期	120天期	150天期	180天期	360天期
票券市場 初級市場	融資性商業本票	0.98%	1.00%	1.01%	1.08%	1.14%	1.21%	1.28%	1.35%	1.50%
	銀行承兌匯票	0.98%	1.00%	1.01%	1.08%	1.14%	1.21%	1.28%	1.35%	1.50%
次級市場	買入	0.78%	0.80%	0.82%	0.90%	0.97%	1.02%	1.06%	1.09%	1.29%
	賣出	0.38%	0.41%	0.42%	0.45%	0.48%	0.51%	0.54%	0.60%	0.60%

資料來源：臺灣銀行，2019.04.10。

附買回協定（Repurchase Agreements, RP）

票券交易商在出售票券給買方時，約定將來以雙方約定價格買回該票券的交易方式。

附賣回協定（Reverse Sell Agreement, RS）

票券交易商在買入票券後，可以雙方約定價格，在將來將票券賣回給票券賣方的票券交易方式。

國庫券（Treasury Bill, TB）

中央政府發行的短期資金週轉工具。

另一方面，商業本票有初級市場和次級市場的存在，使得商業本票金融商品有著極高流動性，非常適合短期資金的投資。在商業本票的次級市場，最常見的買賣商品為附買回協定或附賣回協定。

票券投資作為短期現金處理出路的最佳好處，為票券商或商業銀行可為投資人量身訂做承作金額、投資天期與利率，皆符合投資人資金需求的票券商品。而附買回或附賣回商品更具有節稅效果，該商品交易免付交易稅，商品孳息所得更不用併入個人綜合所得稅利息所得收入項目。

5.2.6　國庫券

國庫券是中央政府為調節季節性的資金需求，或調節金融市場資金流量，所發行的短期票券，出售給投資人、投資信託公司或壽險公司。國庫券按照其用途和發行目的，可分為按面額發行，到期還本金和支付利息的甲種國庫券，和以折價貼現發行，到期還本金的乙種國庫券。由於國庫券為政府所發行，運用政府信用做擔保，所以其所能提供的利息收入偏低，其利率（殖利率）遠低於各種短期金融商品的利率水準，如圖5-3所示。但是其投資風險性卻遠低於同類的各種短期金融商品，非常適合有短期閒置資金，且重視資金安全的投資人。

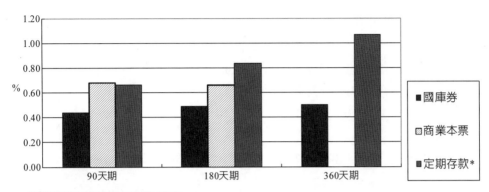

*臺灣銀行定期存款機動利率

資料來源：中央銀行，2019.02.28。

由於國庫券有國家信用做保證，其投資風險極低，因此其利率遠低於同期的定期存款利率。

圖5-3　國庫券、商業本票和定期存款初級市場利率

5.2.7　貨幣市場基金

　　前面所討論的各種短期現金投資工具雖然種類很多，所需最低投資金額各異，但是其最大的缺點為投資風險、買賣時機和操作方式皆須由投資人自行處理，對於投資人而言是一種負擔。許多投資信託公司為了幫投資人解決此種困難，成立以投資票券、商業本票和國庫券為目的的貨幣市場基金。貨幣市場基金屬於短期投資週轉能力高的共同基金，而且投資門檻偏低，只要新臺幣10,000元即可投資，再加上各投信公司皆有銷售貨幣市場基金，有的投信公司更推出以外幣計價的貨幣市場基金，可同時達到與投資外幣存款一樣的賺取匯率價差的投資效果。如表5-8所示。但是貨幣市場基金的買賣手續費，遠高於前述各項短期投資工具的手續費，是其主要的缺點。

🌀 **貨幣市場基金（Money Market Funds）**

投資於短期的金融工具，例如：商業本票的共同基金。

　　運用閒置現金可以從事投資的各個短期投資工具商品、開戶條件、利率水準和優缺點，如表5-9所示，投資人可以根據自己的需要加以選擇。而選擇所必須考慮的因素，留待下一節再加以討論。

表5-8　貨幣市場基金一覽（部分）

公司名稱	基金名稱	計價幣別	投資地區	管理年費%	銷售手續費%
台新投信	台新1699貨幣市場基金	新臺幣	臺灣	0.0600	1.0000
元大投信	元大人民幣貨幣市場基金	人民幣	香港	0.3000	4.0000
統一投信	統一強棒貨幣市場基金	新臺幣	臺灣	0.0800	-
安聯投信	安聯人民幣貨幣市場基金（美元）	美元	全球	0.3000	4.0000

*2019.03.31
資料來源：中華民國證券投資信託暨顧問商業同業公會。

表5-9　各種短期投資工具比較

金融商品名稱	最低投資開戶門檻	利率水準（臺灣銀行6個月利率）	最短投資期限	優點	缺點
活期儲蓄存款	1,000元	0.200%	無	・可隨時提領，資金運用有彈性 ・開戶門檻低	・利率水準低
定期存款		・固定：0.835% ・機動：0.795%	30天	・利率水準高 ・各家金融機構皆有開辦，方便性高	・有提前解約處罰條款
支票存款	5,000元	無	無	・適合大筆資金轉移 ・票據週轉便利性高	・沒有利息收入 ・有跳票的信用危機
外幣存款	1,000美元	美元：1.900%	定期：7天	有利率和匯率價差利潤	・投資門檻高

表5-9 各種短期投資工具比較（續）

商業本票	1,000,000元	1.350%	無	·有初期市場和次級市場，資金週轉能力強 ·利率水準高	·投資門檻高
國庫券	10,000元	0.490%	90天	·資金安全性高 ·買賣方便，資金週轉性高	·投資報酬率低
貨幣市場基金	·單筆：10,000元 ·定期定額：3,000元	視報酬率而定	30天	·投資門檻低 ·商品選擇性多樣化	·買賣手續費高

資料來源：臺灣銀行，2019.03.31。

5.3 現金流量管理因素
（Factors Determining Cash Flow Management）

金融機構雖然提供許多便利的短期金融商品，供消費者管理其短期現金流量，但是在選擇這些金融商品之前，仍然必須考慮到一些因素，這些因素包括利率水準高低、個人租稅負擔大小和資金週轉方便性高低。

5.3.1 利率水準高低

短期現金流量的管理，主要在於重視一些短期閒置資金的安全性，但是也要重視這些資金的獲利能力，而短期資金的獲利能力來源為利息收入，影響利息收入高低的二大因素，就是存款期間長短和各金融商品利率水準的高低。雖然各金融機構都有公開標示各短期金融商品在不同存款期間的利率水準，而且利率水準都以年利率

來表示，但是在複利因素效果下，各金融商品的公告利率和實際利率並不相同，在此情形下，要比較各個金融商品的利率水準高低，變得非常困難，要解決這個難題，最好的方法就是採用年化收益率。年化收益率的計算公式如下所示：

年化收益率
（Annual Percentage Yield, APY）

將不同存款期間的利率水準，統一化為以年為計算基準的利率水準方法。

$$APY = \left(1 + \frac{i}{n}\right)^n - 1 \cdots\cdots\cdots（公式5\text{-}1）$$

APY：年化收益率

i：名目市場利率

n：每年複利次數

例如：臺灣銀行3個月定期存款牌告利率為0.660%，則其年化收益率為0.661%，比其牌告利率高出0.001%，在不同存款期間的年化收益率，如表5-10所示。在表5-10中，可看出各存款期間的年化收益率都比其牌告利率高出許多，其背後差異的因素為貨幣複利效果所造成的。

$$APY = \left(1 + \frac{i}{n}\right)^n - 1$$
$$APY = \left(1 + \frac{0.0066}{4}\right)^4 - 1$$
$$= 0.00661$$
$$= 0.661\%$$

表5-10　銀行定期存款年化收益率比較

單位：%

存款期間	牌告利率*	年化收益率
一年	1.0650	1.0650
六個月	0.8350	0.8360
三個月	0.6600	0.6610
一個月	0.6000	0.6080

*機動利率

資料來源：臺灣銀行，2019.03.31。

5.3.2 個人租稅負擔大小

　　由於所得稅法規定，利息所得必須納入個人綜合所得稅申報，因此在決定個人短期資金的投資出路時，須考慮個人的所得稅率高低，因為我們真正重視的是稅後所得的利息收入。由於個人綜合所得稅率的計算是採用漸進式，只要所得超過稅捐單位所設定的金額，即自動適用下一階段的稅率，而且所得愈高、邊際稅率愈高，所以稅後所得必須以邊際稅率來計算，其公式如下：

> **稅後所得**
> （After-Tax Return）
> 扣除應繳租稅後，實際所收到的金額。

　　稅後所得 ＝ 課稅所得 × （1 － 邊際稅率）………（公式5-2）

　　例如：王大明將新臺幣100萬元的閒置資金，轉存於1年期利率2.5%的定期存款，王大明的邊際稅率為8%，則其定期存款利息收入的稅後所得為23,000元，如下所示：

$$
\begin{aligned}
稅後所得 &= 課稅所得 \times （1 - 邊際稅率）\\
&= 1,000,000 \times 0.025 \times （1 - 0.08）\\
&= 23,000
\end{aligned}
$$

　　由個人綜合所得稅稅率採用邊際稅率的方式累進，所以邊際稅率愈高的人，最好將短期資金轉入免稅或採用分離課稅的金融投資商品，例如：債券附買回（賣回）協定或國庫券，而各個短期金融商品的利息收入課稅規定，如表5-11所示。

表5-11　短期金融商品利息所得課稅規定和稅率

短期金融商品種類	課稅規定
金融機構存款	利息收入列入27萬利息所得扣除額
短期票券	利息所得10%分離課稅
公債、金融債券	利息所得10%分離課稅
不動產證券化商品	利息所得10%分離課稅
金融資產證券化商品	利息所得10%分離課稅

資料來源：國稅局，2019。

5.3.3　資金週轉方便性高低

　　短期閒置資金的投資雖然要重視其收益率，但是資金週轉的方便性也不能忽略，畢竟在有些突發狀況下，也是需要使用到這些短期資金，所以這些方便性高低的考慮因素，包括資金的安全性、提款運用資金的方便性和帳戶管理費。

■資金的安全性

　　雖然中央存款保險公司針對已加入存款保險業務的金融機構，提供存款戶的存款保障，但是並不是所有的金融機構都有加入中央存保，而且中央存保也不是針對存款戶的所有資金類別皆提供保障。例如：在表5-12中，全國金融機構大多數已加入存款保險。

表5-12　臺灣金融機構加入存款保險家數統計

金融機構類別	2019年投保家數	
本國銀行*	40	全員投保
信用合作社	23	全員投保
農會信用部	283	全員投保
漁會信用部	28	全員投保
外國及大陸地區銀行在臺分行	28	全員投保

*含全國農業金庫及中華郵政公司
資料來源：中央存款保險公司。

　　金融機構的各項業務範圍，也不是都受到中央存款保險公司的保障，根據存保條件，中央存款保險針對每一要保金融機構的每一存款戶，最高理賠金額為新臺幣300萬元，而且只保本金、不保利息，所以存款戶若有過多的閒置資金，勢必要在便利性考量下，分別存放於不同金融機構中，才能獲得有效之保險保障，而存款戶受保障和不受保障之存款項目，如表5-13所示。

表5-13 臺灣中央存款公司存款保險和不保險項目

受保障之存款	未受保障之存款
支票存款	可轉讓定期存單
活期存款	各級政府機關之存款
定期存款	中央銀行之存款
依法律要求存入特定金融機構之轉存款	收受存款金融機構間之同業存款
其他經主管機關核准承保之存款	銀行所設之國際金融業務分行收受之存款
	其他經主管機關核准不予承保之存款

資料來源：中央存款保險公司，2019。

如果投資人有不定期大筆資金調度需求的話，則應在附近的金融機構租借保管箱存放資金，以確保資金安全，不應在便利性考量下，將大筆資金存放於家中，以免遭竊蒙受損失。

提款的方便性

在運用金融機構進行現金流量管理的同時，也必須考慮到提款運用資金的方便性。許多理財工具，例如：定期存款和外幣存款都有開戶的最低金額、最低存款期間和帳戶最低存款金額的規定，如果違反這些規定，或是遇緊急狀況需要動用到這些資金時，可能必須付出固定金額的管理費或是罰款，才能解約動用資金，造成損失。

另一方面，許多金融機構雖然運用較高的存款利率，來吸收客戶的資金，但是這些金融機構礙於經營成本的考量，卻無法在各主要城市設立營業據點，使得存款戶在提領資金時，需花費車馬費和時間，舟車勞頓才能提領現金，此時在成本的考量下，就應選擇分行多或是廣設提款機的金融機構，來從事現金理財的服務。在表5-14中列出全國各金融機構分行數的排名，其中以中華郵政儲匯部門的分支機構最多，但是郵局的存款利率偏低，卻是不爭的事實。

表5-14　金融機構分行數排行

本國銀行			外國銀行		
名次	名稱	分行數	名次	名稱	分行數
1	中華郵政公司	1,298	1	渣打國際商業銀行	65
2	合作金庫商業銀行	269	2	花旗（臺灣）商業銀行	48
3	第一銀行	187	3	匯豐（臺灣）商業銀行	30
4	華南銀行	185	4	星展（臺灣）商業銀行	42
5	彰化銀行	184	5	澳盛（臺灣）商業銀行（現已無）	14

資料來源：中央銀行，2018。

■ 帳戶管理費

　　雖然存款戶可運用金融機構所提供的理財工具，從事短期現金流量的管理，但是這些服務並不是免費的，有些金融機構卻有訂定存款戶每日平均存款金額不足規定的最低要求時，必須加收帳戶管理費的相關規定。在消費者抗議下，各銀行已取消帳戶管理費。目前只有理財貴賓戶才有收取帳戶管理費的規定，例如：在表5-15中，花旗銀行的財富管理帳戶每月最低存款餘額為3,000,000元，低於此金額就必須加收每月1,000元的服務費。在帳戶管理費的考量下，不宜在多家金融機構開立帳戶，以免每個帳戶達不到最低存款金額，而被加收帳戶管理費，造成存款金額愈來愈少的情況。

表5-15　金融機構收取帳戶管理費相關規定（部分）

銀行名稱	每月最低平均存款餘額（元）		帳戶管理費（月）
	帳戶名稱	最低平均存款餘額	
花旗（臺灣）銀行	財富管理銀行客戶	3,000,000	1,000元
匯豐銀行	運籌理財專戶	700,000	350元
渣打銀行	優先理財帳戶	3,000,000	1,000元
星展銀行	豐盛理財客戶	2,000,000	500元

資料來源：各銀行，2019。

5.4 摘要

　　現金流量管理主要在透過金融機構的協助，於獲利和安全因素的考量下，達到有效的閒置現金管理。現金管理機構可分為存款機構和非存款機構。存款機構以接受現金存款為主要業務服務項目，包括商業銀行、郵局儲匯處、信用合作社和各地農漁會信用部，大部分的金融機構都有加入存款保險機制，以確保存款戶的存款安全。非存款機構以接受客戶委託，代為經紀金融商品買賣或保管為目的，這些非存款機構包括投資信託公司、保險公司和證券經紀商。現金理財金融工具在週轉速度快和短期投資的時間架構下，所提供的金融工具包括活期儲蓄存款、定期存款、支票存款、外幣存款、商業本票、國庫券和貨幣市場基金。各個現金理財工具所提供的投資報酬率高低，和投資風險大小均有不同，而由於各現金理財工具所計算的投資期間內報酬率各有不同，為求統一報酬率比較標準，應以年化收益率作為各個金融工具報酬率比較基準。而選擇各個現金理財工具的考慮因素，包括利率水準高低、個人租稅負擔大小和資金週轉方便性高低。

5.5 問答題

1. 金融機構按照是否開辦存款業務，可分為幾大類？
2. 郵局儲匯處所提供的現金流量管理最大優點為何？
3. 信用合作社和農漁會信用部的存放款業務申辦對象，和一般商業銀行的服務對象有何不同？
4. 非存款機構的金融服務業有哪些？
5. 投資信託公司的主要業務項目為何？
6. 現金理財工具有哪些？
7. 定期存款的利率水準為何高於活期儲蓄存款的利率？
8. 外幣存款的主要投資收入來源可分為哪二大項？

9. 商業本票在次級市場最常見的買賣方式為何？

10. 將短期資金投資於國庫券的優點為何？

11. 投資貨幣市場基金的優點為何？

12. 選擇短期資金投資工具，應考慮的因素為何？

13. 臺灣銀行60天和180天的定期存款利率，分別為2.110%和2.120%，則其年化收益率分別為多少？

14. 短期投資金融商品中，有接受存款保險保障的商品有哪些？

5.6　討論題

1. 查詢你所居住地區（鄉／鎮）的金融機構和非金融機構名稱及數量。

2. 詢問住家附近信用合作社和農漁會信用部，入社條件和入社金額為多少？

3. 透過網路資訊（基智網，www.funddj.com.tw），查詢國內投資信託公司所發行的貨幣市場基金有哪些？列表五種貨幣基金。

4. 查詢花旗銀行、匯豐銀行和美國銀行的外幣存款利率水準和最低存款金額，各家銀行利率水準不同的原因為何？

5. 比較新臺幣、美元和歐元定期存款，1年期和180天期的存款利率（固定利率）分別為多少？（以彰化銀行為查詢對象）

6. 以彰化銀行的各種天期定期存款牌告利率（機動利率）為基準，計算不同天期（1個月、3個月和6個月）的定期存款年化收益率，並討論各個年化收益率不同的原因。

Chapter 6
塑膠貨幣管理

理財觀

黃　琪騙倒美國運通

19歲的黃琪冒用人頭，運用真申請、假消費方式，詐騙美國運通信用卡公司得手612萬元。

黃琪先假冒康師傅頂新集團少東魏宏帆的名義申請美國運通黑卡後，首度刷卡新臺幣42萬元，並於當月全額繳清款項後，取得美國運通的信任，而後運用自己虛設的「巴黎杜霖精品店」，向美國運通申辦刷卡收單商店成功之後，就陸續用自己的黑卡，在自己的商店以假消費、真請款的方式，陸續向美國運通請款高達612萬元。黃琪事發被捕之後，檢察官以黃琪涉嫌132件詐欺案，為常業詐欺犯，一審求刑10年。

資料來源：

侯柏青，〈黃琪詐欺案，檢辯都上訴〉，《自由時報》，2012.03.11。

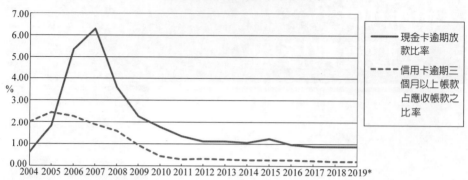

臺灣信用卡和現金卡呆帳比率

*2019.02.28

資料來源：金管會。

信用卡和現金卡呆帳比率在銀行打銷呆帳和緊縮放款政策下大幅降低，2019年2月時，現金卡逾期放款比率為1.079%。

　　由於臺灣金融管制措施的鬆綁和電子商務的快速發展，塑膠貨幣如信用卡和現金卡，在1990年代快速發展。由於消費金融的高獲利現象，許多商業銀行大力推動信用卡的發卡簽帳業務，在申請條件審核逐漸寬鬆，及申請信用卡搭配各項贈品的促銷手法下，消費刷卡成為日常購物的一部分，使用信用卡簽帳消費的金額不斷攀升，在2018年全年簽帳金額達到2兆8,836億元，而同年採用循環信用繳款的餘額達到1,139億元，信用卡預借現金金額，也同步達到268億元的高峰，如圖6-1所示。另一方面，商業銀行為了爭取個人信用貸款的市場，又同步推動無擔保的現金卡貸款服務，方便持卡人運用自動提款機，在信用額度內非常方便的取得所需現金，一時之間，現金卡成為消費者皮夾中的新寵，但是現金卡逐漸升高的逾期放款比率和放款餘額，成為金融界的隱形地雷，無法繳清現金卡預借現金的卡奴問題，成為社會的隱憂，如圖6-2和圖6-3所示。

　　與其事後動員大批社會資源來解決卡奴和卡債的問題，不如事先教育消費者如何妥善運用塑膠貨幣，同時運用塑膠貨幣各項附加便利功能，來進行各項生涯理財規劃。本章將針對信用卡管理、現金卡管理和塑膠貨幣控管的方法加以討論。

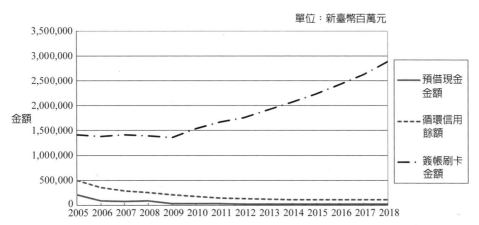

資料來源：金管會。

2008年的卡債危機，使得信用卡循環信用和預借現金的金額大幅下降，同一時間信用卡簽帳消費金融也呈現緩慢成長趨勢，但是刷卡金額卻不斷增加。

圖6-1　臺灣信用卡市場消費金額統計

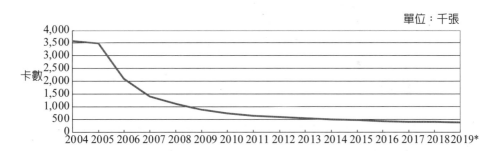

*2019.01.31

資料來源：金管會。

臺灣現金卡動用卡數在2004年達到357萬張高峰後逐年下降，在2019年1月只剩下38萬張。

圖6-2　臺灣現金卡已動用卡數統計

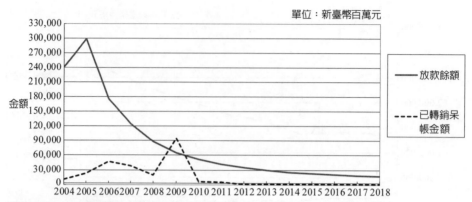

資料來源：金管會。

在緊縮信用政策下，現金卡放款餘額從2005年的高峰開始大幅下降，2018年時放款金額為173億元。

圖6-3　臺灣現金卡使用金額統計

6.1　信用卡管理

（Credit Card Management）

　　標榜先消費後付款的信用卡，早在18世紀中葉就由美國人亞爾‧摩里斯（Auther Morris）所發明並發行，並且在發行一段時間後，就面臨刷卡呆帳及信用卡詐欺的衝擊，但是卻擋不住銀行和消費者對信用卡的需求。1950年美國大來俱樂部公司（Diners Club）發行的大來卡（Diners Card），成為現代信用卡的鼻祖。目前全球以美國發行的三大發卡組織威世（Visa）、萬事達（Master Card）和美國運通（American Express）為最大宗。

　　信用卡除了提供消費購物的便利性，還提供以下各種消費的優點。

6.1.1　消費保護和收據保存

　　大部分發卡銀行在每月的預定結帳日，都會將當月消費帳單的明細金額、消費商家和消費商品的名稱，鉅細靡遺的列在帳單上，有助於消費者記錄自己的費用支出，控制和分析自己的消費習慣。

再者，一旦消費者和商家有消費糾紛發生時，例如：運用信用卡支付旅行社團費，旅行社卻倒閉拒絕出團，或以信用卡支付各項消費預付款，但商家卻拒絕履約服務，此時消費者都有事後要求發卡銀行退還刷卡金額的消費保障。

許多發卡銀行還有推出企業信用卡的服務，員工因公出差住宿或招待客戶的各項支出，都可用企業信用卡刷卡結帳，避免傳統員工出差各項費用需要自己先墊支，事後再向公司請款，造成員工資金調度的困擾。

6.1.2 取得立即信用額度和支付緊急支出

許多剛進入職場就業的社會新鮮人或剛結婚的夫妻，常常需要添購一些家電用品或辦公設備，但是卻苦於無固定的信用紀錄或抵押品，無法向銀行取得消費性貸款或有購物分期付款的困擾，但是如果使用信用卡購物，同時運用信用卡的循環信用機制，就可立即享受分期付款購物的便利性。

再者許多緊急支出，例如：醫療費用、重大車禍的車輛維修費用，或是出國旅行時遭遇身上現金失竊，或不夠支用時，此時只要信用卡在身上，即可支付以上費用，不需坐困愁城。許多信用卡發卡機構還提供旅遊遺失卡片時，24小時內補發新卡的服務，可立即解決現金失竊或短缺所造成的資金不便。

6.1.3 取得銀行免費的信用額度和各項預約訂位服務

由於信用卡採用先消費後付款的消費付款機制，在當月帳單還沒到繳清日期之前，消費者都不必支付任何貨款費用，消費者等於取得銀行25～30天的免費貸款額度，這比運用現金消費當場付清的付款方式，更有利於消費者資金的調度。另一方面，許多旅遊活動或是娛樂活動的消費，都必須預付訂金才能預約服務，形成資金調度的困擾或是歹徒詐財的機會，如果運用信用卡做各項預約服務，

便可解決以上諸多困擾。

雖然信用卡提供以上各種優惠服務，但是這些服務都不是免費的，畢竟羊毛出在羊身上，有些持卡人必須付出「代價」才能確保發卡銀行能夠回收這些成本，繼續提供這些「免費」的服務給債信優良的持卡人。使用信用卡的附加成本及選擇信用卡所必須考慮的因素，包括利率水準、年費高低、附加成本和循環信用餘額多寡。

6.1.4 利率水準

雖然信用卡提供免費的信用額度，供持卡人使用，但是這些免費的信用額度只有在刷卡人當月帳單金額完全繳清時，才是免費的，否則這些信用額度，也就是一般所稱的信用貸款，刷卡者都必須支付利息費用，而且利率水準相當高，一般都高達18%以上。利率水準這麼高的背後原因，在於這些信用額度在發卡銀行的眼中，都是屬於無抵押的貸款，銀行承擔相當高的違約風險，爲了彌補這麼高的風險，銀行勢必要向刷卡者收取較高的利息費用作爲補償。由於每位刷卡者的信用程度和使用循環信用額度不同，銀行對不同的持卡人採取差別利率待遇，如表6-1所示。例如：美國運通信用卡的循環信用利率水準，從最低的9.99%到最高的14.99%，兩者利率水準差距達5.00%。

從表6-1中可看出，各家發卡銀行的循環信用利率水準各有不同，但是消費者要注意的是，開始計算利息費用的起始時間點爲何？一般來說使用信用卡消費時，一些重要的日期如圖6-4所示。

發卡銀行可以依照信用卡上的合約，選擇以下三種日期開始起計利息：

1.各筆帳款以入帳日起計利息。

2.各筆帳款以結帳日起計利息。

3.各筆帳款以當期繳款截止日起計利息。

表6-1　各銀行信用卡循環信用利率水準（部分）

序號	銀行名稱	差別利率級數	循環信用利率及差別利率計價方式	定期檢視頻率
1	美國運通公司	4	9.99%、12.99%、13.99%、14.99%	3個月
2	臺灣銀行	6	本行公告之定儲利率指數（按季）+客戶信用等級適用之加碼利率（4.25%～10.25%）	3個月
3	台北富邦商業銀行	6	本行指數型房貸基準利率(I) + 下列級距利率4.75%、6.91%、8.91%、10.91%、12.91%、13.91%	3個月

資料來源：中華民國銀行公會，2019。

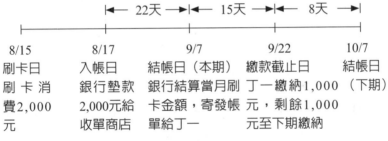

圖6-4　信用卡重要計息日期

一般銀行計算利息費用的公式如下：

銀行起計利息日前，累積未繳消費款×天數×（年利率÷365天）

以下將針對這三種情況，計算信用卡利息費用，並以圖6-4作為範例。

1.以入帳日起計利息

＊一次繳清刷卡金額

由於信用卡刷卡消費為發卡銀行代消費者墊付款項給收單商家，因此，大部分的發卡銀行都以收單商家向銀行請款的入帳日，作為計算利息的起始日，而計算利息的期間，則以入帳日至繳款截止日為止，這段期間所產生的利息費用為40元，如下所示：

＊假設信用卡循環利息利率20%

銀行起計利息日前，累積未繳消費款×天數×（年利率÷365天）

2,000元×37天*×（20%÷365天）≒40元

*08/17～08/31＝15天

09/01～09/22＝22天

────

37天

如果丁一在繳款截止日9月22日繳清2,000元的消費款，則發卡銀行就不會向丁一加收40元的利息費用。

＊採用循環信用

如果丁一在繳款截止日9月22日，只繳交最低繳款金額1,000元，而剩下的1,000元留待下期再繳交的話，則丁一就必須繳交下列二筆利息費用：(1)第一期消費2,000元的利息費用；(2)第一期未繳清（循環信用）1,000元至下一期結帳日的利息費用。這二筆利息金額合計為48元，如下所示：

銀行起計利息日前，累積未繳消費款 × 天數 ×（年利率÷365天）

(1)2,000元 × 37天 ×（20%÷365天）≒　40 元

(2)1,000元 × 15天* ×（20%÷365天）≒　8 元

────

48 元

*9/23～9/30＝ 8天

10/1～10/7＝ 7天

────

15天

2.以結帳日起計利息

＊一次繳清刷卡金額

若以結帳日起計利息，則利息計算期間比入帳日縮短，發卡銀行自行承擔入帳日至結帳日這段期間的利息費用，而消費者只須負擔結帳日至繳款日這段時間的利息費用18元，如下所示：

銀行起計利息日前，累積未繳消費款 × 天數 ×（年利率 ÷ 365天）

$\qquad$ 2,000元 × 16天* ×（20% ÷ 365天）≒ 18元

$\qquad$ *9/7～9/22 = 16天

如果丁一在繳款截止日9月22日繳清2,000元消費款的話，則發卡銀行就不會向丁一加收18元的利息費用。

$\quad$＊採用循環信用

如果丁一在繳款截止日9月22日，只繳交最低繳款金額1,000元，而剩下的1,000元留待下期再繳的話，則丁一就必須繳交如上一節所述的二筆利息費用共26元。

$\qquad$(1)2,000元 × 16天 ×（20% ÷ 365天）≒　18 元

$\qquad$(2)1,000元 × 15天* ×（20% ÷ 365天）≒　 8 元

$\qquad\qquad\qquad\qquad\qquad\qquad\qquad\qquad$ 26 元

$\qquad$ *9/23～9/30 = 8天

$\qquad$ 10/1～10/7 = 7天

$\qquad\qquad\qquad\qquad$ 15天

3.以繳款截止日起計利息

如果發卡銀行選擇以繳款截止日開始起計利息，則發卡銀行自行負擔入帳日至繳款截止日之間的利息費用，消費者在繳款日截止之前，完全不需負擔任何利息費用，對消費者而言是最大的福音。此時發卡銀行所能收到的利息收入，就是消費者運用循環信用所產生的利息費用。在本章例子中，丁一在本期繳款日只繳清1,000元，剩下的1,000元採用循環信用，則丁一所應繳交的利息費用為8元，如下所示：

銀行起計利息日前，累積未繳消費款 × 天數 ×（年利率 ÷ 365天）

$\qquad$ 1,000元 × 15天* ×（20% ÷ 365天）= 8元

$\qquad$ *9/23～9/30 = 8天

$\qquad$ 10/1～10/7 = 7天

$\qquad\qquad\qquad\qquad$ 15天

　　由於發卡銀行起計利息的日期不同，所以有不同的利息費用，我們整理不同的利息費用，如表6-2所示。從表6-2中可得知，如果刷卡銀行採用入帳日為起計利息日，則消費者所需負擔的利息費用最多；若採用繳款日為起計利息日，則消費者所需負擔的利息費用最少。如果消費者在繳款日一次繳清刷卡金額的話，則無論發卡銀行採用哪一個日期為利息起計日，都不必負擔任何利息費用。此時銀行就必須負擔先行墊款給收單商家的資金成本了。但是銀行也不是省油的燈，有一些消費者在資金週轉有困難的情況下，採用循環信用機制，則此時發卡銀行就運用幾乎高達20%的利率和計息期間，向消費者加收利息費用，以彌補先前的墊款成本，和準時繳清刷卡金額消費者的墊款成本。

表6-2　不同利息起計日的利息費用

	入帳日起計利息	結帳日起計利息	繳款日起計利息
原消費金額所產生的利息費用	40元	18元	0元
採用循環信用所產生的利息費用	8元	8元	8元
合計利息費用	48元	26元	8元
一次繳清刷卡金額所需負擔的利息費用	0元	0元	0元

＊2,000元刷卡金額，20%年利率，循環信用1,000元。

6.1.5　最低繳款金額

　　由於信用卡為刷卡人向銀行所申請的無擔保消費性貸款，為了確保刷卡人有還款的能力，並且避免盲目刷卡，形成無法支付刷卡金額，造成發卡銀行的呆帳損失，發卡銀行通常要求刷卡人必須針對每月新增刷卡帳單金額，乘上固定的百分比，作為每月最低繳款金額，目前金管會規定的最低繳款金額為當月新增消費金額的10%，或最少新臺幣1,000元。例如：丁一10月份的刷卡帳單金額

為新臺幣30,000元，則丁一選擇循環信用在繳款截止日時，應繳款之最低金額為3,000元（30,000×10%），而剩餘之27,000元則運用循環信用機制，留待下期再支付。

　　雖然發卡銀行運用最低繳款金額機制來擴充消費者的消費額度，但是最低繳款金額的機制，卻是發卡銀行利息收入的來源，因為在相同的刷卡金額下，最低繳款金額愈低，循環信用金額愈多，發卡銀行所能收到的利息收入愈高。

　　所以聰明的消費者應該認清最低繳款金額是發卡銀行誘使消費者，在不知不覺中繳納利息的裏著美麗糖衣的「毒藥」。畢竟循環信用餘額再加上所附加的高利率，才是造成今日卡奴現象的元凶。例如：在圖6-5中，國內循環信用餘額逐年攀升，在2006年時高達3,504億元。

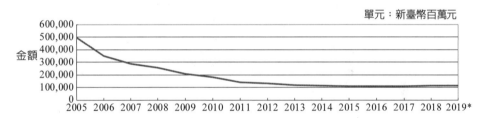

單元：新臺幣百萬元

*2019.01.31
資料來源：金管會。
臺灣信用卡市場在2005年面臨循環信用餘額數字攀高情況下，銀行改採嚴格發卡政策，循環信用餘額才逐年下降，在2019年1月時為1,137億元。

圖6-5　信用卡循環信用餘額

6.1.6　其他費用

　　發卡銀行從消費者使用信用卡中得到的主要收入來源，為循環信用的利息收入，再其次為年費費用、延遲滯納金、預借現金的手續費，以及消費者在國外以外幣消費，所加計的外幣兌換費用。

■年費費用

　　早期的信用卡由於持卡消費的民眾不多，再加上收單商店數比較少，使得發卡銀行的發卡成本相當高，發卡銀行都會針對持卡消費者依照持卡的種類，例如：普卡、金卡或白金卡，加收不同金額的年費，如表6-3所示。

表6-3　信用卡年費彙整（部分）

單位：新臺幣元

序號	發卡機構	年費收取方式
1	臺灣銀行	鈦金商旅卡、白金商旅卡、白金卡、金卡：正卡2,400元、附卡1,200元。
2	玉山銀行	無限卡10,000元／卡。 鈦金卡／御璽卡／晶緻卡3,000元／卡；白金卡2,400元／卡；金卡1,200元／卡；普卡600元／卡。 悠遊聯名卡正卡年費為：商務御璽卡／鈦金卡／御璽卡／晶緻卡3,000元／卡；白金卡900元／卡；普卡300元／卡。 icash聯名卡正卡年費為：御璽卡／鈦金卡／晶緻卡3,000元／卡。 HappyCash聯名卡正卡年費為：鈦金卡3,000元／卡。 玉山家樂福VIP聯名卡正附卡皆免年費。 花蓮二信聯名卡正卡年費為：白金卡2,400元／卡，普卡600元／卡。
3	第一銀行	白金商旅卡（核卡即收首年年費）、媚儷鈦金卡／菁英御璽卡正卡年費1,200元、附卡年費600元。

資料來源：中華民國銀行公會，2019。

　　雖然各發卡銀行對各類信用卡訂有不同的收費標準，但因信用卡市場競爭激烈，再加上為了鼓勵消費者使用信用卡消費，大部分的發卡銀行都規定消費者只要一年刷卡超過一定次數，或是年度刷卡總金額超過一定金額，即可享有下一年度免收年費的優待。

■預借現金費用

信用卡為發卡銀行授予持卡者的無擔保消費信用貸款,除了提供持卡人刷卡消費,先享受後付款的便利性之外,信用卡還有預借現金之功能,持卡人只要持卡在自動提款機或赴銀行臨櫃辦理,即可提領現金應急。但是預借現金的手續費卻是高得驚人,一般預借現金的手續費為預借現金總額的3.5%,和外加每次約100元的附加費用。如果以每個月30天的結帳信用期間計算的話,30天內3.5%的手續費率,約等於年利率42.58%(0.035 × 365天 ÷ 30天),遠高於循環信用的19%利率。所以除非有緊急的資金需求,而且借貸無門的情況下,才能應用此種信用卡預借現金之機制。

■滯納金和國外消費附加費用

使用信用卡消費除了以上的年費費用,和預借現金的手續費之外,發卡銀行也會針對無法在繳款截止日前準時繳款的消費者,加收一定金額之逾期滯納金。一般逾期滯納金以30天為一期,基本費用為新臺幣300元,逾期愈久,加收之逾期滯納金愈多。

大部分的信用卡都僅設定在一定地區內的貨幣,為消費計價的貨幣單位,一旦使用信用卡於外幣消費或旅遊,則發卡銀行除了依結帳日的匯率折算成本國消費金額之外,還會根據消費金額加計1.0%~1.5%的兌換手續費。

由於發卡銀行向刷卡民眾收取這麼多附加費用,發卡銀行才能為信用良好的刷卡民眾,提供更多的優惠服務,例如:道路救援服務、出國旅遊保險、各項貴賓理財服務等。發卡銀行向刷卡民眾所收取的各種費用收入,如表6-4所示。

由於信用卡的業務費收入相當驚人,許多商業銀行或其他企業,紛紛投入信用卡的發卡市場,搶奪消費金融市場,配合辦卡送各式各樣贈品的活動,加上發卡銀行對辦卡者的信用審查條件大幅放寬,導致發卡量大增,如圖6-6所示,在2005年時流通的卡數高達4,500萬張。但是信用卡呆帳金額也不斷攀升,不僅發卡銀行

大幅提列呆帳損失，在2006年全年度發卡銀行打銷信用卡的呆帳金額，高達1,151億元，如圖6-7所示，也形成社會「卡奴現象」。許多還不出錢的卡奴，只能藉助卡債協商機制來解決信用卡債務問題。

表6-4　臺灣信用卡使用概況

流通卡數	4,410萬張	
有效卡數	2,976萬張	
本月簽帳金額	2,913億元	
循環信用餘額	1,137億元	
本月預借現金金額	25億元	
本月信用卡業務費收入	循環信用利息收入	13億元
	簽帳手續費收入	36億元
	預借現金循環信用	25億元

資料來源：金管會，2019.01。

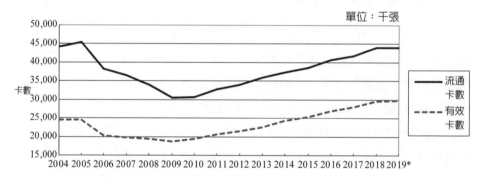

*2019.01.31

資料來源：金管會。

臺灣信用卡流通卡數和有效卡數在2004年達到高峰後逐漸下降，2019年1月時，有效卡數有2,760萬張。

圖6-6　臺灣信用卡流通和有效卡數

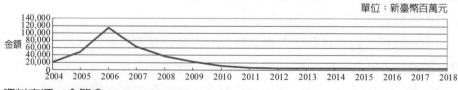

資料來源：金管會。

臺灣發卡銀行在2006年提列高達1,151億元的呆帳金額後，信用卡呆帳金額逐年下降，2019年提列新臺幣46億元的呆帳金額。

圖6-7　臺灣信用卡發卡銀行提列信用卡呆帳金額

6.2 現金卡管理
（Cash Card Management）

最近幾年消費金融市場最熱門的塑膠貨幣商品，便是現金卡。現金卡和信用卡最大的不同，在於現金卡不能用於一般商品的刷卡服務，僅能在銀行授信額度內，運用提款機提領現金應急。如果持卡人臨櫃或運用轉帳繳清提款金額，發卡銀行只收取提款期間的利息費用，而且是按日計息，借10天只算10天的利息。所以現金卡是方便、應急的短期消費貸款。申請者只需填妥申請表，附上身分證明和財力（收入）證明，即可向銀行辦理現金卡，大幅節省一般商業銀行辦理消費性貸款所需的作業時間。現金卡的發卡量在2007年11月時已達到142萬張，如圖6-8所示。但是現金卡呆帳也逐漸攀升，在2006年時，發卡銀行已打銷呆帳476億元，如圖6-9所示。

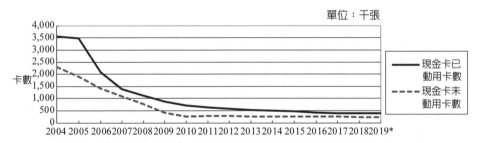

*2019.01.31
資料來源：金管會。
臺灣現金卡動用卡數在2004年達到357萬張高峰後，因卡奴現象不斷產生，逐年下降，在2019年1月時只剩下38萬張。

圖6-8 臺灣現金卡已動用卡數和未動用卡數統計

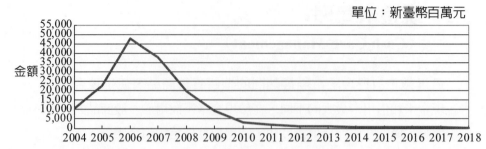

資料來源：金管會。

臺灣發卡銀行在2006年打銷現金卡呆帳金額高達新臺幣476億元，在2018年時提列呆帳金額只有新臺幣4億400萬元。

圖6-9　發卡銀行打銷現金卡呆帳金額

6.2.1　利率水準

　　一般現金卡所能提領金額的授信額度，遠低於信用卡的授信額度，所以其最高利率，遠低於信用卡循環信用的最高利率水準，如表6-5所示。

表6-5　銀行現金卡循環信用利率水準（部分）

發卡銀行	卡別名稱	差別利率級數	循環信用利率及差別利率計價方式	定期檢視頻率
台新銀行	現金卡	4	15.00%；14.81%≦第2級利率<15%；12.17%≦第3級利率<14.81%；0%≦第4級利率<12.17%	每3個月
中國信託商業銀行	現金卡	6	1. 評等一　利率：9.99%（戶數：4,571、分布比例：29.45%） 2. 評等二　利率：11.99%（戶數：1,309、分布比例：8.43%） 3. 評等三　利率：13.12%（戶數：1、分布比例：0.01%） 4. 評等四　利率：13.99%（戶數：2,295、分布比例：14.79%） 5. 評等五　利率：14.12%（戶數：1、分布比例：0.01%）	每3個月

表6-5　銀行現金卡循環信用利率水準（部分）（續）

發卡銀行	卡別名稱	差別利率級數	循環信用利率及差別利率計價方式	定期檢視頻率
			6. 評等六　利率：15.00%（戶數：7,344、分布比例：47.32%） 平均數：13.12% 中位數：13.99% 眾數：15.00%	
遠東銀行	一生如意現金卡	3	9.99%～13.61%	每3個月

資料來源：中華民國銀行公會，2019.03.31。

　　雖然現金卡的利率水準遠低於信用卡的利率水準，但是現金卡的利息費用是按日計算，就算在繳款截止日前繳清所有預借款項，利息費用還是要照常繳納，其重要計息日期如圖6-10所示，計算範例如下：

　　假設丁一的現金卡利率為18%

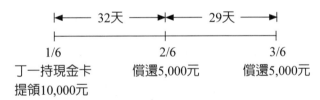

圖6-10　現金卡重要計息日期

(1)2/6還款　①支付利息：$10,000 \times \dfrac{18}{100} \times \dfrac{32}{365} = $　158元

　　　　　　②償還本金：$5,000 - 158 = $　　　4,842元

　　　　　　③合計　　　　　　　　　　　　　5,000元

(2)3/6還款　①支付利息：$(10,000 - 4,842) \times \dfrac{18}{100} \times \dfrac{29}{365}$
　　　　　　　　　　　　　　　　　$= $　74元

　　　　　　②償還本金：$(10,000 - 4,842) = $　5,158元

　　　　　　③合計　　　　　　　　　　　　　5,232元

在使用現金卡提領現金的期間，丁一需繳納的利息費用共232元（158 + 74），這些利息費用不會因為準時繳清貸款而自動消失，因為現金卡不是信用卡，現金卡的利息費用是按日計算。

如果現金卡持卡人要採取循環信用方式繳清貸款金額的話，則每期應繳最低金額為前期未繳清金額的10%。

6.2.2　其他費用

現金卡為方便的現金提領工具，大部分都透過自動提款機提領款項，每次提領現金時，發卡銀行都會加收100～200元的手續費，所以要節省帳務管理費的最佳方法，便是有計畫的一次提領所需現金額度，而不是每次需要現金應急時，便前往提款機提領。再者現金卡每年皆會收取至少500元的帳戶管理費。現金卡發卡銀行為了確保持卡人能夠準時繳清分期款項，不會發生呆帳，所以對於無法在繳款截止日繳清款項的持卡人，會課徵遲滯利息費用20%（前期未還清金額 × 20% ÷ 365天 × 逾期天數）。

6.3　塑膠貨幣控管的方法
（Control of Credit Card and Cash Card）

信用卡和現金卡已成為日常生活購物消費的付款工具，要申請一張信用卡似乎也是一件容易的事，但是如何維持準時付款的紀錄，或是良好的信用紀錄，卻逐漸成為現代人的個人金融問題。對於卡奴而言，如何有效還清卡債，更是發卡銀行和持卡人棘手的問題。要解決這些問題，不如回到問題的源頭——如何建立良好的信用。良好的信用取決於5C's：人格特質優劣（Character）、資本多少（Capital）、還款能力高低（Capacity）、抵押品多寡（Collateral）和經濟景氣循環（Condition）。

6.3.1　良好的信用能力

■人格特質優劣

　　信用卡（現金卡）申請人的人格特質優劣之標準，主要依據申請人平常消費購物、辦理各項貸款，以及各項塑膠貨幣的還款紀錄，發卡銀行再決定要不要核發卡片給申請人，同時決定申請人的信用額度，和循環信用利息高低。能夠維持個人良好信用的申請者，發卡銀行自然願意發卡，同時降低各項服務費用或循環信用利率水準。個人信用資料以及各項還款紀錄，可以透過付費方式，向財團法人金融聯合徵信中心查詢。另外，發卡銀行也會向申請人所提供的二名非同一居住地的親朋好友電話徵詢，以確保申請人的真實身分。

■資本多少

　　資本多少主要是由申請人的個人基本財務資料來決定，包括職業類別、年資多寡、年收入高低、有無動產貸款，和有無不動產貸款，來計算申請人的個人財務狀況，以其淨值（資產減負債）是否為正值或負值來決定。當申請人有自用住宅，而且沒有不動產貸款或是其他消費性金融貸款時，代表申請人有適當的償還能力，發卡銀行自然願意發卡。

■還款能力高低

　　還款能力高低主要是由申請人的工作年資長短、職業類別和年收入高低來決定，其佐證資料便是個人的在職證明（員工識別證）、個人綜合所得稅申報書，或是個人的月薪明細單。高所得和工作年資久的申請者，發卡銀行自然願意發卡，而且提高信用額度，同時降低循環信用利率水準。

■ 抵押品多寡

抵押品多寡主要是由申請人是否有自用住宅、有無房屋貸款等因素來決定,因為一旦持卡人違約,無法準時繳清各項信用卡(現金卡)費用時,發卡銀行將採取相關法律行動,例如透過法院查封債務人資金、凍結債務人薪資等,迫使持卡人償還債務。在此情況下,有自用住宅、沒有房屋貸款的持卡人,其抵押品的價值自然比較高,償債能力也比較強,發卡銀行自然比較願意發卡。

■ 經濟景氣循環

當經濟景氣循環處於復甦期和成長期時,就業市場旺盛,失業率低,同時工資水準上升,一般人就業所得上升,發卡銀行在此經濟成長階段,自然放寬信用審查標準,大量發卡給申請人。反之,當經濟景氣循環處於衰退期時,失業率上升,使許多人喪失信用卡(現金卡)的還款能力,為了避免信用卡(現金卡)呆帳金額的攀升,發卡銀行傾向於緊縮發卡標準,降低發卡量,許多信用普通的申請人,自然被拒絕發卡。

6.3.2 降低循環信用餘額

「卡奴」現象的發生,除了發卡銀行大力推動個人消費金融市場業務,大量舉辦發卡行銷活動,及持卡人先消費(享受)後付款的消費心態之外,其實最主要的關鍵在於許多持卡人採用循環信用機制,來支付每月的刷卡金額,雖然信用卡和現金卡每月最低繳款金額,僅為當月刷卡金額的10%而已,但是採用循環信用機制剩下的90%刷卡金額,卻必須支付高達18%的利息費用,而且這些利息費用是追溯到刷卡消費的入帳日起算。只要信用卡(現金卡)帳單中有循環信用餘額存在,就必須支付利息,形成滾雪球的效應。到底循環信用利息對個人投資理財和資金調度的殺傷力有多大呢?表6-6中顯示,在不同的最低繳款百分比,相對應不同的循環信用利

率下，要還清100,000元的刷卡金額所需的時間。

表6-6　不同最低繳款百分比和不同循環信用利率下，還清刷卡金額100,000元時間表

每月最低繳款百分比	循環信用利率		
	6%	12%	18%
	平均每月還款金額	平均每月還款金額	平均每月還款金額
10%	10月	10月	10月
	10,278	10,559	10,844
20%	5月	5月	5月
	20,301	20,605	20,909
50%	2月	2月	2月
	50,376	50,751	51,128

　　例如：丁一在每月繳清20%的刷卡金額，而且循環信用利率為18%的情況下，需要5個月才能還清當初的刷卡金額。從表6-6中可看出，當每月最低繳款百分比愈低，而且循環信用利率愈高時，要還清當初刷卡金額所需的時間便愈久，「卡奴」便因此產生。要避免成為卡奴，最好的方法便是採用較高的繳款百分比，或是不要採用循環信用機制，一次繳清刷卡金額，才能避免成為信用卡的奴隸。

6.3.3　控管刷卡消費項目

　　由於信用卡和現金卡皆為短期資金週轉工具，因此僅適合用於短期小額消費項目或物品的購置，例如：購買日常用品、支付水電費、搭乘交通工具、花費於娛樂用途等，不能用來購買長期資產，例如：支付健身俱樂部年費、購買昂貴的名牌商品或珠寶，或是支付出國旅遊費用，這些鉅額的長期資產若是運用信用卡循環信用或現金卡購置的話，就犯了個人理財規劃的大忌——錯用長短期金融工具（因為長短期金融工具的利率水準大不同）。畢竟要分期購買這些長期資產，唯一的方式就是透過銀行的個人消費貸款業務

辦理。

　　當你收到每個月信用卡和現金卡帳單時,應該謹慎的回顧帳單上的消費項目,了解是否有錯用長短期資金的現象。

6.3.4　卡債協商

　　卡債的問題不是一天之內就產生的,卡奴也不是一天造成的現象。當你使用信用卡或現金卡有表6-7所列的跡象時,卡債的紅燈就已經亮起了。

表6-7　使用信用卡和現金卡的警訊

項次	警　訊　現　象
1	每月應付款、現金卡和信用卡之消費金額,超過月薪資收入的三分之一
2	運用信用卡提領現金使用
3	使用信用卡提領現金,以支付現金卡帳單金額
4	採用循環信用機制,分期繳清信用卡刷卡金額
5	有一張以上的信用卡或現金卡已超過信用額度,被發卡銀行停用
6	運用信用卡或現金卡支付長期的會員費用
7	不清楚自己的信用卡和現金卡循環信用餘額

　　當持卡者有以上的現象時,幾乎都已成為卡奴了,而要解決卡債,最好的方法便是透過各發卡銀行的債務協商機制辦理,持卡人與發卡銀行在卡債協商期間,循環信用可以免計利息、視情況免除違約金、降低循環信用利率、延長還款期間和銀行停止催收。持卡人千萬不要相信一般所謂的「低利率代償機制」,以免又陷入另一個卡債陷阱。

6.4　摘要

　　信用卡和現金卡皆為短期無擔保消費金融工具,先享受(購物)後付款的功能,帶給消費者便利性,但是使用不慎卻容易造成持卡人卡債問題。使用信用卡消費購物的優點,包括消費保護、取

得立即信用額度以支付緊急支出，和取得銀行免費的信用額度。這些免費的附加功能卻是由較高利率水準所造成的。

信用卡的高利率水準，主要由不同的計息日期和循環信用金額來決定，一般發卡銀行的計息日，可以分為以入帳日、結帳日和繳款日為循環信用起計利息的日期。使用信用卡的其他費用，包括年費、預借現金費用、滯納金和國外消費費用。

現金卡為憑卡赴自動提款機提領現金的短期融資工具，其利息費用以實際借用天數按日計息，除了利息費用之外，現金卡每次提領現金，須支付手續費和年度的帳戶管理費。塑膠貨幣管理的方法取決於個人5C's的信用額度、降低循環信用額度、控管刷卡消費項目和有效的卡債協商。

6.5 問答題

1. 一般所指的塑膠貨幣，包括哪二大類？
2. 使用信用卡消費購物的優點有哪些？
3. 信用卡消費金額的利息起計日期可分為哪三種？在相同的循環信用金額下，哪一種起計利息日所產生的利息費用最高？
4. 丁大使用信用卡消費和各項付款日期如下圖所示，在下列的起計利息日期下，丁大應支付的利息費用為多少？
   (1) 入帳日起計利息
   (2) 結帳日起計利息
   (3) 繳款日起計利息

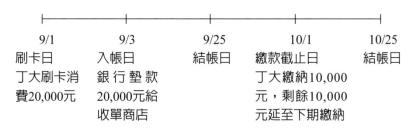

9/1	9/3	9/25	10/1	10/25
刷卡日	入帳日	結帳日	繳款截止日	結帳日
丁大刷卡消費20,000元	銀行墊款20,000元給收單商店		丁大繳納10,000元，剩餘10,000元延至下期繳納	

5. 使用信用卡應繳交的費用項目包括哪些？

6. 現金卡的利息費用計算方式爲何？

7. 使用現金卡應繳交的費用項目有哪些？

8. 發卡銀行應用哪些5C's項目，來決定申請者的信用額度和利率水準？

9. 要降低塑膠貨幣（信用卡和現金卡）相關費用的主要方法爲何？

6.6　討論題

1. 上網登錄金管會網站（www.fscey.gov.tw），查詢當月信用卡及現金卡流通卡數，和當年度發卡銀行已打銷呆帳金額合計。

2. 查詢使用花旗銀行、中國信託銀行一般白金卡和金卡的優惠措施有哪些？

3. 查詢華南銀行、彰化銀行和第一銀行一般信用卡的循環信用利率水準（以最低循環利率爲比較基準），哪一家利率最高？

4. 查詢大眾銀行和第一銀行現金卡，相關使用費用高低（每次提領手續費和帳務管理費）。

5. 上網登錄金管會網站（www.fscey.gov.tw），查詢卡債協商機制。

Chapter 7
消費性貸款管理

理財觀

年關難過，勞工申辦紓困貸款金額激增

2008年的金融危機導致市場消費需求急凍，許多勞工被迫放「無薪假」，有的勞工則被迫失業，但是失業率並沒有隨著景氣復甦而減少，年關將屆，許多勞工被迫向勞保局申辦勞工紓困貸款。

申辦勞工紓困貸款需有勞保年資滿15年，無欠繳勞保費，而且貸款金額每投保人僅限新臺幣10萬元，貸款期間3年為限，年息1.35%，雖然貸款金額甚少，貸款利率很低，但是每年申辦勞工紓困貸款度年關的人數卻急增。2012年有16萬名勞工申請，申貸金額160億元，比前一年度增加6萬人。

資料來源：

廖千瑩，〈勞保紓困貸款近160億〉，《自由時報》，2012.01.07。

在前一章的章節中，我們討論到許多人因使用信用卡購買或支付長期的資金，例如：度假中心會費、珠寶等，再加上信用卡循環信用超高的利率水準，導致卡債纏身，爲了解決卡債的問題，進入卡債協商機制，不僅影響個人的信用紀錄，也使得將來向金融機構貸款的權益受到限制。其實要解決這些卡債的問題，應該回到問題的本質，那就是信用卡僅適用於日常用品的購物消費行爲，若要購買長期的資產，例如：汽機車、度假中心會費、名牌的商品，就應該向金融機構申辦消費性貸款。本章將針對消費性貸款商品的種類、消費性貸款成本、消費性貸款償還方式和消費性貸款的管理，做詳細討論。

7.1 消費性貸款商品的種類
（Types of Consumer Loans）

7.1.1 抵押貸款 vs. 無抵押貸款

消費性貸款顧名思義即是向金融機構申辦貸款，以便取得貸款金額進行長期資產的購置或整修，通常這些消費性貸款的借貸金額大都低於新臺幣1,000,000元，雖然這些借貸金額遠低於數百萬元的房屋貸款，但是金融機構爲了確保放款資金的安全，通常都會要求消費性貸款的申辦者提供一定金額的資產，例如：房屋、汽車或是土地，作爲擔保品，在此情況下，這類的消費性貸款稱爲抵押貸款。一旦貸款者將來有財務週轉困難，無法償還定期的貸款本金和利息時，放款銀行可以將這些擔保品透過特定的拍賣程序，拍賣成現金以償還貸款金額。值得注意的是，如果資產拍賣所得仍然不足以償還貸款金額時，例如：貸款100,000元，但是拍賣擔保品只取得80,000元，則放款銀行仍然會向貸款者或是該項貸款的保證人，求償不足之差額，也就是上述例子中的差額20,000元。

抵押貸款的最大優點，就是放款銀行在有資產作爲擔保品的

擔保品
（Collateral）
申辦貸款時，作爲抵押的資產。

情況下，其債權可以獲得有效之保障，因此願意以比較低的利率放款給申貸者。例如：在表7-1中，五大行庫有抵押的購屋貸款利率為1.638%，而無抵押的信用卡循環利率則為18.0%，兩者相差達16.362%。如果貸款申辦者沒有資產可供抵押，但是又想取得抵押貸款時，最好的方法便是付費購買消費者信用貸款保險，一旦申貸者無法償還貸款時，將由保險公司代為支付未償的貸款金額給放款銀行。表7-2為承作消費貸款信用保險的公司名單。

抵押貸款（Secured Loan）

有抵押品，例如：土地、住宅，作為擔保的貸款。

表7-1 五大行庫抵押貸款和無抵押貸款利率*

單位：%

	購屋貸款	週轉金貸款	消費性貸款	信用卡循環利率
利率水準（%）	1.638	1.280	2.407	18.000

*臺灣銀行、合作金庫銀行、第一商業銀行、華南商業銀行及臺灣土地銀行。
資料來源：中央銀行，2019.02.28。

表7-2 消費貸款信用保險承作公司

公司名稱	產品名稱	預定費用率
農委會	農業貸款	0.70%
中央信託局	公私立團體教職員優惠貸款信用保護	3.00%
彰化銀行	冤保人信用貸款	3.06%

資料來源：各銀行。

如果消費者沒有任何資產可以做抵押，但是又必須申辦消費性貸款時，此時她／他就必須申辦無抵押貸款，無抵押貸款又稱為信用貸款，亦即以貸款申辦人個人信用為保證，辦理貸款。由於沒有抵押品，放款銀行承擔極大之放款風險，為了彌補這些風險，放款銀行的做法便是一方面降低放款金額，另一方面提高放款利率。

無抵押貸款（Unsecured Loan）

沒有資產作為擔保品的貸款，又稱為信用貸款。

7.1.2 機動利率貸款 vs. 固定利率貸款

消費性貸款的利率，一般可分為機動利率貸款和固定利率貸款二種。機動利率貸款是以基本放款利率為指標，再依申貸者個人的信用狀況、抵押品多寡和授信風險高低，加碼一定的百分比成為貸款利率。

信用貸款（Credit Loan）

以個人信用為保證的消費性貸款。

基本放款利率（Prime Rate）

由基準利率加碼一定的百分比，成為放款利率。

基本放款利率＝基準利率＋各銀行加碼利率……（公式7-1）

個人放款利率＝基本放款利率＋個人信用條件加碼利率

例如：兆豐銀行的基本放款利率之計算基準，如下所示：

機動利率貸款（Variable-Rate Loan）

在貸款期間，貸款利率隨著基準利率變動而變動。

基本放款利率＝基準利率＋3.425%

而一般的基準利率是取臺灣銀行、合作金庫銀行、華南銀行、第一銀行和彰化銀行1年期定期存款機動利率的平均值。

在公式7-1中，3.425%為固定值，而基準利率為變動值，在此情況下，當基準利率變動時，基本放款利率跟著變動，貸款機動利率也會跟著變動。例如：王大向兆豐銀行申請新臺幣100萬元的貸款，其貸款利率為基本放款利率加3%，當基準利率為4.554%時，則王大的機動貸款利率水準為10.979%（4.554%＋3.425%＋3.000%）。1年之後臺灣貨幣供給充足，基準利率從4.554%調降為4%時，則王大的機動貸款利率水準也從10.979%，調降為10.425%，減輕了王大的貸款利率負擔。

王大舊貸款利率＝基本放款利率＋3%
　　　　　　　＝（基準利率＋3.425%）＋3%
　　　　　　　＝（4.554%＋3.425%）＋3%
　　　　　　　＝10.979%

王大新貸款利率＝基本放款利率＋3%
　　　　　　　＝（基準利率＋3.425%）＋3%
　　　　　　　＝（4.000%＋3.425%）＋3%
　　　　　　　＝10.425%

固定利率貸款（Fixed-Rate Loan）

在貸款期間，貸款利率固定不變。

圖7-1為臺灣基準利率變動的情形，其趨勢是逐漸下降的，在2019年2月時只有2.616%。

機動利率貸款的相反，便是固定利率貸款。在固定利率貸款的

架構下，貸款利率在貸款期間，不論基準利率如何變動，其貸款利率還是維持不變，在此情況下，貸款者能夠很清楚的知道每個月要還款的本利和（本金加利息）為多少錢，有助於資金的調度週轉。

圖7-2為國內五大商業銀行消費性貸款的利率水準，其趨勢是利率水準逐漸降低，而申辦消費性貸款的金額也逐漸降低，如圖7-3所示。

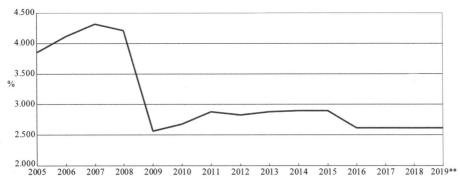

*臺灣銀行、合作金庫銀行、臺灣土地銀行、華南銀行、第一銀行

** 2019.02.28

資料來源：中央銀行。

五大商業銀行基準利率逐年下降，在2019年2月時只有2.616%。

圖7-1　五大商業銀行基準利率*

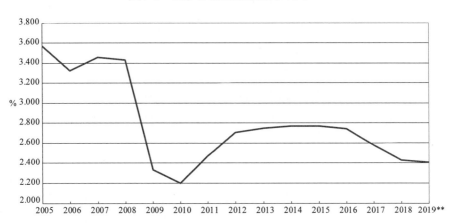

*臺灣銀行、合作金庫銀行、臺灣土地銀行、華南銀行、第一銀行

**2019.02.28

資料來源：中央銀行。

五大商業銀行消費性貸款利率在中央銀行寬鬆貨幣政策下逐年下降，在2019年2月時只有2.407%。

圖7-2　五大商業銀行消費性貸款利率*

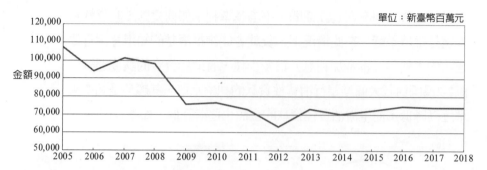

*臺灣銀行、合作金庫銀行、臺灣土地銀行、華南銀行、第一銀行
資料來源：中央銀行。
五大商業銀行承作消費性貸款金額在2005年達到高峰，金額高達新臺幣1,073億
元，而後逐年下降，在2018年時放款金額為新臺幣739億元。
圖7-3　五大商業銀行消費性貸款金額*

7.2　消費性貸款的成本
（Cost of Consumer Loans）

　　一般消費性貸款的成本，除了大家所熟知的利息費用之外，還
包括申請貸款作業期間的徵信費、信用保險費、帳戶開辦費、帳戶
管理費和提前還清貸款的解約金等，為了讓申辦貸款的民眾能清楚
了解各項費用在消費性貸款所占的成本比率，金管會已經大力要求
各承辦銀行，將總費用年百分率化，以便消費者能實際比較各項消
費性貸款的真正成本。在總費用年百分率的架構下，消費性貸款的
總成本以利率水準來計算，為貸款利率加上各項費用年化率的和，
如公式7-2所示。

　　　　總費用年百分率＝貸款利率＋以借款本金為基礎的費用內部
　　　　　　　　　　　　報酬率法所計算出的約當利率

　　　　　　　　　　　　　　　………（公式7-2）

　　一般用來計算總費用年百分率的方法，可區分為以下三種：
(1)簡單利率法；(2)折現法；和(3)附加法。

在簡單利率法的架構下，消費性貸款的利息費用或附加費用等於貸款利率乘上本金金額和時間因素，其公式如下：

$I = R \times P \times T$ ⋯⋯⋯⋯（公式7-3）

I：貸款利息費用或附加費用

R：貸款利率

P：貸款本金金額

T：貸款期間

以下將針對二種償還消費性貸款金額：到期一次償還本利和貸款，以及定期定額分期付款二種架構下，各種總費用年百分率做計算。

7.2.1 到期一次償還本利和貸款

■簡單利率法

在到期一次償還本利和貸款的架構下，申請貸款者在貸款期間不用分期繳納利息和貸款本金，只有在貸款到期時，一次繳納貸款利息和本金。例如：王大向銀行申貸100,000元1年期的消費性貸款，貸款利率12%，雙方約定在貸款到期時，一次償還本利和，則根據公式7-3，王大每年的利息費用爲12,000元，如下所示：

> ● **簡單利率法（Simple-Interest Method）**
>
> 運用貸款本金爲分母、貸款手續費爲分子，所求出的年費用率。

$I = R \times P \times T$

$I = 12\% \times 100,000 \times 1$

$\quad = 12,000$元

在申辦貸款時，銀行向王大收取3,000元的徵信費用和1,000元的帳戶管理費，則這些總費用4,000元，換算成年利率的話爲4%〔（3,000 + 1,000）÷ 100,000〕。則根據公式7-2，王大申請貸款

的總費用年百分率爲16%，如下所示：

總費用年百分率 ＝ 貸款利率 ＋ 以借款本金爲基礎的費用內部

報酬法所計算的約當利率

$$= \frac{12,000}{100,000} + 4\%$$

$$= 12\% + 4\%$$

$$= 16\%$$

■ 折現法

許多金融機構擔心貸款者無法定期支付貸款利息，或是償還貸款本金，造成放款業務的呆帳損失，折衷的辦法便是在消費者申請貸款核准後撥款的同時，預先扣除貸款利息，以降低將來貸款呆帳的損失金額。在此情況下，消費者在辦理貸款後所收到的實際撥款金額，遠低於當初申辦貸款時的申請金額，此時折現法便派上用場。

折現法
（Discount
Method）

貸款時先扣除利息費用，而後運用實際取得本金金額來計算貸款利率。

在折現法的架構下，貸款的本金金額以扣除利息費用後的實際撥款金額爲基準，並運用此金額來計算實際的各項年化利率和年化費用率。在王大的申辦貸款例子中，王大申辦100,000元的1年期消費性貸款，貸款利率12%，則在折現法下，王大實際所收到的貸款金額爲88,000元〔100,000－（100,000 × 0.12）〕，則王大的實際貸款利率爲13.64%，如下所示：

$$I = R \times P \times T$$

$$100,000 \times 0.12 = R \times 88,000 \times 1$$

$$R = 13.64\%$$

而銀行向王大收取的3,000元徵信費和1,000元帳戶管理費，換算成年利率的話爲4.55%〔（3,000 ＋ 1,000）÷ 88,000〕。根據公式7-2，王大申請貸款的總費用年百分率爲18.19%（13.64% ＋

4.55%）。

　　王大只收到88,000元的金額，但是卻必須償還100,000元，值得注意的是，在簡單利率法和折現法架構下的總費用年百分率，折現法永遠大於簡單利率法，而且高出很多，如表7-3所示。

表7-3　到期一次償還本利和貸款下，簡單利率法和折現法總費用年百分率比較*

	實際撥款金額	實際貸款利率	附加費用率	總費用年百分率
簡單利率法	100,000元	12.00%	4.00%	16.00%
折現法	88,000元	13.64%	4.55%	18.19%

*1年期貸款金額100,000元，貸款利率12%，附加費用4,000元。

7.2.2　定期定額分期付款

■簡單利率法

　　在定期定額分期付款的機制下，消費者在貸款期限內，按月（年）攤還固定金額的本金和利息，直到貸款還清為止。在定期定額分期付款機制中，初期每月分攤較多的利息費用，和比較少的本金金額，隨著還款期間逐漸過去，每月分攤的利息費用逐漸減少，但是攤還的本金逐漸增加。

　　例如：王大向台新銀行申辦1年期消費性貸款100,000元，年利率12%，每月月底分期償還定期定額的貸款金額共8,885元，其每月應償還的本金和利息，如表7-4所示。

表7-4　1年期100,000元貸款，年利率12%，定期定額本金和利息攤還表

月	期初本金金額 (A)	每月定期定額償還金額* (B)=(C)＋(D)	每月利息金額(C)	每期本金償還金額(D)	期末本金金額 (E) =(A)－(D)
1	100,000	8,885	1,000	7,885	92,115
2	92,115	8,885	921	7,964	84,151
3	84,151	8,885	841	8,044	76,107
4	76,107	8,885	761	8,124	67,983

表7-4　一年期100,000元貸款，年利率12%，定期定額本金和利息攤還表（續）

5	67,983	8,885	679	8,206	59,777
6	59,777	8,885	598	8,287	51,490
7	51,490	8,885	515	8,370	43,120
8	43,120	8,885	432	8,453	34,667
9	34,667	8,885	347	8,538	26,129
10	26,129	8,885	262	8,623	17,506
11	17,506	8,885	175	8,710	8,796
12	8,796	8,885	88	8,797	0
*100,000 ÷ 年金現值因子 = 100,000 ÷ 11,255					

　　在上述的例子中，每期應繳納的本金和利息變化的情形，如圖7-4所示。在圖7-4中，可看出應償還的本金金額逐漸增加，而應償還的利息金額逐漸減少，但是每期應繳納的分期付款金額卻維持不變。

　　而銀行向王大收取的3,000元徵信費，和1,000元帳戶管理費，換算成年費用率為4%〔（3,000 + 1,000）÷ 100,000〕，則王大申請貸款的總費用年百分率為16%（12% + 4%）。

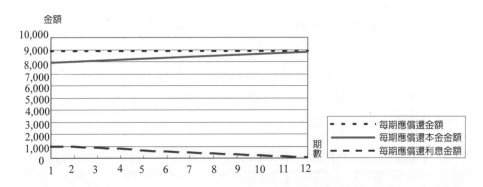

在定期定額分期付款制度設計下，每期應償還金額為固定金額8,885元，但是每期應償還本金金額逐漸增加，每期應償還利息金額逐漸減少。

圖7-4　定期定額分期付款償還本金金額和利息金額變化

■附加法

在定期定額分期付款的架構下，最常用來計算年費用百分率的方法為附加法，而且是金融機構最常用來計算貸款費用年百分率的方法。附加法又稱為 N 比率法，其公式如下：

$$年費用百分率 = \frac{Y(95P+9)F}{12P(P+1)(4D+F)} \cdots\cdots\cdots （公式7-4）$$

Y：1年中付款的總次數
P：貸款期間總付款次數
F：貸款期間總利息費用（各項費用）
D：貸款金額（實收貸款金額）

在王大1年期貸款100,000元，貸款利率12%，每月月底以定期定額分期付款的繳費機制，同時繳交共4,000元的徵信費和帳戶管理費的例子中，王大貸款的總費用年百分率為16.29%（12% + 4.29%），如下所示：

$$年費用百分率 = \frac{Y(95P+9)F}{12P(P+1)(4D+F)}$$

$Y = 1$

$P = 1$

$F = 4,000$

$D = 100,000$

$$年費用百分率 = \frac{1 \times (95 \times 1 + 9) \times 4,000}{12 \times 1 \times (1+1) \times (4 \times 100,000 + 4,000)}$$

$$= \frac{416,000}{9,696,000}$$

$$= 4.29\%$$

$$總費用百分率 = 12.00\% + 4.29\%$$

$$= 16.29\%$$

■折現法

在折現法的架構下，金融機構從貸款金額中預先扣除利息費用，因此消費者實際收到的貸款金額遠小於其所申請的貸款金額。在王大貸款的例子中，運用公式7-4，可以求出總費用年百分率為18.51%，如下所示：

$$年費用百分率 = \frac{Y(95P+9)F}{12P(P+1)(4D+F)}$$

$Y = 1$

$P = 1$

$F = 4,000$

$D = 100,000 - 12,000$

　$= 88,000$

$$年費用百分率 = \frac{1 \times (95 \times 1 + 9) \times 4,000}{12 \times 1 \times (1+1) \times (4 \times 88,000 + 4,000)}$$

$$= \frac{416,000}{8,544,000}$$

$$= 4.87\%$$

$$總費用百分率 = (12,000 \div 88,000) + 4.87\%$$

$$= 13.64\% + 4.87\%$$

$$= 18.51\%$$

在定期定額分期付款的機制下，簡單利率法、附加法和折現法的貸款費用年百分率比較，如表7-5所示，其中以折現法的18.51%最高。

表7-5　定期定額分期付款貸款下，簡單利率法、附加法和折現法總費用年百分率比較*

	實際撥款金額	總費用年百分率
簡單利率法	100,000元	16.00%
附加法	100,000元	16.29%
折現法	88,000元	18.51%

*1年期貸款100,000元，貸款利率12%，附加費用4,000元，12期償還。

7.3　消費性貸款放款機構 （Consumer Loan Institutions）

在市場上辦理消費性貸款的機構相當多，而且貸款利率和各項費用的收取名目與水準，相差非常大，消費者在申辦各項消費性貸款時，一定要在總費用年百分率的基礎下，貨比三家不吃虧，選擇總費用年百分率最低的放款機構辦理。一般辦理消費性貸款的放款機構可以區分為以下三種：(1)壽險保險公司；(2)商業銀行和信用合作社；和(3)金融融資公司。

7.3.1　壽險保險公司

壽險保險公司除了從事保險的銷售業務之外，對於所收到的保險收入金額，也必須從事投資或放款的業務，以賺取適當的投資收入。因此保險公司也有從事消費性貸款的放款業務，只不過要向保險公司申辦貸款，其前提是貸款申辦者必須運用自己的壽險保單所累積的保單價值準備金為抵押品，向保險公司申辦貸款，而且最高可借到保單價值準備金的90%。

運用自己的壽險保單為抵押品，向保險公司申辦消費性貸款的最大優點為貸款利率比一般商業銀行的消費性貸款利率來得低，而且大部分的保險公司只要求申辦貸款者定期繳清利息費用，不需清償本金，貸款本金金額直接從保單價值準備金或將來的保險給付金額中扣除。各保險公司的保單借款利率，如表7-6所示。

由於保單借款是運用保單價值準備金作為消費性貸款的擔保品，如果消費者投保的是低保障金額的壽險或是投保期間短暫的定期壽險保單，則運用保單借款所能取得的貸款金額將非常有限。

表7-6 壽險公司保單借款利率（部分）

公司別	保單借款利率	決定原則
臺銀人壽	2.5%～6.7%	1. 保單預訂利率5.25%（含）以上之保單，保單借款利率為6.7% 2. 保單預訂利率3.5%（含）～4%（含），保單借款利率為4.2% 3. 保單預訂利率2.51%（含）～3.25%（含），保單借款利率為3.5% 4. 保單預訂利率2.5%（含）以下，保單借款利率為2.7% 5. 金玉滿堂增額終身壽險，保單借款利率為3% 6. 利率變動型年金保險、萬能保險，保單借款利率以宣告利率+0.25% 7. 金采人生變額萬能壽險，保單借款利率為5.5% 8. 美元外幣保單，保單借款利率為6%
合作金庫人壽	4.0%～6.9%	1. 傳統型保險：4% 2. 利率變動型年金：宣告利率+1.5%～2.5%，逐月調整 3. 萬能終身壽險保單：4.5% 4. 臺幣投資型保單：5% 5. 外幣投資型保單：5%～6.9%
新光人壽	4.0%～6.5%。	1. 傳統型：（以保單預訂利率為計算基礎） 　(1) 4%（含）以下加1%計算，下限年利率4% 　(2) 4%以上加0.5%計算，上限年利率6.5% 　(3) 安佳、大吉靈繳險7% 2. 利變型：利率變動型商品以保單年度首月宣告利率加1%計算，無下限 3. 投資型商品：目前為4%～4.5% 4. 外幣型：目前為6.5%

資料來源：中華民國人壽保險商業同業公會，2019.03.31。

7.3.2 商業銀行和信用合作社

　　商業銀行和信用合作社為承作消費性貸款的主要業者，而且舉凡任何消費性貸款，例如：二胎房貸、就業貸款、汽車貸款、居家裝修或是個人消費貸款，都有在辦理。大部分的商業銀行和信用合

作社都可承作有抵押或無抵押性消費性貸款，利息和本金的償還方式，都可依照申辦貸款者本身財務週轉條件量身訂做。貸款申辦者如果沒有動產或不動產作爲抵押品時，也可透過投保信用保險的方式取得抵押保證。

　　透過商業銀行和信用合作社申辦消費性貸款，最大的缺點爲各項附加費用相當驚人，例如：徵信費、帳戶管理費或信用保險費，而且信用不佳的申辦人往往無法通過信用評估，申辦案件遭到拒絕，而信用合作社也只針對社員辦理消費性貸款。

7.3.3　金融融資公司

　　金融融資公司跟一般金融機構，例如：商業銀行或是信用合作社不太一樣，不承辦一般客戶的存款業務，但是專門承作企業和個人的消費性貸款或企業貸款，其中以承作個人汽車貸款和股票質押借款爲最大宗。目前臺灣主要的金融融資公司，如表7-7所示。

表7-7　臺灣主要金融融資公司

公司名稱	承作業務	母公司名稱
奇異臺灣分公司	個人消費金融和企業金融	美國奇異公司
裕融公司	汽車貸款	裕隆汽車
福灣公司	汽車貸款	福特汽車
豐田汽車金融公司	汽車貸款	豐田汽車

資料來源：各公司。

　　金融融資公司成立的主要目的，是爲了協助母公司推展業務，增加母公司的銷售金額，例如：爲了協助裕隆汽車銷售汽車，裕隆汽車決定自己出資成立裕融公司，專門協助有意購買裕隆汽車的消費者，取得比較容易的貸款管道和量身訂做的貸款金額。不過，這類消費性貸款大都是屬於以該動產作爲抵押品，而且貸款期限大都在3年之內。各消費性貸款放款機構的優缺點，如表7-8所示。

表7-8　承辦消費性貸款各機構優缺點比較

放款機構名稱	優　　點	缺　　點
壽險保險公司	1.可只償還貸款利息 2.貸款利率水準比其他機構低 3.貸款金額高	1.將來保險給付金額減少 2.不適合保障低的壽險保單
商業銀行和信用合作社	1.可承辦各項消費性貸款 2.可量身訂做貸款合約 3.可提供信用保險機制，降低違約風險	1.各項貸款相關費用偏高 2.信用合作社只針對社員放款 3.放款條件審核嚴格
金融融資公司	1.協助消費者取得個人所需的商品，例如：汽車或家電設備 2.可量身訂做貸款合約 3.貸款申辦程序和處理時間短	1.利率水準偏高 2.貸款違約有可能損失貸款購買之商品

7.4　貸款條件評估

（Applying Loan Criteria Evaluation）

　　對於大部分的消費者而言，一下子要拿出300,000元或500,000元購買汽車、居家裝修、籌辦結婚喜宴或支付子女之教育費用，都是一件困難的事，但是這些事情又不能不辦，唯一的解決方案便是即刻向相關機構申辦消費性貸款，但是申貸金額要多少，必須考慮許多因素，畢竟申辦消費性貸款之後，隨之而來的還款壓力，通常從撥款之後的1個月就要開始，除會造成申辦者還款的壓力，或是日常生活費用可支出金額的減少，最壞的狀況可能是申貸者還不出貸款金額，造成抵押品被放款機構強制收回，還得繳清違約金額的損失。因此，如何根據自己的財務狀況，評估自己的貸款能力，便是申辦貸款時必須考慮的重點。一般用來評估申貸者是否有再申辦消費性貸款的指標為：可支配所得償債比率法和淨值負債比率法。

7.4.1 可支配所得償債比率法

由於大部分消費性貸款的償還方式，是採取每月還款的方式（定期定額償還本利或每月還利息到期還本金），因此最好的方式就是以消費者每月的薪資所得扣除必要開支，例如：健保費、勞保退休金，或已貸款之每月還款金額後之可支配所得，而後將每月應償還消費性貸款之金額，除以每月可支配所得後之比率，便可得到申貸者之還款壓力，其公式如下所示：

⚫ 可支配所得
（Disposable
Income）

薪資所得扣除必要之生活開支後之收入。

$$可支配所得償債比率 = \frac{每月應償還之貸款金額}{每月可支配所得} \cdots（公式7-5）$$

而各種可支配所得償債比率，對消費者日常生活財務週轉所產生之壓力，如表7-9所示。

例如：在表7-9中，申貸者目前的可支配所得償債比率介於11%～15%時，申貸者現有各種貸款每月還債金額，已經壓縮到消費者每月可支配所得的花費，為了避免將來資金的調度產生困難，此時消費者不宜為了購買或消費某項產品，例如：汽車或家電，而再申辦新的消費性貸款。

表7-9 可支配所得償債比率變動對申貸者財務週轉壓力影響

可支配所得償債比率（%）	財務週轉壓力	是否可再申辦消費性貸款
小於10%	沒有財務週轉壓力	可以再申辦消費性貸款
11%～15%	出現少許財務週轉壓力	不宜再申辦消費性貸款
16%～20%	財務週轉壓力，逼使申貸者希望沒有緊急付款事件發生	不可申辦消費性貸款
21～25%	目前貸款還債金額，造成申貸者資金週轉壓力	最好和放款銀行進行債務協商
大於26%	申貸者面臨每月無法繳清現有貸款金額之壓力	最好宣告個人破產進行財務重整

資料來源：Garman E. Thomas, and Forgue Raymond E. *Personal Finance*, Cha. 7, p. 199.

7.4.2　淨值負債比率法

在第3章中，我們曾經透過個人財務報表分析的方式，計算出個人財產的淨值（淨值＝資產－負債），此時個人財產淨值為分母、個人負債為分子所得到的淨值負債比率，便可成為個人是否可再申辦新消費性貸款的指標，其公式如下：

$$淨值負債比率 = \frac{個人負債金額}{個人淨值金額} \cdots\cdots\cdots（公式7\text{-}6）$$

當淨值負債比率愈大（愈小）時，則個人償還現有貸款的壓力愈大（愈小），此時不宜再申辦新的消費性貸款。一般用來衡量淨值負債比率的標準指標為25%，當消費者的淨值負債比率超過此指標時，不宜再申辦新的消費性貸款。如果消費者執意要再申辦新的消費性貸款，則一旦面臨違約情況（消費者無法支付每月之貸款金額），則放款機構可能就會向法院聲請扣押，並拍賣申貸者之相關淨值資產，以清償債務。

7.5　降低消費性貸款還款壓力的方法
（Lowering Loan Costs）

如果運用消費性貸款來購買耐久財或是長期資產是無法避免的方法時，當下最重要的目標，便是如何降低消費性貸款的還款壓力，降低還款壓力的方法，不外以下三種：(1)採用機動利率貸款；(2)縮短貸款期限；和(3)提高頭期款金額。

7.5.1　採用機動利率貸款

一般消費性貸款的利率可區分為固定利率和機動利率二種方式，在機動利率的架構下，消費性貸款的利率水準，隨著金融市場的基準利率變動而變動，例如：五大商業銀行基準利率。此時是消

費者本身承擔利率變動的風險，而放款銀行只是被動的調整貸款利率，收取變動的利息收入。由於是消費者自行負擔將來利率變動的風險，一般金融機構都會提供比固定利率貸款更優惠的利率水準給申辦機動利率的貸款者。

7.5.2 縮短貸款期限

「貸款期限愈短，貸款利率愈低」，這句話背後的理由在於夜長夢多，時間愈久，變數愈多，會造成你將來還不出每月貸款金額的因素愈多。相同的道理，放款的時間愈久，放款銀行面對客戶違約的風險愈大，在此情況下，勢必要有抵押品做擔保，如果沒有抵押品，就必須提高放款利率作爲風險的補償。放款銀行如果要降低風險，必須要求申貸者縮短貸款期限，同時降低放款利率作爲誘因。

縮短貸款期限對消費者最大的好處在於，減少貸款利息費用的支出，因爲貸款利息是按日計息，不會因爲消費者沒有工作或是減少生活開銷支出而減少，因此上上之策便是儘快還清貸款。例如：在表7-10中，相同的新臺幣100,000元貸款，在相同的利率水準12%下，2年期和3年期每月償還貸款本利和的金額顯然有所不同。2年期貸款每月本利和還款金額爲4,707元，而3年期貸款每月本利和還款金額爲3,321元，2年期貸款需支付的利息費用共12,968元，但是3年期貸款需支付的利息費用共19,556元，比2年期貸款多支付利息費用6,588元，所以儘早還清貸款才是上策。

表7-10 相同貸款金額和利率水準，不同貸款期限的利息費用支出比較*

項目	貸款金額	貸款期間	每月定期定額還款本利和金額	償還本金	償還利息費用總和	差額
1	100,000元	2年	4,707元	100,000元	12,968元	—
2	100,000元	3年	3,321元	100,000元	19,556元	6,588元

*利率12%。

7.5.3　提高頭期款金額

　　許多家電經銷商、汽車經銷商或是建築商，都以零頭期款和低利率（零利率）的促銷方式，吸引消費者以分期付款方式購買商品，但是零頭期款背後的危機卻是消費者必須提高貸款金額，才能購買到自己想要的商品。在利率水準不變的情況下，頭期款愈少（多），需貸款金額愈多（少），消費者需支出的利息費用愈多（少）。因此，要降低消費性貸款利息費用支出的方法之一，便是提高消費購物分期付款機制下頭期款的金額。例如：在表7-11中，王大需要購買市價1,000,000元的汽車一部，相同的3年期貸款期限，利率水準12%的情況下，王大在分別有支付100,000元、200,000元和300,000元頭期款，各需要貸款900,000元、800,000元和700,000元下，如果王大支付較高的頭期款，則不同貸款（800,000元和700,000元）可比貸款900,000元分別節省19,556元和39,112元的利息費用。

表7-11　相同利率水準，相同貸款期限，不同頭期款下的利息費用比較*

總車價	貸款金額	頭期款金額	每月定期定額還款本利和金額	償還本金	償還利息費用總和	差額
1,000,000元	900,000元	100,000元	29,889元	900,000元	176,004元	―
1,000,000元	800,000元	200,000元	26,568元	800,000元	156,448元	19,556元
1,000,000元	700,000元	300,000元	23,247元	700,000元	136,892元	39,112元

*利率12%，貸款期限3年。

7.6　摘要

　　消費性貸款的種類按照有無抵押品，可分為抵押貸款和無抵押貸款（信用貸款），通常抵押貸款的利率水準遠低於無抵押貸款利率水準，而且抵押貸款所能申貸的金額也比較高。而按照貸款利率變動的方式，又可分為機動利率貸款和固定利率貸款，各銀行基本放款利率通常由基準利率和各銀行的加碼利率組成，而後再依申貸者個人的信用水準，加碼不同利率後，成為放款利率。

　　消費性貸款的成本可區分為貸款利率成本和相關費用成本，兩者之和即為消費性貸款總成本，為了容易比較各銀行貸款成本水準起見，各銀行已採用總費用年百分率的比較基準。用來計算總費用年百分率的方法，可區分為簡單利率法、折現法和附加法，其中以折現法所計算出的總費用年百分率最高。

　　一般從事消費性貸款放款業務的機構，包括壽險保險公司、商業銀行及信用合作社，以及金融融資公司，其中以金融融資公司的利率水準為最高。消費者適不適合在現有財務狀況下，再從事消費性貸款的衡量方法有：可支配所得償債比率和淨值負債比率法。降低消費性貸款還款壓力的方法，包括採用機動利率、縮短貸款期限和提高頭期款金額三種。

7.7　問答題

1. 抵押貸款和無抵押貸款的最大差別，在於有沒有抵押品之外，其利率水準有何不同？
2. 在無抵押貸款的情況下，商業銀行如何要求貸款申辦者取得第三者的信用保證？
3. 基本放款利率是由哪二種利率因素所組成？
4. 王中向臺灣銀行申辦消費性貸款，臺銀的基準利率為3%，而臺銀本身的加碼利率水準為2.5%，則臺銀的基本放款利率為多少？王中為中學教師，臺銀對中學教師的信用條件利率水準為基本放款利率加碼3%，則王中的貸款利率為多少？
5. 一般消費性貸款的成本，都以哪種方式表示？
6. 王中向臺銀貸款100,000元，貸款期限3年按月攤還本利和，每年利息費用10,000元，則王中的貸款利率水準為何？
7. 承上題，臺灣銀行向王中收取4,000元的徵信費用，在定期定額分期付款機制下，運用「附加法」所計算出來的年費用百分率為多少？

8. 承上題，運用「折現法」所計算出來的年費用百分率爲多少？

9. 一般從事消費性貸款放款業務的機構，可分爲哪三種？哪一種利率水準最低？哪一種利率水準最高？

10. 一般用來評估消費者的財務狀況，是否可再申辦新的消費性貸款的方法有哪二種？

11. 降低消費性貸款還款壓力的方法有哪些？

7.8 討論題

1. 前往銀行公會網站（www.ba.org.tw）「利率專區」，查詢合作金庫銀行所承辦的各項消費性貸款項目中，哪一類消費性貸款利率水準最低？

2. 前往華南銀行網站（www.hncb.com.tw）「個人金融專區」，試算貸款1,000,000元，利率水準5%，貸款期間24個月，帳戶管理費1,000元和徵信費用3,000元下，總費用年百分率爲多少？

3. 前往銀行公會網站（www.ba.org.tw）「消費者專區」、「委外催收和行銷區」，查詢銀行委外行銷機構名單有哪些？

Chapter 8
耐久財購買管理 —— 汽車和不動產

理財觀

汽車銷售M型化

受到國內經濟景氣成長趨緩和國內民眾使用汽車習慣的改變，國內轎車新車領牌數在2007年到達最低點，全年轎車新車領牌數只有28萬輛，另一方面進口高級轎車的銷售量，卻又達到另一高峰，或許這是M型化社會消費購物的另一個典型代表。

為了刺激新車的買氣，各汽車廠無不使出渾身解數，各種促銷的招數不斷推陳出新，零利率、免頭期款或是延長新車保固期限，從保固2年延長到3、4年，而最新的發展則是愈來愈多的人，運用租賃的方式來購買高級進口轎車，只要每月付出比分期付款購車稍微多一些的金額，便可擁有一輛全新的進口轎車，在租賃期間屆滿之後，也可選擇繳付餘款把該車買下，或是將該車繳回，換租下一部新車，由於租賃車使用的方便性，難怪車牌二個英文字母相同的高級租賃車滿街跑。

　　另一方面，高漲的油價直接衝擊新車的銷售量，2008年前半年的新車領牌數，比2007年同期領牌數下降了22.7%，車商預估全年新車銷售量只有23萬輛，汽車製造商紛紛以延長休假的方式，降低產量度過產業的寒冬。

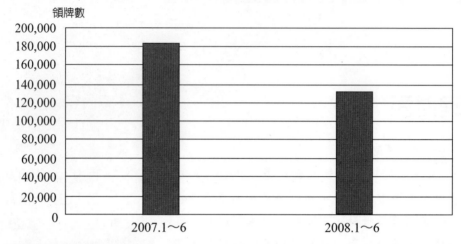

領牌數

資料來源：交通部數據所。
2008年上半年新車領牌數比2007年同期下降了22.7%

2007/2008年前半年新車領牌數

資料來源：
沈美幸，〈6月新車領牌數創22年新低〉，《中國時報》，2008.
07. 02。

　　對大部分的人而言，自用汽車和自用住宅都是個人資產負債表中金額最大的資產，而且這二項資產的使用年限都相當長，一般汽車的使用年限高達10年，而自用住宅的使用年限，更高達40年以上，再加上這二項資產的購置，一般都需要透過長期的銀行貸款方式才能購買，通常房屋貸款期限高達30年，汽車貸款期限為3年，再加上汽車和住宅的固定和長期維修費用，這些加總起來，使得汽車和住宅的購置，成為生涯理財規劃中最重要的項目之一。本章將針對耐久財的購買決策過程、自用汽車的購置和自用住宅的購置，做詳細的討論。

8.1 耐久財的購買決策過程
（Decision Process of Buying Durable Goods）

自用汽車和自用住宅的購買決策步驟，基本上可分為以下幾個：(1)需求vs.慾望的抉擇；(2)做好基本功課；(3)完成採購作業；和(4)定期維修。

8.1.1 需求 vs. 慾望的抉擇

人們日常生活的開銷，按照心理層次的快樂等級，基本上可分為需求和慾望二大類，簡單來說就是需要vs.想要。食、衣、住、行、育、樂的開銷只是基本需求的滿足，但是慾望的滿足，卻是另一種層次。例如：汽車的種類、配備和用途千奇百怪，但是購買自用汽車的基本需求只是提供交通代步的工具，而對於有錢有閒或是經營事業有成的人而言，汽車卻是身分和社會地位的象徵，因此購買進口名牌汽車或大排氣量的汽車便是一種慾望滿足的表現。同樣的道理，提供家人一個舒適的住宅環境，不用寄人籬下的三房二廳公寓式住宅，是一般人對於自用住宅的基本需求，但是對於部分人士而言，市區住宅大樓或是郊區透天別墅，除了提供家人舒適的住家環境之外，更是一生事業成就的代表，購買一間豪宅，成為滿足住宅慾望的目標。到底要選擇滿足需求或是滿足慾望的汽車或住宅，其實這些選擇都是由自己做決定，但是必須掌握的重點卻是這些耐久財購買的付款金額，大部分都是透過長期的分期付款機制才能完成，而且都是必須按月繳納定期定額的本利和金額，逐年還清貸款金額。因此究竟是要滿足需求或是滿足慾望，就要回歸到基本的財務規劃，也就是一個家庭中所有成員未來10年內，每月總收入是否能支付這些月付款的繳納，如果沒有辦法定期繳納這些貸款時，則這些耐久財（汽車和住宅）都將被放款銀行透過法院查封和拍賣，成為法拍屋和法拍車。例如：在圖8-1中顯示，在2018年第2季以全國地區為調查顯示，平均房價為年所得的9.00倍，以地區來區分的話，臺北市的平均房價最高，為年所得的15.01倍，臺南

市最低為7.20倍。而在圖8-2中，全國地區購屋貸款，在2018年第2季時月貸款負擔占家庭月收入的36.90%，其中以臺北市的61.56%最高，而臺南市的29.53%最低。例如：在圖8-3中，2018年第2季全國購屋面積調查結果，全國不分區域購屋面積仍以滿足住屋需求的25～35坪為大宗。

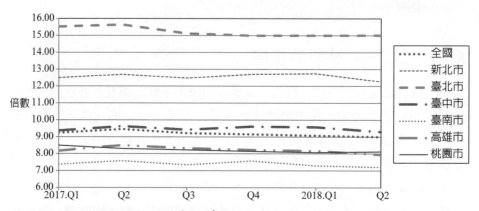

資料來源：內政部臺灣住宅需求動向季報。

臺灣都會區已購屋者房價占年所得倍數以臺北市最高，在2018年第2季時，高達15.01倍。

圖8-1　都會區已購屋者房價占年所得倍數

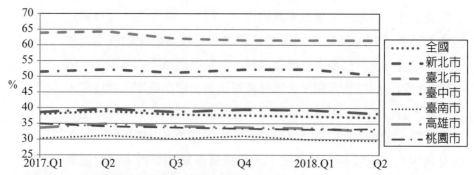

資料來源：內政部臺灣住宅需求動向季報。

臺灣都會區已購屋者月貸款占月所得比率以臺北市最高，在2018年第2季時，高達61.56%，代表臺北市的高房價確實對市民的可支配所得產生重大影響。

圖8-2　都會區已購屋者月貸款負擔占月所得比率

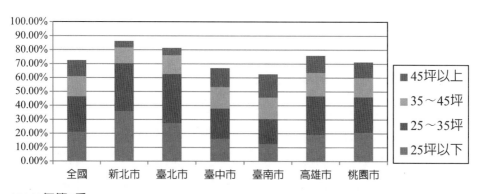

*2018年第2季
資料來源：內政部臺灣住宅需求動向季報。
臺灣都會區住宅購買面積以25～35坪為大宗，臺南市住宅購買面積以45坪以上為大宗，占16.75%。

圖8-3　都會區已購屋者購買房屋面積統計

8.1.2　做好基本功課

　　經建會2011年針對已購屋者的調查顯示，全國已購屋之平均房價為960.7萬元，平均單價為每坪23萬元，而新車平均售價為50萬元，這些高價的耐久財，確實不適用衝動型的購買決策模式，而必須採取合理和理性的購買行為；也就是先確認自己購買這些耐久財的目的，是滿足基本需求或是滿足慾望，接下來要事先蒐集各商品的功能、型號和相似產品的價格，做比價和詢價的動作，這些過程可以詢問自己周遭的親朋好友、透過各種消費者保護協會，例如：消費者文教基金會，或是各項網路資源來進行查詢。不過值得注意的是，由於網際網路比價查詢的功能日漸增強，許多建商或汽車製造商，為了減少消費者在不同銷售商間比價的行為，已逐漸進行產品差異化的銷售行為，所以在進行產品比價過程之前，要先確認產品的型號、基本功能及所附加的售後服務是否相同，這樣的比價基礎才有相同的標準。而這比價的過程，當然包括購買這些耐久財，所須辦理貸款的金融機構之利率水準和相關費用。

　　有時最便宜的商品並非最佳的選擇，畢竟我們要購買的是要使用長達10年以上的耐久財，此時產品的售後服務保證或維修，反而

成爲採購的重點。

8.1.3　完成採購作業

　　一般人認爲完成採購作業，就是一手交錢、一手交貨，其實這些耐久財必須完成產權的轉移，同時登記在採購者的名下，才算完成。由於產權的轉移和登記都要透過政府機關，例如：各地汽車監理所和地政事務所，因此最好的方式便是透過可靠合法的經紀人，例如：土地代書或是公司業務代表來洽辦，最能省時省事。而在交付各項款項時，切忌交付現金給代書或是業務代表（畢竟業務代表或是代書侵占客戶所交付現金的新聞時有所聞），最好的方式就是以店家爲受款人的銀行保證支票，書寫款項金額交付給經紀人或業務代表，才能確保購物款項的安全。不過要注意的是，辦理金融機構貸款所購買的不動產（例如：住宅或土地），或是動產（例如：自用車輛），都必須將耐久財的產權設定給金融機構；也就是把耐久財抵押給金融機構，作爲對金融機構的保證，在還清貸款之後，才能辦理設定塗銷的工作。

8.1.4　定期維修

　　耐久財購置完畢之後，接下來的問題便是定期維修和保養，其中最重要的一項，就是透過購買產物保險的方式，確保資產的安全。一般汽車的產物保險，如表8-1所示；住宅的保險，如表8-2所示。在表8-1中，列出購買自用車時政府強制規定，必須購買強制險，以保障車禍事故對方的財產和人員損失。除此之外，車輛的所有人可依自己對財產保護的程度和對風險的認知，加保第三人責任險、車體損失險或是竊盜損失險。第三人責任險即指車禍發生時，由保險公司負責給付超過強制險理賠範圍和金額的保險，而一般所稱的「全險」，就是包括車體損失險（甲式或乙式）、竊盜損失險和第三人責任險共三種。比較重要的是，一般人認爲投保竊盜損失險，只要汽車失竊時，保險公司就該理賠一輛汽車，事實上是保險

表8-1 自用車輛保險種類

保險項目	保險種類	備　註
強制險		政府規定須強制投保
任意險	第三人責任保險	依車輛所有人意願，自由投保
	車體損失險（甲式和乙式）	
	竊盜損失險	

資料來源：中華民國產險公會。

表8-2 自用住宅保險種類

保險種類	保障內容	備註
住宅火災及地震基本保險	火災和地震所造成的產物損失	
住宅火災及地震基本保險附加險	住家火災財務損失、住戶人身安全損失、第三人責任和地震財務損失	
住家綜合保險	涵蓋火災、地震、颱風及洪水險	

資料來源：國泰產物保險公司。

公司會根據汽車的使用折舊情況，給付汽車原投保價值扣除折舊費用後之帳面價值。

　　而在表8-2中，列出一般自用住宅之保險種類，包括火災及地震基本保險，以及鑑於臺灣因爲颱風所帶來的嚴重水災，造成住宅淹水財物損失，所推出的住宅火災及地震基本保險附加險，而保障範圍比較大的是住家綜合險。爲了確保抵押房屋的產權和安全，金融機構對於所辦理的房屋抵押貸款產權，都會要求投保基本的火險，而且保險期間和貸款期間一致，1年一保。

8.2　自用汽車的購置
（Vehicle Purchasing）

　　自用汽車的購置對於一般人而言，是僅次於購置自用住宅的第二重大耐久財購置，自用汽車的購買看似容易，但是選購的過程卻不簡單。一輛符合甲財務需求和生活需求的自用車，並不一定就適

合乙來購置，如何在符合自己預算範圍內，又不會大幅增加每月貸款負擔的情況下，選購一輛符合需求的車輛，就必須依照下列程序來進行。

8.2.1　生活需求和家庭型態的選擇

　　汽車或許是個人基本的交通工具，但是對於住在郊區的父母親而言，汽車可能就是全家代步的工具。對於住在大都會市區有便利捷運系統的通勤族而言，往來捷運站、上街購物最佳的代步工具是排氣量小、方便停車的小型汽車。但是對需要運用高速公路開車通勤的上班族而言，講究排氣量、省油和行車安全的中大型房車，或許才是最佳的代步工具。因此購車的首要選擇，應該要依照自己或家庭成員的需求而定，表8-3列出一般國產汽車適用的時機和用途。在表8-3中可看出，無論汽車排氣量大小，臺灣汽車的售價和歐美國家相較明顯偏高，而且在油價高漲的年代，實在不宜購買耗油量高、車體大又不適宜市區行駛的休旅車，作為平常只有個人使用的代步工具。

8.2.2　配合自己的購車預算

　　購買自用車輛除了滿足自己的生活需求之外，下一個步驟便是車價須能配合自己的購車預算，除了用現金購買一次付清之外，大部分的購車程序，都是透過支付頭期款之後，運用分期付款的方式來支應，雖然大部分的車商都有推出低頭期款，100萬／50期零利率（每月2萬元）、60萬／30期零利率（每月2萬元）或是40萬／40期零利率（每月1萬元）的促銷方案，但是這些零利率的方案不一定就適合你／妳，因為車商假設你／妳每個月的薪資收入，能夠支付車貸費用。事實上，運用分期付款購車的每月車貸費用，不應超過家庭月收入可支配所得的20%，在此前提下，再來考慮購車貸款的額度，和適合車價範圍內的各廠牌車輛。

　　汽車貸款每月付款不超過家庭月收入可支配所得的20%，背後

表8-3　汽車排氣量和用途

排氣量	廠牌／型式		用途	基本車價（新臺幣）
1,600CC以下	Toyota Vios 1.5J		市區交通；家庭婦女接送小孩上下學	500,000
	Ford Activa Magic 1.6			
	中華三菱Colt 1.6			
1,600～2,400CC	轎車	Toyota Camry 2.0, 2.4	高速公路行駛；中長途上下班	500,001～1,000,000
		Nissan Teana 2.0, 2.3		
		Honda Accord 2.0		
	休旅車	Toyota Wish 2.0	家庭成員5人以上；全家出遊	
		Ford Escape 2.3		
		Nissan X-Trail 2.5		
2,400～3,200CC	轎車	Toyota Camry 3.5	經常於高速公路長途行駛	1,000,001～1,400,000
		Honda Accord 3.0		
		Nissan Teana 3.5		
	休旅車	Ford Escape 3.0	多功能用途，上山下海	

資料來源：各汽車廠。

的道理在於「買車容易、養車難」的後續維修哲學。一般汽車的年度經常性費用，除了油資之外，尚包括牌照稅、燃料費、保險費和定期維修費用，這些費用如表8-4所示。在表8-4中顯示，自用汽車的牌照稅和燃料費，都是根據汽車排氣量大小來徵收，汽車排氣量愈大（愈小），應繳納的牌照稅和燃料費金額愈高（愈小）。

　　在自己的購車預算範圍內，如何減少購車的開支呢？最簡單的方法就是回歸最初的購車需求——汽車只是代步的工具。有些看似花俏但是不必要的配備，是車商要從汽車銷售過程中多賺的收入，這些花俏的設備，多在基本車型和基本配備之外，以一套幾萬元的方式附加上去，形成差異化的產品，這些附加的配備商品，如表8-5所示。

　　自用汽車除了基本的安全防護設備之外，例如：雙前座安全氣囊和防鎖死煞車裝置（ABS），是否還需添購其他花俏的視聽配備

表8-4 自用汽車年度費用統計

費用項目	排氣量（CC）	金額（元）	繳納期限
牌照稅	601～1,200	4,320	4.1～4.30
	1,201～1,800	7,120	
	1,801～2,400	11,230	
	2,401～3,000	15,210	
	3,001～4,200	28,220	
燃料費	601～1,200	4,320	7.1～7.31
	1,201～1,800	4,800	
	1,801～2,400	6,210	
	2,401～3,000	7,200	
	3,001～4,200	8,640	
保險費用	強制險＋第三人責任險	車價的2%	每年
定期維修費用	維修保養	車價的3%	每年3次

資料來源：交通部公路總局。

表8-5 自用汽車附加配備價目表

新臺幣元

項目名稱	單價
雙前座六向電動調整座椅	60,000
三螢幕DVD數位電視播放系統	30,000
12片式CD播放系統	20,000
全車系環繞安全氣囊	50,000
免持聽筒藍牙車上通訊系統	20,000
電動天窗	50,000
前後座分離空調系統	60,000
空氣動力系統	20,000

資料來源：各汽車公司。

或裝飾成分居多的設備？例如：在表8-5中，雙前座六向電動調整座椅的單價，高達新臺幣60,000元，而DVD視聽播放系統，也要價新臺幣30,000元，如果這輛自用汽車平常只有車主一個人使用，不可能每次上車就調整座椅方向，或是開車時還觀賞電視節目，這些設備只適合租車公司，不同駕駛人的營業目的所使用，根本不適合

自用車。同樣的道理也適合電動天窗的配備,自用車的購買者實在不宜花錢買這些花俏,但不實用的配備,如果在你的心目中汽車是個人身分地位的象徵,那就另當別論了。很少的購車者會仔細評估車輛規格表上,每輛車在相同排氣量標準下,不同的馬力、扭力和每公升耗油量的表現,而汽車銷售業務員也不會跟你說這些,他們最喜歡做的事情,便是請你坐上「展示車」的駕駛座,目視享受整車花俏豪華的設備,打動你買車的心。

8.2.3　購買的時機

當你／妳依照自己的預算範圍,找到適合自己需求的汽車時,何時才是買車的最佳時機?一般來說,剛上市1年內的新車,很難有大幅降價的空間,因為在大量的電視和平面廣告行銷包裝下,新車銷售量遠高於其他車輛,車商沒有降價促銷的理由。最有降價空間的車輛,是上市已經超過2年以上,這些車輛背後的模具成本已經攤銷,再加上已經上市一段期間,不再具有新車的魅力,只能透過前後保險桿小改款的方式來促銷,經銷商庫存的壓力增加,反而有較大的降價空間。

而1年當中以農曆7月和國曆11～12月為最佳的購車時機,由於國人對於民俗傳說的禁忌,多不願在農曆7月舉行婚禮或是購置重大資產,例如:買車或買自用住宅,這種民俗對汽車經銷商形成當月銷售業績的壓力,或是抱著度小月的心理,為了衝刺當月的業績,汽車經銷商大都有當月購車優惠,次月交車的降價優惠措施。而1年當中以年底11～12月的新車降價幅度最大,其背後的原因在於新出廠的汽車價值,取決於其出廠年分(中古車的銷售價值也以出廠年分為估價基準),跨年分的國產新車都有50,000～70,000元的折舊空間,這對汽車經銷商的庫存車形成極大折舊壓力。為了減少可能跨年分汽車的存貨折舊損失,車商通常在年底進行大手筆的降價促銷活動,衝刺銷售業績,減少庫存損失壓力,此時購車就有更大的議價空間。如果你／妳現在有汽車可供使用時,不妨等到年底才換車,這樣就能節省購車的費用支出。

運用汽車經銷商所提供的低頭期款零利率購車方案，一般來說很少有折價的空間，想要享有最大折價空間便是用現金一次付清，其折價空間介於50,000～70,000元之間。但是這麼大筆現金要從何而來呢？透過前一章消費性貸款我們得知，自有房屋、股票或是壽險保單現金價值準備金，都可以成為消費性貸款抵押的標的，再者，銀行所提供的抵押消費性貸款的利率水準，也遠低於汽車經銷商所提供的汽車貸款利率水準。

8.2.4　租賃──購車的另外選擇

在前面的章節中我們知道，購車的主要成本及附加成本──車價、牌照稅、燃料費、保險費、定期維修費和分期付款利息，費用相當高，另一方面隨著使用車齡的增加，後續的維修費用也不斷增加，而且車子折舊後的殘值（二手車價格），也不斷降低，為了節省這些開支，有人運用租賃的方式來取得新車。

運用租賃方式取得新車，節省購車經費的機制，在於你／妳只有支付使用汽車期間的相關費用，例如：新車的售價為1,000,000元，而2年租賃期滿之殘值為600,000元，則你／妳所需負擔的費用為這2年租賃車價值的差價400,000元，和相關的財務費用。

🔹 **純租賃**
（Closed-End Lease）

租賃期滿，承租人將租賃物交還給出租人。

🔹 **租購**
（Purchase Option Lease）

租賃期滿，承租人可以選擇出資向出租人購買租賃物。

一般汽車的租賃可分為純租賃或租購二種。純租賃指承租人在租賃合約期滿（2～3年），將租賃車交還給出租人（租賃公司），不再出資買入該車，而後再向租賃公司重新租賃一部新車。由於租賃公司負責租賃車到期後的出售價值事宜，為了確保自身的權益，在租賃合約上會明列該租賃車在租賃期間內可以行駛的總里程數、相關的保養維修費用、汽車保險費用歸屬，以及合約期滿租賃車外表相關合理的磨損程度，作為計算月租金費用，同時計算保證金金額，租賃期滿如果沒有違反上述規定，則汽車歸還時，租賃公司將保證金歸還給承租人，租賃合約終止。一般常見的問題便是租賃車在租約期滿時，超過合約的行駛里程或是車體損傷，此時承租人就必須依照租賃合約照價賠償。

租購和純租賃方式大致相同，最大的差別在於租購合約下，承

租人在合約期滿時，可選擇不支付任何費用後留下此車，或是將該租賃車依雙方協議殘值價格出售給租賃公司。一般來說，在相同的租賃條件下，純租賃的月租金費用遠低於租購車的月租金費用，由於營利事業運用租賃車作為交通的工具，其月租金費用可以視為營業費用扣抵營利事業所得稅，租賃車已經漸漸成為企業用車的方式。不論是純租賃或是租購的方式，決定租賃車月租金費用高低的因素，如表8-6所示，表8-7為使用租賃車和購置自用汽車的優缺點比較。

表8-6 影響租賃汽車月租金費用高低的因素

項次	租賃雙方要確認條件	內　　容
1	租賃車原始價格和殘值高低	用於計算租賃期間內，租賃車的使用成本
2	租賃期間長短	確定租賃合約期限
3	租賃保證金金額高低	作為租賃合約期滿，租賃物的維修保證
4	租賃期間車輛保險費用和維修費用歸屬	確定租賃費用責任歸屬
5	租賃期間內車輛可行駛里程數	確立租賃車歸還時，處於合理的車況
6	租賃期滿，租賃車外觀合理的磨損範圍	作為租賃車歸還時，是否需要進行外觀維修的依據

表8-7 使用租賃車和購置自用汽車的優缺點比較

使用租賃車		購置自用汽車	
優點	缺點	優點	缺點
1.使用較少資金即可取得車輛，剩餘資金可自由運用，找尋投資獲利機會	1.沒有車輛所有權，車輛無法作為抵押品，取得銀行貸款	1.自有資產可隨意應用，可作為抵押品取得銀行貸款	1.使用規費、年度租稅費用和相關維修費用高
2.免付分期付款購車利息費用支出，節省龐大購車費用支出	2.個人租賃車無法取得租車費用租稅減免效果	2.可按照自己及家人需要和生活型態，選購自己屬意的自用車	2.換購新車時，舊車殘值低，出售不易
3.固定期間即可使用新車，免除車輛老舊所增加之維修費用，減少中古車出售處理問題	3.有使用期間里程數的限制	3.在不同時機和季節選購汽車，可取得各項特殊優惠和折價	3.購車頭期款和每月償還車貸金額，形成資金週轉壓力

8.3　自用住宅的購置
（House Purchasing）

對大部分租屋寄人籬下的人而言，能運用自己的資金購買一戶自用住宅，是多麼大的夢想啊！許多新婚夫妻也都渴望擁有自己的新屋和新房，但是現實的問題卻是都會區超高的房價，使得「住者有其屋」成為遙不可及的夢想。另一方面，自用住宅也成為大多數人一生累積的財富中，最大的資產，因此如何在有效的資金下，運用金融市場的協助，在不影響財務狀況下，購置適合自己和家人的自用住宅，便成為本節討論的重點。

8.3.1　自用住宅的種類

臺灣由於地形的限制、人口的因素和都市化的結果，土地的價格一直居高不下，在高地價的限制下，發展出不同的住宅建築型態，如表8-8所示。從表8-8中可看出，自用住宅的型態和價位大都受到土地區段價格的影響。以臺中市為例，市區的40坪3樓透天住

表8-8　自用住宅型態

型態	坪數	建築地區	適合型態	價位	優　　點	缺　　點
郊區透天住宅	30～50坪（3樓）	都會郊區／鄉鎮周圍	3～5人已婚夫妻家庭	中	1.自有空間不受鄰居干擾 2.停車出入方便 3.維護費用低	1.保全費用高 2.需自備交通工具 3.學區因素不佳
市區透天住宅	30～40坪（3樓）	都會區	2～4人已婚夫妻家庭	高	1.生活機能齊全 2.有增值空間 3.產權清楚，出售容易	1.價位高 2.保全費用高
公寓住宅	30坪	都會區	2～4人已婚家庭	中	1.生活機能齊全 2.價位中等 3.維護費用低	1.需自備停車位 2.整修維護不易 3.門禁管制鬆散
大樓集合式住宅	30～100坪	都會區	新婚／已婚家庭	中／高	1.住宅安全性高 2.有停車位出入方便 3.附屬生活機能齊全	1.公設比高 2.相關管理費用高 3.大樓居住人數多，產權無法分割
大樓套房式住宅	10～15坪	都會區	新婚夫妻	低	1.價位便宜 2.出入工作方便 3.出售容易	1.居住分子複雜 2.保全不佳 3.管理困難

資料來源：東森房屋。

宅,可能的價位都高達新臺幣2,000萬元,而強調大坪數、生活機能便利的大樓集合式住宅,每坪價位都在6萬元～20萬元之間,最便宜的莫過於位在市區內大樓套房式的住宅。其實面對這麼多的購屋選擇,最根本還是要回到自己需求和慾望的滿足,以及家庭組成的生命週期架構上。例如:新婚夫妻家庭人口簡單,再加上成家時財務基礎尚待建立,此時可能需選擇低價位,但將來出售容易的大樓套房式住宅。而已婚、有子女處於國中小就學階段,又具有財務基礎的夫妻而言,生活機能齊全、學區佳、安全性高的都會區大樓集合式住宅,可能是最好的選擇。

根據行政院主計總處的調查,臺灣地區平均每人居住面積約11坪,而每戶平均人口為3.6人,在此前提下,每戶居住品質普通水準約為三房二廳40坪的住宅,而要達到滿意的水準,則約為四房二廳50坪的住宅。

除了以上家庭生命週期因素之外,一般選購住宅所必須考慮的客觀外在因素,尚包括地段因素、生活機能因素、環境因素和產品因素,而其考慮的意見和適用之情況,如表8-9所示。

表8-9 選購自用住宅外在客觀因素

	因　　　素	適用於
地段因素	地段公告地價價值	住宅保值增值
	是否有步行10分鐘可達的大眾捷運系統	都會區上下班交通便利
生活機能因素	是否有步行20分鐘可達的國中小學區	家中有適齡上學兒童
	是否有步行10分鐘可達的24小時超商或量販店	4人以上的家庭
	是否有步行20分鐘可達的各類專科診所或醫院	家中有小孩或老人
	是否有步行10分鐘可達的銀行、公園或運動場	一般住宅
環境因素	是否為住商混合的住宅環境	重視住宅安全和居住品質
	是否遠離工廠、垃圾場或資源回收場	重視住宅品質
	是否位於交通幹道上	重視住宅安靜品質

表8-9　選購自用住宅外在客觀因素（續）

因　素		適用於
產品因素	是否每間房間皆有天然採光設施	住屋品質
	空間規劃是否適合家人需要	住屋品質
	大樓住宅結構品質、消防及逃生和保全是否合乎規定	住屋安全考量
	大樓總居住戶數是否有限制	人員出入安全
	建商商譽信用和產品保固期間	住宅興建品質

資料來源：信義房屋。

8.3.2　購置自用住宅的成本

　　購置自用住宅既然是人生的大事，而自用住宅也是家庭財富中最有價值的資產，其買賣的相關費用和年度應繳納的相關租稅，也是一筆不太小的負擔。住在市區大樓大坪數的豪宅中，雖然生活品質高，但是每年所繳交的相關費用也遠大於郊區的透天住宅。一般購置或出售自用住宅所需繳納的相關租稅和費用，如表8-10所示。

　　在表8-10中，土地增值稅和地價稅都和自用住宅所處的地段，與政府所公告的地價有關，而房屋稅則和自用住宅的建造成本現值，和房屋是否屬於住家用和營業用有關。在了解相關的房屋買賣租稅繳納規定，和住宅選購的各項要素之後，接下來的問題便是決定自己有多少財務能力，可能購買中意地段的住宅。

　　一般用來試算自己有多少購屋財務能力的方法，分別為年收入概算法和目標精準法。

■年收入概算法

　　在年收入概算法的架構下，可負擔的房價如下列公式所示：

可負擔的房屋價格＝（家戶所得年收入 × 購屋貸款月負擔比率） ÷ 房貸利率……………（公式8-1）

表8-10　買賣房屋應繳納之租稅和費用

類別		應繳稅費	備註
買方應繳稅費	產權移轉時應繳稅費	契稅	買賣：契價＊6%
		印花稅	公契所載價格*0.1%
		買賣登記規費	土地以當年度申報地價總額千分之一計收。建物以當年度評定現值千分之一計收。書狀費用每張 80 元
		登記簿謄本費	每張20元
	持有產權時稅費	地價稅	一般稅率：1.00%
			自用住宅稅率：0.20%
		房屋稅	住家用：房屋現值*1.2%
			營業用：房屋現值*3.0%
			非住家非營業用：房屋現值*2.0%
	產權移轉代書費	買賣過戶登記代書費	每件以土地一筆、建物一棟為一件，增加一筆（棟）將加收費用，每件12,000元（另，簽約費買賣雙方各1000元）
	申辦貸款相關費用	設定登記規費	
		登記簿謄本費	每張20元
		住宅火險及地震險	
		設定登記代書費	
		銀行徵信查詢鑑價費	依銀行實際收費
		貸款開辦手續費	依銀行實際收費
	其他費用	水電、瓦斯、管理費	以交屋日為準按天數比例分攤
		公共基金、公共修繕費	依契約約定
		仲介服務費	成交價之2.00%

表8-10　買賣房屋應繳納之租稅和費用（續）

賣方應繳稅費	產權移轉時應繳稅費　土地增值稅	自94年2月1日起生效 完成登記年度之次年，申報綜合所得稅時一併申報繳納
	產權移轉後當年度應繳稅費　財產交易所得稅	以房屋所有權移轉登記日期所屬年度為準（土地不課所得稅），無論賣屋是賺錢或賠錢，依照規定必須要申報財產交易所得。（104年12月31日前取得房屋且持有超過2年者，適用財產交易所得稅；105年1月1日以後取得者，適用房地合一稅）
	房地合一稅	自105年1月1日起交易下列房屋、土地者，所得按實價課稅： （一）105年1月1日起以後取得者（以謄本上登記日為準）。 （二）103年1月1日之次日以後取得，且持有期間在2年以內出售者。 符合上述二點之一者，即採房地合一稅制課徵
	持有產權時稅費　地價稅	一般稅率：1.00%
		自用住宅稅率：0.20%
	房屋稅	住家用：房屋現值*1.2%
		營業用：房屋現值*3.0%
		非住家非營業用：房屋現值*2.0%
	工程受益費	欠繳之工程受益費未繳清前不得移轉
	塗銷登記代書費	
	申辦貸款相關費用　提前清償違約金	約一個月的本息，或轉貸金額的1～2%，或另收取帳戶管理費
	其他費用　履約保證金	
	仲介服務費	成交價之4.00%

資料來源：信義房屋，2019。

在公式8-1中，購屋負擔比率不得超過家戶年所得收入的30%，因為一般銀行所能承作的20年期房屋貸款，每月還款的本利和不得超過月薪資收入的三分之一。我們可以試算王大同一家四口（夫妻二人和子女二人），在年收入120萬元、購屋貸款月負擔比率為30%、房貸利率為3%的條件下，王大同可負擔的房價為新臺幣12,000,000元。

$$
\begin{aligned}
可負擔的房屋價格 &= （家戶所得年收入 \times 購屋貸款月負擔比率） \div 房貸利率 \\
&= （1,200,000 \times 30\%） \div 3\% \\
&= 12,000,000
\end{aligned}
$$

根據行政院主計總處統計的平均每人居住面積約為11坪，王大同四口之家住宅滿意水準約為45坪，則王大同可負擔的住宅每坪單價約為267,000元，如公式8-2所示。

$$
\begin{aligned}
可負擔每坪單價 &= 可負擔的房屋價格 \div 需求坪數 （公式8-2）\\
&= 12,000,000 \div 45 \\
&\fallingdotseq 267,000元
\end{aligned}
$$

接著王大同就必須透過房屋仲介商，代為尋找他屬意的地段，符合每坪單價267,000元的透天住宅、大樓住宅或是公寓住宅。

■目標精算法

在目標精算法的架構下，將購屋能力房價分成二大部分，分別為籌措自備款能力和可承擔的貸款能力，如公式8-3所示。

$$
可負擔的房屋價格 = 籌措自備款能力 + 可承擔的貸款能力
$$
$$
\cdots\cdots\cdots\cdots（公式8-3）
$$

籌措自備款能力主要取決於個人的年收入、儲蓄率和儲蓄的投資報酬率，才能累積購屋自備款。例如：在王大同的例子中，夫妻二人年收入為120萬元，而其儲蓄率為30%，以儲蓄投資報酬率為每年5%複利計算，則5年後所能累積的購屋自備款金額約為1,989,360元。

$$5年後自備款金額 = 1,200,000 \times 30\% \times 年金終值係數_{5,5\%}$$
$$= 1,200,000 \times 30\% \times 5.526$$
$$= 1,989,360$$

而可承擔的貸款能力取決於購屋貸款利率、貸款年限和每年年收入所能承擔還款能力。在王大同的例子中，我們假設王大同夫妻二人的年收入每年增加3%，每年收入能承擔的還款能力為年收入的30%，20年的房貸利率為5%，則5年後王大同的購屋貸款承擔能力為5,199,645元。

$$可承擔貸款能力 = 年收入 \times 30\% \times 終值係數_{5,3\%} \times 年金現值$$
$$係數_{20,5\%}$$
$$= 1,200,000 \times 30\% \times 1.159 \times 12.462$$
$$= 5,199,645元$$

則5年後王大同可負擔的房價為7,189,005元（1,989,360 + 5,199,645），而可負擔的每坪單價為159,756元（7,189,005 ÷ 45坪）。

8.3.3 自用住宅貸款來源

一般金融機構，例如：商業銀行、信用合作社、人壽保險公司和中華郵政公司都有辦理購置自用住宅的貸款業務，不過要選擇哪一家金融機構辦理住宅貸款的重點，在於貸款的成數、貸款利率的高低和貸款期限長短。

　　一般來說，金融機構會依據房屋的地段、產品別、貸款人信用狀況，核貸房屋總價70～80%的金額給申辦者。在此情況下，剩餘的20～30%房價就必須透過自備款來解決，如果自備款有不足的部分，就需透過消費性信用貸款或二胎房貸來籌募資金，但是這部分的利率水準，將高出一般的房貸利率水準。

　　許多建商爲了銷售預售屋，紛紛打出10%自備款，90%低利房貸優惠措施，吸引有意購屋但是自備款不足的民眾，不過購買預售屋的風險遠大於購買成屋的風險，不宜輕易嘗試。

　　而貸款利率的高低，主要取決於申辦人本身的財務狀況、信用能力和職業特性，政府和金融機構爲了鼓勵民眾購置自用住宅，針對不同行業特性的民眾給予房屋貸款利率的優惠，如表8-11所示。

表8-11　不同行業別和身分購屋貸款利率優惠

行業別和身分	利率	貸款金額	優惠內容
第一商業銀行青年安心成家購屋優惠貸款專案（分段式利率）	第一階段：01月～24月浮動利率：1.4400%起第二階段：25月～360月浮動利率：1.7400%起	最高新臺幣800萬元	貸款年限最長30年，含寬限期3年，本息分期平均攤還
全國農業金庫股份有限公司公教人員房屋優惠貸款	第一階段：01月～360月浮動利率：1.5600%起	最高新臺幣1,000萬元	貸款期限最長30年

資料來源：內政部營建署，2019。

　　在表8-11中，政府爲鼓勵青年購買自用住宅，實現住者有其屋的夢想，只要年滿20～40歲無自用住宅的青年，皆可申貸500萬元，還款期限長達30年（含寬限期），而且給予不同階段優惠利率的待遇。

8.3.4　貸款利率選擇和貸款期限

　　一般民眾辦理房屋貸款的利率選擇時，可選擇固定利率或機動利率的房屋貸款。在固定利率的房屋貸款架構下，貸款利率在房貸期間固定不變，如果房貸者申請定期定額本利分攤方式時，則不管將來市場利率如何變化，每月所償還的房貸本利和金額皆維持不

變。選擇固定利率房屋貸款的優點，在於房貸的申辦者可以妥善規劃未來20年或30年每月的生活開支項目，包括償還房貸金額，因為每個月都有一筆固定金額的房貸支出。而且將來市場利率上升時，可大幅節省利息費用的支出；反之，如果將來利率不升反降時，可能就面臨利息費用降低的損失了。

如果申辦者選擇機動利率的房貸方案時，則每月或一段期間內每月所繳交的本利和金額是不變的，但是當基準利率變動時，例如：中華郵政2年期定存機動利率變動，則申辦者所繳交的本利和房貸金額將跟著變動。選擇機動利率房貸方案的優點在於，將來市場基準利率降低時，房貸利率也跟著調降，可以大幅節省房貸的利息費用，但其缺點卻是房屋貸款期限往往長達30年，這30年內市場基準利率將如何變動，無人可知，選擇機動利率的房貸戶，將暴露在市場利率變動的風險中。

房屋貸款期限要選擇10年、20年或30年呢？其實要回答這個問題，要回到問題的本身，也就是你／妳所申辦的房貸金額和利率水準條件下，按照每月定期定額本利和分攤方式，計算出10年、20年和30年房貸每月應該支付的房貸金額，如表8-12所示。例如：房貸10,000元，貸款利率5%的情況下，採用本利和攤還

表8-12　10,000元貸款本利和月攤銷金額

單位：新臺幣元

利率（%）	貸款年數			
	15年	20年	25年	30年
5.00	79.0790	65.9960	58.4590	53.5820
5.50	81.7080	68.7890	61.4090	56.7790
6.00	84.3860	71.6430	64.4300	59.9950
6.50	87.1110	74.5570	67.5210	63.2070
7.00	89.8830	77.5300	70.6780	66.5300
7.50	92.7000	80.5590	73.8990	69.9210
8.00	95.5650	83.6440	77.1820	73.3670
8.50	98.4740	86.7820	80.5280	76.8910
9.00	101.4270	89.9730	83.9200	80.4620
9.50	103.4220	93.2130	87.3700	84.0850
10.00	107.4610	96.5020	90.8700	87.7570

機制，貸款期間15年、20年和30年，每個月應攤還的本利和金額分別為79.079元、65.996元和53.582元，貸款期間愈長，每月應攤還的金額愈少。到底要選擇10年、20年或30年期的貸款呢？按照一般生涯理財規劃的基本原則，和銀行辦理房屋貸款的常理，申貸者每月償還的房貸金額不應超過家戶月所得30%，在此原則下，每月房貸償還金額遠超過每月家戶所得的30%時，則申貸者應該選擇比較長的貸款期間，來減少每月償還房貸的壓力，不過在此情況下，申貸者就得承擔貸款期間延長，而多付出的利息費用。

8.4 租屋——購屋的另一種選擇
（Renting vs. Buying）

所謂「有土斯有財，有屋斯有夢」，但是購買一間舒適的自用住宅，卻是一項沉重的負擔。除了在購屋之前，須努力儲蓄一筆金額不小的自備款之外，未來的20年或30年之間，每月都必須繳納房屋貸款，成為典型的「屋奴」。在房貸期間又不能有中年失業或任何的財務危機，一旦長期中斷每月應繳納的房屋貸款，則貸款的房屋可能被放款銀行查封進行拍賣，以償還貸款。有些剛踏進職場的年輕人或新婚夫妻，由於財務基礎尚不穩定、自備款不足等因素，只好選擇租屋的方式來求得棲身之所。

租屋和購屋各有其優缺點，主要取決於個人和家人的決定，這些優缺點的比較，如表8-13所示。其中租屋的最大優點在於，每月只須支付房屋月租金，畢竟月租金的金額遠低於每月償還房屋貸款的本利和金額，使得資金的調度比較靈活，而且可運用多餘的資金進行投資的活動。

租屋最大的缺點，在於當房地產價格逐漸上漲時，租屋的人可能永遠無法儲存足夠的自備款來購買房屋，因為儲蓄的速度趕不上房價上漲的速度，喪失了房價上漲的潛在利潤，而且當房價上漲時，房東可能藉口調高房屋租金，增加房客的租屋費用支出。

表8-13　租屋和購屋優缺點比較

租	屋	購	屋
優點	缺點	優點	缺點
1.沒有每月房貸償還壓力，資金較自由，可尋找有利的投資運用管道	1.房地產價格上漲時，無法運用財務槓桿追求房價差價利益	1.擁有自宅，滿足有土斯有財的心理效果	1.未能量入為出，若繳不出貸款，房屋被放款銀行拍賣，則圓夢功敗垂成
2.家庭資金比較能夠因應主要工作者收入的變化	2.房東可能調高房租，房客對居住成本上升只能被動反應	2.能夠強迫儲蓄，累積實質財富對抗通貨膨脹	2.容易陷入建商低自備款和高額銀行房貸成數陷阱，購買自己月收入負擔不起的房子
3.租屋有較大的遷徙自由度，能夠符合家庭生活型態的變化	3.租屋到期，房東提高房租，造成非自願搬離的風險	3.自住又投資，提供居住效果和房屋土地資本增值的機會	3.沒有完善購屋規劃的觀念，難以擬定合理的儲蓄購屋行動計畫
4.不用考慮房價下跌的投資風險	4.喪失房貸利息費用支出可以抵免個人綜合所得稅最高30萬元申報額	4.提高家人居住品質，能夠依據家人需要裝修住宅	4.沒有事先規劃購屋現金流量，無法取得銀行最佳的貸款配合
5.房屋相關年度租稅費用由房東支付，稅捐負擔較輕，房東負擔房屋瑕疵或毀損維修風險，每年綜合所得稅可申報12萬元租金費用	5.無法依據家人需要裝修住宅，家人居住品質受限制	5.優良的購屋規劃，可以強迫累積儲蓄	5.周遭住宅環境惡化時，喪失住宅價值和出售的困難度

8.5　摘要

　　自用汽車和自用住宅等耐久財的購置，為生涯理財規劃中資產類的二大項目，這二項耐久財的購置，需考慮需求和慾望滿足的平衡。首先要做好基本功課，查詢各項商品的價格、功能和售後服務

等，切忌衝動型的購買行為。而在完成採購時，須注意價金的交付和產品的點收，同時有效的定期維修，才能延長資產的使用壽命，一般都是透過付費購買商業保險的方式取得保障。

自用汽車的購置應考慮生活、上班需求和家庭型態因素，同時配合自己的購車預算。運用分期付款方式購買汽車，則每月車貸償還金額，不應超過每月可支配所得的20%，自用汽車的購置應重視汽車本身的安全性和實用性。而自用汽車購置的時機，也是必須列入考慮的因素，農曆7月時或跨年度車輛通常比較便宜。租賃也是另一種選擇，租賃車可分為純租賃和租購二種。

自用住宅的購置需考慮本身的財務能力、家庭生活型態和對住宅型態的喜好程度。選購住宅需考慮的外在因素，包括地段因素、生活機能因素、環境因素和產品因素。購置自用住宅的成本計算方式，可分為概算法和目標精準法。一般金融機構都有辦理長期的房屋貸款，而申貸者也因為行業和職業身分的不同，而享有不同的貸款期限和利率優惠。而貸款期限的長短，主要取決於每月家庭收入能夠償還房貸的能力，一般以每月房貸償還金額不超過家庭月收入的30%為原則，在此原則下，可選擇10年、20年或30年的房屋貸款。

租屋也是購置自用住宅外的另一種選擇，其主要的優點為房屋租金比每月償還房屋貸款的金額來得少，剩餘的資金可以自由運用，找尋投資的機會。而租屋的最大缺點是當房地產價格持續上漲時，將喪失房地產價格上漲獲利的空間，而且不斷上漲的房租支出，將造成房客沉重的財務負擔。

8.6　問答題

1. 耐久財的購置，需考慮哪二種因素？
2. 一般都透過何種付費方式，以確保耐久財資產安全？
3. 一般汽車保險，可分為哪二大類？
4. 一般自用住宅的產物保險，可分為哪幾種？

5. 購置自用汽車的主要成本和年度成本，包括哪些？

6. 運用銀行貸款購置自用汽車，其每月償還金額以不超過申購者每月可支配所得的多少百分比爲原則？

7. 租賃車的使用方式，可分爲哪二種，有何差別？

8. 自用住宅的型態，可分爲哪幾種？

9. 買賣自用住宅的成本、租稅和規費有哪些？

10. 一般用來計算購屋能力的方法有哪幾種？

11. 每月償還房屋貸款的金額，以不超過申購者每月可支配所得的多少百分比爲原則？

12. 租屋的優缺點有哪些？

8.7　討論題

1. 蒐集5種國產3,000～3,500 CC自用汽車的售價行情表，並比較其主要的配備有哪些？

2. 詢問自己的二位親友，其購買自用汽車的考慮因素有哪些？哪些是最先考慮的因素？

3. 詢問至少二位親友，每年的汽車保險費金額爲多少？其投保的內容、保障項目和理賠金額分別爲多少？

4. 詢問保險公司價值500萬元的自用住宅，基本的住家綜合保險1年保費金額爲多少？

5. 蒐集當月不同汽車經銷商三家的廣告傳單，在零利率情況下，可貸款的金額和期數分別爲多少？有何不同？

6. 蒐集二家汽車經銷商各二輛車在相同排氣量的條件下，陽春車和頂級車的價差爲多少？相關配備有多少差異？

7. 詢問自己周遭的三位親友，其住宅型態爲何？是否有貸款？貸款金額爲多少？期限爲多久？

8. 查詢自己住家每年應繳交的相關住宅租稅有多少？（包括月管理費）

Chapter 9
個人保險和風險管理

理財觀

壽險平均理賠金額逐年下降

根據中華民國人壽保險商業同業公會的統計，國人對於個人風險管理的意識逐漸提升，分別透過購買人壽保險的方式，來保障人身安全，但是投保金額偏低，在2018年時，平均每件人壽保險理賠金額只有新臺幣1,515,530元。

而被保險人死亡理賠原因的前三名，男性分別為惡性腫瘤（21.50%）、其他（16.20%）和心臟病（7.12%），這也難怪許多保險公司紛紛推出防癌健康險和投保簡單不需體檢的意外險，但是許多防癌健康險和意外險的投保條款都有「閉鎖期」條款，被保險人不得不查。「閉鎖期」條款代表被保險人在投保1～2年內死亡時，保險公司只理賠過去1～2年內所繳交之保費，以免道德風險之發生，要保人和被保險人不得不查。

人壽保險平均每件理賠金額

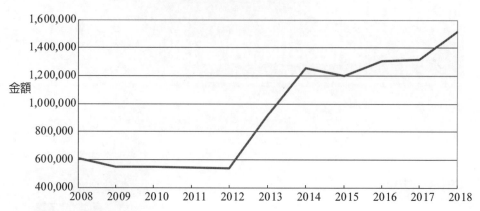

資料來源：金管會保險局。

2018年時，人壽保險平均每件理賠金額只有新臺幣1,515,530元，明顯偏低，顯示國人仍然未將人壽保險列為資產價值保護的重要工具。

2017年壽險被保險人死亡原因統計

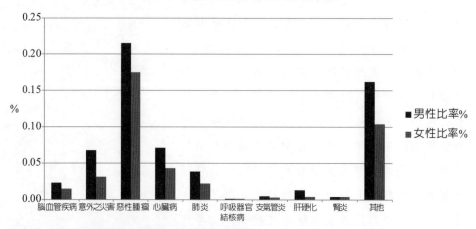

資料來源：中華民國人壽保險商業同業公會。

2017年時，臺灣男性死亡原因第一順位為惡性腫瘤，女性也是惡性腫瘤。

在本書前面的幾個章節中，我們討論了個人財務狀況分析、年度預算規劃、消費性貸款的辦理、信用卡和現金卡的管理、耐久財自用住宅和自用汽車的購置，而且也討論如何運用各種方法來保護這些資產，例如：購買汽車第三人責任險來保護汽車和乘客人身及車體的安全與價值。許多人為家中自用汽車購買完善的保險和定期

的保養，來延長其使用壽命，但是卻對家中最寶貴的資產，自己、配偶和子女的人壽保險或定期健康檢查，採取忽視或有保險就好的態度。在圖9-1中顯示，國人投保人壽保險的件數（普及率和投保率）逐漸增加，表示大家逐漸有個人風險管理的觀念，但是根據壽險公司的調查，國人平均保單保障金額只有128萬元，明顯不足。因此在本章中，我們將針對保險的定義、人身壽險的種類和控管保險費用支出來加以討論。

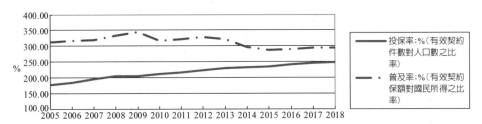

資料來源：金管會保險局。

臺灣民眾保險投保率和保險普及率，在2018年時分別為248.45%和294.30%。

圖9-1　臺灣人壽保險市場投保率和普及率

9.1 保險的定義
（The Logic of Insurance）

保險不是現代經濟社會的產物，而是遠古時代人類族群互助下的產物，現代產物保險的起源，開始於17世紀倫敦街的愛德華・勞埃德（Edward Lloyd）所開設的咖啡館〔勞氏保險（Lloyd's of London）的前身〕。保險的原理在於運用會員的力量，提供保障給遭受意外或傷害會員的風險共擔，也就是運用分散風險的觀念來幫助有需要的人。風險共擔最好的例子就是全民健保，全民健保是強制性的醫療保險，剛出生的嬰幼兒、年輕力壯的青年人或是身體機能逐漸退化的老年人，都需要定期繳交健保費用，身體健康有固定收入的年輕人，或許1年上醫院花費健保費用的次數很少，但是他／她所繳交的健保費，卻可以用來幫助已經退休沒有固定收入，體弱多病必須時常上醫院看診的老弱，用極少的費用就可獲得極佳

🔎 **風險共擔（Risk Pooling）**

眾人加入共同利益團體，幫助有困難的會員，達到分散風險的效果。

大數法則
（Law of Lar-
ge Number）

根據抽樣實驗顯
示，在重複實驗中
會有規則性的現象
出現。

的醫療照顧，這種分散風險的觀念、保險費用和保險理賠的支出，就是運用大數法則，也就是愈多人投保人壽保險，則投保人的身分特徵、身體健康因素、行業特徵和年齡因素將愈有規則性，則保險公司更能依據保險人的行業身分和年齡因素，量身訂做適合特定人士和年齡的各種保單，以控制保險費用和保險理賠支出在合理的範圍內，讓有意投保的人，皆可透過購買人身壽險的方式，將個人財產或生命風險轉移給壽險公司。

在圖9-2中，橫座標為人身傷亡的發生機率從0%到100%，100%代表人到最終還是要面臨死亡的命運；而縱座標人身損失金額從最小的0到無限大，無限大代表生命中無法承受之輕，例如：白髮人送黑髮人；而保險線代表相對應的人身損失金額和發生機率的組合，例如：在點A代表事件發生機率極為微小，若一旦發生所造成的人身損失金額非常龐大，令人無法承擔。例如：搭乘客機發生墜機的機率微乎其微，但是一旦發生，則機上乘客要倖存或求救的機率也是微乎其微，而且損失非常慘重，這也難怪每次國內航空公司發生空難，每名罹難乘客的賠償金額都是以1,000萬元起跳。

而點B代表發生機率非常高，但是每次所造成的損失金額非常

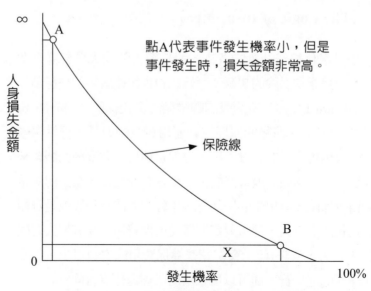

圖9-2　人身損失和損失發生機率示意圖

少。例如：學生在校期間所發生的擦撞傷或騎乘機車不幸摔傷等，不僅全民健保可免費就醫，也可申請學生團體平安保險理賠。而依據保險的基本原理，一般民眾是要投保點A還是點B呢？答案是點A，其背後的道理是保險要保障發生機率非常小，但是一旦發生時，損失非常慘重的事件所造成的人身和財物損失，也就是點A。

9.1.1　保險名詞解釋

由於保險的理賠內容和理賠對象必須以保單內容記載為依據，避免衍生保險理賠糾紛，因此在投保時必須詳閱保單內的一些專有名詞，才能確保自己的權益。

■保險單

保險單為載明保險雙方當事人（保險公司和要保人）在保險法律上，權利、義務的具體書寫文件。在保險單上應記載下列事項：(1)當事人（要保人）之姓名及住所；(2)保險之標的物（被保險人）；(3)保險事故之種類（各類人身壽險）；(4)保險責任之起始結束日期和保險期間；(5)保險金額（保障金額）；(6)保險費；(7)保險無效及失權之條款；(8)訂約之日期。由於保險為專門之金融商品，屬於透過個人行銷的商業活動，為了保障購買保險民眾之權利，保險契約有10天的審閱期（猶豫期），在這段期間內撤銷契約，保險公司必須無息退還保戶所繳之保費。

> 🌐 **保險單**
> （**Policy**）
> 載明保險雙方當事人義務和權利的契約書。

■保險人

保險人在保單條文中代表經營保險事業的組織，亦即保險股份有限公司或保險合作社。由於保險事業為社會安全保險的一環，一旦經營不善倒閉，將對社會大眾權益造成重大衝擊，為了預防此種情況發生，各國政府對於私人保險事業的設立資格、資本額的標準和經理人的學經歷資格，均有嚴格的限制。

> 🌐 **保險人**
> （**Insurer**）
> 經營保險事務的組織或公司。

保險人在保單中的權利爲向要保人收取保險費，而其義務爲當被保險人發生事故時，按照保單內容負責理賠。在圖9-3中顯示，國內從事人壽保險的業者有逐漸增加的趨勢，在2019年第1季時，本國人壽保險業者有23家，分公司達125處，外國保險業者則有5家。

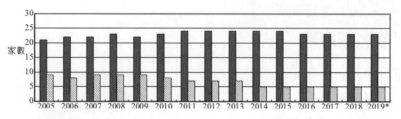

*2019年第1季
資料來源：金管會保險局。
2019年第1季時，臺灣人壽保險業共有28家，其中本國業者23家，外國業者5家。

圖9-3　臺灣人壽保險業家數

🔹 **要保人**
（Applicant）

向保險公司購買保險的當事人。

🔹 **被保險人**
（Insured）

在保險契約中的保險標的物。

🔹 **道德危機**
（Moral Hazard）

運用保險機制，爲不知情的第三者投保，而後進行詐騙或害人之行爲。

■ 要保人

　　要保人爲向保險公司申請訂定（購買）保險契約者，在保險契約權利、義務條文中，負有繳交保險費用的義務。一般來說，要保人通常爲被保險人本人，但是許多父母親爲未成年子女投保時，替子女繳交保費，此時父母親即爲要保人，爲了避免道德危機的產生，如果要保人不是被保險人或受益人本身的話，則要保人沒有請求保險理賠的權利。

■ 被保險人

　　被保險人在人壽保險契約中，指保險事故發生時，實際遭受損害的保險標的物，有向保險人請求損害金額賠償之權利。在人壽保險的契約中，要保人可能即爲被保險人本身，但是有時爲不同的二人，例如：父母親爲子女投保人身壽險，子女爲被保險人，而父母親爲要保人，此時如果是被保險人死亡爲給付要件的契約，爲避免道德危機，保險契約必須經被保險人書面同意並約定保險金額，否

則契約無效。

■受益人

受益人即是被保險人或要保人約定享有賠償請求權者，於保險事故發生時，被保險人人身受損或死亡時，享有保險理賠金額請求權者，意即保險公司將保險理賠金額交予對方之人。一般來說，夫妻二人的保險契約受益人爲對方、父母親或未成年子女，而子女保險契約的受益人通常爲父母親。

> 🔵 **受益人**
> **（Beneficiary）**
> 在保險契約中，被保險人出險時，保險公司理賠金額交付的對象。

■保險費

保險費代表保險契約在保險人和要保人雙方同意下，在一定保險金額內，要保人同意在固定期間繳交費用給保險人，以求保障被保險人的人身安全。保險費的高低取決於下列各種因素：(1)被保險人身分行業特性；(2)被保險人年齡和身體健康因素；(3)保險金額高低；(4)保險期間長短。

> 🔵 **保險費**
> **（Premium）**
> 要保人在保障金額下，同意交給保險公司的保險費用，以取得保障。

■保險金額

保險金額指當被保險人發生事故時，保險人依照保險契約須理賠的金額。在人身壽險的保障期間內，不一定被保險人要身亡才可以申請理賠，當被保險人的身體器官喪失謀生機能，例如：手掌或視力遭受重大意外或事故造成失能時，也可以申請理賠。如果被保險人面臨重大疾病，只剩幾年生命時，也可以請求保險公司以折現方式，提早給付保險金額。

> 🔵 **保險金額**
> **（Face of Policy）**
> 在保險契約中，被保險人出險時，保險公司同意理賠的金額。

9.1.2 誰才需要投保

在本章開頭的「理財觀」，我們曾經提到保險的真義，在於保護個人最珍貴的資產──本身的獲利能力；換句話說，保險也就是在保護家中能夠上班賺錢，有月收入能夠維持家庭生計，而且家中

其他成員，例如：子女或配偶，必須依賴此份收入才能生存的人。有了這種認知後，我們才能確認誰需要保險，誰根本不需要保險。

　　一般來說，下列幾類身分的人，不需要購買人壽保險：(1)未成年兒童；(2)有累積資金不需留下遺產的單身人士；(3)沒有子女的雙薪夫妻家庭；(4)子女已成年，年齡超過65歲的退休人士。

　　上述這些身分的人士，不需要人壽保險的理由非常簡單，因為他們不需要賺錢或不缺錢來支付整個家庭的生活支出。例如：未成年兒童尚在成長就學期間，一切生活開銷皆依賴父母親的供應，根本沒有賺錢的能力。如果有就業賺錢的能力，那也是20年之後了，所以不需要父母親為其投保人壽保險，父母親如果為了節稅的理由為其投保，那就另當別論。子女已成年，且年齡超過65歲的退休人士，由於子女已能夠獨立謀生，再加上65歲以上的人士，已接近人生的中末期，此時投保，保險公司理賠的機率非常高，為了減少理賠虧損，保險公司只能提高這類人士的保費進行因應，由於保險費率相當高，此時投保不符合成本效益原則。最好的方式是保留大部分的現金資產，作為退休後的生活支出和部分喪葬費用開銷。

　　在表9-1中顯示，在每萬元保障下，終身壽險按照年齡區分的保費費率。在0～18歲之間，沒有因為這些未成年兒童身體健康，保費就大幅減少，保費每年約500元，但是30歲以上的人士，因為年齡和身體健康因素，保費卻大幅增加。每年保費約700元以上。在表9-1中，可看出最明顯的趨勢就是年齡愈大，保費愈高。

　　圖9-4為中華民國壽險公會在2014年針對國內人壽保險投保客戶，按年齡來統計的投保率統計分析，其中0～14歲和15～19歲的類別投保率偏高，反而在20～39歲和40～59歲類別的投保率只有73%；總體來說，女性的投保率高於男性。

表9-1 新光頌愛心小額終身壽險費率表

單位：每萬元保險之年保費

投保年齡	男性（年繳）				投保年齡	女性（年繳）			
	6年期	10年期	15年期	20年期		6年期	10年期	15年期	20年期
0	371	232	162	128	0	319	199	140	110
1	379	237	166	131	1	325	203	143	112
2	387	242	170	134	2	333	209	146	115
3	396	247	174	137	3	341	213	150	117
4	405	253	177	140	4	349	217	153	121
5	414	259	182	143	5	356	223	156	123
6	424	265	186	146	6	364	227	160	126
7	433	271	190	150	7	372	233	163	129
8	443	277	194	153	8	381	237	167	132
9	453	283	199	157	9	390	243	171	134
10	463	290	203	161	10	399	249	174	137
11	474	296	209	164	11	407	254	179	141
12	484	303	213	169	12	416	261	183	144
13	495	310	217	172	13	425	266	186	147
14	506	316	223	176	14	435	272	191	151
15	517	323	227	180	15	445	278	195	154
16	528	330	232	183	16	454	284	199	157
17	539	337	237	187	17	464	290	204	161
18	550	344	242	191	18	474	297	208	164
19	562	352	247	196	19	485	303	213	168
20	574	359	253	200	20	495	310	218	172
21	586	367	258	204	21	506	317	222	175
22	598	375	263	208	22	517	323	227	179
23	610	382	269	213	23	528	331	232	183
24	623	390	275	217	24	540	338	237	187

表9-1　新光頌愛心小額終身壽險費率表（續）

25	636	399	280	222	25	551	345	242	191
26	649	407	286	227	26	563	353	248	196
27	663	415	292	232	27	575	360	253	200
28	676	424	299	237	28	588	368	259	204
29	690	433	305	242	29	601	376	264	209
30	704	441	311	247	30	613	384	270	213
31	719	451	318	252	31	627	393	276	218
32	734	460	325	258	32	641	401	282	223
33	749	470	332	263	33	654	410	288	228
34	764	479	338	269	34	668	419	294	233
35	779	489	345	274	35	682	427	300	238
36	795	499	353	281	36	697	437	307	243
37	811	509	360	287	37	712	446	314	249
38	827	519	368	293	38	727	456	321	254
39	843	530	375	299	39	743	466	328	260
40	859	540	382	305	40	758	475	335	265

資料來源：新光人壽，2019。

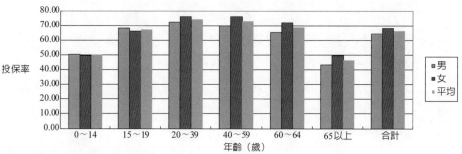

資料來源：壽險公會。

2014年臺灣人壽保險被保險人投保率按年齡區分以20～64歲族群占多數，而女性被保險人投保率普遍高於男性。

圖9-4　臺灣人壽保險被保險人投保率按年齡區分

9.2 人身壽險的種類
（Types of Life Insurance）

　　如果我們有空到各保險公司的網站，查詢其各類保險商品的話，可能會發現保險商品眞是琳瑯滿目，令人目不暇給。例如在表9-2中，新光人壽所販售的人壽保險商品就非常多，儘管保險商品千變萬化，其實歸根究柢只分爲四大類，分別是：(1)定期壽險；(2)終身壽險；(3)生死合險；(4)附加險。

9.2.1 定期壽險

　　定期壽險顧名思義是指在特定期間內（例如：1年、5年、10年、20年或30年），提供被保險人死亡保障的人壽保險，在保險期間一旦被保險人發生保險事故，保險人即理賠約定的保險金額。如

> 🌑 **定期壽險**
> （**Term Life Insurance**）
>
> 在特定期間提供保險保障，在此期間內發生事故即理賠，在此期間外發生事故則不理賠。

表9-2 新光人壽各式人壽保險商品（部分）

商品類別	商品中文名稱	商品特色
終身壽險商品	五動鑫富利率變動型終身壽險	終身保障逐年遞增，另有特定意外保障
	永保安康終身壽險	高達26項的重大傷病保障外，身故、完全失能也有保障
定期險商品	平準定期壽險	定期死亡險，可提高壽險保障
	好家貸定期壽險	定期壽險，保障分為平準型及遞減型兩種
投資型商品	天生贏家外幣變額萬能壽險	享有專業資產管理服務、投資收益分配或委託投資資產撥回機制
	民旺多多人民幣變額壽險	定期定額、費用前收之人民幣變額壽險
年金保險商品	EZ Cash利率變動型年金保險【乙型】	終身收入保障，活得愈久，領得愈多
	多利年年利率變動型年金保險【甲型】	透過宣告利率累積保單價值

資料來源：新光人壽，2019。

果保障期間終了，被保險人仍然存活，則保障終止，而且沒有任何現金的給付，因此定期壽險是一種純保障性的壽險商品。

　　定期壽險為了配合要保人和被保險人的財務需求和年齡因素，又可區分為下列幾種。

■普通定期壽險

　　普通定期壽險為定期壽險中最簡單的保險商品，是以特定的年數為保障期間，一旦保險契約到期，則自行終止的一般定期壽險，其保險年限分為5年期、10年期、15年期、20年期或30年期。

■可續約定期壽險

　　一般長期定期壽險到期時，如果被保險人沒有身故，想要繼續續保時，通常都面臨投保年齡已高，年保費增加，或是身體健康因素，而遭到保險公司拒保的情況，為了解決這種困難，可續約定期壽險應運而生。在可續約定期壽險下，被保險人於定期壽險期間屆滿時，不用檢具可保證明，可自由選擇是否繼續投保該保單的權利，不過，保險金額和保費是以被保險人的屆期年齡為重新計算基準，當然在此情況下，相同的保險金額，保費也隨之增加。

■可轉換定期壽險

　　可轉換定期壽險允許被保險人在保險有效期間內，因為個人財務或健康因素，將定期壽險轉換為終身壽險或生死合險，以符合被保險人的未來生涯理財規劃。

■遞減式定期壽險

　　遞減式定期壽險，指保險金額隨著保單年度增加，而逐漸減少到一定金額的定期險，由於保險金額逐漸遞減，保費金額也比一般定期壽險來得低。

定期壽險的優缺點，如表9-3所示。在表9-3中，我們可看出定期壽險最大的優點，在於相同的保險金額條件下，其保險費用遠低於終身壽險和生死合險，非常適合低收入，但需要高額保障的人士投保。在表9-4中，列出三種保險的費率，100萬元的保障，定期壽險的保費只有2,750元，但是終身壽險的保費卻是23,900元，而生死合險的保費則高達68,000元。

但是定期壽險的最大缺點，在於保障只有一定期間，例如：20年，不適合需要長期保障的身障人士或在保險期間發生重大意外仍存活，但生活不便的人士。而且愈高齡者投保，保險費用愈高，例如：在表9-5中，20年定期壽險在相同保險金額下（10,000元），如果在25歲投保，保費為27.5元，但是在45歲投保時，保費為108.1元，65歲投保時，保費為563.6元。

表9-3　定期壽險優缺點

優　　點	缺　　點
1.保費成本低，保障高	1.只保障一定期間，不適合需要長期保障的人士
2.適合定期性一段期間的人身風險管理	2.高齡投保者，保險費用高
3.適合月收入低，但需要高額保障的人士	3.保險到期時，繼續投保可能面臨拒保或提高保費的要求
4.可選擇轉換為終身壽險，保險彈性高	4.不適合未成年子女或高齡成年人

表9-4　100萬元保險金額定期壽險、終身壽險和生死合險費率比較*

保險種類	費　　用
定期壽險	2,750元
終身壽險	23,900元
生死合險	68,000元

*25歲男性，繳費20年。

表9-5　20年定期壽險每萬元保費

投保年齡	保　　費
25歲	27.5元
45歲	108.1元
65歲	563.6元

9.2.2 終身壽險

終身壽險係指要保人與保險公司簽訂終身的契約，只要要保人定期繳納保險費，不論被保險人在何時身故或發生重大事故，保險公司即提供終身的理賠保障。因此和有保障期限的定期壽險比較起來，終身壽險是沒有特定期限的死亡保險。由於終身壽險的組合方式非常多，我們僅就終身壽險的繳費方式做討論。終身壽險依繳費方式可分為：(1)普通終身壽險；(2)限期繳費終身壽險；(3)躉繳保費終身壽險。

■ 普通終身壽險

普通終身壽險是保險公司提供被保險人終身的保障，但是要保人必須按期繳納保費至死亡為止，所以普通終身壽險又稱為終身繳費終身壽險，由於總保費由整個投保期間（至死亡為止）所分攤，所以每期繳納的保費比較低。

■ 限期繳費終身壽險

限期繳費終身壽險，顧名思義係指在一定期間內繳清所有保險費用，例如：10年或20年，而獲得終身之保障，由於繳費期間縮短，每期所繳納的保費偏高。

■ 躉繳保費終身壽險

躉繳保費終身壽險是指在訂立保險契約時，要保人一次繳清終身壽險所有的保險費用，如此保險公司可以妥善運用保險收入做適當的投資收益，所以能將部分收益回饋給保戶，降低保險費用。

終身壽險的優缺點如表9-6所示。在表9-6中，購買終身壽險的最大優點為提供人身終身之保障，而且保險理賠死亡給付，依稅法規定理賠金額免課徵遺產稅，非常適合有一定金額資產，想要留給後代的父母親或家人。但是終身壽險的缺點在於繳費期間長，而且

表9-6 終身壽險優缺點比較

優　點	缺　點
1.提供終身保障，可視為儲蓄投資的一部分組合	1.繳費期間長，保險費用高
2.配合遺產稅的安排，可達到節稅目的	2.家中成員多數投保，則保險費用負擔高
3.各種組合式終身壽險商品非常多，具有多重選擇性	3.保險分紅報酬率低

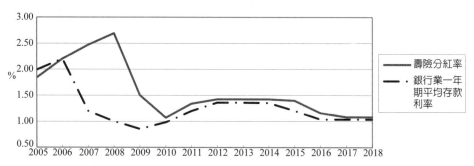

資料來源：金管會。

壽險業平均分紅率從2006年起略高於銀行業1年期定期存款利率，2018年時，壽險業平均分紅率為1.08%。

圖9-5 壽險業平均分紅利率

保費偏高，形成家庭理財負擔。保險公司將保戶繳交的保險費，投入金融市場以求投資獲利，並且將部分獲利回饋給保戶，大部分的終身壽險都有分紅報酬，只是報酬率都偏低，如圖9-5所示，其報酬率只稍微高於一般1年期的定期存款利率。

9.2.3 生死合險

生死合險是指被保險人在保險期間死亡，或保險契約屆滿，被保險人仍然存活時，保險公司皆須給付一定金額的保險金額，也就是一般坊間所說的儲蓄險。最有名的生死合險保險廣告詞就是新光人壽的「繳費期滿，不必再繳，每5年領回20萬，活得愈久，領得愈多，終身保障100萬元」。目前中華郵政公司臨櫃販售的保險，大多為儲蓄險。生死合險依照養老型態可分為：(1)終身養老險；

🌑 **生死合險**
（Endowment Insurance）

被保險人在存活或死亡時，皆可領取保險理賠的保險。

(2)增值養老險。

■終身養老險

終身養老險為生死合險中最典型的一種，它將限期繳納終身壽險和養老儲蓄合而為一，例如：20年的限期繳納終身養老壽險繳費期滿，被保險人仍然生存時，保險公司須支付一定金額的生存給付，作為被保險人的養老儲蓄金，同時享有終身的壽險保障。當被保險人未來身故時，保險公司另外再給付身故理賠金額給予受益人。

■增值養老險

增值養老險和終身養老險非常類似，唯一不同的是終身養老險是一次領取固定金額的生存給付，但是增值養老險則定期支付生存給付金額，例如：每3年一次、5年一次，而且給付金額按照一定的增值率複利計算，所以每次所領的定期養老給付金額，都比上次所領的養老給付金額多。增值養老險的生存給付金額逐漸增值的目的，在於應付未來逐漸上漲的物價壓力、預期通貨膨脹率和被保險人因為年齡因素與健康因素，逐漸增加的醫療費用支出，因為生存給付有增值，才不會被通貨膨脹因素所抵銷，維持生存給付金額有一定的貨幣購買力。

表9-7列出投保生死合險的優缺點。生死合險最大的優點，在於它提供定期壽險和終身壽險所沒有的生存給付養老金，可以在一般保險所提供的保障之外，讓投保人有強迫儲蓄的效果，讓被保險人有自籌退休金的動機。不過，生死合險最大的缺點還是它的保費過高，不是一般中低收入家庭，且多人加保的情況下可以投保。例如：在表9-4中顯示，在相同的100萬元保險金額下，生死合險的年度保費高達68,000元，如果家中有夫妻二人投保，繳納保費對生活開支將產生重大的衝擊。

表9-7　生死合險優缺點比較

優　點	缺　點
1.提供保險到期後現金養老保障	1.保障低，保險費用高
2.具有強迫儲蓄效果，達到自籌退休金目的	2.不適合家中成員一起投保，保險費用造成家庭財務週轉壓力
3.保險給付有節稅效果	3.養老年金有時無法抵抗惡性通貨膨脹壓力

理財觀

保險理賠爭議多！

根據金融消費評議中心的統計，2012年第1季的金融消費爭議案件以「理賠金額認定」、「招攬糾紛」和「未遵循服務規範」分居前三名。

一般民眾對於購買人壽保險都認為只要出險，保險公司就會全額理賠，殊不知魔鬼藏在細節裡，保險公司對於人身出險的理賠原因、責任歸屬、理賠金額和理賠適用條款，皆有不同的解讀空間。例如：公共運輸交通工具意外險，只適用於一般「定期航班」之大眾運輸工具，加班車或包班車則不適用。

再加上金控公司成立後，高佣金的金融商品結合保險的投資型保單，成為保險業務代表全力推銷的商品，「保證還本」、「保證獲利」和「終身保障」的投資型保單成為市場新寵，但是2008年雷曼兄弟的倒閉，令許多連結公司債的「連動債投資保單」成為壁紙，民眾手中保證還本又有終身保障的保單，一夕之間成為毫無保障價值的保單。

資料來源：

金管會，2012.01。

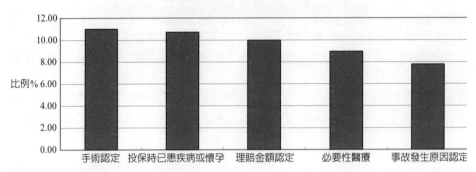

2018年人壽保險理賠糾紛原因前五大類統計

資料來源：財團法人金融消費評議中心。

2018年人壽保險理賠糾紛原因，以手術認定爭議為最大宗，占11.01%。

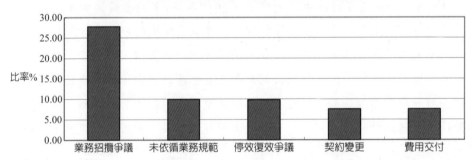

2018年人壽保險非理賠糾紛原因前五大類統計

資料來源：財團法人金融消費評議中心。

2018年人身保險非理賠糾紛原因統計，以業務招攬爭議為最大宗，占27.75%。

9.2.4 附加險

附加險顧名思義必須附加在主契約（人身壽險）才能成立，例如：醫療險和意外險。保險公司基於經營利益考量，都會要求要保人在購買主契約（人身壽險）之後，才能投保附加險。在本節中，我們將針對主要的附加險——醫療險和意外險，加以討論。

■醫療險

醫療險又稱為健康保險，指的是保險人依照保險契約規定，理賠被保險人因為疾病或意外傷害所發生的各項醫療和住院費用的

保險。醫療險按照給付的方式，可分為實支實付型和定額給付型二種。

實支實付型醫療保險，即是按照醫療或住院期間所發生的費用，在規定限額內由保險公司實支實付，通常被保險人申請給付時，應檢具醫療診斷書和醫療費用收據的正本，才能申請理賠，而且如果重複投保（在不同保險公司又投保相同項目），或是已由其他保險公司理賠，若未事先告知，則不再理賠。

定額給付型醫療保險，指不管被保險人所發生的醫療費用為多少，保險公司依契約規定，給付一定金額的保險金，例如：住院每日給付2,000元，每日營養補助費1,000元。定額給付型有時發生被保險人的實際醫療費用支出，遠低於保險公司所給付的醫療費用情況，形成被保險人因病住院反而賺錢的現象，因此定額給付型的理賠金額，通常低於實支實付型的理賠金額，而且有最高給付日數的限制。

在臺灣已經實施全民健保的同時，一般民眾是否有需要再額外購買醫療險，保障自己的健康？全民健保只提供基本的醫療保障或是健保住院病房，如果民眾覺得有必要提升自己的住院品質，例如：從三人房的健保病房，提升為單人房的自費病房，或是需要長期住院照顧休養費用時，則不妨投保針對補齊全民健保所不足或較高醫療品質的全民健保差額醫療險來因應。

■意外險

意外險顧名思義指的是被保險人在投保期間，非因疾病而引起之外來突發意外傷害、殘廢或人身死亡，由保險公司依契約給付理賠金額。由於意外險只針對意外事故所發生的傷害理賠，所以有別於一般只要有傷害，幾乎完全理賠的終身壽險或定期壽險。目前學生所投保的學生團體平安險，也是意外險的一種。

由於意外險的事故原因只針對意外事件中的外來原因，即非自願性、偶發性質因素、突發事故因素和行業考慮因素，所以意外險的保險費高低和年齡大小沒有什麼關聯，反而和個人職業及工作內容特性有高度之相關，通常被保險人所從事的職業危險災害愈高，

其保險費用愈高。在表9-8中，第一類別的從業人員，例如：一般內勤人員、教師、學生費用最低，而第六類別的從業人員，例如：民航機飛行人員和營業用貨車司機費用最高，而拒保的行業包括戰地記者和潛水工作人員。

表9-8　臺灣地區傷害保險個人職業分類表

保險費用	類別	行　業　別
低	第一類	一般內勤人員、車站站長、建築商、設計師、一般醫師、護士、教師、學生、宗教人士、雜貨商、汽車、機車買賣（不含修理）、律師、會計師、代書、理髮師、家庭主婦、警務行政及內勤人員
中低	第二類	一般外勤職員、農夫、農具商、車行負責人（不參與駕駛者）、外務員、公司收帳員、廚師、工程或技師（電子、塑膠、水泥、記者、化學原料、鐘錶匠、汽車機車製造、紡織及成衣業）、助產士、傭人、清潔工、大樓管理人員、內勤警衛人員、自用大小客車司機、建材商
中	第三類	果農、獸醫、倉庫管理人員、電子裝配修理工、一般軍人、精神病科醫師、看護及護士、外勤郵務人員、瓦斯管線裝修工、警察（負有巡邏任務者）、木匠、司機（遊覽車、客運車、小型客貨兩用車）、自行車製造修理工
中中	第四類	合板製造工人、礦業工程師、技師、領班及工人、鐵路、水電工、道路維修工人、泥水工、水利工程設施人員、游泳池救生員、液化瓦斯送貨員、警衛人員（負有巡邏押運任務者）、交通警察、汽機車製造裝配修理工人、司機（計程車、自用貨車、貨櫃車）
高	第五類	碼頭工人及領班、鷹架架設工人、鋼鐵場工人、焊接工、刑警、武打演員、車床工、海水浴場救生員、電力工程設施之架設人員、高樓外部清潔工
高高	第六類	木材伐木工、民航機飛行人員、隧道工作人員、營業用貨車司機、鋸木工、救難船員、機上服務員、消防隊隊員、起重機之操作人
拒保職業	拒保職業	礦工（坑道內作業）、潛水工作人員、爆破工作人員、戰地記者、無業、硫酸、鹽酸、硝酸製造工、炸藥業從業人員、特技演員、動物園馴獸師、高壓電工程設施人員、特種兵（傘兵、水中爆破兵、化學兵、負有布雷爆破任務之工兵）、鎮暴警察

資料來源：壽險公會。

在圖9-6中顯示，以保費收入來分類的話，大部分的要保人還是以投保人壽保險（定期壽險和終身壽險）為大宗，年金保險（生死合險）次之，再接下來才是健康保險和傷害保險。

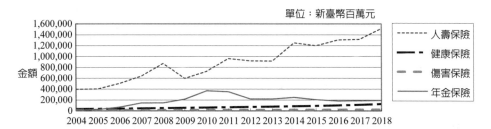

資料來源：金管會。

壽險業保費收入主要以人壽保險為大宗，2018年人壽保險收入高達新臺幣1兆5,155億元。

圖9-6 壽險業保費收入

9.3 控管保險費用支出
（**Control of Insurance Expense**）

在前面的章節中，我們已經明瞭各類人身壽險的種類和優缺點，以及影響保險費用高低的因素，接下來的問題便是，到底多高的保障金額（保險金額）才是足夠的？這個問題可以用以下三種方法來回答，分別是盈餘乘數法、需求預估法和三七法則預估法。

9.3.1 盈餘乘數法

保險業務員或保險經紀公司，都會以被保險人年收入乘上5～10倍的金額，作為被保險人投保人身壽險保障金額的依據，這種粗估的方式，容易造成保險費用過高的現象。最好的方法便是運用盈餘乘數法來估算保險金額。在盈餘乘數法的架構下，將被保險人未來一段期間內所能產生的個人盈餘收入，例如：薪水或投資收入，換算成現值，而後將其加總所得的金額，便是個人未來盈餘的年金現值，而後將其乘上一個乘數（倍數）後，便可得到保險金額。如公式9-1所示。

> 🌀 **盈餘乘數法**
> （**Earnings Multiple Approach**）
>
> 將未來幾年所能產生之個人盈餘收入，換算成現值後加總值，用以計算投保金額之多寡。

$$保險金額＝年收入金額 \times （1 － 被保險人死亡後生活水準降$$
$$低比率） \times 盈餘乘數因子_{i,n}\cdots\cdots\cdots（公式9-1）$$

在公式9-1中，年收入金額代表被保險人的年收入金額，其高低除了取決於被保險人的行業特性、月薪高低之外，也取決於家中被扶養成員數量和年齡高低。當被保險人年收入愈高，被扶養人愈少，且年齡愈輕時，其生活型態和生活品質愈高，當然希望的保險金額愈高，原則是不能因為被保險人死亡，年收入中斷，而大幅降低生活水準。而年收入中等的家庭，也期望被保險人死亡時，保險理賠金額能夠維持家庭5年或10年內的基本生活水準，當然不可能期盼用保險理賠金額來改善生活水準。

在公式9-1中，被保險人死亡後，生活水準降低比率大約30%，如果家中成員愈多，而且大部分能夠經濟獨立自主的話，則此部分的比率愈低，因為家中其他成員的經濟收入，可以部分用來補充被保險人死亡後所失去的年收入金額。

而在公式9-1中的盈餘乘數因子，代表被保險人死亡時，被扶養人尚需理賠金額支持度過多少年，才能完全獨立自主謀生，此時須將保險理賠金額扣除預期通貨膨脹率的因素列在其中，所得到的折現率（投資報酬率），在表9-9中列出此盈餘乘數因子表。

在表9-9中，當被扶養人尚需5年才能成年經濟獨立自主，而保險理賠金額用於投資的報酬率為3%時，則盈餘乘數因子為4.58。

表9-9　盈餘乘數因子表

被扶養人需要扶養的年數	折現率（投資報酬率）			
	3%	4%	5%	6%
5	4.58	4.45	4.33	4.21
10	8.53	8.11	7.72	7.36
15	11.94	11.11	10.38	9.71
20	14.89	13.59	12.46	11.47
25	17.41	15.62	14.09	12.78
30	19.60	17.29	15.37	13.77

例如：王大中為已婚、年收入100萬元，家中有二位5歲和10歲子女的業務員，其配偶年收入只有50萬元，為了確保王大中全家的生活水準和未來收入保障，王大中預估一旦他死亡，全家生活水準將降低25%左右，而其預估保險理賠金額，用於定期存款的報酬率大約為3%，而最小的子女最少需要20年才能經濟獨立，在此情況下，盈餘乘數因子根據表9-9為14.89，則王大中的保險金額根據公式9-1為11,167,500元。

保險金額 = 年收入金額 × （1 － 被保險人死亡後生活水準降低
　　　　　比率） × 盈餘乘數因子
　　　　= 1,000,000 × （1 － 0.25） × 14.89
　　　　= 11,167,500

9.3.2　需求預估法

需求預估法和盈餘乘數法不同處在於，盈餘乘數法是運用被保險人的年薪收入為基礎來求出保險金額，但是需求預估法是以被扶養人（例如：被保險人的配偶、子女或父母），在被保險人死亡後，如何維持一定期間內，固定生活水準的生活費用為基礎，來計算被保險人的保險金額。一般需求預估法所必須考慮的被扶養人生活費用因素如下：(1)未來家庭生活費需求；(2)被保險人喪葬費用需求；(3)清償各項動產和不動產貸款需求；(4)子女未來教育費用需求；(5)配偶退休金需求；(6)財產移轉租稅需求。

如果被保險人是家中主要經濟收入來源，一旦被保險人死亡時，家中最大的衝擊便是突然失去經濟收入，而且以往的生活水準和生活型態都有可能永久的大幅降低，為了避免這種永久性的生活水準降低，就必須將未來家庭生活費用需求列入首要考量。一般來說家庭成員愈少，所受到的生活水準降低衝擊愈小，如果是有子女的雙薪家庭，則此項家庭生活費用需求將大幅降低。

需求預估法
（Needs Approach）
針對被保險人死亡後，被扶養人所需要的後續生活費用一一計算，以求出保險金額。

被保險人喪葬費用也是被保險人死亡後立即需花費的開支，如果根據《農民保險條例》的規定，農民死亡可請領156,000元喪葬補助為基準的話，則一般民眾死亡所花費的喪葬費用約在20～30萬元之間，而且這筆錢是立即性的費用支出，有必要列入保險金額計算公式中。雖然目前坊間有所謂「生前契約」的喪葬服務，但是「生前契約」是商業行為，和重視社會安全保障，受到金管會保險局控管的「人身壽險」，有著截然不同的性質，不宜混為一談。

而清償各項動產和不動產貸款需求，代表被保險人生前所擔保購買的動產和不動產，例如：汽車和自用住宅，也必須一併清償列入計算。因為被保險人生前每月的薪水之中，已經有一部分用來清償這些分期貸款，一旦被保險人死亡，則這部分的月付款可能面臨無法繳清的困境，最後造成動產和不動產被放款銀行查封拍賣，或是被扶養人背負清償債務的責任。另外，子女未來教育費用需求，更是值得注意的項目，雖然臺灣已實施九年國民義務教育，並將推動高中職就讀補助措施，但是高等教育費用卻必須自費，如果子女為未成年或人數較多時，則教育費用勢必成為未來重大的生活負擔，而且必須將預期通貨膨脹率列入未來教育費用的考慮因素。

被保險人如果是家中主要收入的來源，一旦他／她死亡，則其遺囑，尤其是其配偶，恐怕必須考慮自籌退休金的方式和方法。因為被保險人事先所規劃的資產配置和投資方法，和平常所累積將來要作為退休之用的積蓄，可能都暫時要移作其他用途了（例如：清償動產和不動產的貸款或支付喪葬費用），在此情況下，其配偶的退休收入勢必要找尋新的財務收入才行。

最後一個項目就是財產移轉的租稅需求，一般人很少事先針對自己的遺產規劃，和資產應該配置在誰的名下做詳細規劃。一旦被保險人突然死亡，其名下資產要移轉給被扶養人和遺產繼承人時，如果名下財產總金額超過免稅額779萬元以上，幾乎都要課徵遺產稅，而且在被繼承人死亡6個月內就要申報，若沒有現金可以繳納，只能以課徵標的物（例如：自用房屋），或變價之資產（例如：股票或公債）來繳納，此時被扶養人的家屬，勢必要挪用家庭

生活費用和子女教育基金的保險理賠金，來支付財產移轉的租稅費用，例如：遺產稅。

9.3.3 三七法則預估法

前面所討論的二種保險金額預估法，是以被保險人的年薪收入和被扶養人的生活需求為出發點，來計算保險金額的多寡，在此種思維下，很可能造成要達到固定保險金額的保障，每年卻付出極高的保險費用支出。表9-10中，我們列出在100萬元的保險金額下，定期壽險、終身壽險和生死合險的年度保險費用，作為比較。

在王大中的例子中，運用盈餘乘數法計算，其應該投保的保險金額為11,167,500元（預估為11,000,000元）。王大中分別購買上述三種保險的年度費用，如表9-11所示。

表9-10　100萬元保險金額年度保險費率

保險種類	費　　用
定期壽險	2,750元
終身壽險	23,900元
生死合險	68,000元

＊25歲男性，繳費20年。

表9-11　王大中年度保險費用預估

保險種類	100萬元保險金額保費	1,100萬元保險金額保費*
定期壽險	2,750元	30,250元
終身壽險	23,900元	262,900元
生死合險	68,000元	748,000元

*2,750 × 11 = 30,250

在表9-11中顯示，王大中想要1,100萬元的保險金額時，投保定期壽險的年度保費為30,250元，終身壽險年度保費為262,900元，而生死合險年度保費為748,000元。王大中為年薪100萬元的上班人士，每月還需負擔固定的房屋貸款和自用汽車貸款，如果他為

了取得1,100萬元的保險金額保障，而投保終身壽險或生死合險，則立即的衝擊便是年度保險費用，將大幅降低王大中一家生活費用的支出，包括動產和不動產的分期付款還款能力。因此，定期壽險是王大中可能的選擇，在此我們提出比較簡單的保險金額預估法──三七法則預估法，即保險金額爲年薪收入的7倍，而年度保險費用爲月薪的三分之一。在此思維下，王大中年薪100萬元（月薪83,000元）的保險金額應爲700萬元，而三種壽險的年度保險費用，如表9-12所示。

表9-12　三七法則預估法下，王大中年度保險費用預估

保險種類	100萬元保險金額保費	700萬元保險金額保費	年度保險費用是否符合月薪1／3條件*
定期壽險	2,750元	19,250元	是
終身壽險	23,900元	167,300元	否
生死合險	68,000元	476,000元	否

*王大中月薪83,000元 ÷ 3 = 27,667元。

在表9-12中，只有定期壽險符合三七法則預估法的保險金額需求，而終身壽險和生死合險，仍然面臨保險費用過高的問題。有人或許會問，定期壽險只保障一定期間而已，終身壽險只要繳費期滿（20年），就有一輩子的保險保障，而生死合險結合終身壽險和儲蓄投資的功能不是很好嗎？其實要解開這些疑惑，可以用美國人對於保險的基本認知（Buy Term, Invest the Rest），就可明瞭應該把保險費用視爲年度費用支出，而不是累積資金；也就是將要購買終身壽險和生死合險的保險費用，用來購買相同保險金額的定期壽險，而後將所剩餘的金錢用做固定的金融資產投資（例如：股票或債券），來取代終身壽險和生死合險最後的理賠金額，至於投資金融資產的種類和方法，則留待第10章以後再做討論。

9.4　何處購買人身壽險
（Where to Buy Life Insurance）

　　在明瞭保險的原理、人壽保險的種類和控管保險費用的方法之後，接下來的問題便是何處購買人身壽險？向誰購買？

9.4.1　保險公司

　　由於人壽保險爲社會安全組織的一環，政府對於保險業的營業組織型態，依相關法令嚴格審核後，允許成立以股份有限公司，或相互保險公司的方式經營，目前我國以採取股份有限公司的方式爲主體。在股份有限公司的組織架構下，保險公司的股本來自股東投資，或在股票市場公開募資成立，而保險公司的經營則交由專業經理人負責。另一方面，保險公司則聘請業務員到處拜訪潛在客戶，銷售各式經過政府核准的人壽保險之保險單。

　　由於要保人所繳交的保險費用爲將來理賠金額的主要來源，爲了使保險公司能善用此筆資金，在報酬／風險的考量因素下，可以適當的將此筆資金，投資於政府主管機關核准的金融資產，如表9-13所示。

表9-13　保險公司依據保險法第146條規定可投資項目和限制

可投資金融資產項目和種類		投資金額限制	附加限制
現金	放款	其存放於每一金融機構之金額，不得超過該保險業資金百分之十。但經主管機關核准者，不在此限	
有價證券	公債、國庫券	無	
	金融債券、可轉讓定期存單、銀行承兌匯票、金融機構保證商業本票	其總額不得超過該保險業資金百分之三十五	

表9-13　保險公司依據保險法第146條規定可投資項目和限制（續）

	公開發行之公司股票	購買每一公司之股票，加計其他經主管機關核准購買之具有股權性質之有價證券總額，不得超過該保險業資金百分之五及該發行股票之公司實收資本額百分之十	合計不得超過該保險業資金百分之三十五
	公開發行公司債	有擔保公司債，或經評等機構評定為相當等級以上之公司所發行之公司債；其購買每一公司之公司債總額，不得超過該保險業資金百分之五及該發行公司債之公司實收資本額百分之十	
	公開發行之證券投資信託基金及共同信託基金受益憑證	投資總額不得超過該保險業資金百分之十及每一基金已發行之受益憑證總額百分之十。	
	證券化商品及其他經主管機關核准保險業購買之有價證券	總額不得超過該保險業資金百分之十	
不動產	自用不動產	不得超過其業主權益之總額	保險業不動產之取得及處分，應經合法之不動產鑑價機構評價
	投資不動產即時利用並有收益者	不得超過其資金百分之三十	
國外投資	外匯存款		主管機關視各保險業之經營情況核定之，最高不得超過各該保險業資金百分之四十五
	國外有價證券		
放款			保險業就同一人、同一關係人或同一關係企業之放款或其他交易得予以限制；其限額、其他交易之範圍及其他

表9-13　保險公司依據保險法第146條規定可投資項目和限制（續）

			應遵行事項之辦法，由主管機關定之

資料來源：金管會，2018。

表9-13中，保險公司將保險費用收入，投資於政府發行的公債、國庫券和儲蓄券的金額，沒有總額限制。而保險公司的經營績效和財務健全與否，則有外界的信用評等機構加以評定。在表9-14中，列出中華信用評等公司，針對人壽保險公司所做的信用評等，其中臺銀人壽取得twAAA等級的評等，表9-14可作為消費者購買人壽保險的參考。

表9-14　壽險公司信用評等（部分）

公司名稱	信用評等等級	公布日期
南山人壽保險股份有限公司	tw AA+ 穩定	2018/10/31
國泰人壽保險公司	tw AA+ 穩定	2018/9/26
新光人壽保險股份有限公司	twAA- 穩定	2018/6/20

資料來源：中華信評。

9.4.2　保險經紀公司

保險公司透過業務代表，銷售該公司的各項保險產品，如果想要比較不同保險公司的同類型壽險產品，勢必要找不同的業務員來討論，為了解決這個問題，集合各項壽險公司產品代理銷售的保險經紀公司便應運而生。保險經紀員扮演壽險顧問的角色，為要保人提供適當的壽險購買顧問服務，同時就其所代理的各壽險公司產品，展開銷售工作。在圖9-7中顯示，大部分的要保人透過銀行通路管道來購買保險，第二種管道為保險業務員，最少的通路為保險經紀人。

雖然要保人「購買」人壽保險，實際上卻是保險業務員和保險經紀人在自己的佣金利益考量上，將佣金最高，但不一定是要保人所需要的保險，透過各式各樣的行銷方法，包裝成保險計畫，例

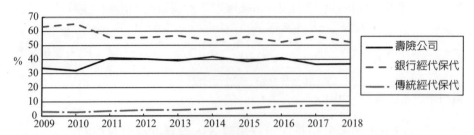

資料來源：中華民國人壽保險商業同業公會。

銀行通路仍然是初次投保保費收入來源最大宗，在2018年時占保費收入來源的52.23%。

圖9-7 初年度保險保費收入來源統計

如：在主契約上附加意外險或醫療險，或是以「投資型保單」的商品名義，「強迫銷售」給要保人。為了避免花大錢卻買了保障不高的人壽保險商品，消費者除了在購買保險之前蒐集和閱讀相關保險知識之外，也可運用保險單有10天審閱期的機制，或是透過金管會及各縣市政府消保官申訴保險糾紛，但最重要的還是回歸保險的本質，誰才需要購買人壽保險，保險期間要多久，才能在有限的經費下，透過保險機制從事個人風險管理的工作。

購買人身壽險的最重要原則，就是你／妳要按照自己保障的需要「買」保險，而不是保險業務員在自己佣金高低的考量下，將不適合你／妳需求的保險「賣」給你／妳。更不要在親朋好友、學生、同學或同事的壓力或人情考量下，買了一堆保險金額雖然小，但是保障更少的「人情保單」，畢竟買保險還是要回歸保險的本質，這些人情保單最後可能因為業務員不適任保險業務離職，你／妳的保單就成為「孤兒保單」，平常只有不認識的業務員通知你／妳繳費，出險之後他／她才會上門辦理理賠事宜。更不要透過電話方式買賣所謂優良信用卡持卡人附加保險，畢竟保險是面對面的銷售行為，係牽涉到你／妳對保險業務員和對保險公司信任之後才產生的銷售行為，千萬不要對著話筒另一端的陌生人買保險。保險是社會安全的一環，保險公司經營的優劣，牽涉到數百萬人的保障，因此選擇一家信用良好、歷史悠久的保險公司相形重要。雖然政府有開放外國保險公司和新保險公司的設立，但是多年下來新設立的

多家保險公司在業務拓展不易、資本不足和經營困難的情況下，紛紛被其他保險公司併購，而國外來的保險公司則在母公司合縱連橫的政策下，進行一連串持續性的併購，有可能將臺灣子公司的業務出售給其他保險公司，離開臺灣市場，以上這三種情況（人情保單、新公司保單和國外公司保單）最常導致「孤兒保單」的現象，消費者不可不察，如表9-15所示。例如：在2008年金融海嘯下，英國保誠人壽以象徵性的1元，將所有臺灣的業務出售給中國人壽，國華人壽則因為財務問題被金管會接管，而南山人壽則因美國母公司AIG的財務危機重整下，被迫出售給香港博智集團。

表9-15　臺灣人壽保險業併購紀要

年	事　由
2009	南山人壽在美國母公司AIG 2008年財務危機重整下，被迫出售給香港博智集團
2009	國華人壽因財務困境被金管會接管
2009	英國保誠人壽在2008年金融海嘯重整業務考量下，將臺灣壽險業務以1元出售給中國人壽
2009	美國安泰人壽被荷蘭荷興集團（ING）購併，而後ING在2008年金融海嘯下，將安泰人壽出售給富邦人壽
2009	荷商全球人壽（AEGON）將臺灣業務出售給中瑋一公司
2009	幸福人壽在增資考慮下，出售給軒景集團

資料來源：各保險公司。

9.5　摘要

保險為社會安全救助的一環，運用大數法則和報酬／風險的觀念，透過眾人之力，短期內協助受到不幸、經濟有困難的投保人士。由於保險牽涉到理賠金額的給付對象，有必要了解保險契約單內的專有名詞，這些名詞包括保險人、要保人、被保險人、受益人、保險費和保險金額。只有能提供經濟收入來源的被保險人才需要投保，未成年兒童或高齡成人則不需要投保，而根據報酬／風險的觀念，年齡愈大的人投保，壽險的保險費也愈高。

　　人身壽險依照保障期間的長短，可分爲定期壽險、終身壽險和兼具保險與儲蓄的生死合險。定期壽險爲提供一定期間內的保障，一旦在保險期間內發生事故，保險公司將依約理賠。定期壽險的優點爲保險費用低，但是可以提供較高的保障。終身壽險爲繳費一定期間後，保險公司提供被保險人終身的保障，其優點爲終身保障可爲被扶養人安全的提供生活費用保障。生死合險爲終身壽險結合儲蓄年金的功能，提供被保險人在存活期間，可以申請保險給付，死亡時也可以領取死亡給付，其優點爲提供養老年金的保障。而在人身壽險主契約下，可以增購的附加險包括醫療險和意外險。

　　控管保險費用的方法分爲盈餘乘數法、需求預估法和三七法則預估法。在盈餘乘數法架構下，以被保險人的經濟收入（年薪），作爲計算需要多少保險金額的基礎。而需求預估法則以被扶養人的經濟費用支出需求，作爲計算保險金額的基準。三七法則預估法則以保險金額爲被保險人年薪收入的7倍，年保險費用不超過月薪三分之一的原則，來選擇需要投保哪一類保險爲重點。

9.6　問答題

1. 現代壽險的基本理論是運用哪一種法則？試解釋之。
2. 要保人、被保險人和保險受益人有何區別？
3. 30歲的雙薪家庭，擁有二名未成年子女，試問這家庭成員中，誰需要購買人壽保險？試說明之。
4. 爲何一般人壽保險契約中，年齡愈大者保險費用愈高？而一般未成年兒童購買人壽保險時，保險費用爲何沒有顯著降低？
5. 人身壽險依照保障期間長短，可分爲哪三大類？
6. 定期壽險的優缺點爲何？
7. 何謂終身壽險？終身壽險的優缺點爲何？
8. 何謂生死合險？生死合險是結合哪二種功能組成的？
9. 一般醫療險的給付方式，可分爲哪二種？

10. 何謂意外險？意外險理賠的主要原因為何？

11. 控管保險費用支出的方法有哪三種？

12. 王大同為年薪60萬元的上班族，其配偶為專職家庭主婦，有二名子女分別為10歲和15歲，如果王大同因突發狀況死亡時，其家中生活水準大概降低25%，他預估最小子女需要15年後才能經濟獨立，在5%的投資報酬率假設下，王大同運用盈餘乘數法計算出的保險金額為多少？

13. 運用需求預估法來求保險金額時，應考慮的被扶養人經濟因素有哪些？

14. 何謂三七法則預估法？

15. 運用盈餘乘數法和需求預估法來預估保險金額時，有何缺點？

9.7　討論題

1. 訪談家中成員，有哪幾位投保人身壽險？投保的壽險種類為何？每張保單保險金額為多少？年繳保險費用多少？

2. 試閱讀父母親的保險單二張，找出要保人、被保險人和受益人分別為何？

3. 訪談五位有投保人身壽險的同學，投保壽險種類為何？誰負責繳交保險費用？

4. 至新光人壽網站比較30歲男性，100萬元保險金額之定期壽險、終身壽險和生死合險（儲蓄險）的保險費用各為多少？

5. 查詢自己就讀學校學生團體平安保險的投保資格為何？年繳保費為多少？理賠範圍為何？

6. 詢問自己的父母親在購買人身壽險時，如何決定保險金額的多寡？

Chapter 10
投資理財規劃（一）── 風險控管

理財觀

投資按摩椅吸金詐騙25億元

日籍人士大滿滄利用臺灣民眾想要快速投資致富的心理，詐稱投資按摩椅，詐騙高達25億元。

大滿滄等人設立「德力克」假公司，向民眾宣稱投資10萬8,000元買一臺按摩椅，放置在東京各大車站，每個月就可獲利1萬元，投資10個月就可回收，並且招待會員前往東京少數車站參觀其所投資購買的按摩椅，以取信於投資人。4年內吸引了5,500人投資，詐騙得手高達25億元。

層出不窮的詐騙吸金案，從1970年代的鴻源案，到最近的鼎立吸金案，都是傳統的老鼠會，也就是歐美俗稱的「龐氏騙局（Ponzi Scheme）」，也就是利用高達18%的投資報酬率，吸收新投資人的資金，來支付舊投資人的報酬金。一旦新投資人停止投資，整個騙局就會被揭發，但是這些導演「龐氏騙局」的人，

都是社會上有頭有臉的人，運用其社會地位，讓人相信其所言屬實，取得投資人信賴，才能詐騙成功。

資料來源：

王聖黎，〈誆人投資按摩椅，吸金25億元〉，《聯合晚報》，2012.03.07。

國內外詐騙事例統計

主角	職稱	詐騙手法	詐騙金額
馬多夫（Bernard Madoff）	美國NASDAQ主席	投資共同基金	650億美元
史丹佛（Allen Stanford）	史丹福投資公司總裁	投資共同基金	70億美元
大滿滄	德力克公司負責人	投資按摩椅	新臺幣25億元
秦庠鈺	鼎立國際集團負責人	互助會投資	新臺幣42億元
沈長聲	鴻源投資公司	投資房地產	新臺幣600億元
	新食田公司	利用辣妹以色誘騙軍公教人員	新臺幣10億元

　　《生涯理財規劃》這本書到第9章爲止，大部分都在討論生涯理財的一些基本觀念和做法，以及運用一些外在的工具來達成生涯理財預設目標。從本章開始，我們將討論如何將個人或家庭的月薪收入，透過各種投資工具，配合長期投資的時間因素和觀念，逐漸轉變成可以傳承後代的財富。在本章中，我們將針對投資vs.投機、報酬率因素、報酬vs.風險，以及效率市場假設做初步的討論。

10.1　投資vs.投機
（Investment vs. Speculation）

　　同樣是買賣股票的行爲，投資股票和股票投機有何不同？如果不是買賣股票，而是購買42選6的樂透，自己選號和電腦選號有何不同？要回答這些問題，可以從心理層面、時間層面和知識層面著手。

10.1.1 心理層面

　　投資和投機最大的不同，在於心理層面。投資是一個可達成的目標，投機是追求一個夢。投資需要經過深層的思考，和資訊蒐集分析的過程，才能做成決策，例如：買入一張台塑化股票，所達到的心理層面滿足，可能要好幾年之後才看到投資成果，例如：股利累積或股價增值。但是投機卻只是追求最短期間內心理的滿足，例如：花費50元購買大樂透，立即擁有發大財的夢想和機會。但是心理層面卻是最難克服的，因爲要從事金融投資，勢必就要暫時犧牲目前部分的花費，留做將來的準備，就算一杯100元的星巴克咖啡，可能都是奢侈品，但是大部分的人，卻沒有這種觀念。因爲心理還沒做好準備。例如：50元就可購買一張中獎機率極低的大樂透（大樂透頭彩的中獎機率爲一千三百萬分之一），但還是有很多人無法抗拒這種中頭彩的心理滿足誘惑。再加上50元只是一個銅板而已，就算沒有中獎，也沒有什麼大不了。由於人類受到大腦的主宰，卻往往做出非理性的抉擇，許多經濟學家開始探討非理性因素對投資者行爲的影響，所以行爲財務學逐漸成爲21世紀研究投資者行爲的顯學。表10-1就是在幾種相同情況下，投資與投機行爲的區別。

　　表10-1中，如果認知自己在退休後，有一筆自籌的退休基金可供自己和配偶使用，不必依靠子女撫養或金錢資助過活，就是正確的投資觀念。如果還抱持養兒防老的觀念，則可能就是投機的觀念了。

表10-1　投資vs.投機心理層面問題

問題	投　資	投　機
1	我想要有錢存在銀行帳戶中，本金和利息金額不斷增加的感覺	銀行帳戶金額不過是一堆數字而已，多或少沒關係，只要夠花就好
2	我想要透過投資，慢慢累積財富	我想要簽注樂透彩，享受中頭彩的感覺
3	我目前所使用的車輛，尚可使用5年，購車預算暫時挪作5年期的投資之用	我現在就要換購一部比目前更好的新車，作爲替代之交通工具

表10-1　投資vs.投機心理層面問題（續）

4	我想在退休後，有自己的退休基金，供自己和配偶退休生活之用	養兒防老，退休後，我的子女會提供財務資助，供我和配偶作為退休之花費
5	我希望提供子女適當的教育基金，作為將來教育之預備費用	國民義務教育已經實施，大學也有助學貸款可供使用，我沒有必要為子女準備教育基金
6	我希望購買適當的保險，為自己和家人提供突發事故的保障	社會救助機制發達，而且有全民健保機制，我沒有必要花錢購買保險
7	房價再高，我還是想要貸款買一棟屬於自己的房子，提供家人安全的保障	房價太高，我買不起房子，每月繳租金，租房子來居住也可以
8	要投資或購買各種金融商品時，我會先研究商品的特性和蒐集資料	朋友、親戚或同事介紹金融商品給我，我就依其所言，購買該商品

　　要克服投資的心理障礙，就必須運用一些強迫自己自動投資的技巧，這些技巧如下：

1. 藍領階級每月薪資提撥6%至退休金帳戶，作為自籌退休金的基礎。
2. 白領階級運用定期定額投資機制，每月提撥薪資10%的金額，供共同基金投資之用。
3. 運用分期付款或長期貸款方式購買自用住宅。
4. 將年終獎金當作投資的種子基金，而不是犒賞自己的出國旅行基金。

10.1.2　時間層面

　　在時間層面上，許多金融商品的投資報酬需要長時間之後才能展現成果，但是一夜致富卻是投機的最佳寫照。再者，投資沒有到期的時效性，但是投機卻有到期的時效性危機。例如：股票投資，因為股價下跌，造成帳面上的損失時，如果投資人沒有贖回的壓力，則這些損失還只是帳面上的損失。但是樂透彩、金融期貨商品

和金融選擇權商品，卻都有時效性的限制，在契約到期日，不管有沒有盈餘或虧損，就必須進行清算，此時未實現的損失或盈餘就確實實現。例如：未到開獎日期的大樂透彩券，能帶給你一夜致富的機會和夢想，但是一旦開獎後，沒中獎的彩券就是廢紙一張。而影響投資報酬率高低的主要因素，就是前面第4章討論過的貨幣時間價值的複利效果，時間愈久，複利效果愈大。例如：在圖10-1中，顯示在每年報酬率8%的情況下，5年、10年、15年和20年的複利效果，當時間愈久時，複利效果愈大。而在不同時間架構下，投資商品和投資目標如表10-2所示。

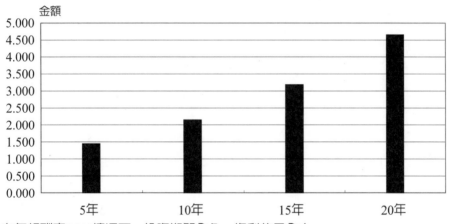

在年報酬率8.0%情況下，投資期間愈久，複利效果愈大。

圖10-1　期初投資1元情況下，年報酬率8.0%的複利效果

表10-2　不同時間架構下，金融商品投資目標和種類

時間架構	投資目標	缺點	可以投資的金融商品	不可以投資的金融商品
1～2年	1.資金取得方便 2.穩定的金融價格 3.高於活期存款的利率水準	1.報酬率偏低 2.容易受到通貨膨脹壓力變動影響	1.各商業銀行定期存款 2.貨幣市場基金 3.票券市場金融工具	1.外幣存款 2.期貨／選擇權商品 3.融資買進股票

表10-2　不同時間架構下，金融商品投資目標和種類（續）

2～5年	1.本金增值 2.固定的現金股利收入 3.金融商品價格變動幅度小	1.報酬率低於長期資產 2.容易受到通貨膨脹壓力變動影響	1.5年內到期的投資級公司債 2.配發高股息的股票 3.平衡式共同基金	1.房地產 2.低於投資等級的公司債 3.定期存款帳戶
6～10年	1.固定的本金累積 2.固定的現金股利收入 3.抵抗通貨膨脹壓力	1.容易受到所投資商品的企業組織改變，影響獲利 2.缺乏持續投資的信心和恆心	1.房地產 2.成長型共同基金 3.持續配發高現金股息股票 4.長期政府公債	1.單一國家型的共同基金 2.有定期價格變動壓力的股票 3.配發現金股利不穩定的股票
10年以上	固定的本金累積，供退休基金之用	缺乏持續投資的信心和恆心	1.成長型股票 2.成長型共同基金 3.有股價增值空間和固定配發現金股利的股票	1.貴金屬商品 2.週轉率偏低的股票

在表10-2中顯示，如果投資時間只限於2年內時，其投資目標在於取得高於活期存款的利率水準，而且也要重視資金週轉的方便性。在此時間架構下，比較適合的金融投資商品為：各商業銀行定期存款、貨幣市場基金或票券市場金融工具，而不可從事的投資商品為：外幣存款或是融資買進股票。

10.1.3　知識層面

在知識層面上，投資是在從事各種投資前，必須詳細明瞭投資成功或失敗的前因後果，或是報酬與風險的關係，而且在做出各種投資決策時，已經做好充分的準備。投資的報酬與風險矩陣為以下二種：

1. 在風險固定下，追求報酬率的最大值。
2. 在報酬率固定下，追求將風險降到最低的程度。

在圖10-2中，表示各種金融投資商品的報酬風險對比，可看出

報酬率與風險呈現正相關的關係；也就是風險愈大，報酬率愈高。
而報酬率最小的金融商品爲由政府發行的政府公債，由於有政府債
信做擔保，其相對風險也最小；報酬率最高的商品爲期貨／選擇權
商品，但是其風險也最高。

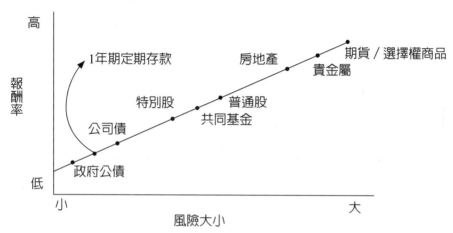

在報酬率與風險矩陣下，報酬率與風險呈正比的關係，政府公債報酬率
最低，投資風險也最小。

圖10-2　金融商品報酬率與風險矩陣

　　各種金融商品所面臨的各種風險種類和風險高低，如表10-3所
示。在表10-3中，政府公債由於採取固定票面利率的發行方式，其
所面臨的變動通貨膨脹壓力風險、通貨萎縮風險和利率變動風險相
當高，但是其發行者風險、市場變動風險、變現能力風險以及匯率
變動風險卻相當的低。

　　但是投機在報酬率與風險矩陣上，卻沒有呈現相對的關係。例
如：在表10-4中，列出大樂透各獎項中獎機率和獎金分配分式。

　　在表10-4中，列出大樂透的總獎金支出率只有55%，再加上獎
金課稅率爲20%，則一張50元的大樂透期望值只有22.0元〔（50×
55%×（1 － 20%））〕，但是投機的樂透彩卻是以公益彩券名義
銷售。

表10-3　各種金融商品風險種類和風險高低

金融商品	面臨通貨膨脹風險	面臨通貨萎縮風險	利率變動風險	發行者面臨財務風險	市場變動風險	變現能力風險	匯率變動風險	租稅負擔
政府公債	高	高	高	低	低	低	低	免
1年期定期存款（機動利率）	低	低	低	低	低	低	低	低
公司債	高	高	高	中	中	低	低	中
共同基金	低	低	低	低	高	低	中	中
特別股	低	低	低	中	中	低	低	高
普通股	中	中	低	中	高	低	低	高
房地產	低	低	高	低	高	高	低	高
貴金屬	低	低	低	低	高	高	低	高
期貨／選擇權商品	低	低	高	高	高	低	高	低

表10-4　大樂透總獎金支出率和各獎項中獎機率

總獎金支出率	55%				
獎金課稅比率	20%				
獎金分配比率	頭獎	貳獎	參獎	肆獎	伍獎
	58%	9%	9%	5%	19%
中獎機率	1,300萬分之1	230萬分之1	5萬5千分之1	2萬2千分之1	1千分之1

10.2　報酬率組成因素
（Component of Rate of Return）

　　當我們在討論生涯理財規劃時，無論在討論消費性貸款、房屋貸款或是購車貸款，都會考慮到市場利率變動對貸款成本（利息費用支出）的影響。甚至我們在本章討論投資理財規劃時，市場利率變動對各種金融商品的報酬率和風險，都造成重大影響。在前面

的章節中，曾討論過市場名目利率爲實質利率和預期通貨膨脹率之和，如公式10-1所示。

市場名目利率 = 實質利率 + 預期通貨膨脹率

………（公式10-1）

但是我們在討論金融投資商品時，就必須考慮到金融商品背後所包括的各種影響報酬風險的因素，這些影響報酬率變動的因素，包括違約風險報酬、到期風險報酬和變現性風險報酬，因此公式10-1可改寫成：

報酬率 = 實質利率 + 預期通貨膨脹率 + 違約風險報酬 + 到期風險報酬 + 變現性風險報酬………（公式10-2）

10.2.1　實質利率

實質利率爲使用資金的成本，也是運用資金從事金融商品投資的機會成本，又稱零風險利率。金融市場一般以90天期國庫券利率，作爲零風險利率的指標利率。爲何選擇90天期國庫券利率爲指標利率？因爲國庫券是政府機構發行，有政府債信做保證，沒有到期違約無法清償的風險，且發行天數只有90天，短期內受到其他市場因素變動而影響的程度較小，圖10-3爲90天期國庫券利率變動情形。

10.2.2　預期通貨膨脹率

影響名目利率最大因素爲預期通貨膨脹率，而通貨膨脹率對日常生活花費最大的影響，即爲影響貨幣購買能力。當通貨膨脹率逐漸上升時，各種商品價格同步調漲，同樣金額的貨幣所能購買的商品逐漸減少。而通貨膨脹率對金融商品價格的影響力，幾乎是全

實質利率（Real Interest Rate）

資金的使用成本或機會成本。

零風險利率（Risk-Free Interest Rate）

沒有違約風險的利率水準，例如：90天期國庫券利率。

面性負面的壓力，當通貨膨脹壓力達到一定限度時，金融市場如：
股票市場、外匯市場或是公司債市場，幾乎都是以下跌收場。所以
如何維持通貨膨脹率在合理的範圍，一直是中央銀行貨幣政策的重
點。一般用來衡量通貨膨脹率的指標，爲消費者物價指數。圖10-4
爲臺灣歷年的消費者物價指數，大多維持在合理的範圍。

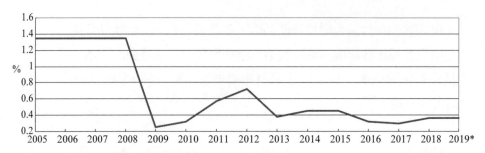

*2019.03.31
資料來源：中央銀行。
在中央銀行寬鬆貨幣政策下，90天期國庫券初級市場利率在2019年03月時只有
0.36%。

圖10-3　90天期國庫券初級市場利率

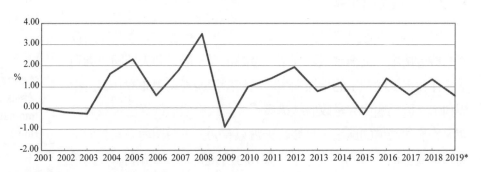

*2019.03.31
資料來源：行政院主計總處。
2008年5月時，臺灣消費者物價指數年增率因進口原物料和原油價格大幅上漲，達
到4.27%的最大漲幅。近年來物價上漲趨緩，2019年3月時，年增率為0.58%。

圖10-4　臺灣消費者物價指數年增率

10.2.3　違約風險報酬

　　許多債券型金融商品，例如：政府公債、公司債、特別股，或是可轉換公司債，都在商品契約中載明：債券發行人定期發放債券利息給債券持有人，例如：每6個月或1年一次。同時在債券到期時，應償還（贖回）本金給債券持有人。但是由於債券為長期的金融商品，因金融環境改變，或是債券發行企業獲利能力改變，最後形成債券到期，但是債券發行人卻無足夠現金可以贖回債券的窘況，形成違約的風險。例如：2010年歐債危機就是由歐豬四國（PIGS）：葡萄牙、義大利、希臘和西班牙等政府公債到期，政府卻無現金贖回的違約風險所引發的。一般來說，債券發行時間愈久，違約風險報酬愈高，而債信等級愈高的金融商品，其違約風險報酬愈低。

10.2.4　到期風險報酬

　　許多長期投資金融商品的風險，例如：10年期政府公債或是保險商品中的生死合險，往往比短期的金融商品的風險，例如：90天期國庫券或1年期銀行定期存款來得高，這就是所謂的到期風險報酬。因為長期的金融商品，受到外在大環境經濟因素變化影響比較大，畢竟夜長夢多是不變的道理。這種到期風險報酬變化的現象，在長期政府公債和公司債價格的變動尤其明顯。例如：在圖10-5中，為臺灣10年期政府公債殖利率（報酬率）的變化，可看出在沒有預期通貨膨脹率大幅增加的威脅下，10年期政府公債的殖利率逐漸走跌。

10.2.5　變現性風險報酬

　　許多投資性金融商品雖然有每天報價的行情和成交量的報導，但有時候在特殊的情況下，想要把金融商品賣出變現成為現金，卻不是件容易的事情，例如：在某支股票出現跌停板時（下跌7%），驚慌的投資人想要把手中的該支股票賣出時，卻沒有人願

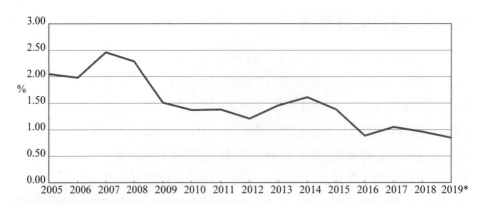

*2019.02.28

資料來源：中央銀行。

10年期公債次級市場利率逐年下降，在2011年時只有1.38%，但是從2012年開始微幅上升，2019年2月時為0.848%。

圖10-5　10年期公債次級市場利率

意出手承接買下，造成有行無市，不斷套牢的現象。而房地產又稱為不動產，因為投資人想要賣出房地產，卻偏偏賣不掉，成為名副其實的「不動」產。此時，對於有資金週轉壓力，想要急著賣掉不動產的投資人而言，唯一的方法就是大幅降價拋售了。

10.3　報酬vs.風險

在前面的章節中，我們了解一般報酬率的組成成分。接下來，我們要討論報酬率的計算公式和風險真正的意義。

10.3.1　報酬率

一般投資金融商品的獲利，可分為資本利得和股利所得。資本利得為買賣金融商品的價差，而股利所得為投資期間所得到的股利或利息。報酬率的計算看似簡單，但是一般人卻對報酬率的計算有錯誤的認知。一般報酬率的計算時間標準以年為單位，為年化的報酬率，其計算公式如下：

$$報酬率=\left[\frac{賣出價格+股利收入}{買入價格}\right]^{\frac{1}{n}}\times100\%-1$$

$$\cdots\cdots（公式10\text{-}3）$$

n：買入金融商品持有年數

報酬率
（Rate of Return, Yield）

以年為計算單位的報酬率計算方式。

　　例如：王大在2008年1月1日，以每股20元買入大同公司股票1,000股。大同公司在3月1日發放每股1元的現金股利，共1,000元。王大在2008年6月30日以每股25元賣出大同公司持股，則其年化報酬率為69%。

$$報酬率=\left[\frac{25\times1,000+1\times1,000}{20\times1,000}\right]^{\frac{1}{0.5}}\times100\%-1，n=0.5$$
$$=1.69\times100\%-1$$
$$=169\%-1$$
$$=69\%$$

　　如果王大在2009年12月31日以每股25元賣出大同公司股票，這2年期間，王大陸續收到二次每股各1元和1.5元的現金股利，則王大投資大同公司的年化報酬率為17.27%。

$$報酬率=\left[\frac{25\times1,000+1\times1,000+1.5\times1,000}{20\times1,000}\right]^{\frac{1}{2}}\times100\%-1$$
$$=1.1727\times100\%-1$$
$$=117.27\%-1$$
$$=17.27\%$$

　　由於金融商品為長期的投資，其投資期間可能長達5～10年，而每年的報酬率又不同，此時若要求算出年化報酬率，不能應用一般所謂的算術平均法，而必須採用幾何平均法，才合乎實際的做法。例如：王大投資大同公司4年的每年報酬率，如表10-5所示。

表10-5　王大投資大同公司年報酬率

年	年報酬率	算術平均年報酬率	幾何平均年報酬率
2005	16%		
2006	8%	5%	4.6%
2007	−10%		
2008	6%		

算術平均年報酬率公式如下：

$$年平均報酬率（\overline{X}）= \frac{\sum\limits_{i=1}^{n} X_i}{n} \cdots\cdots\cdots（公式10-4）$$

$\overline{X}$：年平均報酬率

X_i：各年報酬率

n：投資年數

則王大的算術平均報酬率為5%。

$$\overline{X} = \frac{[16\% + 8\% +（-10\%）+ 6\%]}{4}$$

$$= 5\%$$

幾何年平均報酬率公式如下：

年平均報酬率（$\overline{X}$）

$$=[（1+X_1）\times（1+X_2）\cdots（1+X_n）]^{\frac{1}{n}} - 1$$

$$\cdots\cdots\cdots\cdots（公式10-5）$$

n：投資年數

則王大的幾何年平均報酬率為4.6%。

$$\overline{X} = \{ (1+16\%) \times (1+8\%) \times [1+ (-10\%)] \times (1+6\%) \}^{\frac{1}{4}} - 1$$

$$= [(116\%) \times (108\%) \times (90\%) \times (106\%)]^{\frac{1}{4}} - 1$$

$$= 0.046$$

$$= 4.6\%$$

而幾何年平均報酬率為4.6%的意義為何？如果我們把前4年的每年報酬率和年平均報酬率以圖表示，就可看出其中的道理。如圖10-6所示，我們可看出在年平均報酬率4.6%下，每年個別報酬率都不同，有時高達+16%，有時低到−10%。這到底是什麼意思？這就是風險，因為每年的報酬率都在變動。

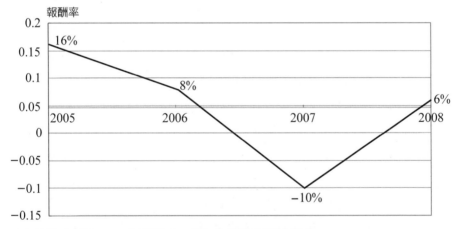

在年平均報酬率4.6%的情況下，各年度實際報酬率變化。

圖10-6　歷年報酬率和年平均報酬率變動

10.3.2　風險

大家都知道，投資金融商品有風險的存在。而所謂的風險，可能就是金融商品價格的變動，例如：大同公司股票價格變動或是虧損多少錢、賺了多少錢。但是風險更正確的說法，應該是該金融商品每年報酬率的變化，其具體的指標便是標準差σ，其計算公式如下：

$$\sigma^2 = \sum_{i=1}^{n} \frac{(\overline{X} - X_i)^2}{n} \cdots\cdots\cdots\cdots\text{（公式10-6）}$$

在王大的例子中，其投資大同公司的風險，標準差為0.0944。

$$\sigma^2 = \sum_{i=1}^{n} \frac{(\overline{X} - X_i)^2}{n}$$

$$= \frac{(0.046 - 0.16)^2 + (0.046 - 0.08)^2 + [0.046 - (-0.1)]^2 + (0.046 - 0.06)^2}{4}$$

$$= \frac{(0.012996 + 0.001156 + 0.021316 + 0.000196)}{4}$$

$$\sigma^2 = 0.008916$$

$$\sigma = 0.0944$$

　　一般原則為標準差愈大，風險愈大，因為每年報酬率的起伏很大，無法形成穩定的報酬率現象。但是對一般人來說，風險愈大卻是報酬率愈大的代名詞。

　　既然知道風險的存在，投資人如何降低風險？大部分的投資人都知道「不要將所有雞蛋放在同一個籃子」的分散投資風險原理，其道理如圖10-7所示。在圖10-7中顯示，縱座標為投資金融商品的風險，由低到高；而橫座標為投資金融商品種類數目由少到多，而圖中顯示投資金融商品的總風險，分別由公司風險（可分散性風險）和市場風險（不可分散性風險）所組成。

可分散性風險（Company Risk, Diversifiable Risk）

由於公司經營特性所造成的投資風險，可以透過投資組合方式降低的風險。

　　公司風險（可分散性風險）代表由於投資某種金融商品，或某公司股票的行業特性所造成的特殊風險。例如：零售業的公司普遍有毛利率偏低，而且其營業額多寡受到經濟景氣循環的影響，造成其股價（報酬率）相對其他公司，有大幅波動的現象，其投資風險相對偏高。但是公司風險卻可透過買入不同產業或公司股票的方式，形成投資組合來降低風險，因此又稱為可分散性風險。在圖10-7中顯示，總風險隨著投資的股票種類增多而逐漸減少，當所投資的股票種類達到十五種時，公司風險大約可以降到最低。

　　例如：個別公司股票和股票市場的互動關係，或是該股票能

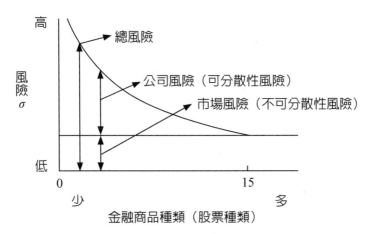

總風險由公司風險和市場風險所組成，公司風險可透過投資組合方式降低。

圖10-7　投資組合分散風險

否有效降低投資組合風險的具體指標為貝他值。個別股票的貝他值如果為正值（＋），例如：+1.0，代表當整體股票市場指數上漲10%時，則該股票價格也上漲10%（+10% × 1）；如果整體股票市場指數下跌10%時，則該股票價格也下跌10%（−10% × 1）。如果個別股票的貝他值為負值（−），例如：−2.0，代表該股票價格變動趨勢和整體股票市場指數變動趨勢相反。當股票市場指數上漲10%時，則該股票價格將下跌−20%（10% × −2）。也就是因為個別股票有這種和股票市場正負向互動的關係，才能形成投資組合，有效降低投資風險。表10-6為部分股票的標準差和貝他值，例如：南亞（1303）的標準差為1.04%，其貝他值為+0.77，代表當臺灣證券市場加權股價指數上漲10%時，南亞的股價也同步上漲7.70%（10% × 0.77）。不只個別股票有貝他值降低風險的現象，個別金融商品之間也有同樣的現象。例如：公司債或政府公債的報酬率與股票市場報酬率的上漲，就是呈現相反的現象。在圖10-8中顯示，10年期政府公債殖利率變動和臺灣證券市場加權指數，呈現相反的趨勢。

　　市場風險（不可分散性風險）代表將資金投資於金融商品時所有的風險，這種風險無法透過投資組合方式分散風險。因為投資本來就有風險或是機會成本的存在。例如：將100萬元的資金投入股票市場購買股票時，就有可能損失風險極低1年期定期存款利率

貝他值（Beta）

β代表個別股票和股票市場互動關係的指標。

市場風險（Market Risk, Nondiversifiable Risk）

無法透過投資組合降低的風險。

表10-6　個股股票標準差和貝他值

公司名稱（股票代碼）	標準差（%）	貝他值
南亞（1303）	1.04	0.77
台塑（1301）	1.35	0.97
台化（1326）	1.44	1.02
中鋼（2002）	0.86	0.56
豐泰（9910）	2.44	0.95
台積電（2330）	1.61	1.45

資料來源：富邦證券，2019.03.31。

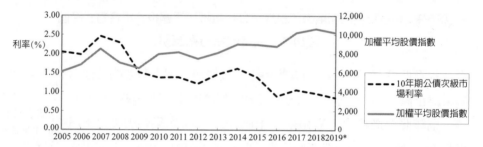

*2019.02.28

資料來源：中央銀行。

由於投資性質和風險報酬不同，10期公債次級市場指標利率和股價指數呈現相反的報酬率變化。

圖10-8　10年期公債次級市場利率和臺灣加權平均股價指數比較

2.2%，每年22,000元的利息收入機會成本。

　　在圖10-8中顯示，市場風險並沒有因為投資金融商品的種類或數量增加而減少，還是維持在一定的水準。如果投資人持有多種金融商品形成投資組合時，則投資組合報酬率以加權平均報酬率為計算基準，其公式如下：

$$X_P = \sum_{i=1}^{n} W_i X_i \cdots\cdots （公式10-7）$$

X_P：投資組合報酬率

W_i：投資於金融商品 i 的資金占總資金比率：%

X_i：金融商品 i 的報酬率

例如：王大將100萬元資金，分別投資於各種股票和政府公債資產，其個別報酬率如表10-7所示，則根據公式，王大投資組合報酬率為1.52%。

表10-7 王大投資組合報酬率

金融商品	投資資金	資金比率 (W_i)	報酬率 (%)	投資組合報酬率
南亞股票	200,000	0.2	10%	
台積電股票	300,000	0.3	−5%	
10年期政府公債	400,000	0.4	2%	1.52%
1年期銀行定期存款	100,000	0.1	2.2%	
合　　計	1,000,000	1.0		

10.4 效率市場假設
(Efficiency Market Hypothesis)

從事生涯投資理財規劃的入門磚，除了明瞭投資 vs.投機的差別、影響報酬率高低的因素，和報酬與風險的關係之外，下一個重點，便是如何解讀各種金融資料、報章雜誌有關企業報導新聞，或是各種投顧「老師」所提供的投資資訊，是否可作為投資金融商品的參考，而效率市場假設，正好可以用來印證這些商情資料的真實性。效率市場假設將金融市場依照金融資訊流通的方式，區分為以下三種型態：(1)弱勢市場；(2)半強勢市場；(3)強勢市場。

10.4.1 弱勢市場

根據弱勢市場的定義，目前金融商品的價格已反應了過去該商品交易價格和交易量變動的資訊，運用這些過去而且已公開的資料，要來預測未來金融商品價格的走勢和變化，沒有多大的幫助。在此情況下，目前金融商品價格的變動是呈現隨機變動的方式，隨時可能受到市場突發情況的影響。在此假設下，金管會對於證券投

弱勢市場 (Weak Form)

金融商品的價格，已反應了過去價格和成交量的變化。

資信託公司所推出的共同基金行銷廣告，都必須加註以下的警示字眼：「基金經理公司以往之經理績效，不保證基金之最低投資收益，投資人申購前，應詳閱基金公開說明書」。

如果弱勢市場假設不成立，則投資人便可依照金融商品過去價格變動的趨勢，運用統計學的方法，找出其價格變動的規律性，作為預測未來金融商品價格走勢和投資金融商品的依據。弱勢市場假設不成立的最好例子，為股票市場中所謂的技術分析。股票市場的技術分析，也就是運用過去股票價格和成交量的變化關係，來預測未來股票價格買進的時機和賣出的時段。一般技術分析的方法，例如：K線分析、KD分析、RSI分析，或是乘離率分析，皆是運用各種統計學所得出的方法，配合人性投資股票的二大心理因素：貪婪和恐懼，所得出何時應該買進或賣出股票的指標或訊號，例如：圖10-9為台塑股票的技術分析指標。

技術分析
（Technical
Analysis）

運用金融商品過去的成交量和成交價來預測未來的價格走勢。

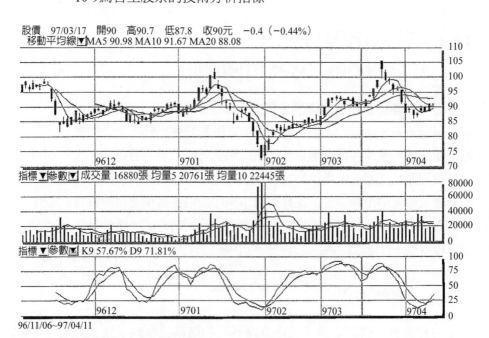

股價　97/03/17　開90　高90.7　低87.8　收90元　－0.4（－0.44%）
移動平均線▼MA5 90.98 MA10 91.67 MA20 88.08

指標▼參數▼成交量 16880張 均量5 20761張 均量10 22445張

指標▼參數▼ K9 57.67% D9 71.81%

96/11/06~97/04/11

資料來源：玉山證券，2008. 04. 10。

圖10-9　台塑技術分析K線和KD線

10.4.2　半強勢市場

　　根據半強勢市場的定義，目前金融商品的價格已反應了過去該商品成交價格和成交量變化的資訊，以及企業或市場已公開的財務資訊。例如：企業財務報表、資產負債表和損益表。要運用這些已公開的財務報表或是財務分析所得到的結果，來預測未來金融商品價格變動的走勢和變動方向，有其困難性。

　　網際網路盛行，各類金融商品價格，或是股票上市公司財務報表和分析結果，都已經即時上網，而且在幾乎都可以免費取得的情況下，任何人皆可自由解讀這些資料。因此，想要藉由這些已公開的財務資訊，來從事投資獲利的行為，有其困難性。表10-8為股票上市公司台塑企業已公開的財務資訊，以及財務報表分析所得到的結果。

半強勢市場 （Semi-Strong Form）

金融商品的價格反應已公開的價格、成交量和財務報表資訊。

表10-8　台塑基本財務資料

台塑（1301）個股基本資料 最近交易日：04/09　　市值單位：百萬元							
開盤價	108	最高價	109.5	最低價	107.5	收盤價	109.5
漲跌	1.5	一年內最高價	119.5	一年內最低價	94.8		
本益比	14.07	一年內最大量	28,820	一年內最低量	806	成交量	7,287
同業平均本益比	41.75	一年來最高本益比	14.13	一年來最低本益比	10.1	盤後量	1
總市值	697,049	85年來最高總市值	747,974	85年來最低總市值	78,078		
投資報酬率		財務比例（107.4Q）		投資風險			
今年以來	6.93%	每股淨值（元）	55.86	貝他值	0.96		
最近一週	0.00%	每人營收（千元）	7,846.00	標準差	1.34%		

表10-8　台塑基本財務資料（續）

最近一個月	3.85%	每股營收（元）	8.85		
最近二個月	5.88%	負債比例	29.10%		
最近三個月	5.37%	股價淨值比	1.96		

資料來源：玉山證券，2019.04.09。

　　如果半強勢市場假設不成立，則投資人可依照金融商品已公開的財務資訊，經過詳細分析之後，作為預測未來買進或賣出金融商品價格的依據。半強勢市場假設不成立最好的例子，就是集中市場或是店頭市場中許多中小型企業的股票，由於沒有受到投資人或是投資法人的注意，造成遺珠之憾。因此，許多中小型股票的股價時常受到低估，例如：其股價淨值比時常低於標準值。

10.4.3　強勢市場

強勢市場（Strong Form）

金融商品的價格反應已公開的價格、成交量、財務資訊和內線消息。

　　根據強勢市場的定義，目前金融商品的價格已反應了過去該商品成交價格和成交量的變化、已公開的財務資訊和未公開的資訊，包括內線消息。要運用這些資訊來作為未來買進或賣出金融商品的依據，有其困難性。

　　強勢市場和弱勢市場以及半強勢市場最大的不同，在於強勢市場有著內線消息的因素。所謂內線因素，也就是該金融商品的關係人運用其職務上的權力，比其他投資人更早得知此消息，作為其買賣金融商品的依據，形成內線交易的違法交易。例如：股票上市的總經理或其他經理人員，運用其職務之便，比其他投資人更早一步了解公司即將公布的月財務報表、季財務報表，或是年度財務報表的結果，同時運用此一尚未公開的資訊，作為其買賣自家公司股票的依據，此即造成內線交易的違法行為。為了保護其他投資人的權益，相關證券交易法律皆有規定，企業內部管理人員，例如：董監事或經理人員，在出售自己公司股票時，皆須事先向各相關單位

（例如：金管會）申報，並公告其他投資大眾知曉。內線交易相關規範和罰則，如表10-9所示。

在效率市場假設下，投資人在閱讀各類報章雜誌或專題報導，有關各類金融商品之文章，或是各類有關企業經營績效之報導時，皆因抱持戒慎之心，千萬不要以為這些文章可以作為預測未來金融商品價格走勢，或是作為買進或賣出金融商品價格的依據。畢竟這些有關企業或金融商品報導文章中，充滿了許多不確定的因素；而且既然是公開發行販售的刊物，一般投資大眾都知道這些消息，想要應用這些消息來投資獲利，有其困難性。

表10-9　內線交易規範和相關罰則

事項	適用對象	規範	罰則
轉讓持股	公司董監事、經理人或持股達10%之股東	向主管機關申報3日後才可轉讓或出售持股	行政規範
買入持股	任何人或與他人共同取得公開發行公司超過10%之股權	應於取得股權後10日內向主管機關申報	行政規範
內部人員短線交易	公司董監事、經理人或持股達10%之股東（以上人員含配偶、未成年子女或利用他人名義持有者）	左列人士於取得股票後「6個月」內再行賣出，或於賣出後「6個月」再行買進	對左列人士行使歸入權，歸入利益採最高賣價減最低賣價
內線交易	公司董監事、經理人、大股東，或利用其職務地位取得影響公司股價重大消息者（以上人員含持股10%之股東、知悉該消息之律師和會計師）	重大消息未公開前或公開後12小時內，不得買入或賣出持股	處3年以上10年以下有期徒刑，得併科新臺幣1,000萬元以上、1億元以下罰金

資料來源：金管會。

10.5　摘要

投資與投機的最大區別，是在心理層面、時間層面和知識層面的因素考量下，投資是一個可達成的目標，而投機是追求一個遙不可及的夢。在知識層面上，投資為在固定風險下，追求報酬率最大

的目標；或是在報酬率固定下，將風險降到最低。而投機是在報酬
與風險不對等的情況下，追求投資目標。

　　影響投資報酬率高低的組成因素，包括實質利率、預期通貨
膨脹率、違約風險報酬、到期風險報酬，以及變現性風險報酬。實
質利率為投資金融商品的機會成本，有時又稱為零風險利率；預期
通貨膨脹率為影響貨幣購買能力，和實質投資報酬率高低的具體指
標；違約風險代表投資金融商品到期時，能否收回本金的風險報
酬；而到期風險報酬代表長期金融商品受到市場經濟因素，和非經
濟因素變動影響的程度大小；變現性風險報酬代表金融商品的變現
能力高低指標。

　　一般報酬率的計算公式，應以幾何平均為計算基礎，並以年
化報酬率為衡量報酬率高低的依據；而衡量風險的具體指標為報酬
率變動的標準差。一般來說，標準差愈大（小），報酬率風險愈大
（小）。投資風險可運用購買不同金融商品，形成投資組合的方
式，來降低投資組合中的公司風險（可分散風險），但是市場風險
（不可分散風險）仍然存在，無法大幅降低。

　　效率市場假設將預測金融商品價格變動趨勢的方式，分為弱
勢市場、半強勢市場和強勢市場。其中以運用內線消息來預測未來
金融商品買進或賣出價格的時機最為準確，但卻違反相關證券交易
法規。

10.6　問答題

1. 投資與投機在心理層面上有何不同？以投資股票和簽注大樂透
　 做說明。

2. 投機在時間層面上的限制因素為何？

3. 組成投資金融商品報酬率高低的因素有哪些？

4. 王中在2008年1月1日以每股30元買入大同公司股票2,000股，在6
　 月1日收到大同公司每股1元的現金股利，在同年9月30日以每股

40元賣出大同公司持股。試問王中投資大同公司的年化報酬率
為多少？

5. 王中投資大大公司股票的每年報酬率如下：

年	年報酬率
2003	-10%
2004	15%
2005	5%
2006	2%

求王中在算術平均法和幾何平均法的年平均報酬率各為多少？

6. 根據第5題的資料，運用幾何平均法的公式，求王中投資大大公
司的風險為多少？

7. 試以繪圖方式說明，投資組合中，總風險的構成風險因素？

8. 何謂公司風險（可分散風險）？公司風險有何特色？

9. 王中投資組合中，各金融商品的投資比率和報酬率如下表所
示，求王中投資組合的報酬率。

金融商品	投資金額	報酬率
大同股票	300,000	5%
台塑化股票	500,000	10%
1年期銀行定存	200,000	3%

10. 效率市場假設將預測金融商品價格變動的能力高低，區分為哪
三種市場？試說明各市場之特性。

10.7 討論題

1. 訪問三名同學，以購買樂透彩和股票為例，請教他們對投資和
投機的看法為何？

2. 訪問自己的親戚朋友中有投資股票經驗者，其平均買入持有股

票的時間爲多久？是否有持有1年以上的股票？若有，其持有該股票的理由爲何？

3. 訪問曾經買過股票的親友三人，與其討論其報酬率爲多少？其報酬率的計算方式爲何？

4. 在玉山證券網站（www.esunsec.com.tw）查詢中鋼（2002）的個股速覽資訊中，其代表投資風險的指標爲多少？

5. 試以繪圖方式，向父母或親朋好友說明「不可將所有雞蛋放在同一個籃子」的投資組合分散風險道理。

Chapter 11
投資理財規劃（二）—— 證券市場

理財觀

股票投資人是肥羊？

2012年2月財政部長劉憶如宣布要復徵證券交易所得稅（證所稅），股票市場投資人一片譁然，最直接的反應便是股市成交金額從平均每日1,200億元，急速下降到平均每日800億元，政府證所稅還沒徵收到，就已經損失了證券交易稅（證交稅由賣方負擔稅率為3‰）。

政府口口聲聲說有所得就要課稅，但是課稅都動到投資人股票族的身上，健保財務虧損，從2013年開始，投資人現金股利超過2,000元，課徵健保補充費2%，投資人所領到的現金股利和股票股利合併個人綜合所得稅計算，預估的證所稅起徵金額為新臺幣400萬元以上所得，稅率為15%～20%，再加上證交稅3‰，投資人投資股票獲利要被剝「四層皮」，難怪股市成交量不斷萎縮。歷史會重演，1988年9月24日時任財政部長的郭婉容（劉憶如的母親）宣布復徵證所稅，股市無量下跌19天，股價指數從8,900點下跌到5,700點，最後復徵證所稅無疾

而終，郭婉容也下臺負責。24年後，郭婉容的女兒財政部長劉憶如也要復徵證所稅，結果如何？或許股市成交量的萎縮是最好的答案。

資料來源：

周偉華，〈證所稅對股市的影響〉，《天下雜誌》，2012.04.01。

2012年1～4月日平均臺灣加權股價指數和日平均成交金額

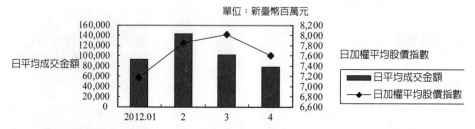

資料來源：臺灣證券交易所。

在財政部4月1日宣布復徵證所稅後，集中市場股市日平均成交金額快速萎縮至新臺幣776億元。

在第10章中，我們已經了解投資理財的基本知識──報酬與風險和投資 vs. 投機。本章我們將針對投資理財的合法管道──證券市場，做詳細討論，包括基礎證券市場、股票市場、債券市場、共同基金市場和生命週期投資理財規劃等。

11.1 基礎證券市場
（Security Markets）

11.1.1 初級市場 vs. 次級市場

初級市場

　　證券市場依照證券公開交易的先後順序，可分為初級市場和次級市場二種。初級市場指的是證券金融商品第一次在證券市場公開交易的場所或次序。例如：經營績效良好的公司在，通過臺灣證券交易所申請股票上市的種種規定後，首次股票公開掛牌「上市」買賣或在店頭市場「上櫃」買賣，或是共同基金在經過相關單位申請核准成立後，首次向一般投資大眾募資成立。另一方面，首次發行的政府公債也以標售方式向投資大眾出售，這些都算是金融市場的初級市場。一般投資大眾想要參與初級市場的投資，都必須透過合法證券經紀商抽籤申購的方式才能購買。由於投資大眾普遍認為，初上市的股票或金融商品都有所謂的「蜜月期」現象，也就是初上市的股票有一段股價上漲的潛在獲利空間，或是股票公開承銷價格，遠低於市場上已經公開交易的價格，形成潛在的價差利潤，此時想要參與股票初級市場的認購，都必須透過抽籤方式來進行。表11-1為新上市股票的「蜜月期」股價漲跌幅度，其中以益通的漲幅最大，30個交易天內漲幅達299.08%。

● **初級市場**
　（Primary
　Market）

證券金融商品首次發行買賣的場所。

表11-1　上市股票蜜月期股價變化

股票名稱	承銷價	1個月後收盤價格	漲跌幅
益通	218	870	299.08%
福懋科	60	57	−5.00%
台勝科	190	171	−10.55%
雷凌	102	302	196.07%

資料來源：臺灣證券交易所。

■次級市場

**次級市場
（Secondary
Market）**
金融商品在初級市
場交易後，後續的
交易場所。

　　而次級市場指的是金融證券經過初級市場第一次買賣之後，後續交易的場所。一般商業新聞所報導的金融商品交易行情，指的大多是次級市場的證券交易行情。例如：在表11-2中，列出台塑公司股票（1301）在2019年4月10日的交易行情，收盤價格為110.00元，成交量為4,477.1張（每張1,000股）。

　　初級市場和次級市場最大的不同，在於許多熱門股票的初級市場交易，都必須透過抽籤申購方式進行買賣；而次級市場只要在正常金融交易日，透過證券經紀商委託下單方式，即可以完成買賣的行為。

表11-2　臺灣證券交易所次級市場交易行情

（代碼）股票名稱	成交股數	開盤價	最高價	最低價	收盤價	漲跌價差	成交筆數
0050臺灣50	10,863,161	81.10	81.55	81.10	81.50	0.10	3,214
1301台塑	4,477,175	108.50	110.00	108.50	110.00	0.50	2,378
6505台塑化	2,608,162	114.00	114.50	113.50	114.50	0.00	1,553
1326台化	6,531,187	109.00	109.50	108.50	108.50	-0.50	2,504
2002中鋼	13,291,458	25.00	25.25	25.00	25.25	0.15	4,690
2330台積電	25,849,934	253.00	254.50	252.00	254.00	0.00	9,991

資料來源：臺灣證券交易所，2019.04.10。

11.1.2　集中市場 vs. 店頭市場

　　由於證券交易牽涉到金錢的交換，為了確保買賣雙方的權益（買方付錢後可以收到證券，賣方出售證券後可以收到現金），政府主管機關對於證券交易的場所，有著嚴格的規定，非經政府核准，不得提供交易平臺供買賣雙方交易證券商品，以嚇阻證券地下交易市場產生。合法的證券交易市場，依照證券成交量大小，和企業營業額、資本額大小，可分為集中市場和店頭市場。

■集中市場

　　由於各個公司的資本額大小不一，同時其年營業額也相差甚大，每位投資人對這些公司財務資訊公開程度的要求，也不盡相同，為了方便管理交易秩序，保障投資人權益，政府主管證券的單位，將證券交易的次級市場按照申請上市（上櫃）企業的資本額大小，分成集中市場和店頭市場。集中市場為有固定的證券交易設施（例如：證券交易大廳和電腦交易撮合設施），專門提供中大型企業股票交易的場所。在臺灣合法的證券集中市場就是經過核准設立的臺灣證券交易所，企業要在臺灣證券交易所上市的相關規定，如表11-3所示。在表11-3中顯示，上市企業的資本額為新臺幣6億元以上。

> **集中市場**
> **（Organized Market）**
>
> 專供中大型企業股票交易的市場。

表11-3　公司股票申請上市相關規定

設立年限	申請上市時已依公司法設立登記屆滿3年以上。但公營事業或公營事業轉為民營者，不在此限
資本額	申請上市時之實收資本額達新臺幣6億元以上，且募集發行普通股股數達3,000萬股以上
獲利能力	其財務報告之稅前淨利符合下列標準之一，且最近一個會計年度決算無累積虧損者
	稅前淨利占年度決算之財務報告所列示股本比率，最近二個會計年度均達6%以上
	稅前淨利占年度決算之財務報告所列示股本比率，最近二個會計年度平均達6%以上，且最近一個會計年度之獲利能力較前一會計年度為佳
	稅前淨利占年度決算之財務報告所列示股本比率，最近五個會計年度均達3%以上
股權分散	記名股東人數在1,000人以上，公司內部人及該等內部人持股逾50%之法人以外之記名股東人數不少於500人，且其所持股份合計占發行股份總額20%以上或滿1,000萬股者

資料來源：臺灣證券交易所，2019。

■店頭市場

店頭市場
（Over-The-
Counter Ex-
change, OTC）

專供小型企業股票
交易的場所。

　　而店頭市場為證券商僅透過會員券商之間的電話網路交易設施，進行證券之撮合買賣，同時提供小型企業股票的買賣場所。在店頭市場買賣的股票一般稱為上櫃股票，而企業要符合股票上櫃的相關規定，如表11-4所示。表11-4規定符合股票上櫃的企業，其資本額須達到5,000萬元以上。目前店頭市場由財團法人中華民國證券櫃檯買賣中心負責經營。

表11-4　公司股票申請上櫃相關規定

設立年限	設立登記滿二完整會計年度。 ※科技事業、公營事業或公營事業轉民營者，不受此限	
資本額	實收資本額新臺幣5,000萬元以上 （私募有價證券未經公開發行之股份不計入）	
獲利能力 （百分比乃指稅前純益占財務報告所列示股本之比率）	最近一年度：4%，無累積虧損	
	最近二年度：均達3%。平均達3%，最近一年度較前一年度為佳 最近一年度稅前純益不低於新臺幣400萬元 ※科技事業、公營事業不受此限	
股權分散	公司內部人及該等內部人持股逾50%之法人以外之記名股東人數	300人以上 ※公營事業不受此限
	上開記名股東之持股情形	占發行股份總額20%以上；或逾1,000萬股 ※公營事業不受此限

資料來源：證券櫃檯買賣中心，2019。

　　雖然投資人可以在集中市場和店頭市場買賣不同的證券（例如：股票或公司債），但是要在哪一個證券市場買賣金融商品，則必須考慮到該金融市場所能提供的產品種類多寡〔上市（櫃）股票多少〕、市場每日成交金額大小、市場每日成交量高低和市場資訊公開程度等因素。

在圖11-1中顯示，2019年2月時，集中市場上市的公司股票達932家，而店頭市場只有769家。在圖11-2中顯示，同時期集中市場的每日平均成交金額達1,133億元，而店頭市場只有369億元。而在漲跌幅方面，集中市場的整體表現也優於店頭市場，如圖11-3所示。所以投資人要選擇投資金融商品時，應以在集中市場（臺灣證券交易所）買賣股票爲主要依據，如此才能避免想要買賣股票卻無法成交，出現有行無市或是有市無行的窘況。

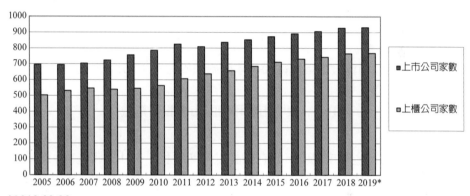

*2019.02.28
資料來源：金管會。
2019年3月時，在集中市場股票上市家數有932家，上櫃家數有769家。

圖11-1　臺灣集中市場和店頭市場上市上櫃公司家數比較

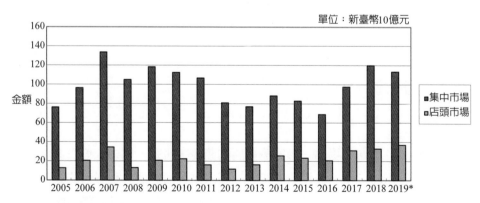

*2019.02.28
資料來源：金管會。
2019年2月時，集中市場日平均成交金額高達新臺幣1,133億元，同一時間店頭市場日平均成交金額只有新臺幣369億元。

圖11-2　集中市場和店頭市場每日平均成交金額比較

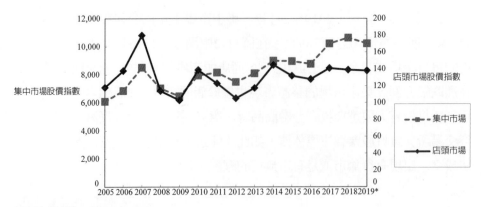

*2019.02.28
資料來源：金管會。
集中市場和店頭市場股價指數從2009年開始微幅上漲，2019年2月時，分別為
10,2100點和138點。

圖11-3　集中市場和店頭市場股價指數

在金融市場中，也有強調以「高獲利」、「即將上市」為宣傳
口號，私人經營的未上市股票交易中心，但是這些未上市股票存在
極大的財務資訊落差，和交易資訊不夠公開化的缺點，同時也沒有
完整的股票交割機制——買股票的投資人不保證能領到股票，賣股
票的投資人也不保證能領到現金——投資人不宜介入未上市股票的
買賣，以確保現金資產的安全。

11.2　股票市場
（Stock Market）

股票市場為一國經濟發展的櫥窗，也是一國未來經濟發展的領
先指標。當一般投資大眾對一國未來經濟發展呈現樂觀的態度時，
其具體的表現便是該國股票市場表現優劣的代表性股價指數，開始
呈現逐漸上漲的趨勢。反之，當一般投資大眾對一國未來經濟發展
呈現悲觀時（例如：經濟發展有衰退之勢），則代表性的股價指數
開始呈現下跌的趨勢。但是對企業而言，股票市場的初級市場卻是

其透過公開上市或是現金增資方式發行股票，向投資人募集資金從事資產投資，或是改善財務結構的方法。但是對投資人而言，透過初級市場和次級市場投入資金買賣股票的過程，可以間接參與上市公司的經營，或許可以獲得股票買賣價差的資本利得（逢低買進，逢高賣出），或是每年度以股東身分獲得股利利得（現金股利或股票股利）。圖11-4為臺灣股票市場之組織，由行政院金融監督管理委員會負責證券市場和期貨市場的監督工作，而集中交易市場（臺灣證券交易所）和店頭市場，則為主要的上市和上櫃股票交易場所。其中證券投資顧問公司以收費方式，提供各種企業或產業研究報告給投資人或證券投資信託公司，作為投資參考。證券投資信託公司則以發行各式共同基金方式，向投資人募集資金，代替投資人投資各類金融商品（例如：股票、公司債或票券），並且將投資獲利所得，由所有共同基金持有人分享。而證券金融公司則透過融資或融券業務出借資金或股票，供投資人從事信用交易。一般投資人若想從事初級市場股票的申購，須委託證券承銷商抽籤申購，若是想要在次級市場買賣股票，則須委託證券經紀商以電話、書面或是網路方式買賣股票。

公開上市
（Initial Public Offering, IPO）

申請股票上市公司，將其股票在初級市場第一次公開發行的過程。

現金增資
（Seasoned Offering）

股票上市公司為了後續資金需求，經過相關單位核准，發行新股票募集資金。

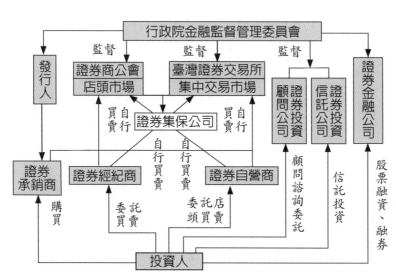

資料來源：臺灣證券交易所年報。

圖11-4　證券市場整體結構

11.2.1　股票交易流程

　　圖11-5為典型股票買賣交易的流程，看似複雜，但是大部分的流程都透過電腦化交易進行，投資人想要買賣股票，只須透過電話或網路下單方式，在證券經紀商營業員的協助下，便可順利完成股票買賣的作業，以下將針對圖11-5的作業流程做詳細的討論。

■開戶

　　投資人要在集中市場／店頭市場（臺灣證券交易所／櫃檯買賣中心）買賣股票，應先在證券經紀商營業處，例如：元大寶來證券或玉山證券等全國各地營業處所，簽訂「委託買賣證券受託契約書」，也就是所謂的「開戶」動作，同時在該證券商合作銀行，開立買賣證券專用的扣款轉帳帳戶，以利買賣股票交割資金之轉移。一旦完成開戶動作，投資人即可以透過電話、書面或網路在股票市場營業時間內，以委託方式下單買賣股票。

■委託買賣

　　投資人委託證券商營業員代為買賣股票的價格方式，可分為市價委託和限價委託二種。市價委託即投資人委託證券商以當時市場行情買進或賣出股票。市價買進代表投資人不惜代價要買進該支股票，所以在此情況下，成交價格則依下單當時股價走勢來決定。由於臺灣證券交易所有股票每日漲跌幅7%的限制，因此市價委託買

**● 市價委託
（Market Order）**

投資人以即時的市價委託買賣股票。

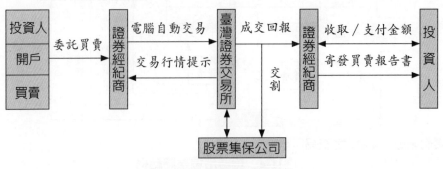

圖11-5　股票交易流程

進股票最高價，僅以當日的漲停價格爲上限，而市價委託賣出股票最低價，也只是以當日的跌停價格爲下限。

限價委託即投資人委託證券商以投資人預設的價格買進或賣出股票。例如：以每股70元買進台積電股票2,000股（2張）（每股70元買進台積電），代表投資人願意最高以70元或70元以下買進。如果市場上台積電當時的成交價格皆高於70元，則該筆委託無法成交。若投資人以70元限價賣出台積電股票，則只能在限價或限價以上價位才能成交，目前委託買賣方式一律爲限價委託。

> 🔷 **限價委託（Limited Order）**
>
> 投資人以約定的價格委託買賣股票。

■交易時間和交易單位

證券交易所爲規範交易秩序，訂有證交所開市交易時間。臺灣證券交易所股票的交易時間，爲星期一至星期五上午9時至下午1時30分。臺灣證券交易所有保證履約的責任，也就是保證在該所買進股票的投資人，可以領到股票（集中保管），賣出股票的投資人，可以領到股款。其股票交割程序採T+2的方式，也就是在成交日之後的二個工作天，完成股票和股款的交割程序。臺灣股票交易以張爲單位，一張即爲1,000股，但是股價交易行情卻是以每元／股爲單位。例如：台積電交易行情爲70.00元／股，則買進一張台積電的股價爲70,000元（70元／股×1,000股／張）（不含交易手續費）。由於上市（上櫃）企業有時發放股票股利給股東，若未達1,000股則股票無法以張爲成交單位，這些股票若要買賣，即爲零股買賣，零股買賣須在正常交易時間後，以當日收盤價格的99.5%爲交易價。例如：台積電的當日收盤價格爲70元／股，則出售300股台積電零股的股款爲20,895元（70元／股×300股×0.995）（不含買賣手續費和證券交易稅）。

■手續費與稅捐

投資人透過證券經紀商買賣股票，須支付委託買賣手續費，而出售股票時，又必須支付證券交易稅和證券交易所得稅，這些交

易成本皆按照交易金額課徵，各項交易成本課徵百分比如表11-5所示。例如：投資人以每股70元買入台積電1,000股，而後以每股80元賣出，則需支付的交易成本達454元〔（70×1,000×0.001425）＋（80×1,000×0.001425）＋（80×1,000×0.003）〕，所以投資人沒有必要的話，不宜經常性的買賣持股，以免支付太多的交易成本，因為提高證券投資報酬率最好的方法，就是降低證券交易成本。而部分證券商對於採取網路下單委託，或是證券成交金額大的客戶，有給予手續費的優惠措施。

■交易結果申報和股票保管

　　證券經紀商對於投資人委託買賣證券的成交交易結果，應填具「買賣報告書」，詳載投資人帳號、股票成交日期、成交股票名稱、成交股價、成交股數、手續費、證券交易稅和淨收（淨付）金額等項目，按月寄發給投資人（委託人）作為對帳參考。

　　由於股票為有價證券，許多不法之徒便想要透過變造、偽造或盜賣方式，將造假之股票出售給無辜的投資人，從中謀取不法利益。另一方面，投資人若想自行保管股票，又必須擔心失竊或火損的問題，為免除以上困擾，同時加速股票買賣交割的方便性，最好的方式為投資人應開立「證券集中保管帳簿劃撥帳戶」，透過臺灣證券集中保管公司負責保管所持有之股票，投資人只須憑「證券存摺」之登錄紀錄，便可一目了然自己最新持有股票的名稱和數量。

表11-5　股票買賣交易成本

項目	費率（稅率）	備註
手續費	0.1425%	買賣股票時皆需支付，從價徵收（網路下單手續費可減免）
證交稅	0.3000%	出售股票時需支付，從價徵收
證所稅	-	停徵

資料來源：金管會。

■股票市場交易行情報導和漲跌幅度限制

　　在前面的章節中，我們曾說明股市為一國經濟發展之櫥窗，更是一國經濟發展之領先指標，這些說明的具體象徵，便是股價指數的變動。各國證券交易所皆有其著名的代表性股價指數，如表11-6所示。例如：臺灣證券交易所的代表指數「加權平均股價指數」，在2019年4月9日的收盤指數為10,868.14點，比前一交易日上漲16.54點，漲幅為0.15%。

　　一般新聞媒體在報導各證交所收盤股價指數，總是以大漲（大跌）幾點為聳動的標題，其實這都不是正確的報導方式。正確的報導方式應以漲跌幅的百分比為報導重心，才不會誤導投資人，投資人在閱讀財經數據時，這些小細節不可不察。

　　金管會為保護投資人免受市場有心人士炒作股價的影響，對於每天股票漲跌幅度加以限制。在次級市場中，每支股票單日最高漲幅為10.0%，以紅色實心向上三角形▲表示，而單日最高跌幅亦為

表11-6　各國主要股市主要股價指數行情

證券交易所	指數名稱	開盤價	最高價	最低價	收盤價	漲跌	漲跌幅
臺灣證券交易所	加權平均股價指數	10,839.93	10,875.65	10,815.61	10,868.14	16.54	0.15%
店頭市場	櫃買指數	142.79	143.14	142.57	142.81	0.02	0.01%
東京證券交易所	日經225指數	21,579.68	21,687.57	21,571.67	21,687.57	107.89	0.53%
香港證券交易所	香港恆生指數	30,052.27	30,139.61	29,892.62	30,119.56	-37.93	-0.13%
倫敦證券交易所	英國FTSE100指數	7425.57	7441.36	7409.39	7421.91	-3.66	-0.05%
紐約證券交易所	道瓊指數	26,243.54	26,246.34	26,103.14	26,150.58	-190.44	-0.72%
	S&P 500指數	2881.37	2889.71	2889.71	2888.21	10.01	0.35%
美國OTC市場	NASDAQ綜合指數	7,924.77	7,945.55	7,897.61	7,909.28	-44.6	-0.56%

資料來源：金管會，2019. 04. 09。

10.0%，以黑色實心向下三角形▼表示。例如：大大公司股票在4月17日收盤價格為100元／股，則下一個交易日大大公司股票的最高成交價格為110元／股，最低成交價格為90元／股。而初級市場中新上市股票之前5個交易日內，沒有漲跌幅的限制。表11-7為臺灣證券交易所在2019年4月9日的交易行情報導，例如：收盤指數為10,868.14，比前一個交易日上漲16.54點，漲幅為0.15%，總成交金額為1,287億元。

表11-7 臺灣證券交易所交易行情（部分）

108年4月9日大盤統計資訊				
指數	收盤指數	漲跌（+/-）	漲跌點數	漲跌百分比（%）
寶島股價指數	12,459.58	+	17.46	0.14
發行量加權股價指數	10,868.14	+	16.54	0.15
臺灣公司治理100指數	6,122.48	+	4.28	0.07
臺灣50指數	8,151.49	+	3.21	0.04
成交統計	成交金額（元）	成交股數（股）	成交筆數	
1.一般股票	120,434,199,075	2,396,713,862	997,325	
2.臺灣存託憑證	12,090,442	3,316,100	490	
3.受益憑證	0	0	0	
4.ETF	8,256,775,794	454,504,059	55,213	
5.受益證券	7,670,630	665,400	151	
6.變更交易股票	172,916,710	23,783,225	4,116	
7.認購（售）權證	2,583,490,040	1,774,229,000	68,409	
8.轉換公司債	0	0	0	
9.附認股權特別股	0	0	0	
10.附認股權公司債	0	0	0	
11.認股權憑證	0	0	0	
12.公司債	0	0	0	
證券合計（1+6）	120,607,115,785	2,420,497,087	1,001,441	
總計（1~12）	131,467,142,691	4,653,211,646	1,125,704	

表11-7 臺灣證券交易所交易行情（續）

漲跌證券數合計				
類型	整體市場	股票		
上漲（漲停）	3,106(7)	411(7)		
下跌（跌停）	3,843(33)	394(3)		
持平	606	119		
未成交	6,205	4		
無比價	1,020	2		

備註：

漲跌價差「為當日收盤價與前一日收盤價比較」。

無比價「含前一日無收盤價、當日除權、除息、新上市、恢復交易者」。

外幣成交值係以本公司當日下午3時30分公告匯率換算後加入成交金額。公告匯率請參考本公司首頁 > 交易資訊 > 雙幣ETF專區 > 代號對應及每日公告匯率。

資料來源：臺灣證券交易所。

11.2.2 信用交易

　　股票市場有賴健全的交易制度和完善的法律規範，來保護投資人的權益，為了促進交易資訊的流通和擴大交易金額，除了允許投資人用現金買賣股票之外，還允許投資人藉由證券金融公司的協助，在股票市場進行信用交易，此種交易和投資人運用部分資產為抵押品，向銀行辦理信用貸款類似，只不過在股票市場指的是投資人以股票、現金或其他資產為抵押品，向證券金融公司借入現金款項買入股票，稱為融資買入，或借入股票同時賣出該股票，稱為融券賣出。

🔵 **信用交易（Trading On Credit）**

投資人透過證券金融公司協助下，融資買入股票或融券賣出股票。

▌融資買入

　　投資人如果認為在某些主客觀因素分析下，或某些內線消息告知下，某公司股票股價在未來一段時間內將大幅上漲，投資人此時可以用本身自有資金大量買入該公司股票，等待將來獲利的契機。如果投資人無足夠的自有資金可以大量買入該股票時，可以向證券

🔵 **融資買入（Margin Trading）**

投資人以借款方式買入金融商品。

金融公司借款買入預期股價上漲的股票，但是買入之股票須留置於證券金融公司作為抵押擔保品，將來股價上漲，投資人將該融資股票賣出時，所得金額將貸款還清，同時繳納貸款利息，獲利出場。如果該股票不漲反跌時，當股價下跌到一定程度，證券公司為維持自身權益，避免虧損持續擴大，則將投資人融資買入之股票以市價賣出，稱為「斷頭」，同時向投資人求償股票買賣價差之損失金額和貸款利息。

■融券賣出

**融券賣出
（Short
Selling）**

投資人以借入證券方式，賣出金融商品。

投資人如果認為某公司股票在未來一段時間內，股價可能受到不利因素影響而大幅下跌，則可透過證券金融公司借入該股票，即時賣出，而賣出金額則留置於證券金融公司作為擔保品。將來該融券賣出股票真的下跌時，投資人再以低價買入該股票還給證券金融公司，同時繳清融券手續費，賺取股票買賣價差。如果該融券賣出之股票在一段時間內不跌反漲，當股價上漲至一定程度時，證券公司為避免投資人虧損持續擴大，影響自身權益，則將融券賣出之股票以市價買回，同時向投資人求償股票買賣之損失。

由於融資或融券屬於信用交易的方式，再加上股票市場在每一個工作日皆有開市，而融資或融券的股票，其價格每日皆有漲跌，為了保護證券金融公司的權益，同時避免投資人投資虧損持續擴大，融資或融券時，證券金融公司皆會向投資人要求維持一定金額之保證金維持率，作為財力之保證，當保證金維持率不足時，則要求投資人補足保證金，以提升維持率。如果維持率不足，投資人又無法在要求時間內補足保證金差額時，則證券金融公司會將融資買入之股票賣出，或融券賣出之股票買回，同時向投資人追繳股票價差損失金額，投資人在從事股票信用交易時不可不察，畢竟股票市場融資或融券之投機行為，就像一把雙面刃，可能傷人又害了自己。

11.3 債券市場
（Bond Market）

　　當投資人買進某公司股票時即成為公司的股東，可能享有股票買賣價差的資本利得或是發放股利的股利所得，但是當投資人買入某公司公司債時，即成為公司的債權人，享有定期之利息收入（每半年付息一次）和公司債到期時之本金贖回。由於公司債為公司透過證券商的協助，向投資人借貸資金，為保護投資人權益，按現行法律規定，只有股票上市（上櫃）公司才能發行公司債向投資人募集資金，一般公司債之發行規定如表11-8所示，實收資本額達2億元之股票公開發行公司，才可發行公司債。

表11-8　公司發行公司債相關規定

資本額規定		資本額達2億元之公開發行公司
發行金額	有擔保公司債	不得逾公司淨值減去無形資產後之餘額
	無擔保公司債	不得逾公司淨值減去無形資產後餘額二分之一
禁止條款	有擔保公司債	最近3年或開業不及3年之開業年度課稅後之平均淨利，未達原定發行公司債應負擔年息總額之100%者，但經銀行保證發行之公司債不受限制
	無擔保公司債	最近3年或開業不及3年之開業年度課稅後之平均淨利，未達原定發行公司債應負擔年息總額之150%者，應先委託經本會認可之信用評等機構對擬發行之公司債進行評等，並出具信用評等報告

資料來源：金管會。

■公司債交易

　　公司債為私人公司所發行，為替代公司向銀行申辦中長期貸款的工具。而政府公債為政府所發行，由政府債信做擔保，定期還本付息之金融工具，透過政府公債之發行，政府可為各項重大建設，例如：高速公路或港口建設，募集建設基金。

　　公司債和政府公債的主要交易市場以店頭市場為大宗，占市場九成以上的成交量，只有少部分可轉換公司債是在集中市場交易。

投資人想要購買公司債或政府公債時，其交易流程和股票交易流程類似，須委託證券經紀商下單，而小額投資人的每筆最低投資單位為10萬元，最高以5,000萬元為限。公司債和政府公債的交割仍以T+2日為基準。表11-9為公司債之交易行情，例如：代碼B64484的P04鴻海3D，其殖利率為0.7650%。從表中可看出，各公司債之交易不頻繁，但是其交易金額卻很龐大，適合擁有龐大資金的法人投資機構。例如：人壽保險公司或共同基金的投資，不適合一般投資人的單筆投資，例如：買賣斷方式。投資人想要投資公司債或政府公債，以透過投資信託公司所成立的固定收益基金，或公司債基金的間接投資方式為最佳，因為只要以每月3,000元的定期定額投資方式即可。

圖11-6為店頭市場公司債和政府公債的交易行情，主要以公司債的買賣斷交易和附條件交易為大宗。

■ 附條件交易

公司債和政府公債最常見的投資買賣方式，為附條件交易方式下的附買回交易或附賣回交易。

債券之附買回交易，指的是投資人短期內有大筆閒置資金，想要賺取比一般定期存款較高的利息收入時，透過票券公司的安排，買入特定之公司債或政府公債，並在約定日期內，由票券公司以一定價格（本金+利息），向該投資人買回該公司債或政府公債，投資人從中賺取這段交易期間內，由市場利率變動所造成的公司債價差變動利潤。

債券之附賣回交易指的是持有公司債或政府公債的投資人有短期資金需求時，將手中持有之債券以附條件方式賣給票券公司，並在約定日期內，票券公司以一定之價格將該批債券賣回給投資人。一般債券附條件交易的持有期間皆屬短期，如表11-10所示。而從事公司債和政府公債之相關交易成本，如表11-11所示。

**🔹 買賣斷方式
（Outrights）**

投資人以單筆資金買入或賣出公司債或政府公債。

**🔹 附買回交易
（Repurchase Agreement, RP）**

票券公司出售債券給投資人時，約定將來以一定金額買回該債券。

**🔹 附賣回交易
（Reverse Sell Agreement, RS）**

投資人將債券出售給票券公司，約定將來以一定金額買回該債券。

表11-9　公司債交易行情

債券		存續期間	剩餘年限	殖利率相對應百元價（元）			殖利率（%）			總成交值（元）	總成交面額（億）
代號	名稱			最低	最高	平均	最高	最低	平均		
4484	P04鴻海3D	1.20	1.23	100.7580	100.7580	100.7580	0.7650	0.7650	0.7650	50,379,014	0.500
4498	P04鴻海5C	0.66	0.66	100.2717	100.2717	100.2717	0.6750	0.6750	0.6750	200,543,332	2.000
3UY	01台電3A	0.37	0.37	100.3068	100.3071	100.3070	0.5550	0.5540	0.5545	601,841,736	6.000
3VX	P03台電4B	0.53	0.54	100.4588	100.4615	100.4602	0.5600	0.5550	0.5575	200,920,388	2.000
7831	01富邦金1B	0.37	0.37	100.3282	100.3301	100.3292	0.5500	0.5450	0.5475	200,658,348	2.000
Total										1,254,342,818	12.500

來源：櫃檯買賣中心，2019.04.01。

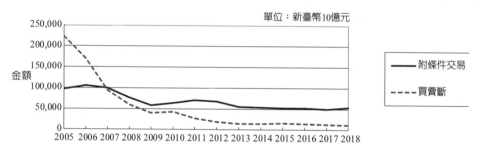

資料來源：中央銀行。

債券交易有買賣斷和附條件交易二種，但是市場上仍以短期的附條件交易為主。

圖11-6　債券交易金額

表11-10　債券附條件交易持有時間

債券種類	持有時間
公債（RP/RS）	7天～ 30天
普通公司債（RP/RS）	180天～360天
可轉換公司債（RP/RS）	180天～360天

資料來源：台富證券。

表11-11　債券交易成本

金融工具名稱	交易稅	利息所得稅	手續費
公債附買回交易	無	個人、法人皆須負擔前手稅10%，個人不須併入綜所稅，法人不須併入營所稅。	無
公司債附買回交易	通常由證券商負擔	個人、法人皆須負擔前手稅10%，個人不須併入綜所稅，法人須併入營所稅。	無
公債買賣斷	無	持有者須負擔前手稅10%與利息所得稅，個人依兌領之利息有27萬元免稅額度。	無
公司債買賣斷	無	個人、法人皆須負擔前手稅10%，個人不須併入綜所稅，法人須併入營所稅。	無

資料來源：金管會。

11.4　貨幣市場
（Money Market）

資本市場
（Capital Market）

提供企業發行長期資金工具，例如：股票或公司債、政府公債的市場。

貨幣市場
（Money Market）

提供企業發行短期金融工具，募集短期週轉資金的市場。

　　在前面章節中所提到的股票市場和債券市場（公司債和政府公債），係長期的投資工具，也是資本市場中金融商品的一種。貨幣市場則提供企業或政府機關發行商業本票、銀行承兌匯票、銀行可轉讓定期存單或國庫券，向投資人募集短期資金工具的市場。投資人投資票券市場金融工具商品的主要目的，在於為短期之閒置資金賺取比短期銀行30天或180天期定存還高的利息收入。貨幣市場並沒有集中市場或店頭市場之存在，而是由投資人和各票券金融公司，依照雙方買賣合約方式進行買賣，最低交易金額也視各票券公司規定而異。如表11-12所示，約只需10萬元即可承作。

　　而貨幣市場交易方式和債券市場交易方式一樣，包括買賣斷方式和附條件交易方式，其報價方式則以利率為主，如表11-13所示。

表11-12　各票券金融公司承作貨幣市場金融工具相關規定

票券金融公司名稱	最低承作金額	最長承作天數
兆豐票券金融公司	10萬元，可視投資人資金金額多寡而定	365天
臺灣票券金融公司	10萬元，可視投資人資金金額多寡而定	365天
合作金庫票券金融公司	10萬元，可視投資人資金金額多寡而定	365天

資料來源：各票券金融公司，2019。

表11-13　貨幣市場交易行情

單位：%

天期	初級市場		初級市場				買賣斷		
	商業本票	銀行承兌匯票	票券		債券		期次	買斷	賣斷
			買進	賣出	附買回	附賣出			
10	1.08	0.75	0.95	0.53	0.35	0.85	A07107	0.90	0.60
20	1.08	0.75	0.95	0.55	0.35	0.85	A07105	1.00	0.70
30	1.08	0.80	0.96	0.58	0.35	0.85	A07111	0.90	0.60
60	1.13	0.85	1.00	0.63	0.35	0.85	A07109	1.00	0.70
90	1.18	0.85	1.05	0.70	0.45	0.95	A08101	0.90	0.60
120	1.28	0.92	1.10	0.72	0.45	0.95	A08103	1.00	0.70
150	1.38	0.92	1.14	0.76	0.45	0.95			
180	1.43	1.02	1.20	0.83	0.45	0.95			
365	1.63	1.02	1.26	0.90	0.50	1.15			

資料來源：臺灣票券金融公司，2019.04.10。

11.5　共同基金市場
（Mutual Fund Market）

　　在前面章節中所提到的投資金融工具，例如：股票、公司債和政府公債、國庫券和商業本票等，皆適合個別投資人運用自己的時間和精力，配合自己的資金額度，以及對報酬和風險的忍受程度來投資，但是對於有錢沒閒或是對風險忍受程度非常小的投資人，一種能降低風險，而且由專業人士負責代為操作投資的金融工具，便應運而生。共同基金為證券投資信託公司為專門的投資目的，公開向大眾募集資金而成立的共同基金運作組織，如圖11-7所示。

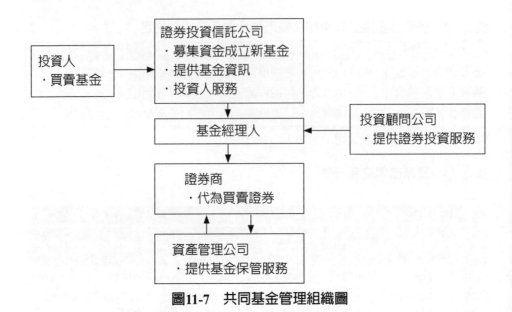

圖11-7　共同基金管理組織圖

　　投資人透過商業銀行的間接銷售管道或證券投資信託公司的直接銷售管道，買入以淨值為計價單位的共同基金，證券投資信託公司將投資人的資金委由專業經理人，依照投資目的，同時參考投資顧問公司的各項研究報告，透過證券商的委託管道進行選股操作。另一方面為了確保投資人資金的安全，共同基金資產和股票的保管，委由第三者金融機構（例如：商業銀行）來負責保管，避免投資人資金被基金經理人掏空或侵占。

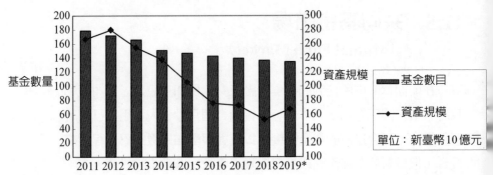

*2019.02.28

資料來源：金管會。

2019年2月時，國內募集投資國內證券市場股票型、開放型基金有135支，資產規模達新臺幣1,680億元以上。

圖11-8　國內募集投資國內證券市場股票型、開放型基金統計

11.5.1 共同基金依投資目標區分

共同基金依照投資獲利目標和承擔風險大小，可區分為以下幾種，如表11-14所示。

在表11-14中，風險等級最高的共同基金為積極成長型的共同基金，除了運用投資人的資金投資之用，尚且透過金融體系借貸資金，或是融資／融券方式進行股票，或其他金融商品的投資操作，另一方面，又透過期貨或選擇權市場進行避險或投機的行為。而投資人投資該共同基金的獲利來源，為買賣共同基金的價差收入。而在表11-14中，風險等級最低的共同基金，為將資金投資於貨幣市場金融商品，例如：國庫券或商業本票的貨幣市場基金，投資人投資該基金的收入來源，為比一般銀行定期存款較高的利息收入。

表11-14　共同基金依投資獲利目標區分

名　稱	投資獲利目標說明	報酬來源	風險等級	
積極成長型	透過銀行借貸方式，買賣各類金融商品，形成投資組合，同時透過期貨市場進行避險和投機，以追求資本成長為目標	資本利得成長，共同基金買賣價差	PR5	高
成長型	以長期投資，資本成長為目標，以有股價成長潛力的股票為投資標的。	資本利得成長，共同基金買賣價差	PR5	高
成長收益型	以追求資本成長和股利收益為目標	資本利得成長和定期收益分配	PR4	中高
平衡型	投資股票和債券金融商品，以穩定獲利為目標、以投資公司債為目標	定期收益分配	PR3	中
固定收益型	以穩定的債券利息收入為目標	定期收益分配	PR2	中低
政府公債型	以投資免稅的政府公債為目標，在低風險下，求穩定的利息收入	免稅的定期收益分配	PR2	中低
貨幣市場型	以投資短期的貨幣市場金融商品為標的	比銀行定期存款較高的利息收入	PR1	低

11.5.2　共同基金依註冊地區分

　　臺灣的證券投資信託公司成立各式各樣的共同基金，來募集投資人的資金，而後依照投資目標，將這些資金投資在國內外金融市場的金融商品上，這些在國內金融主管機關註冊並核准成立的基金，一般稱為國內共同基金，如表11-15所示。例如：元大證券投資信託公司所推出的多福基金，其投資標的以在臺灣地區投資的股票為主，基金規模為新臺幣20.82億元。

海外基金／境外基金（Offshore Mutual Funds）

在國外註冊，卻透過銀行管道在臺灣銷售的共同基金。

　　另一方面，也有國外的投資信託公司經過政府主管機關核准，透過國內銀行體系銷售在國外註冊，投資國外金融市場的共同基金，稱為海外基金或境外基金，這些海外基金大多以外幣計價（例如：美元、歐元或日圓）。海外基金提供投資人最簡單且省時省力的方式，投資國外金融市場的各類金融工具。在表11-16中，富達投信公司的歐盟50TM基金，為在盧森堡註冊、以投資歐洲地區指數型股票，同時以歐元計價的共同基金。

　　共同基金雖然提供投資人簡單省時的投資管道，投資人可依自己對風險承擔的程度，選擇不同投資標的屬性和不同風險的共同基金，但是共同基金的交易成本卻比其他投資工具高，如表11-17所示。

表11-15　國內共同基金概況（部分）

投信公司名稱	基金名稱	基金類型	投資地區	基金規模（新臺幣億元）*
元大投信	多福基金	國內股票開放型	臺灣	20.82
	元大日經225基金	跨國投資指數型	日本	1.06
群益投信	群益馬拉松基金	國內股票開放型	臺灣	70.83
	全球新興收益債券基金A累積型	海外債券型	全球	3.23
聯邦投信	貨幣市場基金	國內貨幣市場型	臺灣	160.36
	精選科技基金	國內股票開放型	臺灣	1.67

*2019.02.28

資料來源：基智網，2019.02.28。

表11-16　海外共同基金概況（部分）

投信公司	基金名稱	基金類型	投資地區	基金註冊地	計價幣別	基金規模*
富達投信	富達國際基金	全球股票型	全球	盧森堡	歐元	1,890.59百萬歐元
	富達歐盟50TM基金	區域指數型股票	歐元區國家	盧森堡	歐元	188.47百萬歐元
富蘭克林	富蘭克林高成長基金A	單一國家型	美國	美國	美元	19,516.00百萬美元
	富蘭克林黃金基金美元A	全球貴金屬型	全球	美國	美元	819.00百萬美元

*2019.02.28
資料來源：基智網，2019.02.28。

表11-17　共同基金交易成本

項　目	費　率		備　註
基金管理費	1～2%		視基金資產規模按年收取
申購手續費	國內基金	1～2%	每次申購收取
	海外基金	2～3%	
銀行信託保管費	0.2%或最低金額100～500元		每年收取
贖回折價	1～2%		基金贖回時，按淨值折價
經理人操作績效紅利	10%～20%		當共同基金操作績效超過預訂標準時，超過之報酬按百分比收取

資料來源：投信投顧公會。

11.6　生命週期的證券投資
（Life Cycle Security Investment）

　　在本章中，我們曾討論過各種證券市場的投資金融工具，例如：股票、公司債、國庫券和共同基金，這些都是生涯理財規劃的投資工具之一，如何選擇正確的投資工具卻是困難的抉擇，要解決這個問題，必須依照個人的生涯收入變化，以及對現金需求的生命

週期來選擇正確的投資工具，如圖11-9所示。

在圖11-9中，可看出在不同年齡層的架構下，依照對風險承擔程度高低和對現金需求程度大小的考慮，所設計出來的生命週期證券投資標的。例如：投資人在25～35歲階段正值青壯期，每月有正常的薪水收入，對風險承擔程度較高，因此在這個階段以累積財富為目標，其投資標的以風險高、但是報酬率也較高的股價成長型股票和積極成長型共同基金為主。

但是隨著年齡的增長、家庭成員的增加和各種不動產的購入，投資人對投資風險承擔程度逐漸減低，對現金需求的程度逐漸

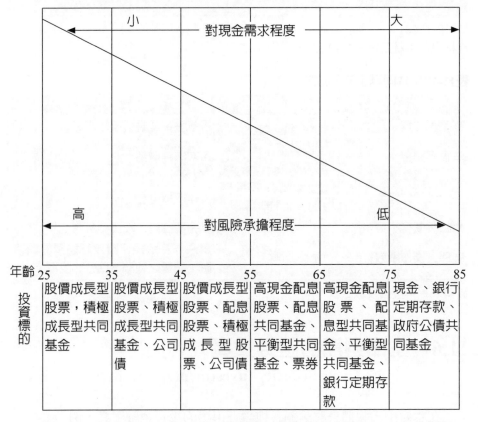

年齡 25	35	45	55	65	75	85
投資標的	股價成長型股票，積極成長型共同基金	股價成長型股票、積極成長型共同基金、公司債	股價成長型股票、配息股票、積極成長型股票、公司債	高現金配息股票、配息共同基金、平衡型共同基金、票券	高現金配息股票、配息型共同基金、平衡型共同基金、銀行定期存款	現金、銀行定期存款、政府公債共同基金

投資標的須依照投資人年齡、收入和對風險承擔程度，選擇不同投資目標的金融工具。

圖11-9　生命週期證券投資選擇

增加。例如：子女的定期教育經費支出、房地產的貸款支付壓力，此時投資人應將投資標的轉移至高現金配息的股票、定期收益的股票債券平衡型基金和公司債為主。到了人生退休階段（65～85歲），由於已經沒有定期的現金薪資收入，對投資風險承擔程度也達到最低的階段，此時就必須以保有現金資產為主要目的，投資標的只能以高現金配息股票、配息型共同基金、政府公債共同基金和銀行定期存款為主。

而投資人在衡量自己的投資資金額度多寡、自有時間運用性限制和自己對金融商品的理解程度高低，面對不同的金融商品，可分別採取直接和間接投資方法，如表11-18所示。例如：股票的最低投資單位為1,000股，如果是低價股的股票，例如：10～20元／股，則購買一張股票所需資金只有20,000～30,000元／張，而且買賣的交易成本（含稅）大約1%左右。而公司債和政府公債的直接投資，最低投資金額為1,000,000元，這麼高的投資門檻，不是一般投資人所能達到的，所以最好的投資方式為間接投資，也就是透過最低投資金額3,000元的債券型共同基金就可投資。

表11-18　證券直接投資和間接投資比較

證券名稱	最低買賣單位	投資方式	理　　由
股票	1,000股／張	直接投資	所需投資金額低，直接投資交易成本低。
公司債、政府公債	1,000,000元	間接投資：債券型共同基金	債券型共同基金3,000元就可投資，直接投資所需資金高。
商業本票、國庫券	100,000元	間接投資：貨幣市場共同基金	貨幣市場共同基金3,000元就可投資，直接投資所需資金高，交易行情資訊不足。
共同基金	單筆購買：10,000元 定期定額：3,000元	直接向投資信託公司購買或間接透過銀行管道購買	直接投資或間接投資皆可，不過交易成本比其他證券高。

11.7　摘要

　　證券市場依照證券交易的先後順序，可分爲初級市場和次級市場二種。初級市場又稱爲第一次市場，專供第一次掛牌上市上櫃或第一次公開發行證券交易的市場。次級市場爲提供第一次交易之後的證券交易市場。證券市場又依證券交易的成交金額多寡、企業資本額多寡，分爲集中市場和店頭市場。

　　股票市場爲提供企業發行股票募集資金的管道，也是投資人參與公司經營獲利的合法投資管道。一般投資人須透過證券商委託下單的方式才能買賣股票，投資人可以運用現金價款來投資買賣股票，也可以透過證券金融公司的管道，運用信用交易方式，融資買進股票或融券賣出股票。

　　債券市場爲提供投資人投資公司債或政府公債的交易市場，大部分債券皆在店頭市場以附條件交易方式買賣，由於債券市場每筆交易金額龐大，不適合個別投資人投資，但是可以透過投資債券型共同基金的方式進行間接投資。貨幣市場爲提供投資人投資短期貨幣的工具，例如：商業本票或國庫券的市場，爲投資人的短期閒置資金，賺取比定期存款較高的投資收益。

　　共同基金爲證券投資信託公司爲特定投資目的，向一般投資大眾募集成立的金融工具，而後依其投資目標，購買不同的金融工具，達到預期的投資目標。共同基金依照其註冊地的不同，可分爲國內基金和海外基金，共同基金雖然提供便利且分散投資風險的管道，但是交易成本偏高，卻是其最大缺點。投資可依照本身年齡、收入和風險承擔程度，以及配合生命週期，選擇不同投資目的的金融工具。

11.8　問答題

1. 證券市場依照證券交易順序先後，可分爲哪二種市場？
2. 股票市場按照企業資本額大小，可分爲哪二種市場？

3. 股票買賣最低單位為何？一天內股票最高／最低漲跌幅限制為多少？

4. 投資人透過證券經紀商買賣股票的價格委託方式，可分為哪幾種？

5. 股票信用交易之方式，可分為哪二種？

6. 債券市場買賣的金融工具有哪些？債券市場的次級市場交易大都在哪類市場交易（集中市場或店頭市場）？

7. 債券投資買賣最常見的方式為何？（買賣斷方式或附條件交易）

8. 貨幣市場的金融工具有哪些？

9. 何謂共同基金？共同基金依照註冊地區分，可分為哪二種？

10. 何謂生命週期投資法？

11. 共同基金的交易成本包括哪些？

12. 在證券市場中，有哪些證券商品適合直接投資？有哪些證券商品適合間接投資？

11.9　討論題

1. 透過臺灣證券交易所的網站（www.tse.com.tw）「市場公告」項目下，查詢即將上市／上櫃公司公告。

2. 透過臺灣證券交易所的「基本市況報導網站」（mis.tse.com.tw），查詢大盤交易資訊，包括當日指數漲跌幅、成交金額，和當日成交買賣量前十名的股票。

3. 透過櫃檯買賣中心（www.otc.org.tw），查詢上櫃交易資訊，包括當日指數漲跌幅、成交金額和當日成交買賣量前十名的股票。

4. 詢問周遭朋友或父母親，每次買賣股票的張數為幾張，總投資金額為多少？

5. 在櫃檯買賣中心（www.otc.org.tw）「債券發行資訊」項目下，

查詢公司債的交易資訊，列出最近前十日的公司債交易資訊。

6. 詢問周遭朋友或父母親，在哪些證券經紀商開戶買賣股票？在這些經紀商開戶交易的理由爲何？

7. 在基智網（www.funddj.com.tw）分別查詢各五支國內基金和海外基金的基本資料。

8. 詢問周遭朋友五位，是否有投資共同基金？是單筆購買或定期定額投資？總投資金額爲多少？

9. 詢問周遭朋友五位，其購買該共同基金的資訊來源爲何？爲何購買該基金？

Chapter 12
股票投資

理財觀

通貨膨脹壓力下，臺灣進入負利率時代
當國際期貨油價在2008年6月13日達到每桶137美元的歷史天價時，配合國際糧食缺乏的潛在危機，促成了臺灣2008年5月的消費者物價指數年增率達到4.27%的水準，而銀行的1年期定期存款利率只有0.85%時，無疑的宣告臺灣進入負利率的時代。根據一般的金融市場利率常識，市場名目利率等於市場實質利率（資金機會成本）和預期通貨膨脹率兩者加總之和。當預期通貨膨脹率大於市場名目利率時，無疑是代表錢存在銀行所得到的利息收入，根本無法抵擋通貨膨脹的壓力，此時現金存在銀行愈久，貨幣的實質購買力將愈低。

要抵抗通貨膨脹率不斷增高的最好方法，便是中央銀行調高重貼現率或銀行存款準備率，帶動市場名目利率的上揚，但是不斷萎縮的經濟活動所造成經濟衰退的危機，使得央行以促進經濟景氣復甦為要務。由於定期存款

呈現負利率的狀態，使得股票投資的報酬率遠高於定期存款的報酬率。

資料來源：

李娟萍，〈負利率時代定存與基金二比八〉，《聯合報》，2008.
05.28。

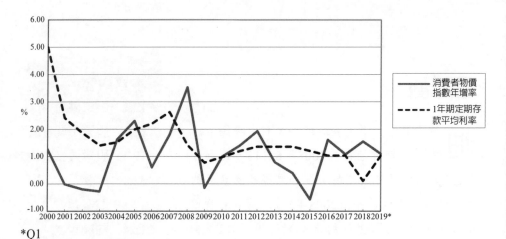

*Q1

資料來源：中央銀行。

在全球金融危機籠罩下，各國中央銀行紛紛調降資金利率，導致2009年1年期定期
存款利率下跌至歷史新低，而物價指數年增率在經濟蕭條威脅下也跟進下跌。在
2019年第1季時，分別為1.10%和1.035%。

消費者物價指數年增率和1年期定期存款平均利率

在第10章中，我們針對報酬與風險的相對關係做詳細的討
論，也針對降低投資風險的方法加以研究。而在第11章針對證券市
場中的各種金融商品，例如：股票、公司債、政府公債、商業本
票、國庫券和共同基金等特性，加以詳細研究。接下來的三章中，
我們將針對各種金融商品的投資方法加以討論，首先在本章將針對
股票投資下的股東權益、股票市場金融商品和股票投資價值分析加
以討論。

12.1　股東權益

（Stockholder's Rights and Liabilities）

　　當投資人買入上市／上櫃公司股票成為股東之後，除了期待所投資的公司每年能發放部分現金股利或股票股利之外，尚有許多權利和義務，投資人不可不知。股東所擁有的權利和義務，包括出席股東大會投票權、年度盈餘分配權和剩餘資產分配權。

12.1.1　出席股東大會投票權

　　身為股票上市／上櫃公司的股東，平常無法參與公司的經營，因為公司的所有權是成千上萬分散各地的股東所擁有，公司的經營權為股東委由董事會遴選經理人員擔任各項管理職務，負責擬定各項執行策略，推動各項日常經營事務，而其年度經營成果的具體展現便是年度財務報表，包括損益表、資產負債表、現金流量表和股東權益變動表。這些年度經營成果的最後確認，都必須透過年度股東大會的議程，由大多數出席的股東投票確認，除了在股東大會議決通過年度經營成果之外，還須通過年度的盈餘分配案，包括現金股利和股票股利金額之多寡或不分配盈餘案，這些都和股東本身的權益有切身關係。除了以上這些股東大會的例行議案之外，在股東大會上還會定期選出新的董監事，組成新的董事會，而後遴聘新的經理人團隊，這些人事案皆牽涉到公司未來的發展、股價的漲跌和公司經營權之爭，因此少數公司在股東大會召開之前，便有所謂透過收購委託書方式，代替一般股東出席股東大會，進行所謂委託書大戰的代理人戰爭。

　　由於一般公司自然人或法人股東，俗稱的市場派股東，以及掌握公司經營權的董事會人員，稱之為公司派股東，對於公司的發展策略和經營方向有不同的意見，為了自身的權益，雙方便會徵求不想親自出席股東大會的股東，透過出具委託書的方式，代為出席股東大會，表決股東大會提案。此時透過收購委託書方式，掌握出席

🔵 **委託書大戰**
（Proxy Fight）

股東不親自出席股東大會，而委由他人代為出席大會，議決相關股東大會議案。

股東50%的投票權，便成爲經營權爭奪戰的決定性籌碼，原本無價值的委託書，一時之間洛陽紙貴，成爲市場上最搶手的商品。

例如：在2008年3月時，擁有龐大土地資產和眾多轉投資公司的老牌上市公司大同，爲了即將來到的股東大會經營權之爭，大同公司經理人員（公司派）透過大同轉投資的另一家獲利情況不佳的股票上市公司中華映管，斥資17億元大量買進大同公司將近8萬張股票。另一方面市場派人士在林鎮弘（大同公司創辦人之庶子）領導下，大舉收購大同股票，意圖掌握20%的投票權控股市值達2,000億元的大同集團，公司派和市場派人士紛紛以1,000股委託書價值新臺幣250元的價格，展開大同公司委託書收購戰[1]。另一方面在委託書收購影響下，大同公司的股票成交量也開始放大，雙方直接在公開市場上收購大同公司股票，如圖12-1所示。在平常交易日，大同公司股票每日的成交量只有50,000張，但是在委託書收購期間，每日成交量放大到150,000張。股價也水漲船高，同步上揚。

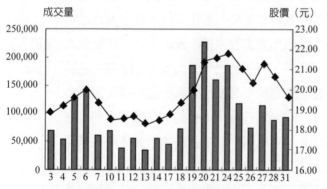

資料來源：臺灣證券交易所，2008.03。
大同公司在2008年3月中旬，宣布股東會委託書公開收購消息後，成交量放大到150,000張以上。

圖12-1　大同公司股價和成交量

由於上市／上櫃公司的股票每日在證券市場交易，都有不同股東出脫或買入該公司股票，成爲股東或從股東名冊中除名，爲了確

1　沈美幸、李淑惠，〈大同經營權爭戰，委託書每張喊價250元〉，《工商時報》，2008.04.10。

認股東出席名冊，金管會對於誰才是股東，有權出席股東大會有明確的規定，而這規定的基準就是停止過戶日。

現行證券法規規定，年度股東大會的舉行日前60日是停止過戶期間，臨時股東大會前30日是停止過戶期間，再加上股票買賣交割為T＋2日，所以必須在停止過戶日的前2個營業日買入股票，以便該公司造發股東名冊，同時寄發股東大會開會通知，才能參加該公司的股票大會。停止過戶日的舉例，如圖12-2所示。

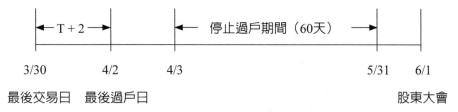

圖12-2 股東大會停止過戶日示意圖

例如：某公司預定6月1日召開年度股東大會，則4月3日至5月31日（60日）為停止過戶期間，往前推算最後過戶日為4月2日，則在T＋2的交割制度下，3月30日為最後交易日，也就是3月30日前（含）買入或持有股票的股東，才有權利參加股東大會，3月31日或之後日期買入股票的股東，因不在出席股東大會的名冊上，無權參加股東大會，或領取股東大會紀念品。

12.1.2 年度盈餘分配權

股東投資股票的主要收入來自潛在的股價上漲空間買賣價差資本利得，另外就是公司將年度盈餘以現金股利或股票股利的方式分配給股東，但是不保證每一家公司都會將盈餘分配給股東，而分配金額多寡、要以現金股利或是股票股利的方式分配給股東，則由董事會決議之後，留待年度股東大會做最後的決定。

對於許多退休人士而言，投資股票的現金股利收入，是其退休後主要的現金收入來源，因此許多退休人士偏愛配發高額現金股利的股票，例如：號稱台塑四寶的台塑化、台塑、南亞和台化，每年

　　　　每股皆配發高額的現金股利，如圖12-3(A)、(B)所示。

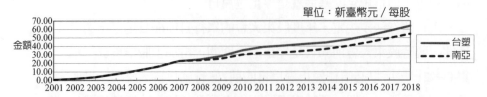

資料來源：金管會。
台塑和南亞18年累積現金股利，分別高達每股新臺幣64.00元和54.70元。

圖12-3(A)　台塑和南亞累積現金股利

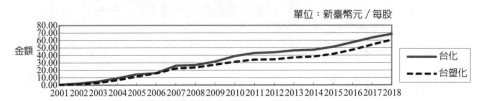

資料來源：金管會。
台塑化和台化18年累積現金股利，分別高達每股新臺幣68.40元和60.46元。

圖12-3(B)　台塑化和台化累積現金股利

　　　　但是公司所配發的現金股利，必須列入個人綜合所得稅「投資收入」的項目計算，許多高所得的人士，其個人綜合所得稅邊際稅率已達8%以上時，收到大量的現金股利，勢必增加其額外的個人所得稅負擔。為了節稅，有人喜愛投資股價有大幅漲跌價差的股票，因為資本利得稅（證券交易所得稅）停徵，再加上買賣手續費（0.1425%×2）和賣出證交稅0.3%，實際的交易成本只有0.585%而已，因此高所得人士可能偏愛低現金股利，但股價有「想像空間」的股票，例如：台積電。在圖12-4中，台積電的年平均股價變動極大，但是每年現金股利和股票股利大致只有8.0元／股而已。

　　　　股票上市／上櫃公司分配股利時，也面臨召開股東大會必須確認股東名冊的問題，為了確認股東能收到股利，所以公司經理人員會在股東大會確定股利金額之後，選擇某一日為發放股利的停止過戶日，配合T＋2的交割制度，停止過戶日往前推2日，就是除息日（除權日），在除權日／除息日當日或以後買進股票的股東，無法領取股利，除權日／除息日的示意如圖12-5所示。

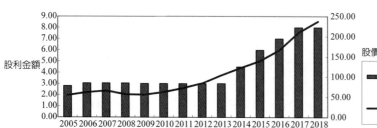

資料來源：玉山證券。

台積電年平均股價逐漸上漲，歷年每股股利金額也水漲船高。2018年時，年平均股價來到新高237.43元，每股股利達到8.00元的歷史高峰。

圖12-4　台積電年平均股價和股利金額

圖12-5　除權日和除息日示意圖

　　由於目前股價已包含了公司即將發放的股利金額，在除權日／除息日買進股票的股東無法分配股利金額，因此在除權日／除息日的開盤參考價格，為前一日之收盤價格扣除每股現金股利或股票股利之價格。例如：台化2007年的現金股利為7元／股，2008年8月2日的收盤價格為80元，則8月3日除息日的開盤價格為73元／股（80－7），如圖12-6所示。至於除息日後股價能否恢復到除息日前的價位，則有待市場變化的因素來決定。一般用來計算除權日／除息日的參考價格，公式如12-1所示。

現金股利除息日參考價格＝（除息日前一日收盤價格 － 每股現金股利金額）

股票股利除權日參考價格＝（除息日前一日收盤價格）÷（1＋配股率）

配股率＝每股股票股利金額÷每股面值10元

…………（公式12-1）

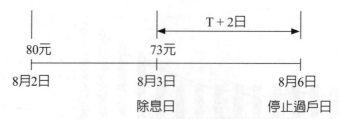

圖12-6 台化除息日參考價格

現金股利和股票股利除權日／除息日參考價格＝（除息日前一日收盤價格 － 每股現金股利金額）÷（1 ＋ 配股率）

有關除權日／除息日參考價格的計算範例，如表12-1所示。

表12-1 除權日／除息日參考價格計算範例

除權日／除息日前一日收盤價格	現金股利	股票股利	除權日／除息日參考價格	計算式
50	3	0	47	50 － 3
50	0	2	41.67	50 ÷〔1 ＋（2 ÷ 10）〕
50	3	2	39.17	（50 － 3）÷〔1 ＋（2 ÷ 10）〕

　　由於目前的股票價格已包含了預期發放之股利金額，而在除權日／除息日之參考價格已剔除了股利金額，許多希望達到節稅目的之高所得人士，乾脆在除權日／除息日的前一日賣出持股，只繳納證券交易稅，和賣出股票的手續費，而後在除權日／除息日當日以參考價格重新買入持股，這樣只須繳納大約0.6%的交易成本，遠低於個人綜合所得稅的邊際稅率。

12.1.3 剩餘資產分配權

　　股東為公司資本之所在，一旦公司經營不善，負債累累宣布倒閉結束營業時，股東所蒙受之財務損失僅限於其出資部分之股本，最低為零，債務人不會追償或查封股東個人之資產，作為償還負債之用，因為股票上市／上櫃公司的財務結構為「股份有限公司」，

有限之意義為股東對公司債務僅限於其出資部分。

　而上市／上櫃公司一旦經營不善倒閉，或是公司經理人員不謀正途，涉嫌掏空公司資產，導致投資股東損失時，投資人可透過「財團法人證券投資人及期貨交易人保護中心」的集體訟訴方式求償，求償之項目包括公司清算剩餘資產之分配和股價之損失。歷年來求償之統計，如表12-2所示。

表12-2　股票上市公司詐騙投資人求償集體訴訟彙編

序號	名稱	類型				一審請求金額（新臺幣千元）
		財報不實	公開說明書不實	操縱股價	內線交易	
1	正義		1			69,824
2	國產車	1		1		14,983
3	順大裕一			1	1	59,348
4	萬有				1	4,939
5	大中鋼	1				199,252
6	順大裕二	1	1			202,015
7	台鳳			1	1	231,434
8	新巨群	1	1	1		48,599
9	中櫃			1		385
10	立大	1				9,030
11	宏福			1		20,511
12	紐新	1				393,825
13	楊鐵南港	1				22,592
14	訊碟一				1	373,017
15	大穎一財	1		1		309,268
16	京元一		1			25,351
17	京元二		1			與京元一負連帶責任
18	大穎一內				1	15,328
19	東榮纖維				1	2,809
20	榮美			1		60,309
21	博達一		1			1,441
22	博達二	1	1			5,824,779
23	博達三	聲明異議起訴：確認債權				10,000

表12-2　股票上市公司詐騙投資人求償集體訴訟彙編（續）

24	久津	1	1			542,110
25	太電	1				7,870,375
26	訊碟二	1			1	2,677,309
27	皇統（財）	1				364,468
28	宏傳	1	1			126,956
29	宏達科	1		1		569,164
30	勁永—內線				1	3,657
31	協和國際	1	1			185,234
32	合機電纜			1		60,135
33	欣煜（原陞技）二	1	1			1,191,049
34	茂矽				1	35,701
35	銳普	1				323,030
36	華映				1	6,279
37	寶成建設				1	825
38	全坤興業				1	1,877
39	勁永——操縱			1		78,640
40	博達四	確認債權存在				80,000
41	展茂（團訴）	股東會決議不成立之訴				0
42	展茂（中心為股東身分提起）	股東會決議不成立之訴				0
43	友聯	就競業禁止案決議無效或撤銷股轉決議之訴				0
44	東森	確認股東會決議無效或撤銷股東會決議之訴				0
45	中華銀	1				907,014
46	友聯	1				85,950
47	嘉食化	1				114,220
48	力霸	1				129,592
49	洪氏英				1	479,473
50	大毅	撤銷股東會決議之訴				0
51	日馳			1		1,531
52	百徽	確認股東會決議無效及撤銷股東會決議之訴				0
53	南港			1		3,249

表12-2 股票上市公司詐騙投資人求償集體訴訟彙編（續）

54	鼎太	1				12,122
55	力霸（內線）				1	258,344
	合計	23	11	13	14	24,007,343

資料來源：財團法人證券投資人及期貨交易人保護中心。

12.2 股票市場金融商品
（Instruments of Stock Market）

　　股票市場金融商品，包括普通股股票、特別股股票和受益憑證（封閉型基金和臺灣存託憑證）。

12.2.1 普通股股票

　　普通股股票為股票市場交易最頻繁、成交量最大、成交金額最高的金融商品，最主要原因為企業不斷透過新聞媒體或報章雜誌，散播上市／上櫃公司的獲利情況，或是各種有利或不利公司營運的新聞。在不對稱資訊假設下，投資人對相同的市場資訊，因為個人看法或考慮因素不同，而有不同的資訊解讀落差，形成市場上看多或看空的投資人，在消息面聚集下，展開股票交易的現象。

　　例如：馬英九在2008年3月22日以壓倒性的選票贏得臺灣第十二屆總統大選，馬英九的政見主張臺灣和中國在同年7月要三通直航，股票市場上投資人認為，兩岸航空直航最大的受益者將是股票上市的中華航空和長榮航空，但是從3月24日開始，華航和長榮航的股票卻遭到投資人（法人）大幅拋售，形成股價不升反而下跌的現象，如圖12-7(A)、(B)所示。

　　普通股股票種類雖然非常多，但是依照其股價成長幅度和分配股利金額多寡，可分為績優股、成長股、收益股和景氣循環股。

普通股股票（Common Stock）

代表公司資本額之股票。

不對稱資訊假設（Asymmetric Information Hypothesis）

投資人之間存在著對相同資訊解讀的落差。

看多（Long Call）

認為股票將來會上漲。

看空（Short Put）

認為股票將來會下跌。

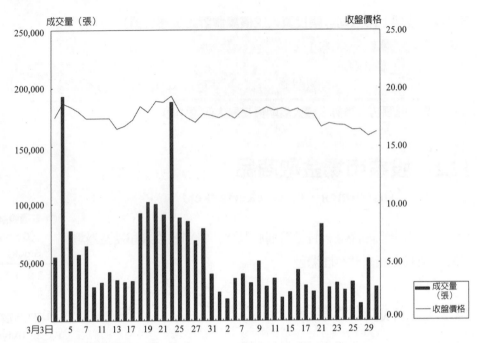

資料來源：玉山證券，2008. 03。

雖然臺灣和中國在2008年3月期間，即將開放直航的利多消息不斷發布，但是華航股價卻沒有上漲。

圖12-7(A)　華航股價和成交量

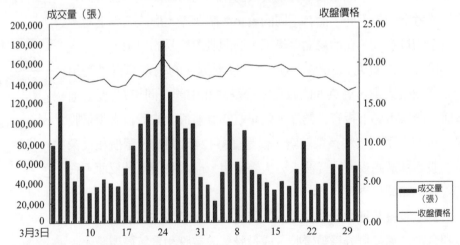

資料來源：玉山證券，2008. 03。

雖然臺灣和中國在2008年3月期間，即將開放直航的利多消息不斷發布，但是長榮航空股價卻沒有隨之上漲。

圖12-7(B)　長榮航空股價和成交量

■ 績優股

　　績優股為企業營運績效良好，而且每年皆將部分的盈餘配發現金股利或股票股利的公司，再加上這些公司的商譽和品牌，在國際和國內金融市場專業分析師與一般投資人中享有盛名，這些績優股公司的一舉一動或新聞事件，都影響股票市場股價指數的變動，而且這些績優股的資本額皆達到新臺幣300億元以上。績優股的代表性股票為「臺灣50」中的50種成分股票，如表12-3所示。例如：台積電、中鋼和台塑等，皆是國際著名的股票上市公司。

◐ **績優股**
（Blue Chip
Stocks）

由資本額達到300
億元公司所發行的
股票。

表12-3　臺灣50指數成分持股

股票名稱	持股比例%	股票名稱	持股比例%	股票名稱	持股比例%
台泥	1.21	仁寶	1.09	元大金	1.26
亞泥	0.82	矽品	0.92	兆豐金	1.87
統一	2.16	台積電	18.78	永豐金	0.83
台塑	4.60	聯強	0.90	中信金	1.84
南亞	4.09	宏碁	0.68	第一金	0.96
台化	3.11	鴻準	1.07	統一超	1.17
遠東新	1.14	華碩	1.90	大立光	0.57
台肥	0.48	廣達	1.87	台灣大	1.60
中鋼	2.73	友達	0.67	緯創	0.61
正新	1.42	中華電	3.11	群創	0.54
裕隆	0.58	聯發科	2.92	TPK-KY	0.73
和泰車	0.76	可成	0.94	F-晨星	1.01
光寶科	0.79	宏達電	2.16	遠傳	1.09
聯電	1.47	彰銀	0.58	合庫金	0.79
台達電	2.15	華南金	0.94	台塑化	1.51
日月光	1.43	富邦金	1.92	開發金	0.97
鴻海	7.92	國泰金	2.09		

資料來源：臺灣證券交易所，2019.03.31。

成長股
（Growth
Stocks）

配發低股利，但是追求股價快速成長，而且企業營運業績有快速成長的股票。

成長股

　　成長股為企業銷售業績逐年成長，而且保有一定程度的產品競爭力，能夠在該產業中獨領風騷，逐年取得市場占有率領先的地位，這些股票的特徵為公司雖然每股盈餘金額極高，但是卻配發低股利金額，以追求股票價格的逐年成長。成長股的典型代表為製造智慧型手機鏡頭的大立光，如圖12-8所示。大立光在2018年，每股盈餘皆達到180.05元以上，每年股利金額（現金股利和股票股利）卻只有70元，但是其股價卻維持在3,000元的價位。

收益股
（Income
Stocks）

產業發展已成熟，股價沒有多大變化，但是卻配發固定股利金額的股票。

收益股

　　收益股為該公司所處的產業環境已經趨近於飽和，每個月有固定的營業收入，但是股價卻處在穩定的狀態沒有多大的變化，投資收益股的收入來源為每年固定金額的股利收入。收益股的代表為電信業的中華電信和零售業的統一超商。在圖12-9中，中華電信取得臺灣國內固網電信業務90%的市場，同時也占有行動電話40%的市場，其股價沒有多大變化，而每年的股利金額也都維持在4.50元左右。

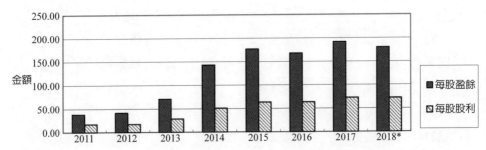

*預估股利
資料來源：玉山證券。
大立光在每股盈餘金額不斷攀升情況下，每股股利金額卻持平發展。2018年時，每股盈餘達180.05元，每股股利約為70元。

圖12-8　大立光歷年每股盈餘和每股股利金額

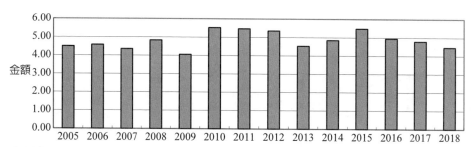

資料來源：玉山證券。

中華電信在寡占臺灣行動電話和固網業務情況下，每年皆發放高額股利，平均每年現金股利高達4.50元以上。

圖12-9　中華電信歷年每股股利金額

景氣循環股

　　景氣循環股為跟隨著經濟景氣循環變動，而其營收和股價也跟著變動的股票。這類股票在經濟景氣處於繁榮期時，由於消費者對該公司產品需求增加，公司營業收入同步成長，股價跟著大漲，但是當經濟景氣步入衰退期時，消費者對該產品的需求減少，公司營業收入同步減少，股價也跟著大跌，這類股票通常都伴隨著每年不同股利金額的現象，例如：汽車類股。在圖12-10中，裕隆汽車的股價隨著臺灣經濟景氣變動而變動，而其每年股利金額也不固定。

🔘 **景氣循環股（Cyclical Stocks）**

股價和獲利隨著經濟景氣變動而變化的股票。

12.2.2　特別股股票

　　普通股股東所能領得的股利金額為不固定的，就算是企業有年度盈餘，但是要不要發放股利，還是要由董事會和經理人員做預先之決定。另一方面，公司債之投資人，每半年可領回固定金額的公司債利息收入，但是公司債的交易價格卻極少變動。為了解決普通股股利金額不固定的缺點，而公司債交易價格不易變動但又有固定利息收入的優點，便有特別股的產生。

　　特別股為每年所領的股利金額固定，或是每年有固定的股利發放比率（每股盈餘×固定的股利發放比率），但是又比普通股股東有優先分配企業盈餘的權利。

🔘 **特別股股票（Preferred Stock）**

每年有固定的股利金額或固定盈餘分配率的股票。

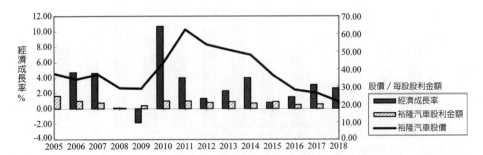

資料來源：玉山證券。

裕隆汽車股價和股利金額隨臺灣經濟成長率變動而變動，而且呈現正向之關係。例如：2018年臺灣經濟的反彈，經濟成長率達到2.31%，同時帶動裕隆汽車股利的上漲，為0.67元。

圖12-10　裕隆汽車股價，每股股利金額和臺灣經濟成長率

　　因為特別股每年可以領到固定金額的股利，沒有太多股價上漲的想像空間，所以一般股票市場上特別股的成交量都不高，不受投資人的青睞。表12-4為臺灣證券交易所上市的特別股名單，其中，中鋼特別股每年可領回固定金額的現金股利1.4元，同時可參與其他未分配盈餘之發放，特別股股東不能參與中鋼董監事之選舉。而圖12-11顯示中鋼特別股在2019年4月9日的成交量只有15張，遠低於同日中鋼普通股的成交量10,204張。

表12-4　特別股（部分）

股票代碼	名稱	股利金額發放條款	限制條款
2002A	中鋼特	現金股利1.40元，同時參與其他未分配盈餘之發放	特別股股東不能參與董監事選舉
2881B	富邦金乙特	特別股年率3.6%（七年期IRS 1.17%+2.43%），按每股發行價格計算。富邦金對於乙種特別股之股息分派，具自主裁量權	特別股股東不能參與董監事選舉
2882A	國泰金甲特	年率3.55%（七年期IRS利率1.1675%+2.3825%），按每股發行價格計算。國泰金對特別股之股息分派，具自主裁量權	特別股股東不能參與董監事選舉

資料來源：臺灣證券交易所，2019. 03. 31。

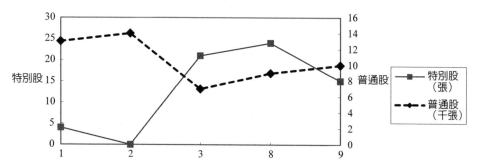

資料來源：臺灣證券交易所，2019.04。

中鋼特別股月成交股數在2019年4月9日時只有15張，但是同一時間普通股成交股數卻高達10千張。

圖12-11　中鋼普通股和中鋼特別股日成交股數

12.2.3　受益憑證

　　股票市場除了提供普通股和特別股的交易場所之外，還提供許多股票衍生性金融商品的交易場所。這些衍生性金融商品簡稱為受益憑證，包括封閉型基金、不動產證券化基金、指數股票型基金和臺灣存託憑證。

　　這些金融商品都是創新型的商品，例如：不動產證券化基金為改善一般投資人想要投資不動產，所面臨的投資金額龐大、投資風險太高等問題，所以便有投資信託公司將某不動產的商業價值，例如：租金收入或建築物基本價值，轉換為等值數量和面額之有價證券，然後將該證券在股票市場上市，提供投資人以買賣股票的方式（例如：以每千股為交易單位），參與不動產的投資。而投資人投資這些受益憑證的收入來源，除了像一般股票的股價上漲的資本利得之外，還包括受益憑證本身所產生的利潤收入，例如：不動產證券化基金每年固定配發的租金收入。

　　而近年來全球股票市場最熱門的金融創新商品，為指數股票型基金，以往指數型商品僅有在期貨市場和選擇權市場，以股價指數，例如：S&P 500指數期貨，或股價指數選擇權，例如：S&P 500指數選擇權，提供專業法人投資機構為其股票投資組合避險和

● **封閉型基金（Closed-End Funds）**

投資信託公司募集資金完畢之後，將該基金上市交易供投資人買賣，該基金淨值不等於其市價。

● **不動產證券化基金（Real Estate Investment Trusts, REITs）**

以不動產為投資標的，同時將該不動產分割成證券後上市之方式，由投資人投資買賣。

投機之用。但是這些高度財務槓桿和高風險的指數型商品，讓一般投資人望而卻步，為了改善此種現象，讓一般投資人也能參與此種商品之買賣，遂將指數型商品證券化轉型為股票商品，讓投資人也能以買賣股票方式，例如：以每千股為交易單位，參與指數型商品的投機或避險。表12-5為受益憑證之列表，例如：土銀國泰R1不動產基金的投資標的，為國泰位在臺北市的三棟商業大樓，分別為臺北喜來登飯店、臺北西門大樓和臺北中華大樓，而其主要之投資收入來源為這些商業大樓的租金收入。

表12-5　受益憑證統計（部分）

項目	憑證名稱	投資標的
不動產證券化基金	土銀富邦R1	富邦人壽大樓、富邦中山大樓、天母富邦大樓及潤泰中崙大樓商場部分
	土銀國泰R1	臺北喜來登飯店、臺北西門大樓、臺北中華大樓
指數型基金	元大臺灣50	臺灣50指數
	元大中型100	臺灣中小型100指數
臺灣存託憑證	康師傅	香港證券交易所康師傅股票
	恆大健康	香港證券交易所恆大健康股票

資料來源：臺灣證券交易所，2019. 03. 31。

　　投資受益憑證的最大缺點，還是其每日成交量遠低於一般股票成交量。例如：在圖12-12中，元大中型100基金的月平均成交量皆在200多張左右。

12.3　股票投資價值分析
（Stock Investment Analysis）

　　股票投資的高報酬率誘因，促使許多人投入股票市場淘金的行列，但是高風險的因素（股價大跌），也使得許多投資人血本無歸。要避免投資損失，獲得穩定的投資報酬，最好的方法就是在買

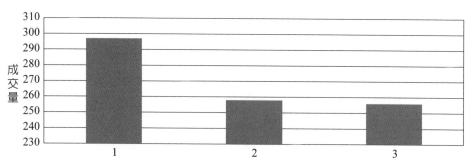

資料來源：臺灣證券交易所，2019. 03. 31。
元大中型100基金月平均成交量在2019年03月時，只有256張。

圖12-12　元大中型100基金月平均成交量

入某一支股票之前，先做好預習的「功課」，這些功課的內容包括基本分析和技術分析。

12.3.1　基本分析

基本分析為針對股票上市／上櫃公司所公布的財務報表數據資料，運用財務報表分析比率的各種公式，所得到的各種數據，作為長期買進或賣出該公司股票的參考。一般基本分析所運用的公式，大概可分為盈餘分析法和股利分析法。

■盈餘分析法

盈餘分析法是以企業的每股盈餘（實際每股盈餘和預估每股盈餘）為基準，運用不同的公式，求出股票的投資合理價格。

其中最常運用的公式為本益比，如公式12-2所示。例如：大大公司的股價為40元／股，而其每股盈餘為2，則其本益比為20（40÷2）。

$$本益比 = \frac{股價}{每股盈餘} \quad \cdots\cdots\cdots\cdots （公式12-2）$$

一般來說，標準的本益比數據為20，因為本益比的倒數即為投

基本分析
（**Fundamental Analysis**）

運用公司財務報表資訊，來分析股票的投資價值。

盈餘分析法
（**Earnings Approach**）

運用每股盈餘數據變化，來分析股票的投資價值。

每股盈餘
（**Earnings Per Share, EPS**）

將企業稅後淨利金額除上流通在外普通股股數後，所得到的每股獲利金額。

資報酬率，而20的倒數爲5%（1÷20）。本益比的倒數代表投資人願意花每股股價來取得多少的盈餘報酬，而5%的投資報酬率尚屬合理的範圍。過高的本益比爲30以上，或過低的本益比爲10以下，都代表了投資的風險，因爲本益比30的投資報酬率只有3.34%，而本益比10的投資報酬率卻高達10%。

本益比
（Price/Earn-ings Ratio, P/E）

將股價除以每股盈餘所得之商，作爲合理股價判斷之依據，一般本益比爲20。

雖然本益比可作爲判斷股價是否處於合理價位的依據，但是對於處在營業淨利快速成長的股票（成長股），其本益比往往偏高，例如達30以上。而營業淨利處在穩定狀態的股票（收益股），其本益比往往偏低，例如在10左右。在圖12-13中顯示，台塑化的本益比高達17.99。

股價淨值比爲衡量股價是否合理的另一種指標，如公式12-3所示。例如：大大公司的股價爲20元，而其每股淨值〔（資產 － 負債）÷普通股總股數〕爲20，則其股價淨值比爲1（20÷20）。

$$股價淨值比 = \frac{股價}{每股淨值} \cdots\cdots\cdots（公式12-3）$$

股價淨值比
（Price-Book Value Ratio, P/B）

每股股價除以每股淨值所得之數據，用以分析股票的投資價值。

股價淨值比的標準爲1的觀念，是投資人花多少錢就應該取得等值的商品，因爲股票每股淨值〔（資產 － 負債） ÷ 普通股總股數〕，代表股東的權益，潛在的股東想要成爲股東的話，則他／她只願意花合理的錢，買入等值的商品，就好像一張面值500元的新臺幣紙鈔，別人也只願意花同樣面值新臺幣500元的紙鈔跟你／妳交換一樣，除非這張紙鈔有特殊的價值，例如：印刷瑕疵或摺角。

和使用本益比時須注意的事項一樣，許多營業收入有高成長趨勢的股票，其股價淨值比往往偏高，有時達到4以上，這類股票稱爲成長股，例如：圖12-14中的台積電。有些股票的股價淨值比只有0.9或0.8左右，這表示其股價明顯被投資人低估，此類股票被稱爲價值股，如圖12-15中的鴻海，其股價淨值比只有0.96。

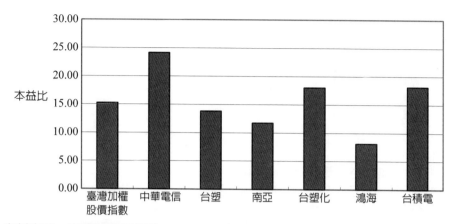

資料來源:臺灣證券交易所,2019. 04. 01。

臺灣加權股價指數本益比在2019年4月1日時只有15.22,而同期間的中華電信本益比高達24.13。

圖**12-13** 臺灣加權股價指數和股票上市公司本益比

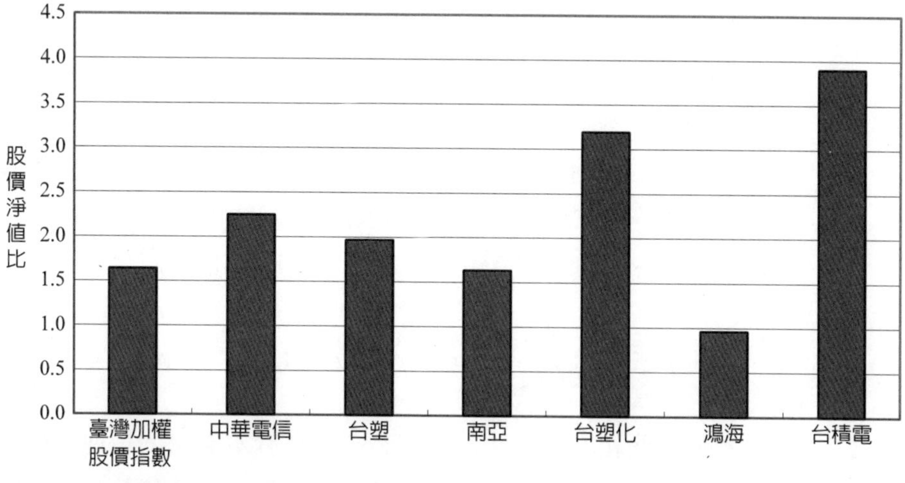

資料來源:臺灣證券交易所,2019. 04. 01。

臺灣加權股價指數在2019年4月1日時,股價淨值比為1.64,而台積電的股價淨值比卻高達3.90。

圖**12-14** 臺灣加權股價指數和股票上市公司股價淨值比

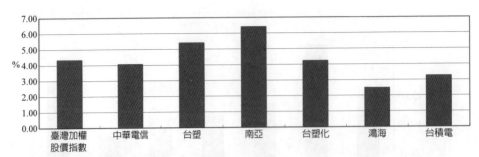

資料來源：臺灣證券交易所，2019.04.01。

臺灣加權股價指數殖利率在2019年4月1日時為4.33%，而同時期的南亞殖利率卻高達6.40%。

圖12-15　臺灣加權股價指數和股票上市公司殖利率

■股利分析法

股利分析法（Dividend Approach）

運用每股股利金額，來分析股票的投資價值。

　　股利分析法為運用上市公司所發放的股利金額（包括現金股利和股票股利）為基準，配合既定的公式，即可計算出股價的合理價位。股利分析法的二種公式，分別為殖利率法和股利淨變現值和法。

　　殖利率法以每股股利為基準（分子），股價為分母，求出投資股票所能實際得到的報酬率，如公式12-3所示。例如：大大公司的每股利金額為3元，而其股價為30元／股，則其殖利率為10%（3÷30）。

$$殖利率法 = \frac{股利金額}{每股股價} \cdots\cdots\cdots（公式12\text{-}3）$$

殖利率（Yield）

股利金額除以股價所得之數據，用以分析股票的投資價值。

　　殖利率法和本益比法最大的不同，在於本益比法是運用每股盈餘為計算基礎，但是企業不一定會將該年全部的盈餘分配給股東，有的盈餘分配率（股利金額÷每股盈餘）只有50～60%左右，其餘的盈餘可能以法定盈餘或盈餘指撥的方式保留在公司內。對於重視實際股利配發的人士而言，例如：已經退休無所得的人，不管企業的每股盈餘為多少，每年能領到多少股利金額，才是他們關心的重點，此時股票殖利率的高低，才是他們所關心的。在使用殖利率作為投資股票的參考時，須注意有些營業收入高成長和高股價的股票，其殖利率卻往往偏低。如圖12-15中的鴻海，其殖利率只有2.48%而已，而南亞殖利率卻高於6.40%。

　　股利淨變現值和法則認為，目前股價代表未來股利淨變現值的和，因此應用未來對股利的預估，配合投資人對投資報酬率所設立的標準，就可求出目前合理的股價，如公式12-4所示。

　　股利淨變現值：$P_0 = \sum\limits_{i=1}^{n} \dfrac{D_i}{(1+k)^i}$ ………… （公式12-4）

P_0：第0期的股價

D_i：第i期的股利金額

k：投資人預期之投資報酬率

　　例如：甲投資人預期大大公司未來5年的股利金額，如表12-6所示。如果甲的預期投資報酬率為10%，則甲預估大大公司的合理股價為14.14元。

表12-6　大大公司運用淨變現值和的預期股價，投資報酬率10%

年	第1年	第2年	第3年	第4年	第5年
股利金額	3.0	3.5	4.0	4.0	4.5
淨變現值	2.73*	2.89	3.00	2.73	2.79
淨變現值和	14.14				

*$3 \div (1 + 10\%)^1$

　　如果投資人預期某公司的股利金額，每年將以固定的百分比g成長，則公式12-4可以改寫成公式12-5，如下所示：

$$P_0 = \dfrac{D_1}{k-g}$$ ………… （公式12-5）

P_0：第0期之股價

D_1：第1年之股利

g：每年股利成長率

k：投資人預期之投資報酬率

　　例如：甲投資人預期大大公司第1年的股利金額為4元，而且大大公司的股利金額將以每年5%的速率持續成長，而甲的預期投資報酬率為10%，則根據公式12-5，大大公司的合理股價為80.0元。

$$P_0 = \frac{D_1}{k-g}$$

$$= \frac{4.0}{0.1 - 0.05}$$

$$= \frac{4}{0.05}$$

$$= 80$$

在應用股利淨變現值和的公式來計算股價合理價位時，牽涉到兩個重要的預估值，分別是對股票上市公司未來股利金額的預估，和投資人對自己投資報酬率的要求。由於每位投資人對這些數據的要求並不完全一樣，因此，便會形成甲投資人運用該公式算出大大公司的股價，認為其股價被低估，現在就是買進大大公司股票的最佳時機；而乙投資人認為大大公司的股價被高估，現在就是賣出大大公司股票的最佳時機；也就是甲、乙二位投資人對大大公司未來股利金額預估結果不同，以及甲、乙二位投資人要求的投資報酬率不同，才會造成大大公司股價的變動，如表12-7所示。

技術分析
（**Technical Analysis**）

運用股票每天成交量和成交價的變化，來分析股票的投資價值。

12.3.2 技術分析

股票的技術分析主要運用股票每天成交價格和成交量的變化，配合統計學的方法和股票供給與需求的關係，求出何時買進股票和何時賣出股票的合理價位時機。技術分析的方法非常多，我們僅針對K線分析法、KD值分析法和融資融券法加以討論。

表12-7　大大公司預期股價

	預期投資報酬率	第1年股利	第2年股利	第3年股利	第4年股利	第5年股利
投資人甲	10%	3.0	3.5	4.0	4.0	4.5
淨變現值		2.73	2.89	3.00	2.73	2.79
合計	14.14					
投資人乙	5%	3.0	3.0	3.2	3.8	4.0
淨變現值		2.85	2.72	2.76	3.12	3.13
合計	14.58					

■K線分析法

K線又叫做陰陽線，它是由股票在當日的四個價格畫出的圖形，這四個價格分別是當日最高價、當日最低價、開盤價格和收盤價格所組成，如圖12-16所示。

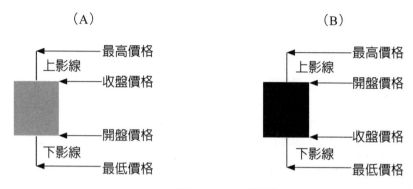

圖12-16　K線圖

在圖12-16（A）收盤價格大於開盤價格，代表今日股價收紅，其實體部分以紅色區分（本書以灰色表示），而實體至當日最高價格之間的部分稱為上影線；另外，實體至當日最低價格之間的部分稱為下影線。當收盤價格小於開盤價格時，圖12-16（B）其實體部分以黑色區分，代表今日股價收黑。

在K線圖中，實體部分愈長，代表當日股價變動幅度愈大，最大為14％，因為當日最大漲幅為7％，而最大跌幅為7％，兩者合計為14％。下影線代表買方願意買入股票價格的意願，下影線愈長，買方買入股票的意願愈強，反之亦然。而上影線代表賣方願意賣出股票價格的意願，上影線愈長，賣方願意賣出股票的意願愈強，顯示賣壓愈沉重，反之亦然。各種K線圖所代表的意義，如圖12-17所示。

為了了解股價短期、中期和長期的變化趨勢，運用移動平均的統計方法，配合K線的運用，便可畫出日線、週線和月線的變化，作為投資人買賣股票時，判斷股價是否向上或向下的參考，如圖12-18所示。

1.沒有上下影線的長紅（陽）K線	
	長紅線，表示強烈漲升，氣勢如虹，多頭占上風；若出現在跌勢剛反轉上漲時，代表空頭失守，多頭將獲勝。
2.有上下影線的紅（陽）K線	
	大多發生在多空激戰，多頭仍勝於空頭，如在大漲後出現，未來可能下跌的趨勢；如在大跌後出現，未來可能出現反彈情況。
3.有上影線的紅（陽）K線	
	目前多頭格局，但上漲賣壓沉重，未來可能下跌的趨勢。
4.有下影線的紅（陽）K線	
	多頭轉強，買方占上風，下檔買盤強勁。
5.無上下影線的長黑（陰）K線	
	長黑線或大陰線，表示空頭極為強勢，多頭將失守，可能造成股價暴跌。
6.有上下影線的黑（陰）K線	
	大多發生在多空激戰，空頭勝於多頭，如在大跌後出現，未來可能出現反彈；如在大漲後出現，未來可能出現盤跌格局。
7.有上影線的黑（陰）K線	
	空頭占上風，上漲賣壓沉重，未來可能下跌。
8.有下影線的黑（陰）K線	
	空頭占上風，但下檔有買方支撐。
9.「十」字型K線	
	多頭、空頭勢均力敵，通常為反轉或趨於盤整的前兆。 如果上下影線長，表示多空雙方對抗激烈，未來可能會有變化；如果上下影線短，表示未來可能陷入盤整。
10.「T」字型K線	
	T字形，雖有賣壓，但開盤價以下買盤積極，下一交易日若賣方不強，則股價有可能向上。

圖12-17　各種K線圖所代表的意義

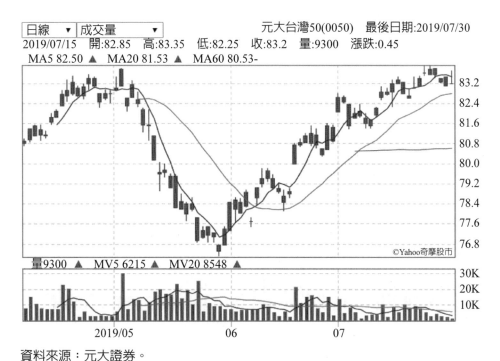

資料來源：元大證券。

圖12-18(A)　臺灣50-K線日線

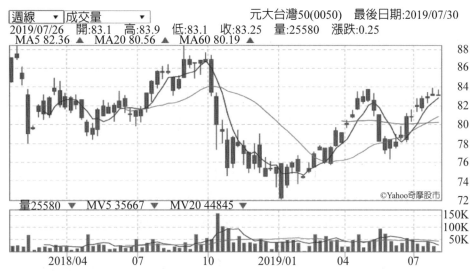

資料來源：元大證券。

圖12-18(B)　臺灣50-K線週線

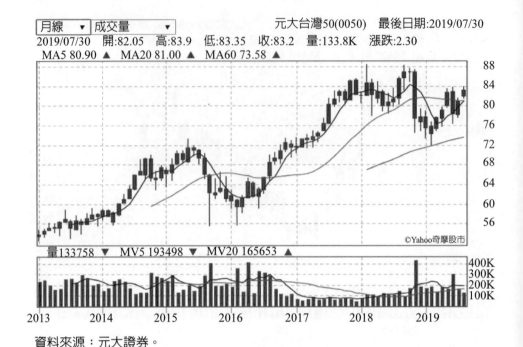

資料來源：元大證券。

圖12-18(C)　臺灣50-K線月線

■KD值分析法

　　除了運用K線分析法來分析股價的短期、中期和長期變動趨勢之外，許多運用信用交易融資或融券方式買賣股票的人，要判斷股票是否處於超買區或超賣區價位，典型的運用指標爲KD值。KD值爲運用統計學隨機變化的原理，計算出K值和D值二種指標。當K值和D值皆大於80，而且K值穿越D值向下時，稱爲死亡交叉，代表該股票股價正處於「超買區」，手中持有該股票的投資人，應該脫手賣出該股票；手中沒有該股票，但是想投機獲利的投資人，應該用「融券」方式賣出該股票，如圖12-19所示。

　　當K值和D值皆小於20，而且K值穿越D值向上時，稱爲黃金交叉，代表該股票股價正處於「超賣區」，手中持有現金的投資人應該買進該股票，或是想要投機獲利的投資人，應該用「融資」方式買進該股票，如圖12-20所示。

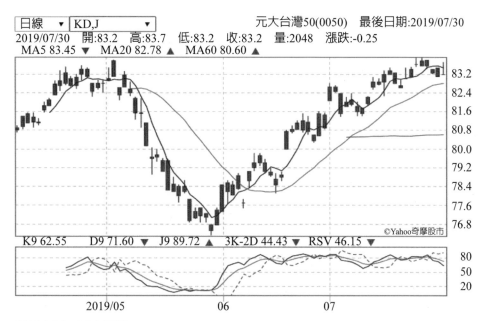

資料來源：元大證券。

圖12-19 臺灣50 KD值

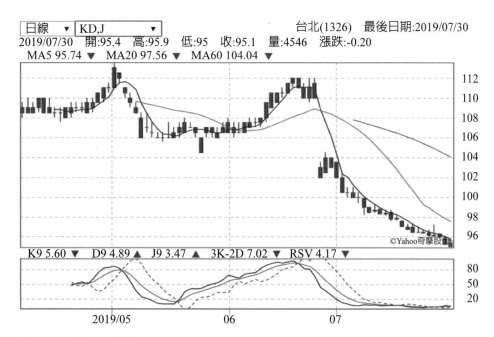

資料來源：元大證券。

圖12-20 台化KD值

在運用KD值來分析融資或融券時機時，也應該配合該股票融資的使用率和融券的使用率，以及融券除以融資餘額的券資比。當融資使用率達到50%時，顯示該股票正處於一般投資人運用融資買進方式，從事投機之行為，而且當券資比愈低時，更加顯示此種投機行為正在進行中。反之，當融券使用率升高且券資比也逐漸升高時，顯示投資人正在使用融券放空方式，進行投機行為。圖12-21中顯示台勝科股價逐漸上漲時，部分投資人運用融資的方式投機，使其融資率為2.55%；另一方面，也有一批投資人認為台勝科的股價過高，正逐漸融券放空台勝科，使其券資比逐漸上升。

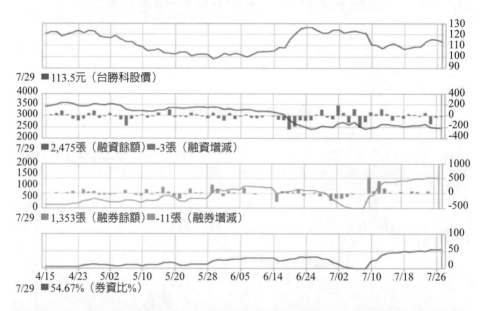

| 日期 | 融資 | | | | | | 融券 | | | | | | 資券 |
	買進	賣出	現償	餘額	增減	限額	使用率	賣出	買進	券償	餘額	增減	券資比	相抵
108/07/29	56	59	0	2,475	-3	96,962	2.55%	0	11	0	1,353	-11	54.67%	0
108/07/26	70	83	0	2,478	-13	96,962	2.56%	0	7	0	1,364	-7	55.04%	0
108/07/25	123	257	0	2,491	-134	96,962	2.57%	65	5	0	1,371	60	55.04%	1
108/07/24	328	276	1	2,625	51	96,962	2.71%	21	21	0	1,311	0	49.94%	2
108/07/23	47	48	1	2,574	-2	96,962	2.65%	30	0	1	1,311	29	50.93%	0
合計融資餘額增減數							-101合計融券餘額增減數							71

資料來源：元大證券。

圖12-21　台勝科融資融券趨勢

使用技術分析評估股價是否達到買進或賣出的時機時，必須注意技術分析只適用短期的投資／投機方法，投資人在使用時，持股最好不要超過1個月。如果要長期投資，還是要回歸基本面的分析，也就是以股利為基準的分析方法。

12.4　摘要

普通股代表股東在公司投資金額的總和，也是公司所有權的根本，身為普通股的股東，有出席股東大會的投票權、被選舉為董監事的權利、年度盈餘分配權和剩餘資產分配權，而委託出席的委託書有時也成為爭奪公司經營權的關鍵。上市公司年度盈餘的分配，大部分都採現金股利或股票股利的方式，由於上市／上櫃公司的股票每天在股票市場交易，為了確認哪一位股東有權可以收到這些股利，在發放股利日之前，皆有規定停止過戶日。

股票市場交易的金融商品，最常見的是普通股、受益憑證和特別股。普通股按照其股份變動幅度和股利分配金額多寡，可以區分為績優股、成長股、收益股和景氣循環股。受益憑證則可區分為指數股票型基金、封閉型基金和不動產證券化基金。股票投資價值分析的方法，可分為基本分析和技術分析。基本分析為運用企業已經公布的財務報表數據（例如：每股盈餘）為基準，求出合理的本益比數據，或是運用每股淨值求出股價淨值比的合理數據，或是以股利金額為基準，運用淨變現值法和殖利率法來求出股價的合理價位，作為何時應該買進或賣出股票的依據。

技術分析為運用股票成交價格和成交量變化的數據，透過K線方法和KD值方法，求出短期預測股價變動的趨勢。

12.5　問答題

1. 普通股股東如果無法出席股東大會，可以運用何種方式，委託他人出席股東大會？

2. 普通股股東的基本權益有哪些？

3. 股票上市公司通常以何種方式分配年度盈餘？

4. 大和公司在除息前一日的收盤價格為80元／股，現金股利為5元／股，則在除息日的開盤參考價格為何？

5. 承上題，大和公司除了5元／股的現金股利之外，決定加發1元／股的股票股利，則在除權日／除息日的參考價格為多少？

6. 一般股票按照其股利金額和股價成長的趨勢，可以將股票分類為哪四類？

7. 特別股的特徵為何？

8. 股票市場中的受益憑證，可分為哪三種？

9. 大大公司的每股盈餘為4元／股，其股價為90元／股，其本益比為多少？其本益比是太高或太低？

10. 大大公司的每股淨值為15元／股，其股價淨值比為3.0，則大大公司的股價為多少？其股價淨值比是太高或太低？

11. 大大公司宣布發放每股3元的現金股利，其收盤股價為80元，則其殖利率為多少？

12. 丁一預估大大公司未來5年的股利金額分別為2.0元、2.5元、2.5元、3.0元和3.0元，丁一預估自己想要獲得的投資報酬率為8%，則丁一預估大大公司的合理股價為多少？

13. 大大公司股票在某日的開盤價格為85元／股，收盤價格為88元／股，當日最高和最低價格分別為89元／股和82元／股，試繪出大大公司的K線圖。試問大大公司當日股價是收黑或收紅？

14. 大中公司的KD值處於90左右，而且形成死亡交叉，手中沒有股票的投資人，如何投機獲利？

15. 大中公司的KD值處於20左右，而且形成黃金交叉，手中持有現金的投資人，如何投機獲利？

12.6 討論題

1. 在Yahoo網站的「股市」項目下，查詢台塑化（6505）股東大會的停止過戶日、除權日／除息日分別為何時？

2. 在玉山證券（www.esunsec.com.tw）查詢台塑（1301）最近5年的股利金額為多少？是逐年增加或逐年減少？

3. 在公開資訊觀測站，查詢中鋼特（2002A）最近5年股利發放狀況，同時查詢其特別股股東權益，和普通股股東權益有何不同？

4. 詢問周遭親朋好友，其投資股票時，判斷該股票股價是否合理的方法為何？

5. 詢問親朋好友，其投資股票時，重視的是基本分析或是技術分析？

Chapter 13
債券投資

理財觀

連 動債的投資風險

隨著金控公司的紛紛成立，為了取得客戶理財市場的潛在利益，許多金控公司不斷推出新的金融商品，透過理財專員不斷的吹噓，向客戶推銷這些名詞花俏，但是投資風險極高的商品，連動債就是一例。

傳統債券的投資需要大筆資金，報酬率偏低，而且週轉率不足，大多是法人投資的市場，一般散戶投資人很少涉足，但是為了吸引投資人資金，債券以變成共同基金的方式銷售，而且其投資報酬率不再是債券本身的殖利率，而是連結到其他金融商品的報酬率，形成連動債商品。

連動債的投資報酬率，是預期報酬率乘上連結商品報酬率的發生機率，形成期望值。但是期望值可能是正，也可能是負，連結商品報酬率的發生機率可能介於0.01～100%之間。

愈複雜的金融商品，是否報酬率愈高呢？

答案是否定的,原因很簡單,一般人認為報酬率可能是常態分配,但是金融市場商品的投資報酬率,沒有常態分配這回事。

資料來源:

馮惠宜,〈買連動債慘賠,名醫串聯討公道〉,《中國時報》,2008.7.8。

　　一般投資人或新聞媒體在討論金融市場消息或新聞時,都把重心擺在股票市場中個股股價的變化或成交量的變動,因為股票市場每日高達新臺幣1,500億元的成交量總是令人眼睛為之一亮。但是金融市場中還有一種商品也值得投資人注意,它就是債券。這種金融商品的價格變動,剛好和股票價格形成反向的變動,如果把部分資金從股票市場轉移到債券商品,就能夠有效降低投資組合風險。因此在本章中,將針對債券市場中的公司債和政府公債加以介紹,同時討論債券的投資方法,內容包括債券投資的優點、債券投資報酬率和債券投資方法。

13.1　債券投資的優點
（Advantages of Bond Investment）

　　債券(例如:公司債和政府公債)的價格變動和股票價格的變動,剛好呈現反向的變動,其背後的原理在於股票投資人是公司的股東。其報酬矩陣是損失有限、獲利無窮,其獲利來源主要是每年有限的股利金額和股價,可能隨時上漲帶來無上限的價格利得。但是公司債的持有人卻是公司的債權人,也就是投資人買入公司債時,就像把錢借給公司一樣,獲得定期定額的利息收入和公司債到期時回收的本金金額,因此公司債投資人的報酬矩陣為損失有限、獲利有限的情況。從上面的分析看起來,股票投資似乎占了上風,但是當股票市場走跌時,股票投資人可能收不到定期的股利金額,而且其持股的股價可能持續下跌到不可思議的地步。

　　當普通股股東收不到股利時，公司債的投資人卻可以定期收到公司債的利息收入，而且公司債的價格可能持續上漲，因為股票市場下跌，投資人將資金從股票市場撤出後，低風險又有固定收入的債券市場，立即成為這些資金的避風港，達到降低投資風險的目的。債券投資的優缺點，如表13-1所示。

表13-1　債券投資的優缺點

優　　　點	缺　　　點
1.政府公債有利息收入免稅的優惠，適合高所得民眾投資。	1.大筆的投資金額，不適合一般民眾小額投資。
2.公司債有定期利息收入，其利息收入，大於同期的銀行定期存款。	2.交易行情揭示不普遍，一般民眾對於交易資訊閱讀有困難。
3.可轉換公司債擁有潛在的股票價格上漲轉換利潤。	3.債券投資報酬矩陣為獲利有限、損失有限。
4.債券價格變動幅度小，其風險遠低於投資股票。	
5.有附條件交易方式，可以和票券公司量身訂做適合自己的投資方式，方便資金週轉。	

　　債券投資的另一個優點，為提供投資人比銀行定期存款更高的投資收入，而且是定期的現金收入。例如：每半年3,000元的利息收入，這樣的現金利息收入，對已經退休沒有定期收入者而言，是非常重要的金融投資工具。對於投資風險忍耐程度較低的投資人，債券的投資風險比股票投資風險來得低，但是債券的投資報酬率，卻遠大於投資風險也低的銀行1年期定期存款利率，如圖13-1所示。

*2019. 05
資料來源：中央銀行。

銀行1年期定期存款利率由於風險報酬低，皆小於同期之政府公債和公司債次級市場利率。

圖13-1(A) 銀行1年期定期存款平均利率，10年期政府公債次級市場利率，以及10年期公司債次級市場利率比較

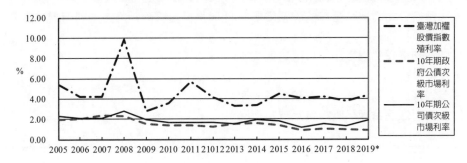

*2019. 03. 31
資料來源：中央銀行。

普通股股票（加權平均股價指數）由於投資風險高，所以其殖利率遠大於其他投資工具之利率。

圖13-1(B) 臺灣加權平均股價指數殖利率，10年期公司債次級市場利率，以及10年期政府公債次級市場利率比較

13.1.1 債券條款

債券的投資人為債券發行公司的債權人，為了保護債權人的權益，債券的發行條款和訊息，投資人不可不知。以下我們就以南亞公司所發行的第93-1期公司債做說明，如表13-2所示。

表13-2　南亞普通公司債發行資料

期　　別	107-1	券　　別	甲
擔保一般公司債	無	發行日期	107/09/06
到期日期	112/09/06	交易市場	上櫃
期限（年／月）	5/0	上市證券代號及簡稱	B401DC-P07南亞1A
發行面額（元）	1,000,000	年利率（%）	0.830000
發行張數（張）	5,250	未償還金額（元）	5,250,000,000
發行總額（元）	5,250,000,000	已轉換金額股份金額／已償還金額（元）	0.0000
發行價格（元）	100	受託人	兆豐國際商業銀行信託處
承銷機構	元大證券等		
限制條款			

資料來源：公開資訊觀測站。

■面額

　　面額代表債券到期時，債券發行公司應支付給債券持有人（即債權人）的金額。例如：在南亞公司債的例子中，每張公司債的面額為新臺幣1,000,000元，第一次發行時，總共發行5,250張，總發行金額為新臺幣52億5,000萬元（1,000,000元／張×5,250張），雖然債券到期時，發行公司必須以面額總值償還給債券持有人，但是債券在第一次發行時，其發行價格並不等於其面額。債券在發行時，其發行價格以百元為計算標準，可能出現三種情況，分別是溢價、折價和平價。溢價代表債券發行價格大於其面額，其原因為債券的票面利率大於市場利率，例如：1年期銀行定期存款利率。

　　折價代表債券發行價格小於其面額，其原因為債券的票面利率小於市場利率。而平價則代表債券發行價格等於其面額，因為債券的票面利率等於市場利率。

　　債券在發行時會出現溢價、折價和平價的現象，主要是由於票面利率和市場利率之差異所造成，其公式如下：

面額（Par Value）

公司債到期時，要償還本金的票面金額。

溢價（Premium）

債券發行價格大於其面額。

折價（Discount）

債券發行價格小於其面額。

平價（Par）

債券發行價格等於其面額。

$$P_0 = \sum_{i=1}^{n} \frac{CF_i}{(1+k)^i} \cdots\cdots\cdots\cdots (公式13\text{-}1)$$

P_0：第0期時債券價格

CF_i：第i期時債券現金流量

k：市場利率

　　從公式13-1中，可看出債券價格為未來現金流量，包括債券利息收入和本金收入、折現值的和。例如：以面額1,000,000元2年期的債券，每年付息一次，到期償還本金，票面利率5%的公司債為例，當該公司債發行時，市場利率為8%，則該債券發行時，其發行價格根據公式13-1為946,500元折價出售，如圖13-2所示。

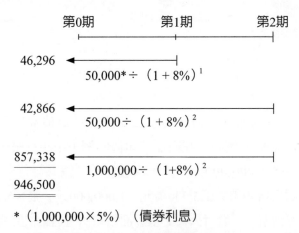

第0期　　　　　第1期　　　　　第2期

46,296 ◄—————————

50,000* ÷（1 + 8%）¹

42,866 ◄—————————————————

50,000 ÷（1 + 8%）²

857,338 ◄—————————————————

1,000,000 ÷（1+8%）²

946,500

*（1,000,000 × 5%）（債券利息）

圖13-2　公司債發行價格計算，債券票面利率5%、市場利率8%

　　由於市場利率為變動值，在未來一段時間內可能上漲，也可能下跌，所以債券後續的買賣價格，也有可能處於折價、溢價或平價的狀態。由於各企業所發行的每張債券面額皆不同，為了報價標準化，債券之報價皆以百元為單位。

🔶 **票面利率**
（Coupon Interest Rate）

債券應定期付給債券持有人的利息收入，以債券面額百分比計息。

■票面利率

　　票面利率為債券發行公司向債券投資人借款所必須支付的資

金成本率，當票面利率愈高時，債券投資人定期收到的債券利息收入愈高。例如：在南亞公司債的例子中，其票面利率為固定的0.83%，每年付息一次，每年每張債券應支付之利息金額，為每張債券面額乘上票面利率為8,300元（1,000,000×0.83%），而每年應支付之總利息金額為新臺幣43,575,000元（8,300元／張×5,250張）。

由於市場利率不斷的變動，再加上預期通貨膨脹變動的隱憂，有些公司債的票面利率，由固定利率改為機動利率的方式，每半年或1年調整債券票面利率一次，以確保債券投資人利息收入能保有一定的貨幣購買力。

█ 還本條款

由於公司債的發行金額龐大，而且發行期間又長，在南亞公司債的例子中，發行總額為新臺幣52億5,000萬元，發行期間長達5年，從2013年至2018年，為了確保債券投資人在債券到期時，能順利收回債券本金，在債券的發行條件中都有明訂債券的還本條款，包含公司債償債基金的來源募集方式、還款時間表和每次還款金額，以確保債券投資人的權益。在南亞公司債的例子中，其還本條款為滿5年時一次償還本金。

█ 債券評等

債券的交易市況不像股票市場那麼熱絡，也使得債券交易資訊不像股票交易資訊能夠迅速流通，再加上債券的投資金額非常高，稍有不慎，投資人可能收不到定期的債券利息和到期之本金收入。為了讓投資人對於債券的投資風險有所了解，在金融市場上有信用評等公司，針對各股票上市公司所發行的公司債加以評等，作為投資人投資債券的參考。在臺灣有中華信用評等公司在從事債券的評等，其評等等級如表13-3(A)所示。

表13-3(A)　**債券信用評等等級**

等級	投資等級	說　　　　明	投資報酬率
twAAA	投資級	債券發行人有充分之資金，支付定期之利息費用和到期本金贖回。	低
twAA			
twA			中
twBBB			
twBB	投機級	債券發行人有部分之財務壓力，來支付定期之利息費用和到期本金贖回。	高
twB			
twCCC			
twCC			
twC			
D	破產級	債券發行人已提出破產申請，無力償還債券之利息和本金。	無

資料來源：中華信評。

在表13-3(A)中顯示，投資級、投機級和破產級的債券評等等級，而且說明各等級之意義。例如：最高等級為twAAA，代表該債券能定期支付債券利息費用和到期本金之償還。最高等級的債券投資風險最低，但是其報酬率、債券票面利率，也是最低的。另一方面，債券評等等級在twBB以下的，皆稱為投機級債券，又稱為垃圾債券。這類債券的發行公司在財務週轉上可能有壓力，對於定期之債券利息費用支付和到期本金之償還可能有疑慮，為了補償投資人投資此類債券的風險，投機級債券的票面利率都比一般市場利率來得高，在此情況下，投機級債券有時又稱為高收益債券，如表13-3(B)所示，twBBB的參考殖利率1.9938%，遠高於twAAA的1.3819%。由於債券的發行期間相當長，債券發行公司的償債能力和財務狀況，也因為外在環境的變化而變動，再加上市場利率為變動的情況下，債券的評等等級並不是固定不變的。信用評等公司會因債券發行公司的財務狀況隨時調整，投資人應隨時注意所投資債券評等等級的變化。

垃圾債券
（Junk
Bond）

投資等級在BB級以下（含）的債券。

表13-3(B)　臺灣不同投資等級公司債參考利率

評等	到期（月）	參考殖利率%
twAAA	60	1.3819
twAA	60	1.4584
twA	60	1.5739
twBBB	60	1.9938

資料來源：鉅亨網，2014.07.01。

■擔保條款

　　債券為債務憑證的一種，將來要以債券面額償還給投資債券的債權人，也就是債券投資人，投資人有何機制可確保債券到期時能收回本金？如果無法收回本金，有無其他資產可供拍賣抵押償還債務？為了取信於投資人，債券依有無資產做擔保，可分為有擔保公司債或無擔保公司債。

　　有擔保公司債表示債券發行企業以公司某項長期資產，例如：廠房、土地或長期投資股票作為擔保品，或有金融機構為其擔任保證人來發行公司債。一旦債券到期，公司缺乏現金無法償還債券時，則債券託管機構將拍賣上述之抵押資產，取得現金以償還債券投資人。無擔保公司債恰好與有擔保公司債相反，完全以債券發行公司的信用和商譽為擔保品，發行無擔保公司債，一旦債券到期時，債券發行人缺乏現金償還公司債時，債券投資人的損失就是手中持有的債券面額金額。

　　一般來說，有擔保公司債的投資風險遠低於無擔保公司債，所以有擔保公司債的票面利率遠低於無擔保公司債的票面利率，而無擔保公司債往往只限於信用良好、債信優良的股票上市公司所發行，其債信評等等級往往在twAA以上。另一方面許多國營企業，例如：中油或台電，取得市場的獨占地位，或是中央政府以政府債信為擔保，發行無擔保的公司債或政府公債，而且其債信等級為最高級twAAA，如表13-4所示。

　　由於債券投資人的獲利矩陣為獲利有限（固定金額債券利息收

有擔保公司債（Secured Corporate Bond）

有公司資產作為發行擔保品或有金融機構為其擔任保證人的公司債。

無擔保公司債（Unsecured Corporate Bond）

沒有任何公司資產作為發行擔保品的公司債。

表13-4　企業公司債債信評等

發行公司	金額（新臺幣百萬元）	發行日期	到期日	票面利率%	債券評等
台灣電力股份有限公司（107-4／甲）	2,900	2018/11/15	2023/11/15	0.85	twAAA
中國鋼鐵股份有限公司（101-1／甲）	5,000	2012/8/10	2019/8/10	1.37	twAA-
中華航空股份有限公司（102-1／乙）	5,500	2016/1/7	2020/1/7	1.85	twBBB+
台塑石化股份有限公司（101-1／乙）	2,000	2012/6/20	2019/6/20	1.44	twAA
台灣化學股份有限公司（101-1／乙）	3,000	2012/7/26	2019/7/26	1.4	twAA

資料來源：中華信評，2019. 03. 31。

🌀 **可轉換公司債**
（Convertible Bond）

可轉換為普通股的公司債。

入）和損失有限（債券面額損失），而股票投資人的獲利矩陣為獲利無限（股利金額和股價價差）和損失有限（股票投資金額），在此情況下，債券很顯然的無法獲得投資人的青睞。為了改善此種現象，有的企業發行在一定條件下，可以將公司債轉換為普通股股票的可轉換公司債，只要債券存續期間內，普通股股票價格達到預定的轉換標準時，可轉換公司債就能依轉換條款，轉換成普通股。

13.2　債券投資報酬率
（Return of Bond）

　　債券投資的主要收入來源為定期支付的利息收入，和出售債券時的買賣價差。利息收入的高低取決於債券本身的票面利率高低，而債券買賣價差主要取決於市場利率的變動，因此債券的投資報酬率計算，可分為當期收益率和殖利率二種。

13.2.1　當期收益率

當期收益率為債券當期的利息收入金額除以債券買入價格所得到的報酬率，其公式如下所示：

◐ **當期收益率（Current Yield）**

買入公司債時，所預期之報酬率。

$$當期收益率* = \frac{債券利息收入金額}{買入債券價格} \cdots\cdots\cdots（公式13\text{-}2）$$

*以百元價格計算

例如：在表13-5中，01統一2B的債券票面利率為1.39%，而其最近交易的百元價格為100.4377元，如果投資人以此價格買入債券時，則根據公式13-2，其當期收益率為1.3839%。

$$
\begin{aligned}
當期收益率 &= \frac{債券利息收入金額}{買入債券價格} \\
&= \frac{100 \times 1.39\%}{100.4377} = \frac{1.39}{100.4377} = 1.3839\%
\end{aligned}
$$

13.2.2　殖利率

殖利率為投資人買入債券，並持有該債券到期時之報酬率。在這期間所收到之債券利息收入和債券到期時之面額收入，運用淨變現值法所求出，其公式如下所示：

◐ **殖利率（Yield To Maturity, YTM）**

買入公司債，並持有該債券到期時之報酬率。

$$P_0* = \sum_{i=1}^{n} \frac{CF_i}{(1+YTM)^i} \cdots\cdots\cdots（公式13\text{-}3）$$

P_0：買入債券之價格

CF_i：第 i 期之現金流量

YTM：殖利率

＊：以百元價格計算

表13-5　公司債交易行情

代號	簡稱	到期日	存續期間	票面利率(%)	每年付/計息次數	加權平均殖利率(%)	加權平均百元價(元)	最近成交日
B30430	0 1 統一2B	2019/10/29	0.57	1.3900	1/1	0.6200	100.4377	2019/03/07
B401CW	0 1 南亞1B	2019/07/04	0.25	1.4500	1/1	1.4500	99.9980	2013/05/16
HB0401	104高市債1	2020/04/30	1.05	1.2800	1/1	0.7433	100.5717	2018/11/26
B402AX	0 1 台塑1B	2019/05/22	0.13	1.4200	1/1	0.6000	100.1092	2018/12/25
B50147	P03遠東新1	2019/08/21	0.38	1.4700	1/1	1.4700	99.9975	2016/11/28

資料來源：櫃檯買賣中心，2019. 04. 01。

　　例如：表13-5中，01統一2B的公司債，其票面利率為1.39%，尚有0.57年才到期，而其最近交易價格為100.4377（百元價格）。當投資人以此價格買入債券，並持有到2019年10月29日到期時，其殖利率（投資報酬率）為0.62%。

$$P_0 = \sum_{i=1}^{n} \frac{CF_i}{(1+YTM)^i}$$

$$100.4377 = \frac{100 \times 1.39\%}{(1+YTM)^{0.5}} + \frac{100}{(1+YTM)^{0.5}}$$

$$YTM = 0.62\%$$

　　另一種簡單計算殖利率（近似值）的方式，為運用以下之公式：

$$殖利率 = \frac{年債券利息收入 + \dfrac{債券面額^* - 最新交易價格^*}{債券存續期間}}{\dfrac{債券面額 + 最新交易價格}{2}}$$

………（公式13-4）

＊以百元價格計算

以01統一2B的公司債為例，依照公式13-4所計算出來的殖利率為0.62%。

$$殖利率 = \frac{100 \times 1.39\% + \dfrac{100 - 100.4377}{0.57}}{\dfrac{100 + 100.4377}{2}}$$

$$= 0.62\%$$

在債券市場中，有許多金融商品的債券利息收入，是免課徵個人綜合所得稅的，這類債券就是以政府債信做擔保的政府公債，此時其殖利率之公式如下所示：

$$政府公債殖利率 = \frac{政府公債票面利率}{（1 - 投資人邊際稅率）}$$

………（公式13-5）

在表13-6中，政府公債92央債甲四的票面利率為1.88%，如果投資人王大的個人綜合所得稅邊際稅率為6%，則王大買入該公債的預期殖利率，根據公式13-5為2%。

$$政府公債殖利率 = \frac{政府公債票面利率}{（1 - 投資人邊際稅率）}$$

$$= \frac{1.88\%}{（1 - 6\%）}$$

$$= 2\%$$

表13-6 政府公債發行資料

公債名稱	92中央政府建設公債甲	公債代號	A92104
公債中文簡稱	92央債甲四	發行總額	70,000,000,000
票面利率	1.88%	標售日	1992/03/07
上次付息日	N/A	下次付息日	N/A
發行日	1992/03/07	到期日	102/03/07

資料來源：元大證券。

13.3 債券投資方法
（Methods of Bond Investment）

　　債券的投資方式和股票不太一樣，原因是每張債券的買賣價格太高，一張債券有時市價超過新臺幣100萬元以上，再加上債券的交易行情不像股票那麼熱絡，因此債券的投資衍生出特殊的交易方式，分別是買賣斷交易和附條件交易。

13.3.1 買賣斷交易

　　債券買賣斷交易表示投資人在債券存續期間內，運用自有資金於債券市場買入一定數量（張）的債券，同時收到定期的債券利息收入或到期之本金償還，或是將手中所持有的債券於債券市場中賣出，取回所需的資金。

　　表13-7為政府公債的買賣斷交易行情，其中100央債甲4的交易價格為116.7663元（百元價）。如果投資人買入該公債，並且持有21.89年後之到期日，則可獲得的投資報酬率（殖利率）為1.1310%，該公債的總成交面額為新臺幣3億元。

　　債券買賣斷交易主要的投資獲利來源為定期的債券利息收入，而這些利息收入金額，通常都比同期間銀行定期存款的利息收入來得高。

表13-7 政府公債買賣斷交易行情

債券 Bonds		存續期間	剩餘年限	殖利率相對應百元價（元）				殖利率（%）				總成交值（元）	總成交面額（億）
代號	名稱			最低	最高	平均	漲跌	最低	最高	平均	漲跌		
A00104	100央債甲4	18.05	21.89	116.7452	116.8086	116.7663	+1.3200	1.1320	1.1290	1.1310	-0.0630	350,298,934	3.000
A01102	101央債甲2	11.58	12.80	108.8536	108.8536	108.8536	-0.1246	0.8900	0.8900	0.8900	+0.0097	108,853,604	1.000
A01104	101央債甲4	19.04	22.87	112.1950	112.2057	112.1992	+0.2061	1.1410	1.1405	1.1408	-0.0097	560,996,208	5.000
A01108	101央債甲8	19.45	23.39	109.6720	109.6914	109.6849	+0.4222	1.1509	1.1500	1.1503	-0.0197	329,054,772	3.000
A02106	102央債甲6	3.83	3.92	101.9082	101.9121	101.9098	-0.0017	0.6310	0.6300	0.6306	+0.0001	917,186,898	9.000
A03106	103央債甲6	4.74	4.92	104.0688	104.0985	104.0881	-0.0201	0.6560	0.6500	0.6521	+0.0036	1,873,580,196	18.000
A04105	104央債甲5	5.68	5.94	105.5992	105.6052	105.6022	-0.0326	0.6610	0.6600	0.6605	+0.0050	950,419,980	9.000

資料來源：櫃檯買賣中心，2019. 04. 01。

13.3.2 附條件交易

債券附條件交易代表投資人手中持有閒置資金，想要將資金短期投資於債券上，賺取市場利率變動的價差，而且能在投資期滿時取回所投資的資金。債券附條件交易又因買入和賣出債券的不同，可區分為附買回交易和附賣回交易。

██ 附買回交易

附買回交易代表投資人手中有閒置資金，想要在短期間投資債券，賺取市場利率波動的價差，於是透過證券經紀商的協助，向證券商買入一定金額的特定債券，同時在約定期間內，證券商向投資人買回債券的交易行為，確保投資人資金融通的便利性。在附買回交易成立時，投資人依照雙方約定交易金額、投資天期、約定利率等條件，支付本金給證券商。當投資期滿時，證券商再將債券之本金和利息金額交付給投資人，取回債券。

表13-8為公債附買回交易的交易行情，王大手中持有新臺幣1,000,000元的現金，為了追求較高的利息收入，王大與兆豐金控簽

表13-8 公債附買回交易行情

類別	約定天數	最高約定利率	最低約定利率	加權平均利率	金額億元
附買回	隔夜	0.5500	0.2200	0.4200	2,063,182,000
附買回	2-10	2.8700	2.7300	2.8000	6,182,528
附買回	11-20	2.7000	2.7000	2.7000	50,036,450
附買回	21-30	0.6450	0.1900	0.4492	8,141,252,000
附買回	31-60	2.7500	2.7500	2.7500	2,135,978
附買回	61-90	1.2600	0.3000	0.3791	126,704,400
附買回	91-180	0.6200	0.2300	0.4303	233,338,500
附買回	>180	0.3200	0.2500	0.2823	30,305,520

資料來源：櫃檯買賣中心，2019.04.01。

訂30天期百元價100.00元的公債附買回交易，合約利率0.4492%，簽約時，王大交付現金1,000,000元給予兆豐金控，同時取得該債券。30天後公債附買回交易到期時，王大取回本金1,000,000元和利息收入369元（$1,000,000 \times 0.4492\% \times \frac{30}{365}$）。

■ 附賣回交易

　　債券附賣回交易為債券附買回交易的相反例子。債券附賣回交易表示投資人手中持有債券，並且定期收到債券所配發的利息收入，希望持有該債券，直到該債券到期日，但是在短期內投資人面臨資金週轉的壓力或其他因素，希望將債券暫時出售給證券商，取得現金週轉，所以債券附賣回交易是投資人運用所持有之債券，作為抵押品之短期借款行為，但是與證券商約定交易利率、借款天期，在借款到期時，投資人交付本金和利息費用給予證券商，取回所持有之債券。在表13-9中，王大持有面額新臺幣1,000,000元，百元價98.00元的公債一張，因急需現金週轉，因此與兆豐金控簽訂債券附賣回交易，合約期間30天，約定利率0.4532%，將債券交由兆豐金控做抵押，取得現金980,000元（$1,000,000 \times \frac{98}{100}$）做週轉，在30天後到期時，王大交付本金980,000元和利息費用365元（$980,000 \times 0.4532\% \times \frac{30}{365}$）給兆豐金控，取回所屬之公債。

表13-9　公債附賣回交易行情

類別	約定天數	最高約定利率	最低約定利率	加權平均利率	金額億元
附賣回	隔夜	0.4400	0.4400	0.4400	99,019,780
附賣回	2～10	2.8700	2.8700	2.8700	3,091,418
附賣回	11～20	0.5600	0.3900	0.4434	5,917,714,000
附賣回	21～30	0.5400	0.4200	0.4532	1,210,407,000

資料來源：櫃檯買賣中心，2019. 04. 01。

　　投資人在投資債券時，除了注意所投資債券之殖利率（投資報酬率）變化外，也應注意所投資債券和相對應年期指標債券利率的變化，以求出債券投資報酬率是否優於或劣於指標債券利率，評估自己的投資績效。

　　由於債券投資所需金額比股票投資所需金額來得高，再加上債券的每日交易行情揭示並不像股票普遍，而債券的交易價格變動又取決於市場利率的輕微變動，且預測市場利率變動的方向和幅度大小，不是一般投資人所能自行練習的功課，所以債券一般都是以法人為主的投資市場，例如：共同基金、壽險公司或退休基金。投資人想要投資債券商品的最佳方式，就是透過定期定額方式投資債券型共同基金或固定收益基金為最佳。

13.4　摘要

　　債券為固定收益證券的一種，基本上可分為公司債和政府公債，而債券價格的變動，剛好和股票價格的變動相反。債券的發行價格受到債券票面利率和市場利率變動的影響，基本上可分為溢價、折價和平價發行，而債券交易行情的報導以百元價格為基礎。為了提供投資人投資債券的參考，信用評等公司針對債券發行機構的財務狀況和還款能力，給予不同的債券評等等級。債券投資報酬率的計算，可分為當期收益率和殖利率二種，而政府公債屬於免稅的投資工具，其實際投資報酬率比公債票面利率來得高。債券的投資方式，可分為買賣斷交易和附條件交易下的附買回交易和附賣回交易。由於債券的投資交易行情不常揭示和投資金額過高，不適合一般投資人直接投資，最佳的方式為運用間接的方法，透過定期定額方式投資債券型或固定收益基金。

13.5 問答題

1. 投資債券的優缺點分別爲何？

2. 債券的面額、票面利率和到期日期，分別代表何種意義？試解釋之。

3. 運用淨變現值的公式，求下列債券的發行價格是溢價、平價或折價？債券面額1,000,000元，票面利率6%，每半年付息一次，債券存續期間3年，目前市場利率10%。

4. 在債券債信評等等級上，何謂投資級和投機級？兩者在票面利率上有何差異？

5. 債券投資報酬率的計算方式，可分爲哪二種？

6. 承第3題的資料，王大在該債券的第2年初以98.50元百元價格買進該債券，則王大投資該債券的當期收益率爲多少？王大如果持有該債券到期時，其殖利率爲多少？

7. 債券的投資方式，可分爲哪二種？

8. 何謂債券的買賣斷交易？

9. 何謂債券的附條件交易？可分爲哪二種？

10. 在投資金額考量和交易行情揭示的考量下，一般投資人最佳的債券投資方式爲何？

13.6 討論題

1. 請教周遭親朋好友，是否有投資債券的經驗？如果有，是買進政府公債或公司債？

2. 在公開資訊觀測站（mops.twse.com.tw）查詢股票代碼1301～1390公司所發行的公司債發行概況，並列印其中一筆公司債的發行詳細資料，且加以閱讀及解釋。

3. 在中華信評公司的網站上，查詢公司債的評等報告，被列入投機級的債券有哪些？列印出來並說明。

Chapter 14
共同基金投資

理財觀

平均每1.08天就有一位基金經理人下臺

許多人投資共同基金的主要原因，認為在基金經理人專業長期投資的號召下，憑藉著基金經理人的選股操作能力，一定能為投資人創造更高的投資報酬率，但事實上卻不是如此的，平均每1.08天就有一位共同基金經理人去職下臺，說明了臺灣共同基金市場的短視近利現象。許多證券投資信託公司往往以1年的操作績效高低，來決定基金經理人的去留。

為了追求操作績效，許多基金經理人採用短線進出的炒作方式，導致基金週轉率居高不下，如下表所示。有些基金經理人則互相持股，炒作認養的股票，部分的基金經理人則抱持同歸於盡的態度，隨意拋售明星基金經理人的持股，以打壓對方基金的投資報酬率。另一方面又有大量的共同基金，因為基金資產規模不足新臺幣1億元，被迫清算。許多投資人面臨自己投資股票賠錢，投資共同基金也賠錢的窘況，其背後的原因為臺灣的投資人把共同基金

也視為股票一般，進行短線的炒作，投資人平均持有共同基金在3年以下者，占了60%的比率。

臺灣基金週轉率排名*

排名	基金名稱	本月買進	本月賣出
1	安多利高科技基金	140.69%	152.75%
2	保誠巴西基金	106.30%	0.20%
3	凱基開創基金	103.43%	111.96%
4	華南永昌永昌基金	96.83%	98.60%
5	華南永昌龍盈平衡基金	90.70%	92.77%
6	寶來雙盈平衡基金	80.31%	82.92%
7	台灣工銀新臺灣基金	79.06%	87.05%
8	華南永昌前瞻科技基金	76.50%	77.64%
9	兆豐國際萬全基金	74.30%	71.76%
10	台壽保臺灣新趨勢基金	69.46%	74.17%

*週轉率：〔年度買進（或賣出）總金額／年度資產總值平均值〕×100%
資料來源：投信投顧公會，2010.01。

資料來源：

1.〈35檔基金經理人，3月大搬閃〉，《蘋果日報》，2008.04.10。
2. 張翔，〈短線炒基金，小心獲利蒸發〉，《天下雜誌》，2007.01.04。

　　在前面的第12章股票投資和第13章債券投資的討論章節中，我們都假設投資人有足夠的金融知識和資訊蒐集分析的能力，憑一己之力，來從事金融商品的投資。但是對大部分全職上班的人而言，這些投資的事務似乎是非常棘手和困難的工作，為了解決這個難題，許多專業的投資機構應運而生。這些機構包括提供投資人專業產業、企業研究報告及投資建議的證券投資顧問公司，還有透過發行共同基金方式，向大眾募集資金，幫助一般投資人從事金融商品投資的證券投資信託公司。共同基金的誕生，使得證券投資的工作由繁變簡，但是隨著投資人的投資目標差異化和金融商品的推陳出新，不同投資目標琳瑯滿目的共同基金，卻又模糊了投資人的眼睛。因此本章將針對投資共同基金的優缺點、閱讀共同基金說明書、共同基金投資報酬率和共同基金投資控管等，做詳細的討論。

14.1 投資共同基金的優缺點
（**Advantages and Disadvantages of Mutual Funds Investment**）

14.1.1 投資共同基金的優點

和投資人運用一己之力直接投資股票比較起來，共同基金間接投資的方式，提供一般小額投資人投資金融市場的優點，這些優點如表14-1所示。

表14-1 投資共同基金的優點

項次	優　　　　點
1	以低成本有效降低金融商品投資組合中的公司或非系統風險。
2	變現流動性佳，資金週轉容易。
3	專業投資管理，注重投資報酬率績效表現。
4	不同投資目標共同基金，符合不同投資人需要。

共同基金和股票投資比較起來，最大的優點就是能以較低的成本，降低投資人投資組合中的「公司或非系統風險」。在前面的章節我們曾經討論過，投資人在從事金融商品投資時，面臨「市場或系統風險」及「公司或非系統風險」，如圖14-1所示。在圖14-1中，投資人投資組合的總風險，分別由公司風險和市場風險所組成，當投資人所持有的股票種類達15種時，其投資組合的總風險只剩下市場風險而已。而公司風險則透過持有不同公司股票或持有不同金融商品的方式，降到最低，但是這種降低公司風險的成本卻相當高，例如：以面值每股10元的普通股來計算，要有效降低公司風險，最少要投入的資金高達新臺幣150,000元（10元／股×1,000股×15種股票）。但是同樣持有相同種類數量的共同基金，其投資門檻卻只需10,000元（單筆投資）或3,000元（定期定額投資）。這麼低的分散風險門檻，是其他金融商品所無法提供的。表14-2為群益馬拉松基金的分散投資組合公司風險，所持有的股票種類，其中

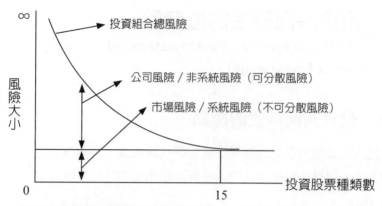

共同基金透過投資組合分散風險原理，可將投資總風險降低到只剩下市場風險的程度。

圖14-1　投資組合風險

表14-2(A)　群益馬拉松基金持股比率前五大公司

股票名稱	持股（張）	比率（%）
台積電	1,760	5.94
廣達	6,773	5.47
聚陽	1,923	5.09
台耀	3,143	4.46
智邦	2,722	4.17

資料來源：基智網，2019. 02. 28。

表14-2(B)　群益馬拉松基金持股前五大產業

名　　稱	投資金額（萬元）	比例（%）
上市電子零組件	184,437	26.04
上市半導體	85,206	12.03
上櫃半導體	68,703	9.7
上市通信網路	60,346	8.52
上市電腦及周邊設備	39,805	5.62

資料來源：基智網，2019. 02. 28。

　　最大持股爲台積電的5.94%，而持股最大類別產業爲上市電子零組件，持股達26.04%。

　　投資共同基金的第二項優點爲共同基金的變現流動性佳，資

表14-3　群益馬拉松基金基金投資比例匯總表

單位：%

| 投資國內有價證券比例（%） | | | | | | | | 國內短期投資比例（%） | | | | | 投資國內比例 |
上市股票	基金	上櫃股票	債券（買斷）	附買回債券	資產證券化商品	其他	小計	短期票券	一般型存款	短期票券（附買回）	其他	小計	合計
72.71	0	17.52	0	7.48	0	0	97.71	0	4.31	0	0	4.31	102.02

資料來源：基智網，2014.05.31。

金週轉性佳。大部分的開放型共同基金，接受投資人隨時投資或贖回的服務，只要在下單2～5個工作天之內，贖回的資金馬上入帳，大大減少了資金套牢的窘境。如果投資股票，當投資人想要買入漲停板的股票，或賣出跌停板的股票時，往往面臨有行無市的困境。但是共同基金為了面對投資人基金贖回的需求，往往保有共同基金投資總額5～10%的現金額度，以符合投資人現金贖回的需求。表14-3為部分共同基金所持有的現金部分，例如：群益馬拉松基金持有4.31%的現金部位（國內短期投資比例）。

　　證券投資信託公司為專業的法人投資機構，其投資績效（投資報酬率）按月、季、半年和年公告，同時也有專業的共同基金投資績效評等機構，為其做定期的評等，提供投資人最基本的投資資訊。部分共同基金操作績效，往往連續多年打敗大盤股價指數的報酬率，成為所謂的明星基金。表14-4為臺灣共同基金投資報酬率和大盤指數報酬率的比較。

表14-4　共同基金年報酬率和大盤股價指數比較

單位：%

基金名稱	2014	2015	2016	2017	2018
臺灣加權平均股價指數漲跌幅	8.08	−10.41	10.98	15.01	-8.60
群益馬拉松基金	18.02	−8.90	5.70	29.13	−11.12
台新2000高科技基金	21.27	−6.24	11.27	40.18	−24.84
富邦精準基金	−1.13	−6.84	−6.68	27.00	−10.39
元大臺灣卓越50基金	16.94	−6.06	18.67	18.39	−4.87

資料來源：基智網，2019.01。

　　共同基金的另一個優點，爲證券投資信託公司針對投資人不同的投資目標、風險承擔程度和投資期間長短，募集不同投資目標的共同基金，這種幾乎量身訂做的金融商品，是其他金融商品所無法比擬的。例如：我們在第12章中針對個別股票的投資風險和收益來源，將股票分類爲績優股、成長股、收益股和景氣循環股。而在第13章中也討論過各種公司債和政府公債的投資風險，對照第11章共同基金的投資目標分類，可以得到表14-5的結果。例如：喜歡投資股價積極成長的股票，能夠承擔較高投資風險的投資人，可以轉投資積極成長型的共同基金作爲替代。

表14-5　不同股票和債券投資目標與相對應的共同基金

共同基金	股票	債券	風險等級
積極成長型	成長股		PR5 / 高
成長型	績優股	N/A	PR5 / 高
成長收益型	收益股 / 景氣循環股		PR4 / 中高
平衡型	績優股 / 公司債 / 公債	投資級債券	PR3 / 中
固定收益型	N/A	投資級債券	PR2 / 中低
政府公債型	N/A	政府公債	PR2 / 中低
貨幣市場型	N/A	貨幣市場票券	PR1 / 低

14.1.2　投資共同基金的缺點

　　投資共同基金雖然優點很多，但其缺點還是值得投資人注意，這些缺點如表14-6所示。

表14-6　投資共同基金的缺點

項次	缺　　點
1	大部分的共同基金操作績效（投資報酬率）低於市場指標報酬率
2	共同基金交易成本過高
3	投資共同基金市場風險 / 系統風險仍然存在
4	疊床架屋的投資結構，降低投資風險有限

　　由證券投資信託公司所募集成立的共同基金，雖然以專業的產業研究和股票研究團隊為號召，配合基金經理人的過去操作績效為賣點，同時以大量的新聞媒體行銷廣告，來吸引投資人的資金，共同基金所擁有的這些優勢，似乎是證券投資100%獲利的保證，事實卻不是如此。大部分共同基金其年度操作績效，都遠低於市場指標報酬率，例如：臺灣加權股價指數、日經225指數（Nikkei 225）、標準普爾500指數（S & P 500）或10年期公債殖利率。

　　在表14-7中，列出投資標的為臺灣證券交易所股票的國內共同基金，其操作績效（投資報酬率）和大盤報酬率的比較。

表14-7　大型股票共同基金投資績效和大盤股價指數績效比較（部分）

單位：年化報酬率，%

排名	基金名稱	基金公司	3個月 (%)	6個月 (%)	1年 (%)	3年 (%)	5年 (%)	10年 (%)
	臺灣加權平均股價指數報酬率		4.47	10.72	7.56	26.66	N/A	N/A
1	元大臺灣高股息基金	元大投信	11.05	2.81	8.10	37.09	40.92	173.95
2	元大臺灣金融基金	元大投信	5.76	-4.33	7.81	49.95	51.88	189.94
3	富邦臺灣金融基金	富邦投信	5.54	-4.14	7.77	47.49	49.63	187.05
4	國泰臺灣低波動精選30基金	國泰投信	4.64	-3.34	5.96	N/A	N/A	N/A
5	元大臺灣高股息低波動ETF基金	元大投信	11.51	0.64	5.10	N/A	N/A	N/A

資料來源：基智網，2019.03.31。

　　大部分共同基金操作績效低於大盤績效的主要原因，在於買入並持有共同基金的交易成本相當高，比投資人投資股票還來得高，如表14-8所示。這麼高的交易成本，完全要由全體共同基金投資人來負擔。

表14-8　共同基金交易成本和股票交易成本比較

項　　次	共　同　基　金	股　　　票
買入手續費	1～2.5%	0.1425%
賣出手續費	1%（內含）	0.1425%
證券交易稅	無	0.3%
基金管理費	2%	無
股利課稅	併入個人綜合所得稅計算	併入個人綜合所得稅計算
操作績效獎金	當操作績效超過設定範圍時，按超過之績效10～20%收取	無
短期交易手續費	在1～7天贖回已買入的基金，按基金淨值扣0.5～1%	無
信託管理費	0.2%	無

　　共同基金雖然強調能有效降低投資人投資組合的公司風險或是非系統風險，但是投資人千萬不要認為買入共同基金就是降低投資風險的最佳保證，事實真相卻是有些共同基金的投資風險遠高於個別股票的投資風險。有些共同基金的投資標的為新興市場的股票，例如：金磚四國（中國、巴西、俄羅斯和印度），或是單一產業的基金，例如：能源基金或是貴金屬基金。部分共同基金為了提高操作績效，採用高度財務槓桿的方式，向銀行融資買進股票或債券，形成特殊的市場風險，一旦金融市場發生重大事件，或經濟景氣發生變化時，蒙受投資損失最大的就是此類共同基金。在2007年美國次級房貸金融風暴中，損失最嚴重的除了金融業的房貸部門外，專門以次級房貸金融商品為投資標的的共同基金，也損失慘重。在表14-9中，美國華爾街券商貝爾‧司登（Bear Stearns）旗下的2支次級房貸共同基金，因面臨嚴重虧損而被迫清算，投資人蒙受高達15億美元的損失。

表14-9 貝爾‧司登旗下基金虧損統計

名　　　　　稱	虧損金額（美元）	後續情況
High-Grade Structured Credit Strategies	9.25億元	清算
High-Grade Structured Credit Strategies Enhanced Level	6.38億元	清算

資料來源：*The Economist*, 2007. 07. 19。

　　許多證券投資信託公司為了迎合投資人多角化投資目標，以分散投資風險的目的，推出「基金中的基金」，也就是向投資人募集資金成立共同基金後，其所投資標的為金融市場上現有的共同基金商品，或是成立共同基金後，投資標的為投資風險極高，不具有市場週轉性的「對沖基金（避險基金）」或「私募基金」。這種疊床架屋的投資方式，無法再降低投資組合的系統風險，但是投資人卻付出更多的基金管理費或交易成本。

14.2　閱讀共同基金說明書
（Basic of Mutual Funds）

　　共同基金雖然是非常簡單又省時的投資工具，但是絕對不是如理財雜誌上所宣傳的——共同基金是「懶人的理財工具」。在投資共同基金之前，應詳閱共同基金的資料說明書，如表14-10。

表14-10 群益馬拉松共同基金簡易說明書

成立日期	1996/08/20	興櫃交易代碼	
基金規模	70.83億元（臺幣） 規模日期：2019/02/28	基金公司	群益投信
基金類型	國內股票開放型一般股票型	基金經理人	沈萬鈞 朱翡勵
計價幣別	臺幣	成立時規模	15.55億元 （臺幣）
投資區域	臺灣	保管銀行	華南商業銀行
基金評等	⑤⑤⑤⑤⑤	主要投資區域	臺灣

表14-10 群益馬拉松共同基金簡易說明書（續）

單筆最低申購	3,000元	風險報酬等級	RR4
定時定額	有	管理年費（%）	1.60
手續費（%）	2.00	保管費（%）	0.14
基金統編	97984293A	配息頻率	
費用備註	上列手續費為公開說明書公告之最高費率。		

資料來源：基智網，2019. 02. 28。

■證券投資信託公司和基金名稱

　　由於金融市場上同類型和相同投資目標的共同基金，高達上萬支以上，為了明確區分，各個共同基金都會明確記載，發行該共同基金的證券信託投資公司名稱和該基金的名稱，例如：群益證券投資信託公司所募集管理的「群益馬拉松基金」。由於共同基金的管理費是不管該基金有無獲利，皆按照基金的淨值規模百分比徵收，在規模經濟的考量下，大部分投信公司都盡可能的推出大量不同投資目標的共同基金，向投資人募集資金，同時收取豐厚的管理費，以維持投信公司的基本運作。但是同一家投信公司所推出的共同基金，不一定都能帶給投資人獲利的保證。

　　雖然共同基金的名稱代表基金的投資目標，但是投資人千萬不要被共同基金的名稱所騙。投信公司內的行銷部門，會觀察目前金融市場最流行的商品和名詞，為這些共同基金冠上流行名詞，例如：「××綠能基金」、「××生技基金」或「××能源礦產基金」，投資人如果迷信這些基金名稱而購買該基金，可能會血本無歸。

■基金類型和風險等級

　　基金類型告訴投資人該基金的投資目標、投資地區和投資標的，例如：表14-10中「群益馬拉松基金」的投資標的，為投資國

內股票標的的開放型基金。

　　而風險等級清楚的告訴投資人該基金的投資風險高低，從最高風險的PR5到最低風險的PR1，投資人應依照自己的投資目標、對風險承擔程度和自己的經濟能力及財務狀況，配合第11章的生命週期投資法之共同基金選擇法，選擇適合自己投資目標的共同基金。

■基金規模

　　基金規模大小告訴投資人，該基金是否能承擔重大的經濟變化，或持續不斷發生的金融泡沫危機。一般來說基金規模愈大，能夠承擔這些風險的能力愈高，也才能夠預防投資人面臨金融危機時，突然大量贖回的資金壓力。許多規模為中小型的基金，在歷經金融風暴或經濟景氣衰退期和盤整期時，在投資人贖回壓力下，基金規模大幅縮水或虧損，投信公司在經營成本考量下，往往進行清算結束該基金，或與其他基金進行合併，此時該基金當初所設定的投資目標已經喪失，投資人不得不小心選擇基金資產規模小的基金。在表14-10中，「群益馬拉松基金」的資產規模為新臺幣70.83億元。

■基金經理人

　　在一般投資人的眼中，基金經理人的頭銜幾乎是神仙的化身一般，能精確的預測股價的變化，在股價上漲之前提前買入該股票，而在該股價下跌之前，提早賣出獲利了結。部分投信公司也以明星基金經理人的過去操作績效為賣點，大做廣告向投資人募集資金。基金經理人真的是基金報酬率的保證嗎？答案是否定的。從表14-7中可看出，大部分由基金經理人負責操盤，強調專業投資的共同基金報酬率，並無法打敗大盤指數的報酬率。這些由基金經理人負責操盤，稱為「主動投資」的共同基金，其報酬率並不佳，而且交易成本又高，例如：管理費、手續費和保管費。另一方面沒有基金經

理人,強調「被動投資」追蹤大盤指數表現,交易成本低的指數型基金應運而生,而且逐漸成為共同基金市場上的主流。在圖14-2中,由群益投信所募集發行的群益馬拉松基金,其報酬率和臺灣加權平均股價指數報酬率非常接近,但無法長期打敗指標指數報酬率(臺灣加權平均股價指數報酬率)。

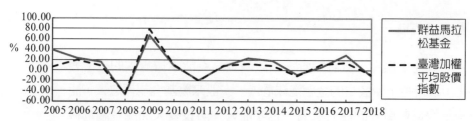

資料來源:基智網。

群益馬拉松基金在大部分的統計年度,其投資報酬率無法打敗臺灣加權平均股價指數報酬率,因為基金操作手續費抵銷投資績效。

圖14-2　群益馬拉松基金報酬率和臺灣加權平均股價指數報酬率比較

指標指數

　　共同基金報酬率的高低如何衡量?投資人在選擇共同基金時,經常面臨的問題就是該基金報酬率高不高?其報酬率和其他共同基金的報酬率比較起來,是太高或太低?而部分的投信公司也以該共同基金的「優秀」報酬率作為行銷廣告的訴求,吹噓該基金的報酬率多高。其實要回答這些問題很簡單,就是用該基金的指標指數來做比較。由於每一支基金都有其獨特的投資目標,許多基金評比公司,例如:Morning Star或Lipper,都有針對該基金的投資目標,設計不同的追蹤指標指數,例如:「群益馬拉松基金」的指標指數為「臺灣加權平均股價指數」。對專業的基金評等公司而言,不管基金資產規模多大、經理人是誰,能連續多年持續打敗指標指數的基金就是「好基金」。

■交易成本

交易成本為買賣和持有共同基金的各種費用。例如：買入手續費（外加金額按次計算）、管理年費（從基金淨值中扣除，按年計算）、信託銀行保管費（外加金額按投資金額面值依年計算，由信託銀行收取），而部分共同基金在贖回時，還會從淨值中扣除固定百分比的贖回費用。從以上分析可知，共同基金的交易成本非常高，所以共同基金不宜短線投資進出，畢竟提高投資報酬率最好的方法，就是降低交易成本。

有鑑於共同基金的高交易成本，部分證券投資信託公司推出低交易成本，免收銷售手續費的免佣共同基金，但是目前臺灣共同基金市場並無此類基金的推出，而替代方案就是，買入並持有低交易成本被動投資的指數型基金，例如：元大臺灣卓越50基金或富邦臺灣科技指數基金。

免佣共同基金（No-Load Mutual Funds）

不收取銷售手續費的共同基金。

圖14-3為指數型基金和一般股票型基金交易成本比較，從中可看出指數型共同基金交易成本，遠低於一般股票型基金達3～4%。而海外基金的交易成本，更高達5%。

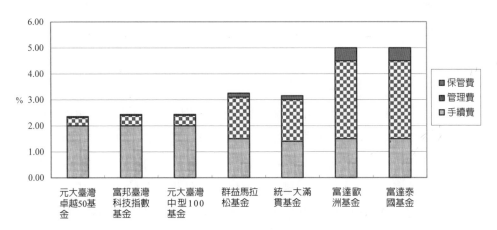

資料來源：基智網。
申購基金的各種交易成本中，以手續費為最高。

圖14-3　各種共同基金交易成本

14.3　共同基金投資報酬率
（The Performance of Mutual Funds）

　　共同基金的投資收入主要來自三部分，分別是基金現金股利分配所得、基金資本分配利得和基金期初期末價差，而以外幣計價的海外基金投資的收入來源，除了前面三項之外，還加上外幣換算成新臺幣時，匯率升貶值的匯差收入，因此共同基金的投資報酬率計算，如公式14-1所示。

$$共同基金投資報酬率 = \frac{現金股利分配所得 + 資本分配利得 + 基金期初期末價差}{淨值}$$

………（公式14-1）

　　例如：王大在期初以每單位淨值50元買入群益馬拉松基金，在持有1年期間，該基金配發每單位2元的現金股利和價值0.5元的單位基金，期末時該基金單位淨值為60元，則王大投資該基金的投資報酬率為25%。

$$共同基金投資報酬率 = \frac{2 + 0.5 + （60 - 50）}{50}$$
$$= 25\%$$

　　共同基金25%的報酬率是太高，還是太低？這個問題還是要用該基金的指標指數報酬率來比較才能得到答案。如果該基金的報酬率能持續多年超越指標指數報酬率，就是好的基金；如果該基金報酬率持續多年落後指標指數報酬率，則投資人不宜買入該基金。例如：在圖14-4中，群益馬拉松基金和臺灣加權平均股價指數報酬率比較，群益馬拉松基金的報酬率無法持續打敗臺灣加權平均股價指數的報酬率，但基本上能維持一定的報酬率。

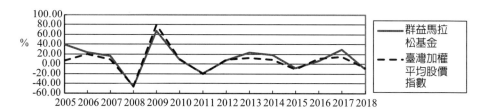

資料來源：基智網。

群益馬拉松基金在大部分的年度，其投資報酬率無法持續打敗臺灣加權平均股價指數報酬率，因為基金經理人選股方法、進出場時間和手續費抵銷其投資績效。

圖14-4 群益馬拉松基金報酬率和臺灣加權平均股價指數報酬率比較

　　為了解決共同基金投資報酬率無法長期打敗指標指數報酬率的缺點，部分證券投資信託公司開始販售「被動投資」複製指標指數成分的指數型基金，例如：元大臺灣卓越50基金（追蹤臺灣加權平均股價指數）或先鋒500基金（追蹤美國S&P 500指數），如表14-11所示。由於指數型基金免去了大筆的基金經理人選股費用和經常換股操作的交易成本，所以在低成本的操作下，間接的提升了基金報酬率，雖然不能打敗指標指數報酬率，但是和指標指數報酬率變動趨勢非常的接近。例如：在圖14-5中，2018年臺灣加權平均股價指數報酬率為-4.87%，而同期的元大寶來臺灣卓越50基金的報酬率為-8.60%。

表14-11 主要指數型基金

基金公司	基金名稱	指標指數追蹤
元大投信	元大臺灣卓越50基金	臺灣加權平均股價指數
	臺灣中型100基金	臺灣中型100 指數
	日經225基金	日本日經225指數
	標普500基金	美國S&P 500指數

資料來源：金管會，2019. 03. 31。

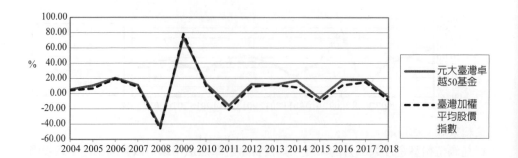

資料來源：基智網。

元大臺灣卓越50基金報酬率和臺灣加權平均股價指數報酬率非常接近，因為其投資標的股票相類似。

圖14-5　元大臺灣卓越50基金報酬率和臺灣加權平均股價指數報酬率比較

14.4　共同基金投資控管
（Control of Mutual Funds Investment）

　　共同基金雖然提供分散投資風險的便利性，而且以極低的金額就可以投資，同時有各種不同投資目標的共同基金，可提供投資人依照自己對報酬和風險的容忍程度選擇。接下來的問題便是如何在眾多的共同基金中，選出真正投資報酬率「優秀」的共同基金，以下我們就以簡單的篩選法則，5、4、3、2、1來選出適合投資的共同基金。

■規模在50億元以上的基金

　　面對投資的風險，能夠持續獲利而不被淘汰出場的投資人，大多是擁有自有資金、本錢雄厚的投資人，因為面對投資失利重大虧損時，有雄厚資金的投資人能夠禁得起打擊，不會被淘汰出局。共同基金面臨投資失利時，不僅要承受帳面上投資的損失，還要面臨投資人贖回的壓力，基金規模小的共同基金在此時，就不得不在股價最低點時拋售持股，換成現金以應付投資人贖回的壓力，形成雙重的打擊，要防止此種現象發生，不是投信公司口頭上要投資人沉

著應對不要贖回基金，就能度過這個難關，而是要展現資本實力讓
投資人安心。這種情形就好像銀行發生擠兌時，最好的方法就是由
中央銀行出面做擔保，將上億元現金置放於銀行營業大廳中，讓擠
兌人現場看到現金，且存款又有中央存款保險做保證，才能夠不再
擔心擠兌的事情發生。根據金管會的規定，基金規模持續30個營業
日在2億元以下，應該清算終止。由此可知資金規模大小，決定共
同基金能否繼續存活的關鍵，能夠長久存活的基金，才能協助共同
基金投資人實現長期投資獲利的目標。而50億元的基金規模是國內
共同基金最低的門檻，海外基金面對不同的投資市場和更大的投資
風險，其基金規模也應以外幣計價的50億元規模為基準。

■ 基金投資報酬率在同類型基金報酬率排名的前四分之一

從前面的分析得知，共同基金交易成本的高低侵蝕了共同基金
的報酬率，因此大部分的共同基金報酬率無法超越指標指數的報酬
率。在此情況下，優良的基金其報酬率，最少應在同類型基金報酬
率，按照四分法排名的前四分之一。愈來愈多的共同基金研究報告
指出，報酬率持續贏過相同投資標的的共同基金，這樣的報酬率將
持續一段期間，而報酬率持續低於相同投資標的的共同基金，將持
續此種低報酬率的現象。

■ 3年投資報酬率績效，不輸給指標指數報酬率

共同基金收取高額的經理費用（管理費），並且由基金經理人
代為操作，配合證券投資信託公司和投資顧問的研究報告，其投資
報酬率應該持續打敗代表大盤的指標指數報酬率，因為有基金經理
人代為操作的共同基金，重視的是代表基金經理人選股操作能力的
「阿爾發指標」，而不是代表市場整體表現能力的「貝他指標」。
而且打敗大盤的投資績效應該不是曇花一現，而是最少應該持續
3年以上。為何要連續3年？因為共同基金講究的是長期投資，不是
以1年或2年的投資報酬率為衡量標準。

◑ 阿爾發指標（α Index）

代表基金經理人選股能力高低的指標。

◑ 貝他指標（β Index）

代表股市大盤表現的指標。

■投資的共同基金數目不超過2支

證券投資有其潛在的風險，共同基金的投資也是一樣，但是大部分共同基金所擁有的風險，只剩下所謂的市場風險或不可分散風險，投資太多共同基金是否能再有效的降低市場風險？答案是否定的。畢竟共同基金不是股票，持有不同公司的股票，的確能有效降低公司風險或可分散風險，但是持有過多的共同基金，非但無法降低市場風險，反而增加共同基金的交易成本，以及投資組合管理的困難度。

■每一年定期檢視投資報酬率績效是否符合前面三個條件

共同基金替很多投資人解決投資股票或債券選股的問題，而且以最低金額就可投資股票，但是投資共同基金絕對不能因爲抱持長期投資的觀念，買入共同基金之後就置之不理，最好的方法應該是每一年定期檢視投資績效，是否符合前面所述的篩選基金的前三項條件——基金規模不得低於50億元、基金報酬率在同類型基金的前四分之一、連續3年投資報酬率超越大盤或指標指數報酬率。如果所投資的共同基金無法符合前面三項條件的二項時，該基金就應該「留校察看」，暫時停止投資或贖回該基金。如果所投資的共同基金1年後的投資績效都符合前面三項條件，該基金就值得投資人繼續投資。而投資共同基金的方法雖然有單筆投資法和定期定額投資法，但是仍以定期定額爲最佳。

共同基金已成爲一般人間接投資證券市場金融商品的主流，金融市場上有很多的基金評等公司，例如：Morning Star和Lipper，針對市場上的各類基金做評比，分別給予最高級5顆星到最低級1顆星的評比，並且公布這些評比結果。由於證券投資信託公司之間對於共同基金投資報酬率的競爭非常激烈，年度投資報酬率第一名的共同基金，往往成爲投信公司行銷廣告的最大賣點，因此投資人在閱讀這些基金廣告時，應特別注意這些廣告內容是否言過其實，最重要的是基金投資報酬率的高低，應該和其指標指數或大盤指數做比

較，而不是和定期存款利率、公債利率或某些不相關的報酬率做比較。在國內有基智網（www.funddj.com.tw）提供共同基金完整的資訊供投資人參考，而投信投顧公會（www.sitca.org.tw）也有提供各式共同基金的基本資料和績效評比報告，供投資人參考。

14.5 摘要

共同基金爲證券投資信託公司向大眾募集資金，強調專業投資有效分散投資風險的金融工具商品。投資共同基金的最大優點，爲能以最低成本形成投資組合，降低投資組合的公司或非系統風險分散，而不同的共同基金有不同的投資目標，可符合不同投資人的需要。投資共同基金最大的缺點，爲其交易成本遠大於個別股票或債券的投資成本，這些交易成本包括買賣手續費、基金管理費和操作績效分紅。由於高交易成本的因素，大部分共同基金操作績效報酬率低於大盤指數或指標指數報酬率。

在投資共同基金之前，必須先查明共同基金的名稱和發行該共同基金的證券投資信託公司的名稱，以及共同基金的類型、風險等級、基金規模大小、基金經理人和基金交易成本高低。共同基金的投資獲利來源，分別爲現金股利分配、資本分配和期初期末價差，而海外基金的獲利來源尚包括外幣匯率的匯差收入。

共同基金的投資控管包含五種條件，分別是：(1)基金規模在50億元以上；(2)基金投資報酬率在同類型基金報酬率排名的前四分之一；(3)3年投資報酬率績效不輸給指標指數報酬率；(4)投資的共同基金不超過2支；(5)每一年定期檢視投資報酬率績效，是否符合前面三個條件。

14.6　問答題

1. 投資共同基金的優缺點有哪些？試各列舉三項。

2. 投資共同基金的交易成本有哪些？

3. 投資共同基金時，閱讀基金說明書應注意哪些事項？

4. 共同基金的風險等級，可分為哪五種？

5. 共同基金的投資獲利來源有哪些？

6. 選擇共同基金的五項原則為何？

7. 共同基金的投資報酬率高或低，如何判定？

14.7　討論題

1. 詢問親朋好友是否有投資共同基金的經驗？其獲得共同基金的
   資訊管理來源為何？

2. 詢問親朋好友其所投資的共同基金績效如何？當初如何決定投
   資這些共同基金？

3. 在基智網（www.funddj.com.tw）查詢富達歐洲基金（海外基
   金）的相關報酬率資訊，和指標指數報酬率的互動情形。

4. 在基智網查詢寶來臺灣卓越50基金的相關報酬率資訊，和指標
   指數報酬率連動情形。

Chapter 15
不動產投資

理財觀

亞太會館標售高價流標

以地王之姿，底價199億元準備標售的亞太會館，在底價過高的情況下終於流標，為臺北的房地產開發市場投下變數。

亞太會館位在臺北市信義計畫區內，為威京集團的投資營業標的，但是為了整個集團的資金週轉，決定在2008年初以底價66億元公開標售。但是馬英九在同年3月22日當選總統之後，配合開放陸客來臺觀光和放寬陸資來臺投資房地產的政見下，全臺各地的房地產市場出現一齊喊漲的行情，再加上臺中建商炒作「陸豪」來臺炒樓的新聞，威京集團決定將亞太會館的標售底價從66億元提高到199億元。如果以此價位進行住宅開發的話，則每坪成屋售價將高達450萬元，創下臺灣房地產的歷史天價紀錄，不過在同時，臺灣許多營建股和建商的股票，卻出現下跌的趨勢，或許透露房地產的榮景已告一段落。亞太會館最後在2012年2月拆除，改建為住宅，預估每坪售價為300萬元。

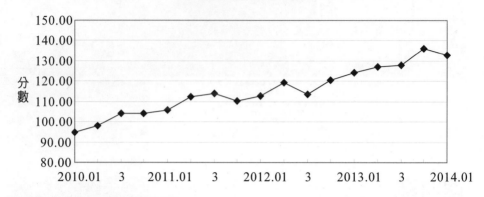

臺灣房地產景氣分數

資料來源：內政部建築研究所。
臺灣房地產景氣分數從2010年第1季開始起漲，在2013年第4季達到高峰景氣136.11分。

資料來源：
梁任瑋，〈亞太會館流標，底價不跌反漲〉，《經濟日報》，2008.05.31。

　　在本章開頭的「理財觀」中，讀者可能會發覺，為何一個房地產的標案原價66億元，在短短的半年期間內卻提高到199億元，雖然流標，但是底價的漲幅達201%，或許這就是房地產的特性。許多世界的富翁都是依靠投資房地產而致富的，最有名的就屬美國房地產大亨唐納・川普（Donald Trump），而投資房地產失敗導致個人宣布破產的也不在少數，例如：港星鍾鎮濤在1997年之前，以貸款方式大舉買進香港多處別墅，但是97之後，香港房地產市場大跌，因繳不起房貸利息和本金，最後房地產全被放款銀行拍賣，同時追討不足之貸款金額，導致鍾鎮濤宣布個人破產重整。

　　由於房地產投資為報酬率極高，也是風險極高的投資商品，因此本章將針對房地產投資的優缺點做比較，對房地產投資評估方法和其他房地產投資方法加以討論。

15.1 房地產投資的優缺點比較

（The Advantages and Disadvantages of Real Estate Investment）

投資房地產的優缺點，大概可以歸類為以下幾種，如表15-1所示。

表15-1 房地產投資優缺點比較

項目	優　　點	缺　　點
1	有土斯有財的心理成就感	潛在的房地產價格下跌，財務損失風險
2	房地產出租定期的現金流入金額	需要大筆的頭期款投資
3	房地產價格上漲的潛在獲利	比其他金融資產更複雜的投資方式
4	高度財務槓桿操作能力	潛在的維護整修成本和稅捐負擔
5	房地產貸款利息費用的租稅減免效果	潛在的週轉（脫手）風險

15.1.1 投資房地產的優點

投資房地產的最大優點為有土斯有財的心理成就感。房地產資產的特性為稀少性、不可移動性和無法取代性。臺灣由於地窄人稠，大部分土地皆是不適合開發的高山和丘陵地，形成可運用土地的稀少性，而土地與動產（例如：汽車、家具或家電商品）的性質不同，屬於不動產，也就是具有不可移動性，再加上某些地段的房地產具有無法替代性，使得房地產的投資決策偏重於三大因素，分別是「地段、地段和地段」（Location, Location, and Location）。對於以租賃方式取得房屋或土地使用權的人而言，有土斯有財的心理成就感一直揮之不去，就像典型的美國人一直擁有的夢想（American Dream）一樣，就是想擁有自己的房子，這也難怪許多財務狀況不佳、信用有問題的美國中下階級，也可以透過其他管道取得房屋貸款，來購置屬於自己的房屋。在圖15-1中，臺灣地區自用住宅的擁有率不斷上升，但是同時也推升各地區的房價水準，如圖15-2所示。

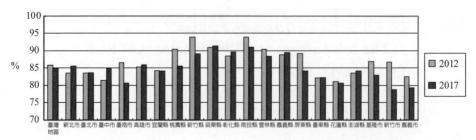

資料來源：行政院主計總處。

臺灣各縣市自有住宅比率在2017年時，反而比2006年下降，主要原因為2010年開始全國房地產價格大幅上漲，平均自有住宅比率在2017年時只有84.83%。

圖15-1　臺灣各縣市自有住宅比率

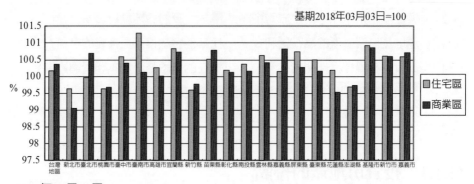

*2018年12月31日

資料來源：內政部地政司。

臺灣地區地價指數在2018年12月31日時皆大幅上漲，住宅區漲幅以臺南市最大，達101.30%；商業區漲幅以基隆市最大，達178.87%。

圖15-2　臺灣地區地價指數*

　　投資房地產的第二項優點為定期的現金流入金額。如果投資人所投資的房地產是以出租為主（例如：辦公大樓、商業店面、出租住宅或出租小套房），若這些房地產滿租，則定期的租金收入除了可以用來支付定期的房屋貸款利息費用支出之外，還有額外的現金流入提供其他的花費，而一旦房屋貸款順利繳清，投資人則可獲得一棟房地產資產。這種預期獲利的心理，一直是透過貸款購入小套房，而後靠出租獲利的眾多「包租公／包租婆」心理，這種投資小套房出租獲利的現象，特別存在於都會區大專院校的周邊地區。

　　投資房地產的第三項優點為，房地產價格上漲的潛在獲利確實驚人，這種現象尤其存在於位在都會區的土地重劃區內土地。許多在重劃區的農地或工業用地，在都市更新重劃實施之前，都是以甲或公頃為買賣計價單位，一旦重劃成功後，土地價格馬上三級跳，改以坪為買賣計價單位。這種因土地重劃更新而成一夜致富的「田僑」現象，在臺北市信義計畫區、臺中市七期重劃區、臺南市安南區和高雄市農十二特區特別明顯。

　　許多都會區的老社區則受惠於政府給予的都市更新優惠，例如：以減少建蔽率，但是大幅增加容積率的優惠方案，使得建商資金進駐這些老社區，展開收購老舊建築物加以拆除重建，或進行外表「拉皮」維修，以增加這棟大樓的出租行情。

　　很少有投資人運用現金一次支付所有房屋或土地價款的方式來投資房地產。最常見的方式為用現金支付房屋總價的20%作為頭期款，而後剩下80%的價款即透過銀行貸款的方式來支付。如果在支付房屋貸款期間，出租房屋的租金收入大於每月房屋貸款的利息和本金支出，則投資人即達到運用財務槓桿創造獲利的機會。另一方面在房屋貸款期間，如果房地產價格持續上漲，投資人可將用20%頭期款和80%貸款買入的房屋出售，還清貸款後還有獲利之收入。

　　部分比較積極能夠承擔較大投資風險的投資人，還可以將已辦理房屋貸款的房地產作為抵押品，再向其他銀行申辦抵押貸款取得資金，稱為二胎或三胎房貸，而後再將這些資金作為頭期款，購買下一批房地產，形成以屋養屋的財務槓桿操作。不過這種操作現象也是導致美國房貸風暴，從次級房貸市場延燒至一般房貸市場的主因。

　　運用銀行貸款投資房地產的最後一項優點為，貸款利息費用支出可扣抵個人綜合所得稅的申報。按照目前的所得稅法規定，每戶可申報之住宅貸款利息費用支出，包括：(1)自用住宅購屋借款利息扣除額；和(2)重購自用住宅扣抵稅額二種，如表15-2所示。

表15-2　自用住宅貸款利息費用和重購自用住宅扣抵個人綜合所得稅相關
　　　　規定

扣抵稅額	說　　明	舉　　例
自用住宅購屋貸款利息扣除額	如果購買自用住宅有向金融機構辦理借款，購屋借款利息也可以列舉扣除，每年扣除額最高以30萬元為限，但每一申報戶以一屋為限，並以當年實際支付的該項利息支出，減去儲蓄投資特別扣除額後的餘額，申報扣除	舉例來說，小王在96年支出的購屋貸款利息共60萬元，但他在銀行的利息收入有10萬元，在申報購屋借款利息時，須以60萬元減去10萬元，得到餘額50萬元，但是餘額已超過申報額度上限的30萬元，因此只能以30萬元作為申報
重購自用住宅扣抵稅額	納稅義務人出售自用住宅房屋，其財產交易所得所繳納的綜合所得稅，自完成移轉登記之日起2年內，如重購自用住宅房屋，其價額超過原出售價額時，可以在重購自用住宅房屋移轉登記之年度，自其應納綜合所得稅額中扣抵或退還，其先購後售者，亦有其適用	(A)出售年度的應納稅額（包括出售自用住宅房屋之財產交易所得） (B)出售年度的應納稅額（不包括出售自用住宅房屋之財產交易所得） (C)重購自用住宅之房屋可扣抵或退還稅額＝(A) – (B)

資料來源：國稅局。

15.1.2　投資房地產的缺點

　　雖然投資房地產有這麼多優點，但是缺點也不少，其最大的缺點為潛在的房地產價格下跌財務損失風險，這種財務損失風險來自二大部分，分別是價格下跌幅度大，和房地產價格下跌盤整期間長。房地產的投資和炒作是典型泡沫經濟的代表作，當房地產的價格到達最高峰時，也是泡沫經濟的最高峰，更是泡沫即將破滅的前兆，但是投資房地產的人渾然不知，認為榮景將持續下去。例如：日本房地產價格在1980年代中期達到最高點時，位在日本東京市中心日本天皇所居住的17公頃皇宮土地市價，竟然遠大於太平洋另一端的美國加州全部土地將近403,970平方公里的價值。而日本人對

土地投資的情有獨鍾，也反映在同一時期以天價收購美國洛克菲勒中心的房地產和美國各州的高爾夫球場，但是當經濟泡沫破滅時，這些房地產價格一路下滑，價格腰斬再腰斬，造成投資人重大的損失。房地產市場一旦陷入衰退盤整期，盤整期間遠超過一般人的想像程度，也比一般經濟景氣循環的衰退期來得長。這種長期的價格下跌盤整期，造成投資人資金套牢無法週轉的窘況。如果投資人想要取回套牢在房地產的資金，只有忍痛認賠出售，但是卻面臨有行無市的窘況（有人開價想賣，沒有人想買），此時不動產真的變成賣不出去的「不」動產。房地產價格泡沫化和長期盤整的趨勢，不僅存在於國外市場，在臺灣也是如此。

房地產投資的第二項缺點為需要大筆的頭期款投資，而頭期款大約為房屋價款的20%。總價1,000萬元的集合式大樓住宅，頭期款就需200萬元（1,000萬元×20%），這麼高金額的投資，使得很多人望而卻步。200萬元的頭期款投資換算成每股50元的普通股股票等於40,000股，也就是40張股票的成交量，但是每股50元的普通股股票，最低投資額卻只要50,000元（50元／股×1,000股／張）。由於高頭期款的投資方式，使得房地產的投資人僅限於有固定現金流入，或是高額現金存款的投資市場。

房地產投資的第三項缺點，為和其他金融商品的投資方式比較起來相當複雜。房地產的買賣方式包括成屋、預售屋或半成屋，而土地又包括農地、建地、山坡地、工業區，依使用區分又可分為商業區、住宅區、住商混合等，相當複雜而又沒有各區段的完整產業分析報告，只能依靠不動產經紀商的建議，或投資人自己的直覺判斷，這種投資分析方式有其決策的盲點，而其他金融商品（例如：股票），皆有投資公司或投資顧問公司，對每一家公司的營業前景與獲利情況，定期發表其研究報告供投資人做參考，而每日的成交量和成交價格，也即時公布出來供投資人參考。對比之下，房地產的投資只有專業人士才有能力參與。

投資房地產的第四項缺點，為潛在的維護整修成本和稅捐負擔。房地產的投資買賣，除了要繳交固定的稅捐和費用（例如：土

地增值稅和銷售佣金）之外，每年還須繳納房屋稅和地價稅，而大樓式住宅每月還須依坪數計算繳納管理費，而出租式的小套房或家庭式住宅的維修管理和火險成本也相當高，這些成本的回收往往只能依靠出售房地產的買賣價差收入來彌補，但是這些買賣價差的行情，往往只能依靠多年一次的房地產大行情才能出現。

　　投資房地產的最後一項缺點，爲潛在的週轉脫手風險。這種風險尤其存在於一些高價位的房地產投資案上，增加投資人資金週轉的困難度。如果房地產物件是共同持分的話（例如：高價位的集合式大樓住宅或家族共同持分），則週轉能力更是降到最低。

15.2　房地產投資評估方法
（The Evaluation Methods of Real Estate Investment）

　　一般市面上用來評估房地產投資的方法有以下三種，分別是針對以出租房地產爲主，以租金收入爲房地產投資收入來源的毛收益乘數法、收益率法，以及運用淨現金流量爲計算基礎的現金流量折現法。

15.2.1　毛收益乘數法

🌀 **毛收益乘數法（Gross Income Multiplier, GIM）**

運用本益比的觀念，求出房地產的投資報酬率是否適當。

　　毛收益乘數法爲將房地產的市價除以將該房地產出租的租金收入後所得到的乘數，作爲判斷該房地產是否值得投資之依據，其公式如下：

$$毛收益乘數 = \frac{買入房地產之價格}{出租該房地產之租金收入} \quad \cdots\cdots\cdots （公式15\text{-}1）$$

　　例如：王大想要購入一間10坪的小套房，市價爲300萬元，而

該區段同類型套房目前的年租金為30萬元，則該房地產的毛收益乘數為10（3,000,000÷300,000）。

用房地產的毛收益乘數來評估房地產投資獲利是否適當的觀念，和股票投資所使用的本益比（每股股價÷每股盈餘）觀念一模一樣，我們曾經說明過本益比的倒數（1÷本益比），就是股票的投資報酬率，也曾經說明股票的本益比標準為20〔投資報酬率為5%（1÷20）〕，太低或太高都是危險的訊號。根據房地產的投資風險、市場週轉能力、所需的投資資金和所負擔的房貸利息成本，房地產的毛收益乘數大約在5左右，也就是投資報酬率為20%（1÷5）。如果屬意的房地產其毛收益乘數高於5，可能都會形成獲利有限或投資虧損的情況。

投資人可以運用屬意投資的房地產物件，附近區段同類型房地產的毛收益乘數，來評估該投資物件的賣方開價是否過高或太低，作為是否值得投資的參考，其計算公式如下：

房地產合理市價 = 目前年租金收入×毛收益乘數

…………（公式15-2）

例如：王大投資房地產的案例中，其屬意的房地產物件毛收益乘數為10，而附近同類型的房地產出租年租金收入為250,000元，則根據公式15-2，該物件的合理市價為2,500,000元，如下所示：

房地產合理市價 = 目前年租金收入×毛收益乘數
= 250,000×10
= 2,500,000

如果賣方出價高於2,500,000元，則王大可能要求賣方降低售價之後，才考慮購買該房地產。如果賣方出價低於2,500,000元，則王大即可以出價購買該房地產物件，作為投資標的。

15.2.2 收益率法

收益率法也是用來評估投資房地產，作為出租租金收入是否適當的另一種方法，只不過此時出租租金收入須扣除相關費用後，所得到之淨租金收入，這些相關的費用包括房地產管理費、各項稅捐和預估之無法出租租金損失，其公式如下所示：

$$收益率 = \frac{淨租金收入}{買入該房地產之價格} \quad \cdots\cdots\cdots\cdots（公式15\text{-}3）$$

例如：王大想要在臺中市逢甲商圈投資小套房，以該小套房出租給學生的租金收入為獲利來源。王大預估1年12個月中扣除寒暑假3個月之後，約有9個月的月租金10,000元收入，扣除每月500元的公共設施維護費和相關稅捐後，每年的淨租金收入為84,000元（10,000元／月×9月 － 500元／月×12月），而該小套房的售價為2,000,000元，則根據公式15-3，投資該小套房的收益率為4.2%。如果王大覺得4.2%的投資報酬率遠低於其他金融商品的投資報酬率，則王大有二種選擇，分別是放棄購買該房地產的念頭，或是要求賣方降低該房地產之出售價格，以提高該房地產投資案之投資報酬率。

$$
\begin{aligned}
收益率 &= \frac{淨租金收入}{買入該房地產之價格} \\[2mm]
&= \frac{84,000}{2,000,000} \\[2mm]
&= 4.2\%
\end{aligned}
$$

毛收益乘數法和收益率法，主要是用在投資出租房地產的評估方法，其主要投資收入來源為租金收入，將來該房地產價格上漲的潛在利益並未包括在內，因此在使用上述二種方法時必須特別注意。為了改善此種沒有將投資之房地產潛在漲價利潤計算在內的缺

點，就有第三種評估房地產投資的方法，稱爲現金流量折現法。

15.2.3 現金流量折現法

現金流量折現法爲將房地產預估之稅後租金（現金）收入，以及將來出售該房地產之稅後現金流量，配合適當之折現率，求出各期之現金折現值加總之後，即爲該房地產之淨現值，與該房地產目前市價（賣價）相較，以判定該房地產是否值得投資之依據，其公式如下所示：

○ 現金流量折現法（Discount Cash Flow Method）

將房地產之預估租金收入和出售價值折現，作爲判斷房地產投資之依據。

$$淨現值 = \sum_{t=0}^{n} \frac{CF_t}{(1+i)^t} \cdots\cdots（公式15\text{-}4）$$

CF_t = 第 t 期之淨現金流量

i = 折現率（投資報酬率）

例如：王大想要在臺中市逢甲商圈投資小套房的例子，王大想要在第 5 年後將該小套房出售，出售價格爲2,200,000元，而每年的淨租金收入約有5%的上漲空間，王大預估自己的折現率（投資報酬率）爲10%，則該房地產的現值爲1,714,340元，如表15-3所示。

表15-3　王大投資房地產案現金流量折現法評估

年	稅後淨現金流量[*]	折現率	折現值
1	84,000	10%	76,364[**]
2	88,200	10%	72,893
3	92,160	10%	69,241
4	97,240	10%	66,417
5	102,102	10%	63,398
5	2,200,000（出售該房地產收入）		1,366,027
合計			1,714,340

[*]租金每年上漲5%

[**]$84,000 \div (1+0.1)^1$

如果該物件目前的賣方出價爲2,000,000元，則很顯然的該價格遠高於王大所計算出來的折現值1,714,340元，則王大不應該用2,000,000元買入該房地產。如果王大願意用高出淨現值的2,000,000元市價購入該房地產，則王大要彌補這價差損失285,660元（1,714,340 − 2,000,000）的方法，就是提高每年的出租金額，或將該房地產投資案目前的折現率（投資報酬率）由10%降至9%左右。

15.3　其他房地產投資方法
（Alternatives of Real Estate Investment）

由於直接投資房地產有所需資金龐大、市場流動週轉力不足和缺乏市場公開交易資訊的缺點，爲了改善此種現象，活絡不動產市場的交易，讓一般民衆也能參與不動產的投資，就有不動產證券化金融商品的推出，例如：不動產證券化基金。

> **不動產證券化基金（Real Estate Investment Trusts, REITs）**
>
> 將不動產透過證券化步驟，轉化成基金方式，銷售給一般投資人。

不動產證券化基金爲將特定不動產依照市值發行等值數量之受益憑證，成爲共同基金，並將該共同基金在股票集中市場交易。該不動產證券化基金之主要收入來源，爲該不動產標的潛在增值空間和租金收入，而投資人投資該不動產證券化基金的主要收入來源，爲以股利收入發放的租金收入，以及該不動產投資標的潛在的增值空間，所反應出來的基金買賣價差。表15-4爲目前集中市場所推出的不動產證券化基金一覽表。

不動產投資的另一種方式爲共同持分產品出租獲利。許多度假中心或百貨公司的建築商，爲降低興建建築物或遊樂區大樓的資金需求，在建物興建之初，即以預售方式將整棟大樓的樓地板面積分切成標準的出售單位面積，例如：每單位5坪或每單位10坪，出售給投資人持有，此時投資人持有整棟大樓樓地板面積的百分之一或二百分之一。建商在建築物完成之後，即接受投資人的委託，將樓地板面積出租給公司行號，作爲百貨賣場或辦公處所，租金收入扣

表15-4 不動產證券化基金

基金名稱	投資標的	成交價（每股元）
土銀富邦R1	富邦人壽大樓、富邦中山大樓、天母富邦大樓、潤泰中崙大樓商場部分	15.51
土銀國泰R1	臺北喜來登飯店、臺北西門大樓、臺北中華大樓	15.45
兆豐新光R1	新光天母傑仕堡大樓、新光國際商業大樓、台證金融大樓、臺南新光三越百貨大樓、新光信義華廈、新光人壽中山大樓	16.70

資料來源：金管會，2019. 04. 12。

除一部分管理費用之後，交付給持分人作為投資報酬。早期臺北市仁愛路的財神大樓，或是近年來高爾夫球場所出售的會員證，即是類似的不動產共同持分產品。

投資不動產共同持分產品的最大優點，為投資人用極小額的資金就可投資不動產產品，但是其最大的缺點和一般不動產商品一樣，就是缺乏市場週轉能力，投資人如果想要出售手中所持有的這類商品，可能非常困難。

15.4 摘要

房地產投資的優點，包括有土斯有財的心理滿足感、房地產價格上漲的潛在獲利和房地產貸款利息費用的租稅減免效果。但是其缺點包括潛在的價格下跌損失風險、需要大筆的頭期款投資和比其他金融資產更複雜的投資方式。房地產投資評估方法，包括以投資房地產出租為獲利主要來源的毛收益乘數法、收益率法，以及買入房地產再出售為獲利方法的現金流量折現法。毛收益乘數法和評估股票投資所用的本益比標準類似，而現金流量折現法則以投資房地產所產生的稅後現金流量，為計算折算後現金流量的基準。其他投

資房地產的方法，包括在股票集中交易市場買賣不動產證券化共同基金，以及投資共同持分出租獲利的不動產。

15.5　問答題

1. 決定某筆不動產是否值得投資的三大決策因素為何？

2. 投資不動產的優點有哪些？

3. 投資不動產的缺點有哪些？

4. 一般用來評估不動產是否值得投資的方法有哪幾種？

5. 大明想要買入一間位在淡水淡江大學的 10 坪小套房預售屋，作為出租給學生的投資工具，建商開價3,000,000元，而該區段的同類型小套房月租金為15,000元，則大明想要投資該房地產的毛收益乘數為多少？如果金融機構 1 年期定期存款利率為8%，則大明是否應該買入該房地產？

6. 承上題，如果該區段同類型小套房的毛收益乘數為5，則大明買入該小套房的合理價位為多少？

7. 大東認為購買小套房的出租收入，遠高於將資金放在銀行定期存款的利息收入，決定在陽明山山仔后附近購買小套房，出租給文化大學的學生。大東預估每月的租金收入為10,000元，包括稅捐和管理維修費約每月1,000元，而附近的小套房出售價格為2,000,000元，則大東投資該小套房的收益率為多少？

8. 承上題，如果大東將該筆資金轉移至股票投資，年平均報酬率為10%，則大東是否要購買小套房作為投資標的？

9. 林中想要購買集合式住宅出租獲利，同時在第3年有適當價格時出售獲利。他看中的標的為位在臺中市七期重劃區的大樓住宅，其相關現金流量如下所示：

年	稅後淨現金流量	折現率
1	20,000	8%
2	22,000	8%
3	25,000	8%
3	5,000,000	8%

　　如果該物件目前出價4,000,000元,則林中是否應買下該房地產作為投資標的?

10.除了直接投資房地產的方法之外,是否有其他間接投資房地產的方法?試說明之。

15.6　討論題

1. 拜訪就學學區附近的不動產仲介商,詢問學生出租小套房每月租金多寡?如要購買小套房,總價為多少?每坪單價為多少?

2. 詢問親朋好友或父母親,其購買該房地產的考量因素為何?資金來源為何?頭期款多少?其房屋貸款利率多少?貸款期限多久?

3. 詢問學區附近的不動產仲介商,該學區附近出租小套房的毛收益乘數為多少?

〈IV〉
退休規劃（Retirement Planning）

Chapter 16
退休理財規劃

理財觀

私校教師退撫將改為「確定提撥制」

為了解決公私立教職員退撫薪資不一致的現象，同時挽留私校優秀教師繼續留在私校服務，不要跳槽到退撫較佳的公立學校的難題，私校教師退撫制度將改為「確定提撥制」。

在確定提撥制下，私校教師、退撫專戶、政府和學校，每月將依照教師薪資多寡提撥35%、26%、19.5%和19.5%的退休金至退撫專戶，按照新制教師每月提撥金額最高為3,600元。此一辦法若修法通過實施，將有效改善目前私校教師退休金遠低於公立學校教師的情況。雖然「確定提撥制」有利於改善私校教師退休金不足的窘況，但是私校教師退休能領多少退休金，還得視該退休基金專戶的操作績效報酬率多寡來決定。如果該專戶操作績效報酬率高（低），則教師的月退休所得將增加（減少），這樣的結果還是比公立學校教師退休的「確定給付制」相差很多。在「確定給付制」下，公立教師每月的退休所得是固定的，通常

退休月所得約為退休前一個月薪資收入的60%左右，另一方面公立學校教師可選擇月退休新制，但私校教師只能選擇一次退休給付制。

資料來源：

張錦弘，〈私校退撫新制，政府提撥〉，2008.06.13。

在本章的開頭的「理財觀」中，我們知道連有安穩月俸收入的私校教師在面臨退休時，退休金仍然遠低於同等級的公立學校教師。而隨著人口出生率逐漸降低，投入職場的工作人數也同步減少，使得全國每月按薪資提撥的退休金將大幅減少；另一方面退休人士的壽命，在醫療藥物和科技幫助下逐漸延長，其退休月俸所請領的期間也將大幅延長。這二種情勢發展將對全球退休理財形成重大衝擊，其原因之一是各國政府的退休基金專戶金額將大幅減少，因為支出增加（退休月俸支出增加），而收入減少（人口出生率降低，導致投入勞動場所的勞工人數減少），為了因應此種情況，只有三種解決方案：一是降低退休人士退休金收入，二是要求正在就業的勞工增加退休薪資提撥率，或是以延長退休年齡來因應。

面對各國這種即將來臨的退休困境，臺灣也不例外。最好的方式就是即刻進行個人退休理財規劃，愈早規劃，退休後的生活才能愈順利，避免退休後月退休所得金額捉襟見肘的窘況。在本章中，我們將對目前的勞工退休制度做討論，而後討論退休提撥和給付制度，最後討論適當的退休理財規劃方法。

16.1　現行退休制度
（Current Retirement Systems）

雖然國民年金在2008年10月1日確定開辦，全國的民眾在退休之後，都能獲得一定金額的退休月生活保障，但是光依靠國民年金，可能無法滿足基本的退休生活保障，因此我們將針對目前已實行的退休制度做討論，包括確定給付制和確定提撥制。

16.1.1 確定給付制

一般的退休制度基本上可分為二大系統，分別為確定提撥制和確定給付制。

在確定給付制下，參與退休帳戶提撥的人士，按月薪資多寡，每月從薪資帳戶提撥固定比率或固定金額的薪資至特定的退休帳戶中。當到達退休年資時，申請退休人士每月可領取固定金額的月退俸（例如：退休前一個月薪資的60%），或是一次領取固定金額的退休金（例如：退休前一個月薪資乘上30個年資基數）。基本上退休金多寡取決於二大因素：薪資水準高低和服務年資長短。

一般軍公教人員的退休制度都是採取確定給付制，在此制度下，退休人士的月退俸或一次請領退休俸的退休金，可以獲得保障，但是其潛在危機卻是該集合式全國的退休專戶，例如：公務人員退撫基金，可能因為請領退休金人數眾多、退休人士壽命延長或退休基金投資績效報酬率太低，造成退休基金專戶金額規模逐漸縮水，最後走上倒閉的途徑。為了避免此種現象，退休金專戶可能由充分準備制取代隨收隨付制。圖16-1為公教人員退撫基金提撥率從2004年開始調高，在2006年時已調整為12.00%，其中個人負擔35%，政府負擔65%。

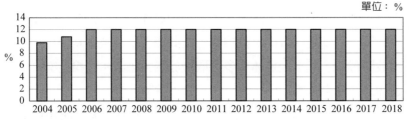

資料來源：考試院。
公教人員退撫基金提撥率從2005年的10.80%，提高為2018年的12.00%，將逐年提高至18.00%。

圖16-1　公教人員退撫基金提撥率

🔵 **充分準備制（Full Funded Plan）**

退休金帳戶金額由會員確定提撥，並且確保專戶金額，以一定之水準達成充分給付會員退休為原則。

🔵 **隨收隨付制（Pay as You Go Plan）**

退休金帳戶金額由會員提撥，並且自負盈虧之責，用以達成給付會員退休為原則。

🔵 **確定給付制（Defined Benefit Plan, DB）**

退休時定期可收到固定金額或固定給付比率的退休計畫。

🔵 **確定提撥制（Defined Contribution Plan, DC）**

在就業期間每月即提撥一定金額或比率的退休金至退休帳戶中。

確定給付制的優缺點，如表16-1所示。

表16-1　確定給付制退休優缺點

項次	優　點	缺　點
1	退休人士的所得收入獲得保障，可以確保一定的生活水準	潛在的退休金給付黑洞，形成政府或企業的嚴重財務負擔
2	恩給制的退撫制度	政府或企業必須分攤大部分的退休提撥金額，形成員工「白吃午餐」的現象
3	確定金額的退休給付，有助於社會經濟安全秩序的安定	出生率下降和退休人士壽命延長，造成退休金帳戶基金規模逐漸縮水

16.1.2　確定提撥制

在確定提撥制下，參與退休金提撥的人士按月薪多寡，每月提撥一定比率或固定金額的薪資至特定的退休帳戶中（例如：5%至特定的全國性或企業的退休金專戶中），而該基金即將退休金投入相關的金融資產做投資孳息。如果報酬率高，則基金規模愈大，退休人士所能領取的退休俸就相對增加；如果報酬率低，則基金規模縮小，退休人士所能領取的退休俸金額就相對減少；亦即其所領的退休俸金額是變動的，許多私人企業的退休制度（例如：勞工或私校教師），都是採取確定提撥制，在此情況下，退休基金專戶成為隨收隨付制，基本上退休金多寡取決於二大因素：提撥金額高低和退休基金孳息多寡。

勞工退休金提撥率為在確定提撥制下，退休人士所領取的退休俸金額為不固定的，為了提高退休俸給付金額，退休基金專戶必須積極的將基金投入金融市場，以賺取較高的投資報酬收入。例如：圖16-2為舊制勞工退休基金經營概況，其收益平均維持在5.0%左右。而圖16-3為新制勞工退休基金經營概況，其收益率維持在3.00%左右。

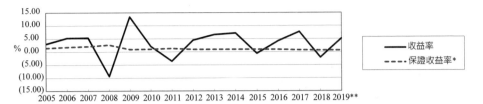

*合作金庫、第一銀行、臺灣銀行等三銀行2年期定期存款平均利率

**2019. 02. 28

資料來源：勞動部。

舊制勞工退休金收益率有時高於保證收益率，2019年2月時為5.13%，高於保證收益率0.6421%。

圖16-2　舊制勞工退休金收益率和保證收益率比較

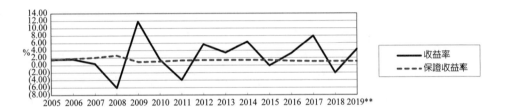

*五大行庫2年期定期存款平均利率

**2019. 02. 28

資料來源：勞動部。

新制勞工退休金收益率有時高於保證收益率，2019年2月時為4.32%，同時期保證收益率為1.05%。

圖16-3　新制勞工退休金收益率和保證收益率比較

確定提撥制的優缺點，如表16-2所示。

確定提撥制最大的優點，為政府相關機關為鼓勵勞工自提退休金，對於自我提撥的金額，通常給予個人綜合所得稅租稅減免的誘因。例如：按照新制勞工退休辦法的規定，勞工每月工資自願提撥的6%範圍內，可免計入個人薪資所得總額。這種租稅優惠措施對於高薪資所得的員工特別有誘因。確定提撥制之退休制度的另一個優點，為員工採取可攜式帳戶設計，在就業期間都有自己專屬的退休金帳戶，不因就業的企業倒閉或轉換工作，工作年資中斷而損失。這種可攜式帳戶制度的設計，對於在中小企業就業的員工特別有保障，畢竟中小企業常因外在經營環境變化而倒閉，其員工被解

表16-2　確定提撥制退休優缺點

項次	優　點	缺　點
1	提撥部分金額可享有租稅減免優惠。	員工所領的退休金額不固定，缺乏退休安全感。
2	員工自己提撥退休金，有助於退休理財規劃及早進行。	低所得員工提撥金額有限。
3	有自己專屬的可攜帶式退休帳戶，不受轉業或跳槽影響。	退休帳戶投資報酬率，常跟隨金融市場景氣變動而變化。

僱或失業成為常態，可攜式帳戶設計，可免除這些工作年資中斷的困擾。

　　確定提撥制的最大缺點就是，員工退休時所領到的月退俸或一次請領的退休金額不固定，這種情況對工作年資已經達30年或已達退休年齡的員工是極大的不確定感。為了減低這種不確定感，唯一方法就是提高員工自我提撥的比率或金額，達到政府規定的最高免稅上限，但是這種做法對部分低薪員工，可能又形成可支配所得減少的負擔。

16.2　勞工退休制度
（Employee Retirement System）

　　我國《勞動基準法》（簡稱《勞基法》）在1984年8月1日開始實施之後，勞工的工作權、最低時薪、失業救濟和退休給付獲得初步保障，但是實施之後卻發生雇主提撥員工退休金不足，或為投保員工薪資以多報少，以減輕雇主勞保費用負擔的弊端，為了改善這些弊端，《勞基法》多次修改，以確保勞工退休權益和強制提撥制為原則。在現行《勞基法》和《勞工退休金條例》的規定下，勞工申請退休時可領取二筆退休金，分別是根據《勞工退休金條例》的勞保老年給付和根據《勞基法》的勞工退休金。

16.2.1 勞保老年給付

勞保老年給付為勞工在就業期間按照薪資級距，依照相對的勞保費率，繳交至勞工保險局的專戶中，統支統付。提撥的勞保費中，勞工負擔20%、雇主負擔70%、政府負擔10%。在此種制度設計下，為典型的社會福利制度，因為政府也分擔部分勞保老年給付金額，而且勞保老年給付年資不因勞工跳槽而中斷，受僱員工或加入職業工會的勞工皆應投保。

16.2.2 勞工退休金

勞工退休金的提撥有新舊制之分，在舊制下，係由雇主依勞工薪資總額提撥2～15%之金額，到中央信託局的勞工退休準備金專戶中，專款專用作為該雇主支付該公司員工退休金之用，因此該專戶所有權為雇主。當受僱勞工在該企業工作年資符合退休條件，向

表16-3 勞保老年給付相關權益和規定

項目	勞保老年給付
法源依據	《勞工保險條例》
適用對象	符合《勞工保險條例》規定者
收支保管單位	勞工保險局
請領條件及方式	符合《勞工保險條例》請領老年給付條件時，向勞保局請領
給付方式	一次給付
給付標準	按退休前3年平均月投保薪資計算，前15年每1年給1個月，第16年起每1年給2個月，最高以45個月為限，加計60歲以後年資，最高總數以50個月為限
申請退休請領勞保老年給付條件	1.參加保險之年資合計滿1年，男性年滿60歲，女性年滿55歲退職者 2.參加保險之年資合計滿15年，年滿55歲退職者 3.在同一投保單位參加保險之年資，合計滿25年退職者 4.參加保險之年資合計滿25年，年滿50歲退職者 5.擔任經中央主管機關核定具有危險、堅強體力等特殊性質之工作合計滿5年，年滿55歲退職者

資料來源：勞動部，2019。

雇主請領退休金時，雇主由此專戶中提撥支付。由於臺灣產業屬於中小企業型態，90%企業的營業生存壽命在13年期間，常常因爲企業倒閉，導致勞工無法請領退休金，或是雇主爲減輕提撥退休金的負擔，其提撥比率往往選擇最低下限的2%，或是將員工薪資以多報少，減輕勞工退休金提撥負擔，最後導致該企業之退休帳戶金額不足之窘況。另一方面，有部分勞工經常性的轉換工作，導致年資不足，例如：臺灣勞工在同一工作平均年資8.3年，其在退休前最後一家企業的累積工作年資，不符合勞工退休金申請年資的規定，而無法領到退休金。

爲了解決以上勞工退休舊制的諸多弊端，《勞工退休金條例》在2005年7月1日實施後，勞工可選擇新制。在勞工退休新制下，勞工退休金爲確定提撥制，雇主須依照勞工投保薪資不得低於6%提撥率，提撥至勞保局以每位勞工名義，爲其所開設的個人可攜式專戶中。而爲了鼓勵勞工自籌退休金，勞工也可以按投保薪資的最高6%，提撥至該帳戶，累積自己的退休金，而自己提撥的金額可享有個人綜合所得稅全額扣除的租稅優惠。新舊制勞工退休金比較，如表16-4所示。

表16-4 勞工退休金給付相關權益和規定

項　　目	舊　　制	新　　制
法源依據	《勞動基準法》	《勞工退休金條例》
適用對象	適用《勞基法》之勞工	適用《勞基法》之本國籍勞工
收支保管單位	中央信託局	勞工保險局
請領條件及方式	於服務單位退休並符合請領退休金條件時，由雇主給付退休金	年滿60歲時，向勞保局請領個人帳戶累積金額
給付方式	退休金一次付清	月退或一次給付
給付標準	按退休前6個月平均工資計算，前15年每1年給2個基數，第16年起每1年給1個基數，最高總數以45個基數爲限	個人帳戶累積金額及收益

表16-4　勞工退休金給付相關權益和規定（續）

申請退休請領勞工退休金給付條件	在同公司連續待滿15年以上年滿55歲或在公司待滿25年	1.請領月退休金：年滿60歲（提繳年資≧15年） 2.請領一次退休金：年滿60歲（提繳年資＜15年）

資料來源：勞動部，2019。

16.3　國民年金制度
（**National Pension Plan**）

　　雖然臺灣已有公保和勞保的退休金給付機制，但是仍然有350萬人，例如：自由業人士或家庭主婦（夫），因爲沒有固定的薪資收入，所以無法請領各種老年保險給付的機制，形成社會安全網的漏洞，爲了保障這些人的退休權益和退休後的基本生活支出，遂有國民年金制的推動。國民年金是社會保險的一種，採取隨收隨付的基金撥款機制，而且採取全額支給制。凡是年齡介於25～64歲、未參加公保、勞保和軍保之國民都應強制投保，未列未加保者罰則，但加保者才能請領年金給付。

　　國民年金之投保工資以基本工資18,282元爲基準，年金保費提撥率介於6.5～12%，其中年金保費60%由投保人自付，而其餘40%由政府撥款補助。而投保人只要年滿65歲，即可申請退休給付老年年金，其給付金額按年資計算二種公式後，擇優發給。

　　除了老年年金給付之外，被保險人死亡時，尚可請領死亡給付，以支付喪葬費用。如果被保險人有未成年遺屬無謀生能力時，尚可請領遺屬年金給付，其相關規定如表16-5所示。

表16-5　國民年金給付相關權益和規定

項目	國民年金老年給付
法源依據	《國民年金法》
適用對象	符合《國民年金法》規定者
收支保管單位	勞工保險局

表16-5　國民年金給付相關權益和規定（續）

請領條件及方式	符合《國民年金法》請領老年給付條件時，向勞動部勞工保險局請領
給付方式	1.按月給付 2.被保險人死亡可請領喪葬給付91,410元（18,282×51個月） 3.被保險人死亡時可依條件請領遺屬年金給付
老年給付標準	依下列兩公式計算後，擇優發給： A式＝（月投保金額×保險年資×0.65%）＋3,628元 （加計金額97年10月至100年12月為3,000元，101年1月至104年12月為3,500元，105年1月起為3,628元） B式＝月投保金額×保險年資×1.3%
申請退休請領國民年金老年給付條件	年滿65歲之被保險人
投保工資和費率	1.月投保金額：基本工資18,282元 2.第一年費率為6.5%；每2年調高0.5%至上限12% 3.個人自付60%，政府補助40%

資料來源：勞動部，2019。

16.4　自籌退休金規劃
（Self-Supported Pension Plan）

在上面的章節中，我們已經討論了公保、勞保和國民年金的老年給付制度，看起來每位國民退休後的生活費用支出，都已獲得妥善的保障，但是對照本章的「理財觀」顯示，臺灣民眾的退休所得替代率只有42.8%，遠低於其他國家的標準。醫療保健制度的妥善完備（例如：全民健保制度），使得退休人士的生命延長，再加上出生率下降，各國政府皆面臨各種退休基金入不敷出的窘況。在不能降低老年退休給付金額的限制下，解決方案就是將申請退休年齡從65歲延長到70歲或更高。面對這種即將到來的退休問題，最好的方法就是自籌退休金，提早規劃退休理財，而且愈早規劃執行，退休生活愈輕鬆，而這些退休理財步驟如下所示。

步驟1 　設定目標：要有多少錢才能退休？

　　退休理財規劃的第一步驟就是設定目標：要有多少錢才能退休？對於一位工作年資30年滿65歲的上班人士而言，30年的工作年資大概已經完全還清自用住宅的30年貸款，以及繳清最後一輛上班車的車貸，同時子女也都已經完成求學階段，能夠自力更生，進入各自成家立業的階段了。此時退休人士唯一的生活支出，可能只剩下和配偶二人的基本生活開銷，和不定期的醫療費用支出。另一方面，因為退休的關係，沒有了每個月的薪資收入，如果想要繼續目前的生活水準，可能不切實際，但是以50%的退休所得替代率，配合國民年金或勞保給付來預估的話，可能就能享受不錯的退休生活。例如：王大退休前3個月的平均月薪為50,000元，退休所得替代率為50%時，其退休後每月從自籌退休金專戶的收入金額為25,000元（50,000×50%），則其退休30年後的總支出現值為4,162,500元，如表16-6所示。

表16-6　退休年金支出費用現值合計

年支出金額	折現率	年限	年金現值因子	現值
300,000	5%	30	15.375	4,612,500

步驟2 　累積財富：每年（月）要存多少錢？

　　當王大要享受每月最少25,000元的退休收入持續30年時，其在退休前的累積財富必須要達到4,612,500元。接下來的問題便是如何自籌這些退休金？每年（月）要提存多少錢到這個退休基金專戶？如果將每月提撥金額存放在銀行定期存款利率為3%的帳戶和金融市場商品中，例如：股票市場和共同基金，投資報酬率為10%的帳戶中，可以得到不同的提撥存入金額，如表16-7所示。

表16-7 不同報酬率下，固定現值每年（月）提撥年金統計

現值	投資報酬率	年限	年金終值因子	每年提撥年金金額
4,612,500	3%	30	47.575	96,953
4,612,500	10%	30	164.491	28,042

表16-7中顯示，在投資報酬率為3%的定期存款帳戶條件下，王大要持續30年每年從薪資提撥96,953元／年（8,080元／月）至退休帳戶中，才能達成目標。如果投資報酬率為10%的金融市場商品時，王大每年要從薪資帳戶中提撥28,042元／年（2,337元／月）至退休帳戶中，才能達成目標。這二種自籌退休金投資計畫，每月提撥金額相差5,743元，最大的差別就是投資報酬率3%和10%之差距所造成的。

步驟3　每月強迫儲蓄：錢要存哪裡？

從表16-8中我們知道，如果將每個月的自籌退休金提撥金額存入銀行定期存款的帳戶中，面臨的問題便是每個月必須提列較多的金額，立即衝擊到每月薪資可支配所得的金額，再者長達30年的預期通貨膨脹壓力，可能侵蝕退休所得的實質貨幣購買力。最佳的退休金投資方式，就是依照我們在第11章中所討論的——依生命週期的證券投資組合，如圖16-4所示。

在圖16-4中顯示，在年輕時將所提撥的月退休金投入較高風險，但報酬率偏高的股價成長型股票和積極成長型股票，而後隨著年齡增長和退休日期的接近，以每10年為一個調整週期，將退休金專戶的資產逐漸轉換為低風險，但流動週轉率高的資產，例如：高現金配息股票、配息型共同基金，或安全性高且利息免課稅的政府公債或國庫券。例如：在圖16-5中，英國和美國退休人士的資產配置以股票和債券為大宗。

或許有人會質疑每年10%的投資報酬率可否達成？這麼高的報酬率是否常伴隨著高風險？首先要解決高風險的問題，就必須應用

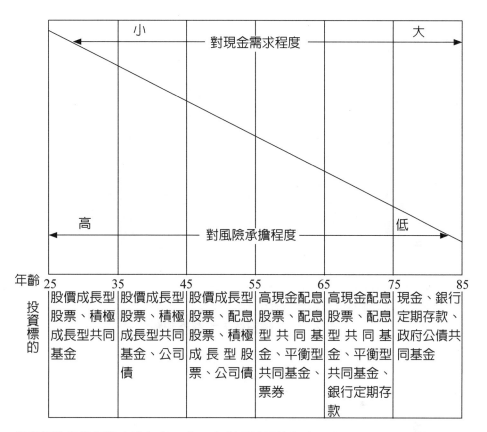

投資標的須依照投資人年齡、收入和對風險承擔程度，選擇不同投資目標的金融工具。

圖16-4　生命週期證券投資選擇

定期定額的方式購買股票型共同基金或指數型共同基金。而達成每年平均10%的投資報酬率的目標是否可行，我們以圖16-6做說明。

　　圖16-6為各國股價指數以年為基期標準下的變動，我們可以看出雖然在2008年有下降的趨勢，但是其長期的趨勢卻是向上的，而且每年的報酬率都有10%以上。值得注意的是，各國股價指數的變動幾乎都是同步的，只有日本日經指數在2005年是例外。從圖16-6中，可看出各國股市短期內有向下修正的情況，但卻是長期向上的趨勢，畢竟漲多就會向下修正，短空就會反彈，但是運用定期定額的投資方式，就能將這些變動趨勢減少至最低的情況。

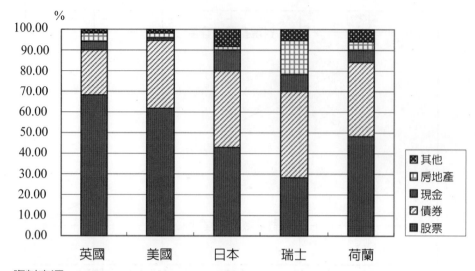

資料來源：The Economist Intelligence Unit, 2008.

各國退休人士資產配置以股票和債券為主。

圖16-5　各國退休人士資產配置

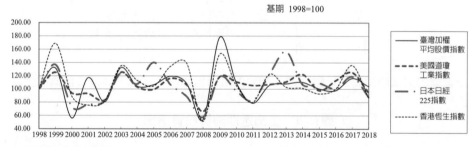

資料來源：金管會。

在金融危機威脅下，各國股市在2008年時皆下跌，但是在2009年隨即反彈。2010年的歐債危機又使得全球股市下跌，但是從2012年開始，全球主要股市的強力反彈卻出乎投資人的意料。

圖16-6　各國股價指數統計

步驟4　從什麼時候開始？現在就開始

面對30年、20年或10年後的退休金規劃，我們是否準備好了？有這個財務能力嗎？是的！我們有這個能力。圖16-7為臺灣家戶所得的可支配所得逐漸增加，從1974年的每戶92,823元到2017年

單位：新台幣元

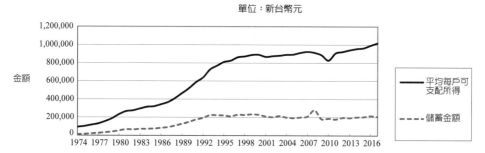

資料來源：行政院主計總處，2017年報。
臺灣家戶平均所得逐漸增加，儲蓄金額也跟著水漲船高，但是從2007年開始，家戶可支配所得和儲蓄金額開始下滑。

圖16-7　臺灣家戶可支配所得和儲蓄金額

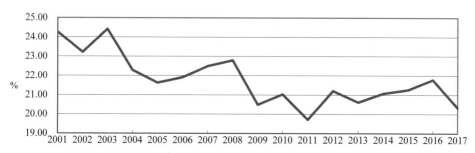

資料來源：行政院主計總處。
隨著臺灣整體薪資水準的下降和家庭支出費用增加，臺灣家戶儲蓄率也逐年遞減，2017年時，家戶儲蓄率只有20.34%。

圖16-8　臺灣家戶儲蓄率

時已增加到1,018,941元，但是儲蓄率卻持續下降到20%左右，這麼高的儲蓄率，臺灣民眾比其他國家的民眾更有自籌退休金的能力，而且愈早規劃進行，要達成退休理財目標愈容易。

　　例如：在前面章節中已經提到過的，要籌措4,612,500元退休金的例子中，如果把每年報酬率都設定為10%時，在10年、20年、30年內要籌措這筆退休金時，每年須提撥的金額分別為289,421元、80,534元和28,042元，如表16-8和圖16-9所示。

　　在圖16-9中，我們看出愈早進行退休金提撥，每年需要提撥的金額將愈少。

表16-8　不同年限，相同投資報酬率下，每年需提撥年金金額

現值	投資報酬率	年限	年金終值因子	每年提撥年金金額
4,612,500	10%	10	15.937	289,421
4,612,500	10%	20	57.274	80,534
4,612,500	10%	30	164.491	28,042

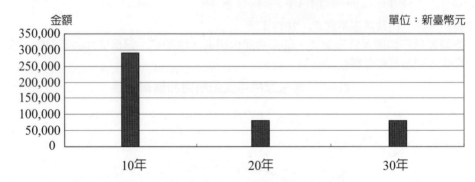

現值4,612,500元退休金，提撥年限愈久，每年所需提撥金額愈少。

圖16-9　不同年限，相同投資報酬率條件下，每年需提撥年金金額

　　另一方面在規劃退休理財時，一定要慎選退休金的投資標的。在相同的投資年限條件下，投資報酬率愈低的金融商品，每年需要提撥的年金金額將愈多，如表16-9和圖16-10所示。從圖16-10中可得知，千萬不要將資金儲放於銀行定期存款帳戶中，作為退休金專戶，因為你／妳所需提撥的年金金額要愈多，才能達成退休理財目標。

　　從以上分析可知，退休理財規劃自籌退休金的二個重要因素，分別是：(1)退休理財規劃愈早開始進行，每年需提撥的年金金額愈少；(2)選擇投資報酬率高的金融商品，每年需提撥的年金金額愈少。

表16-9　相同年限，不同投資報酬率下，每年需提撥年金金額

現值	投資報酬率	年限	年金終值因子	每年提撥年金金額
4,612,500	3%	30	47.575	96,953
4,612,500	5%	30	66.438	69,426
4,612,500	10%	30	164.491	28,042

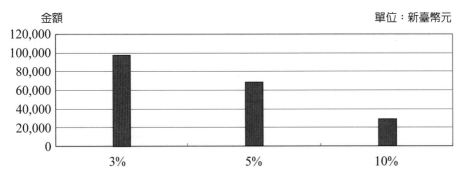

在4,612,500元現值退休金的情況下，投資報酬率愈高，每年需提撥金額愈少。

圖16-10　相同年限，不同投資報酬率下，每年需提撥年金金額

16.5　摘要

　　目前全球的退休制度可分爲確定給付制和確定提撥制，在確定給付制度下，退休人員每月／年所收到的退休給付金額爲固定的，通常以所得替代率的百分比爲基準。而在確定提撥制度下，員工每月提撥退休金的金額或比率爲固定的，但是所領取的退休金金額卻爲變動的，視退休基金的投資收益而定。

　　占全國就業人口最多的族群爲勞工人士，其退休所能領到的退休金，分別是由自己提撥成立的勞保老年給付，和由雇主提撥成立的勞工退休金專戶。而爲了解決部分人士尚未加入勞工或軍公教職退休給付的系統，遂有國民年金退休制度的推動。在自籌退休金的規劃上要把握二大原則，分別是愈早規劃執行，每年需提撥的年金金額愈少，而且選擇投資報酬率愈高的金融商品，每年需提撥的年金金額愈低。

16.6　問答題

1. 現行退休制度，基本上可分爲哪二大系統？
2. 確定給付制的退休制度，有何優缺點？
3. 確定提撥制的退休制度，有何優缺點？
4. 大部分政府機構提供何種優惠措施，來鼓勵員工自動提撥退休金？
5. 勞工退休時可領取的退休金，可分爲哪二項？
6. 何謂國民年金制度？
7. 王中退休前一個月的月薪收入爲80,000元，在所得替代率爲60%的條件下，王中的月退休所得爲多少？
8. 王中想要在退休後30年內，每年有400,000元的退休金額可供花用。在預期折現率爲5%的條件下，王中在未來20年的工作生涯中，每年要提撥多少金額至年金專戶中，才能有這樣的退休收入？假設王中的投資報酬率爲8%。

16.7　討論題

1. 詢問父母親是否有自己的退休金專戶？如果是受僱勞工，每月勞保申報工資爲多少？
2. 詢問自己周遭已就業的朋友，是否清楚知道自己退休的權益？其勞工退休制度是選擇舊制或新制？
3. 查詢自己周遭親朋好友最少十人，詢問是否有自籌退休金的計畫？若有，其每月提撥金額爲多少？其退休金投資標的爲何？

Chapter 17
遺產規劃

理財觀

蓋茲宣布退休

美國微軟公司的創辦人，也是世界十大富豪之一的比爾・蓋茲（Bill Gates），在2008年6月27日終於離開一手創辦的微軟公司總裁職位——退休，同時將其所累積將近800億美元的財富，只保留1%作為退休之用，其餘將捐入其所創立的基金會中孳息，作為全球對抗愛滋病新藥研究，和開發新疫苗的經費。

對於許多富翁而言，如何降低遺產稅的負擔，一直是其生涯理財規劃的重點，而且這個過程要儘早進行愈好，傳統的做法為運用財產信託方式，透過「本金自益，孳息他益」的方式信託給子女（鴻海郭台銘採用此例）。而霖園集團（國泰金控公司）創辦人蔡萬霖，根據《富比世雜誌》預估身價達46億美元，則透過捐贈12億元國泰金控公司股票給所創辦的國泰醫院方式，達到節稅目的，其死亡時只繳交5億元遺產稅，而且以現金給付。新光人壽創辦人

吳火獅則運用捐贈給吳火獅文教基金會方式，最後只繳交2億元的遺產稅。

　　但是對於許多未及早規劃，但又突然病逝的名人而言，遺產稅卻是沉重的負擔。例如：委託書大王陳德深突然去世，家屬繳交了高達19億元的遺產稅。永豐餘集團創辦人何壽山的子女繼承75億元遺產，就繳交了20億元的遺產稅。英業達副董事長溫世仁的猝逝，家屬共繳交了40億元的遺產稅。

　　由於許多富翁和名人紛紛運用各種捐贈名義取得抵免稅額，規避遺產稅和個人綜合所得稅，國稅局加強查核大有斬獲。例如：台灣大哥大前董事長孫道存無償將手中價值1億6,000萬元的台灣大哥大持股1,300萬股，贈予女星顏寧被查獲，須課徵贈與稅和一倍罰金共1億3,000萬元。

資料來源：

1.鄭琪芳，〈大企業主繳多少稅？蔡萬霖不到5億，溫世仁20多億〉，2005.08.31。

2.楊國文，〈贈女星1.6億股票，孫道存判繳1.3億贈與稅〉，《自由時報》，2006.09.23。

　　在生涯理財規劃的研讀過程中，我們已經到了最後的一個階段，也就是遺產的規劃。而遺產規劃的重點在於事先運用合法的節稅方法，達到事後節稅的目的。因此本章中，我們將針對遺產的法定繼承順序、遺產稅率和贈與稅率及各種節稅方法加以討論。

17.1　遺產的法定繼承順序
（Heir Orders）

　　根據《民法》遺產繼承的規定，我國允許死亡者生前訂立遺囑，來規劃遺產繼承的順序和金額。如果死者生前未立遺囑者，則遺產必須依照法律規定來繼承，遺產繼承者，除配偶外，按照下列

順序依序繼承之，如表17-1所示。

表17-1　遺產繼承順序

優先順序	繼承人	事　例	備　註
1	直系卑親屬	子女（男女均等）	同一順位之繼承人有數人時，按人數平均繼承
2	父母		
3	兄弟姊妹		
4	祖父母		

　　其中第一順位之繼承人，於繼承遺產前死亡者或喪失繼承權者，由其直系卑親屬代位繼承應繼承之權利。

　　而配偶有相互繼承遺產的權利，其應繼承權則應按下列規定，如表17-2所示。

表17-2　配偶遺產繼承順序

優先順序	說　　　明
1	與直系卑親屬同為繼承人時，其應繼分與其他繼承人平均。
2	與父母或兄弟姊妹同為繼承人時，其應繼分為二分之一。
3	與祖父母同為繼承人時，其應繼分為三分之二。
4	無直系卑親屬、父母、兄弟姊妹或祖父母繼承人時，其應繼分為全部。

　　但是並不是所有財產繼承人都喜歡繼承死亡者的遺產，因為死亡者或許沒有留下任何財產可供繼承，卻留下大筆的債務供繼承人承擔。所以遺產的繼承人可採用以下方式來繼承遺產：(1)限定繼承；(2)拋棄繼承；和(3)概括繼承。

17.1.1　遺產繼承方式

■限定繼承

　　限定繼承顧名思義乃是繼承人僅以繼承所得之遺產，來償還被

繼承人之債務。如果被繼承人之債務超過遺產時，繼承人無須用自己之財產作為清償被繼承人之債務，所以限定繼承的用意在於保障繼承人財產之安全，不受被繼承人死亡時債務之拖累。但是限定繼承並非被繼承人死亡即自動生效，而是被繼承人死亡後，繼承開始3個月內，由繼承人開具遺產清冊呈報法院辦理之，至於繼承人是否知道繼承開始，則不過問。而為了解決許多未成年子女在父債子還的繼承壓力下，形成未成年就背負龐大的債務壓力，立法院已修法通過未成年子女和限制禁治產的繼承人，強制採取限定繼承，避免「天上掉下來的債務」對於未成年子女造成財務的負擔。

■ 拋棄繼承

拋棄繼承的立法用意在於避免「父債子還」和「夫債妻還」的惡性循環。根據《民法》規定在繼承開始時，繼承人依法定方式向法院聲請不願繼承被繼承人財產和債務的權利，而辦理的時限為知悉繼承開始3個月內，以書面方式向法院辦理之。值得注意的是，諸多繼承人中，如果有一個辦理拋棄繼承時，則其應繼分權會轉移到其他繼承人身上（配偶例外）。所以要辦理拋棄繼承時，應所有繼承人全部造冊辦理，才能避免有人沒有辦理拋棄，卻繼承所有債務的重責大任。

■ 概括繼承

按照我國目前法律的規定，當被繼承人死亡時，法院不會主動發文通知遺產繼承人，在繼承期限內來辦理限定繼承或拋棄繼承。如果繼承人沒有在期限內向法院辦理，則法院認定繼承人概括繼承被繼承人的所有債權、債務和財產。從以上分析得知，我國有關財產的繼承以概括繼承為原則，拋棄繼承和限定繼承為例外。

17.2 遺產稅和贈與稅
（Estate Tax and Gift Tax）

17.2.1 遺產稅

在自由經濟制度和資本主義的思維架構下，每一個人都應靠自己才能賺取財富，作為自己日常生活所需之花用，絕對沒有白吃午餐的道理。因此各國政府對於「不勞而獲」的財產（遺產繼承），都課以重稅，但是這樣的結果就是許多富翁應用合法的節稅管道，將資金轉移到海外的租稅天堂，或瑞士／列支敦斯登等國的私人銀行帳戶中。在討論遺產稅規劃之前，我們先了解有關遺產稅課徵的相關規定。

按照遺產稅法的規定，當被繼承人死亡6個月內，繼承人應造冊被繼承人名下的所有財產，包括動產、不動產和一切有財產價值的權利，向戶籍所在地的國稅局申報。而相關之遺產稅扣除額，如表17-3所示。遺產稅除有各項扣除額之外，也有新臺幣1,200萬元的免稅額，因此遺產稅的課稅額公式如下：

遺產稅課徵淨額＝遺產總金額－免稅額－扣除額
應納遺產稅＝遺產稅課徵淨額 × 遺產稅率－累進差額

…………（公式17-1）

表17-3 遺產稅扣除額規定

項次	扣　　除　　額
1	免稅額：1,200萬元
2	配偶扣除額：493萬元
3	直系血親卑親屬扣除額：每人50萬元。其有未滿20歲者，並得按其年齡距屆滿20歲之年數，每年加扣50萬元。
4	被繼承人遺有父母者，每人得自遺產總額中扣除123萬元。

表17-3 遺產稅扣除額規定（續）

5	重度以上身心障礙特別扣除額：每人618萬元
6	受被繼承人扶養之兄弟姊妹、祖父母扣除額：每人50萬元。兄弟姊妹中有未滿20歲者，並得按其年齡距屆滿20歲之年數，每年加扣50萬元。
7	喪葬費扣除額：123萬元
8	執行遺囑及管理遺產之直接必要費用。

資料來源：國稅局，2019。

　　而遺產稅應課徵稅率，如表17-4(A)所示。從表17-4(A)中可知，當遺產稅淨額達新臺幣1億元時，超過部分的遺產稅率就高達20%。

　　例如：王大死亡時，有成年卑親屬2男2女，和配偶共5人，而王大存款帳戶金額為10,000,000元，土地一筆公告現值20,000,000元和自有房屋一棟公告現值3,000,000元，則王大遺屬應繳納之遺產稅為1,284,000元，而每人繼承之遺產2,311,200元，如表17-4(B)所示。

表17-4(A)　遺產稅課稅規定

課稅級距	基本稅率（金額）	再加徵金額
遺產稅免稅額新臺幣1,200萬元		
遺產淨額5,000萬元以下者	課徵10%	無
遺產淨額超過5,000萬元至1億元者	課徵500萬元	超過5,000萬元部分再加徵15%
遺產淨額超過1億元者	課徵1,250萬元	超過1億元部分再加徵20%

資料來源：財政部，2019.01.01。

表17-4(B)　王大遺產稅和遺產繼承計算範例

項目	內容	金額	
遺產	存款	10,000,000	
	土地一筆	20,000,000	
	房屋一棟	3,000,000	
小計(A)			33,000,000
免稅額		12,000,000	
扣除額	配額扣除額 4,930,000×1人	4,930,000	
	直系成人卑親屬4人 500,000×4人	2,000,000	
	喪葬費	1,230,000	
小計(B)			20,160,000
遺產稅課稅淨額(C) =(A)－(B)			12,840,000
課稅稅率（金額）	10%		
應納遺產稅金額(D)	12,840,000×10%		1,284,000
扣除遺產稅金額後 遺產淨額(C)－(D)			11,556,000
繼承人每人繼承之 財產	子女4人和配偶共5 人均分遺產 11,556,000／5人		2,311,200

　　雖然遺產稅的課徵稅率非常高，而且只要遺產淨額超過1,200萬元就要課徵遺產稅，但是被繼承人只要有下列之資產，就免計入遺產總金額，如表17-5中所示。被繼承人死亡時的勞公保和人壽保險的死亡給付金額不列入遺產，免課徵遺產稅。而第4項依法成立之財團法人文教基金會，也是免計入遺產項目，這二項就已經提供合法遺產稅的節稅管道。例如：鴻海集團郭台銘捐贈2億元成立永齡基金會推動公益事業，免計入郭台銘之遺產計算項目。

表17-5 免計入遺產項目（部分）

項目	內　　　　　容	備註
1	約定於被繼承人死亡時，給付其所指定受益人之人壽保險金額、軍、公教人員、勞工或農民保險之保險金額及互助金。	
2	被繼承人死亡前5年內，繼承之財產已納遺產稅者。	
3	被繼承人配偶及子女之原有或特有財產，經辦理登記或確有證明者。	
4	遺贈人、受遺贈人或繼承人捐贈於被繼承人死亡時，已依法登記設立為財團法人組織且符合行政院規定標準之教育、文化、公益、慈善、宗教團體及祭祀公業之財產。	
5	遺贈人、受遺贈人或繼承人捐贈各級政府及公立教育、文化、公益、慈善機關之財產。	
6	遺贈人、受遺贈人或繼承人捐贈公有事業機構或全部公股之公營事業之財產。	
7	被繼承人自己創作之著作權、發明專利權及藝術品。	

資料來源：國稅局。

17.2.2 贈與稅

　　如果被繼承人在未死亡之前，就想要事先處理遺產的問題，以免事後發生分配遺產之爭端，此時就必須考慮到財產贈與所發生之贈與稅問題。

　　按照《遺產及贈與稅法》規定，凡中華民國國民在境內或境外之財產為贈與者，其贈與金額超過贈與稅免稅範圍者，應於贈與行為發生30日內辦理贈與稅申報。而贈與人為納稅義務人，有下列之贈與之行為者，免計入贈與稅計算範圍，如表17-6所示。在表17-6中顯示，配偶相互贈與之財產，免計入贈與稅計算範圍，而比較有利之節稅方法為第2項，父母為未成年子女每年每人可贈與1,100,000元。例如：王大夫妻2人可為長子王大郎每年贈與總金額2,200,000元；第3項為父母於子女婚嫁時，可每人贈與1,000,000元，在王大的例子中為2,000,000元。而贈與稅的稅率和累進差額，

表17-6 免計入贈與稅項目（部分）

項目	內　　　　　容	備註
1	配偶相互贈與之財產	
2	父母為未成年子女每年每人贈與110萬元	
3	父母於子女婚嫁時所贈與之財物，每人總金額不超過100萬元	
4	扶養義務人為受扶養人支付之生活費、教育費及醫藥費	
5	贈與《民法》第1138條所定繼承人之農業用地。但該土地如繼續供農業使用不滿5年者，應追繳應納稅賦	
6	捐贈依法登記為財團法人組織且符合行政院規定標準之教育、文化、公益、慈善、宗教團體及祭祀公祀公業之財產	
7	捐贈各級政府及公立教育、文化、公益、慈善機關之財產	

資料來源：國稅局。

表17-7 贈與稅課稅規定

課稅級距	基本稅率（金額）	再加徵金額
贈與稅免稅額新臺幣220萬元		
2,500萬元以下者	課徵10%	
超過2,500萬元至5,000萬元者	課徵250萬元	超過2,500萬元部分再加徵15%
超過5,000萬元者	課徵625萬元	超過5,000萬元部分再加徵20%

資料來源：財政部，2019. 01. 01.。

如表17-7所示，其中只要贈與淨額達5,000萬元以上時，則贈與稅率達20%。而贈與稅之計算公式如下所示：

贈與稅課徵淨額＝贈與總額－免稅額－扣除額

應納贈與稅＝贈與稅課徵淨額×贈與稅率－累進差額

　　　　　　　　　　‧‧‧‧‧‧‧‧‧‧‧（公式17-2）

*免稅額：贈與納稅人每年得自贈與總額中扣除2,200,000元

*扣除額：贈與稅有負擔者，由受贈人負擔部分應自贈與金額
　　　　　中扣除，包括土地增值稅、契稅監證費和其他法定
　　　　　附有負擔者。

　　最常見的贈與例子爲父母將名下的房子贈與子女，贈與的房地產雖然有市價，但是在計算贈與價值時，則是按公告現值加以計算。例如：王大有一房地產（含地上物）市價4,500萬元，想要贈與其子作爲結婚新居，該房地產建物之公告現值爲200萬元，而土地之公告現值爲2,000萬元，此時贈與總價值爲2,200萬元，贈與稅計算方式如表17-8(A)所示，因此須繳納贈與稅1,770,000元。如果王大直接將現金4,500萬元贈與其子女時，則須繳納之贈與稅高達4,855,000元，如表17-8(B)所示。兩者贈與稅金額相差達3,085,000元（4,855,000－1,770,000）。

表17-8(A)　贈與房地產之贈與稅計算範例

項目	內容	金額	
贈與資產	存款	0	
	房地產一棟市價1,500萬元；建築物公告現值200萬元	2,000,000	
	房地產一棟市價3,000萬元；土地公告現值2,000萬元	20,000,000	
小計(A)		22,000,000	
扣除額		2,200,000	
免稅額	父母贈與子女最高110萬元×1人	1,100,000	
	父母贈與子女婚嫁最高100萬元	1,000,000	
小計(B)		4,300,000	
贈與稅課稅淨額 (C) = (A) – (B)			17,700,000
課稅稅率（金額）	10%		
應納遺產稅金額(D)	17,740,000×10%		1,770,000

表17-8(B) 直接贈與現金之贈與稅計算範例

項目	內容	金額	
贈與資產	現金存款	45,000,000	
小計(A)			45,000,000
扣除額		2,200,000	
免稅額	父母贈與子女最高110萬元×1人	1,100,000	
	父母贈與子女婚嫁最高100萬元	1,000,000	
小計(B)			4,300,000
贈與稅課稅淨額 (C) = (A) − (B)			40,700,000
課稅稅率（金額）	10%、15%		
應納贈與稅金額(D)	25,000,000×10% + (40,700,000 − 25,000,000)×15%		4,855,000

17.3 節稅方法
（Tax Saving Methods）

遺產稅和贈與稅的最高稅率都達到20%，因此要避免繳交過多遺產稅和贈與稅的最佳方法，便是運用合法的方法，達到節稅的目的，這些合法的方法包括事先移轉、壓縮財產、遞延繳稅和分時贈與。

17.3.1 事先移轉

■購買保險

事先移轉顧名思義就是被繼承人在早期即以合法的方法，將資金和財富轉移到繼承人的帳戶中，最常見的方法就是以購買人壽保

險的方式，將繼承人列爲保險受益人，則根據《遺產及贈與稅法》第16條第9款規定，人壽保險的要保人和受益人爲同一人，理賠金額全數免稅，因此躉售式的保單非常受到有遺產規劃人士的歡迎。如果要保人爲父母親，受益人爲子女時，在最低稅賦制實施之後，基本所得600萬元以上者，適用20%的所得稅率下，只要保險受益人和要保人非屬同一人，則人壽保險給付和年金給付列入基本所得額計算，但是「死亡給付」3,000萬元以下者仍然免計入基本所得，超過3,000萬元者，扣除3,000萬元後之餘額，才列入基本所得計算。在計算保險死亡給付申報時，每一申報戶可以擁有3,000萬元的免稅額，而子女爲受益人時，分開申報時則每一名保險受益人有3,000萬元的免稅額。

■購買公共設施保留地

另一個減少遺產稅的方法爲購買公共設施保留地，而後列入遺產轉移繼承給子女，同時將該公共設施保留地以市價抵繳遺產稅給政府，達到節稅的目的。根據《都市計畫法》第50-1條規定，公共設施保留地因繼承而移轉者，免徵遺產稅。例如：王大以2,000萬元購買公告現值3,000萬元的公共設施保留地作爲資產，一旦王大去世時，將公共設施保留地以市價計算抵繳遺產稅給政府，透過此種方式，民眾可以達到節稅的目的，而政府也可以不用花費一毛錢就取得公共設施保留地，作爲公園、道路或學校用地使用。

例如：李中有名下財產2億元（現金存款4,000萬元，不動產1億6,000萬元），配偶1人，已成年子女3人，李中爲達節稅目的，用現金2,000萬元購買公告現值4,000萬元的公共設施保留地作爲實物抵繳遺產稅，其節稅實例如表17-9所示。

表17-9　購買公共設施保留地之節稅計算範例

項目	內容	金額		
遺產	存款	40,000,000		
	不動產一筆市價	160,000,000		
小計(A)			200,000,000	
免稅額		12,000,000		
扣除額	配額扣除額 4,930,000×1人	4,930,000		
	直系成人卑親屬3人 500,000×3人	1,500,000		
	喪葬費	1,230,000		
小計(B)			19,660,000	
遺產稅課稅淨額 (C) = (A) – (B)				180,340,000
課稅稅率（金額）	20%			
應納遺產稅金額(D)	12,500,000 + (180,340,000 – 100,000,000)×20%			28,568,000

購買公共設施保留地捐贈之節稅				
項目	內容	金額		
遺產	存款	20,000,000		
	不動產一筆市價	160,000,000		
	公共設施保留地市價	40,000,000		
小計(A)			220,000,000	
免稅額		12,000,000		
扣除額	配額扣除額 4,930,000×1人	4,930,000		
	直系成人卑親屬3人 500,000×3人	1,500,000		
	喪葬費	1,230,000		
小計(B)			19,660,000	
遺產稅課稅淨額 (C) = (A) – (B)				200,340,000

表17-9 購買公共設施保留地節稅範例（續）

課稅稅率（金額）	20%			
應納遺產稅金額(D)	12,500,000 + (200,340,000 − 100,000,000) × 20%	32,568,000		
捐贈扣抵(E)	捐贈公共設施保留地	40,000,000		
實繳遺產稅 (D) − (E)			0	
節稅金額	(28,568,000 − 20,000,000)			8,568,000

17.3.2　壓縮財產

■贈與不動產

　　壓縮財產顧名思義就是利用財產移轉時，有價證券市價和票面值不同、土地市價和公告現值差異的方式，來降低遺產和贈與財產的價值，達到節稅目的。例如：我們在贈與稅的例子中曾經討論過，與其贈與子女現金，不如購買不動產贈與子女，因為贈與現金是按照贈與現金的市值來計算遺產稅或贈與稅，不動產雖然有市價，但是在計算遺產稅或贈與稅時，是按照政府公告地價的價值來計算，通常公告地價的價格往往為市價的三分之一而已，兩者相差的三分之二就是節稅的金額。

■贈與股票

　　壓縮財產的第二種節稅方法，為利用父母親每人每年可贈與子女110萬元的免稅額度，贈與子女上市和未上市公司股票，而由子女賺取未來股價上漲的資本利得和每年的股利所得。上市股票的贈與價值，按照贈與日之前一日成交價格來計算，而未上市股票則按照贈與日之前一日的每股淨值〔（總資產 − 總負債）÷普通股總股數〕來計算贈與股票的價值金額。

■辦理股票信託

壓縮財產的第三種方法為辦理「本金自益、孳息他益」的股票信託。也就是父母親將所持有的股票交由金融機構信託，而股票孳息（股票股利和現金股利）的受益人（他益）為子女，當信託期滿時，本金（股票）仍歸父母親所有（自益）。「本金自益、孳息他益」的節稅法源來自《遺產及贈與稅法》第10-2條，信託資金之孳息利益按照「郵政儲金匯業局1年期定期存款固定利率水準，按年複利折算現值總和」，併入他益人（子女）的綜合所得稅申報。部分績優股每年股息殖利率都高達10%，和中華郵政2.25%的1年期定期存款利率比較起來，有相當大的節稅空間。

例如：大東夫妻2人有上市公司台塑化股票市值2億元，每年預估股息2,000萬元。如果直接將每年股息2,000萬元贈與子女，扣除每年合法贈與扣除額220萬元後，贈與稅課徵淨額達1,780萬元，適用10%的贈與稅率。如果以「本金自益、孳息他益」的股票信託節稅方式，將每年配股股息2,000萬元移轉給子女，但是申報時卻只須以2億元本金乘上中華郵政1年期定存利率2.25%計算利息共450萬元，扣除贈與免稅額220萬元後，贈與稅課徵淨額為2,300,000元，適用10%的贈與稅率。節稅金額達1,550,000元，如表17-10所示。

表17-10 本金自益，孳息他益之節稅計算範例

不進行節稅規劃			
項目	內容	金額	
贈與資產	股票市價2億元：股息2,000萬元贈與子女	20,000,000	
小計(A)			20,000,000
免稅額	父母贈與子女最高110萬元×2人	2,200,000	
小計(B)			2,200,000
贈與稅課稅淨額 (C) = (A) - (B)			17,800,000

表17-10　本金自益，孳息他益之節稅計算範例（續）

課稅稅率（金額）	10%			
應納贈與稅金額(D)	17,800,000×10%			1,780,000
本金自益，孳息他益之節稅規劃計算範例				
項目	**內容**	**金額**		
贈與資產	股票市價2億元；股息2,000萬元贈與子女，贈與金額按本金乘上中華郵政1年期定期存款利率2.25%，200,000,000×2.25%	4,500,000		
小計(A)			4,500,000	
免稅額	父母贈與子女最高 110萬元×2人	2,200,000		
小計(B)			2,200,000	
贈與稅課稅淨額(C) = (A) – (B)				2,300,000
課稅稅率（金額）	10%			
應納贈與稅金額(D)	2,300,000×10%			230,000
節稅金額	1,780,000 – 230,000			1,550,000

17.3.3　遞延繳稅

　　遞延繳稅的最直接方法就是公司大股東成立海外控股公司，這些海外控股公司通常位於中南美洲的租稅天堂，例如：巴哈馬、百慕達和開曼群島。透過海外控股公司與大股東投資之臺灣公司，以直接換股方式，由海外控股公司取得臺灣公司的主導權，當臺灣公司的現金股利和股票股利匯出給海外控股公司後，再由海外控股公司分配這些「境外所得」給位在臺灣公司的大股東，但是身分卻是在臺灣的「外國投資人」。此時臺灣公司的境內所得成為大股東的境外所得，按照《所得稅法》第2條與第8條的規定，境外所得不列入個人綜合所得稅計算（海外基金的配息所得也適用本法），免繳

個人綜合所得稅，達到節稅的目的，國外許多股票上市都採用此種方法來為大股東達到節稅的目的。另一方面，海外控股公司可將累積盈餘分配無限期保留，達到延緩繳稅的目的。例如：表17-11所示，味全公司和統一公司都是採用此種方法。

表17-11　股票上市公司的海外控股公司節稅

公司名稱	海外控股公司名稱	持股比率
味全公司	英屬頂益控股公司	11.61%
統一公司	開曼統一控股公司	100.00%

資料來源：各公司財報。

17.3.4　分時贈與

■贈與未成年子女

分時贈與的節稅方法也就是運用每年特殊時間，將財產贈與子女和配偶，達到合法節稅的目的。這些方法包括分年贈與未成年子女、子女婚嫁時贈與和配偶互相贈與。

根據《遺產及贈與稅法》第24條規定，父母親於每年贈與未成年子女新臺幣110萬元範圍內免課徵贈與稅。例如：王大夫妻2人可為其獨生女每年各贈與新臺幣110萬元，共220萬元，但是為了要確保贈與之行為確實有發生，該筆贈與之資金必須在未成年子女之帳戶內，不曾提領過，絕對不能用零存整付的方式，最後由父母提領，否則仍然會被稅捐機關以普通贈與的方式課徵贈與稅。分年贈與子女免稅的最好方式為，以子女名義開立海外基金的投資專戶，此法有以下三種優點：第一，有定期定額的投資效果；第二，海外基金投資所得屬境外所得，免課徵個人綜合所得稅；第三，銀行保留有完整的撥款投資紀錄，可資證明為合法之贈與。

第二種分時贈與的時機為運用子女婚嫁的時機（結婚前半年為

之），給予100萬元的免贈與稅的婚嫁金，同時該年度父母再給予免稅的110萬元的額度，此時子女同一年度就可取得總共320萬元的免贈與稅額度。

由於我國《所得稅法》規定夫妻採合併申報方式，所以財產不管是由夫所有或妻所有，其收益均須合併申報，此時夫妻2人就必須慎選贈與項目。例如：不動產或珠寶等不會增加收益的資產，互相贈與為免稅項目，但是此種節稅方法的最大缺點，則為最後一位配偶死亡時，其遺產仍然須由遺產繼承人繳納遺產稅。

夫妻贈與免稅最好的運用方式為互相贈與不動產，申報轉移時，須以現值登記免徵土地增值稅。不過在運用此節稅方法時，須特別注意的是，如果不動產贈與的行為是在配偶一方死亡前2年內移轉，則此種夫妻互相贈與的節稅行為仍屬無效，該筆不動產須列入被繼承人的遺產計算。

■行使配偶剩餘財產差額分配請求權

另一個運用配偶身分來達到遺產稅減徵的方法為「配偶剩餘財產差額分配請求權」，由於現代男女平等及夫妻權利、義務關係的改變，以及大量的女性投入就業市場，有自主的經濟能力，同時表彰家庭主婦在家勞動為有償之行為，《民法》親屬編在2002年6月將夫妻財產制由原先的「聯合財產制」修訂為「法定財產制」，夫妻2人之財產分類為「婚前財產」和「婚後財產」。當夫妻關係消滅（例如：配偶一方死亡、離婚），一方可就婚後夫妻2人共有所購置或取得之財產，包括現金存款、不動產、古董或珠寶，扣除2人婚姻關係所產生之債務後，雙方剩餘財產之差額要求平均分配，使得被繼承人之遺產部分無償移轉到繼承人（配偶）的名下，達到節省遺產稅的目的。配偶剩餘財產差額分配請求權的計算，公式如下所示：

被繼承人之剩餘財產（配偶死亡的一方）＝（被繼承人名下之財產 － 1985/6/4之前所取得之財產）－（1985/6/4後因繼承或贈與所取得之財產）－（被繼承人之負債）……(A)*

繼承人之剩餘財產（配偶生存的一方）＝（生存配偶之名下財產 － 1985/6/4之前所取得之財產）－（1985/6/4後因繼承或贈與所取得之財產）－（生存配偶之負債）………(B)*

配偶剩餘財產差額分配請求權金額＝（A － B）÷2

運用配偶剩餘財產差額分配請求權達到節稅目的最佳例子，為永豐餘紙業公司何壽山董事長去世時，名下財產達75億4,000萬元，按照遺產稅率最高級距50%之規定，其遺屬應繳交之遺產稅將高達36億2,493萬元（不計算免稅額和扣除額），但是何壽山的配偶蔡蕙心卻運用此法律規定，取得何壽山之遺產23億7,000萬元，何壽山之遺產驟減至52億2,000萬元，何壽山之全體遺產繼承人合法節稅達11億6,000萬元。前英業達副董事長溫世仁遺產高達50億元，其配偶也運用此節稅管道，合法減免溫世仁遺產至30億元。而配偶剩餘財產差額分配請求權的行使時效，為請求權人知有剩餘財產差額時起2年內有效，而採法定財產制者自關係消滅時起，逾5年者不得再行主張。

例如：王大死亡時遺留財產達6,000萬元，其中2,000萬元屬於婚後財產，而王太太於先生死亡時，其所持有的財產為2,000萬元，其中婚後財產為900萬元，因此二人之財產差額為1,100萬元（20,000,000 － 9,000,000），此時王太太可以配偶身分向國稅局請求550萬元的配偶剩餘財產差額分配請求權，王大的遺產從原先的6,000萬元，減為5,450萬元，達到節稅的目的。

＊根據大法官會議釋字第620號釋憲文，於1985年6月5日前結婚者都適用。

17.4　遺囑形式
（Will）

　　雖然我們已經討論了遺產稅和贈與稅的節稅方法，但是遺產的分配，仍然需要遺囑的執行，才能避免節外生枝，造成直系卑親屬因遺產分配不公而對簿公堂的憾事。遺囑之效力，依《民法》第1199條規定：「遺囑自遺囑人死亡時發生效力」。

　　遺囑的合法形式包括以下五種：自書遺囑、公證遺囑、密封遺囑、代筆遺囑和口授遺囑。

17.4.1　自書遺囑

　　根據《民法》第1190條規定，自書遺囑為遺囑人自己書寫遺囑全文，內容包括遺產分配情況、遺囑執行人，並記載年月日，同時親自簽名始能生效。

17.4.2　公證遺囑

　　公證遺囑為遺囑效力最強者，根據《民法》第1191條規定，公證遺囑應指定2人以上之見證人，並在公證人前口述遺囑後，由公證人筆記、宣讀、講解，經遺囑人認可後，由遺囑人、見證人和公證人一同簽名確認，並記明年月日。

17.4.3　密封遺囑

　　根據《民法》第1192條規定，密封遺囑應在遺囑上簽名並密封，同時指定2人以上之見證人向公證人提出，陳述其為自己之遺囑。

17.4.4　代筆遺囑

　　依《民法》第1194條規定，遺囑人指定3人以上之見證人，由

其口述遺囑意旨，由見證人之一代爲筆記、宣讀、講解，同時由遺囑人、全體見證人簽名確認，並載明年月日。

17.4.5 口授遺囑

依《民法》第1195條規定，遺囑人因生命危急不能爲其他形式之遺囑者，由2人以上爲見證人並口授遺囑意旨，由其中一見證人據實做成筆記，或是將遺囑人之口述遺囑錄音並密封，由全體見證人簽名，並載明年月日。

雖然立遺囑人可以在遺囑中有自由分配其遺產的權利，但是爲保護繼承人的權利，立遺囑人不能侵害每位繼承人的「特留分」，也就是每位繼承人在法律下可得到的最低繼承比例，特留分爲應繼分的二分之一。在臺灣的民俗和禁忌下，許多人並未有預立遺囑的習慣，在此情況下，法律對於有繼承權人的遺產分配方式有「應繼分」的規定。例如：王大有1配偶和成年子女2名，王大未預留遺囑處分其遺產，當王大去世時留有現金120萬元，按照《民法》第1144條規定，其配偶和2名子女的應繼分各爲三分之一，每名各得40萬元的遺產。如果王大預留遺囑將其遺產全部留給配偶時，其2名子女可向法院主張「特留分」的訴訟，而其特留分即爲應繼分的二分之一，此時王大配偶可得遺產80萬元，2名子女各得應繼分的二分之一，分別爲20萬元，共40萬元。

17.5 摘要

生涯理財規劃的最後階段爲遺產稅和贈與稅的規劃，由於遺產稅和贈與稅的最高稅率都達到20%的稅率水準，因此有必要事先透過合法的規劃達到節稅目的。被繼承人之遺產繼承優先順序，以直系卑親屬和配偶未亡人爲第一優先，而遺產繼承的方法分別爲限

定繼承、拋棄繼承和概括繼承，如果沒有書面向法院聲請辦理繼承時，則以概括繼承為準。遺產稅的課徵適用於遺產被繼承人死亡時開始，遺產稅的課徵有免稅額和以繼承人人數為計算標準的扣除額。

贈與稅為贈與人在世時，為了某種理由贈與親屬或第三人時應課徵的稅。贈與稅的課徵也有免稅額和扣除額的免稅額度，其中配偶間互相贈與為免稅項目。

遺產稅和贈與稅的節稅方法，包括事先移轉、壓縮財產、遞延繳稅和分時贈與。事先移轉最好的方法為，運用死亡保險給付免課徵遺產稅的法律規定，以要保人和受益人為同一人，為被保險人購買終身壽險，而購買公共設施保留地以公告地價為計算標準，而後運用捐贈方式也可以達到節稅的目的。壓縮財產的節稅方法為贈與子女不動產，該不動產的贈與價格以公告地價為課稅標準，贈與上市和未上市股票也是節省贈與稅的方法，而辦理股票信託運用「本金自益、孳息他益」的方法所達到的節稅效果最大。遞延繳稅最常用的節稅方法，為在海外租稅天堂設立海外控股公司，將國內股利所得轉變為境外所得，運用境外所得免稅的法律規定，達到節稅的目的。

分時贈與則運用法律所規定，父母免稅贈與子女的一些特殊時機，例如：子女未成年階段和子女婚嫁時機，贈與財產給予子女達到免課徵贈與稅的節稅目的。而遺囑的形式可分為自書遺囑、公證遺囑、密封遺囑、代筆遺囑和口授遺囑。

17.6　問答題

1. 當被繼承人死亡時，其親屬繼承其遺產的優先順序為何？
2. 按照遺產繼承的方式，可分為哪三種？
3. 按照現行的法律規定，哪些人具有限定繼承的權利？
4. 遺產稅及贈與稅有何不同？

5. 遺產稅的扣除額和免稅額各為多少？
6. 按照現行的贈與稅規定，父母每年贈與未成年子女的免稅額度為多少？
7. 父母贈與子女婚嫁的免稅額度為多少？
8. 合法的節稅方法，有哪幾大項？
9. 透過保險死亡給付達到節省遺產稅的要項有哪些？
10. 遺囑的形式有哪幾種？哪一種最具效力？
11. 何謂遺產的應繼分和特留分？

17.7　討論題

1. 詢問周遭朋友或父母親，是否有以未成年子女名義投資、合法節省贈與稅？其節稅方法為何？
2. 詢問父母親，是否有自祖父母或外祖父母處繼承遺產？繼承金額為多少？
3. 查詢至少五則未成年子女運用限定繼承方式，拋棄父母親遺留債務的新聞。
4. 詢問自己周遭親友，是否有透過購買公共設施保留地，捐贈給政府達到節稅目的的例子？
5. 詢問自己的父母親或親友，是否有預留遺囑？若有，其遺囑形式為何？
6. 查詢各個新聞網站統計，有哪些名人透過「本金自益，孳息他益」的信託方式，達到節稅的目的。

附錄1
終值因子表

期數	利率									
	1%	2%	3%	4%	5%	6%	7%	8%	9%	10%
1	1.010	1.020	1.030	1.040	1.050	1.060	1.070	1.080	1.090	1.100
2	1.020	1.040	1.061	1.082	1.102	1.124	1.145	1.166	1.188	1.210
3	1.030	1.061	1.093	1.125	1.158	1.191	1.225	1.260	1.295	1.331
4	1.041	1.082	1.126	1.170	1.216	1.262	1.311	1.360	1.412	1.464
5	1.051	1.104	1.159	1.217	1.276	1.338	1.403	1.469	1.539	1.611
6	1.062	1.126	1.194	1.265	1.340	1.419	1.501	1.587	1.677	1.772
7	1.072	1.149	1.230	1.316	1.407	1.504	1.606	1.714	1.828	1.949
8	1.083	1.172	1.267	1.369	1.477	1.594	1.718	1.851	1.993	2.144
9	1.094	1.195	1.305	1.423	1.551	1.689	1.838	1.999	2.173	2.358
10	1.105	1.219	1.344	1.480	1.629	1.791	1.967	2.159	2.367	2.594
11	1.116	1.243	1.384	1.539	1.710	1.898	2.105	2.332	2.580	2.853
12	1.127	1.268	1.426	1.601	1.796	2.012	2.252	2.518	2.813	3.138
13	1.138	1.294	1.469	1.665	1.886	2.133	2.410	2.720	3.066	3.452
14	1.149	1.319	1.513	1.732	1.980	2.261	2.579	2.937	3.342	3.797
15	1.161	1.346	1.558	1.801	2.079	2.397	2.759	3.172	3.642	4.177
16	1.173	1.373	1.605	1.873	2.183	2.540	2.952	3.426	3.970	4.595
17	1.184	1.400	1.653	1.948	2.292	2.693	3.159	3.700	4.328	5.054
18	1.196	1.428	1.702	2.026	2.407	2.854	3.380	3.996	4.717	5.560
19	1.208	1.457	1.753	2.107	2.527	3.026	3.616	4.316	5.142	6.116
20	1.220	1.486	1.806	2.191	2.653	3.207	3.870	4.661	5.604	6.727
21	1.232	1.516	1.860	2.279	2.786	3.399	4.140	5.034	6.109	7.400
22	1.245	1.546	1.916	2.370	2.925	3.603	4.430	5.436	6.658	8.140
23	1.257	1.577	1.974	2.465	3.071	3.820	4.740	5.871	7.258	8.954
24	1.270	1.608	2.033	2.563	3.225	4.049	5.072	6.341	7.911	9.850
25	1.282	1.641	2.094	2.666	3.386	4.292	5.427	6.848	8.623	10.834
30	1.348	1.811	2.427	3.243	4.322	5.743	7.612	10.062	13.267	17.449
40	1.489	2.208	3.262	4.801	7.040	10.285	14.974	21.724	31.408	45.258
50	1.645	2.691	4.384	7.106	11.467	18.419	29.456	46.900	74.354	117.386

期數	11%	12%	13%	14%	15%	16%	17%	18%	19%	20%
1	1.110	1.120	1.130	1.140	1.150	1.160	1.170	1.180	1.190	1.200
2	1.232	1.254	1.277	1.300	1.322	1.346	1.369	1.392	1.416	1.440
3	1.368	1.405	1.443	1.482	1.521	1.561	1.602	1.643	1.685	1.728
4	1.518	1.574	1.630	1.689	1.749	1.811	1.874	1.939	2.005	2.074
5	1.685	1.762	1.842	1.925	2.011	2.100	2.192	2.288	2.386	2.488
6	1.870	1.974	2.082	2.195	2.313	2.436	2.565	2.700	2.840	2.986
7	2.076	2.211	2.353	2.502	2.660	2.826	3.001	3.185	3.379	3.583
8	2.305	2.476	2.658	2.853	3.059	3.278	3.511	3.759	4.021	4.300
9	2.558	2.773	3.004	3.252	3.518	3.803	4.108	4.435	4.785	5.160
10	2.839	3.106	3.395	3.707	4.046	4.411	4.807	5.234	5.695	6.192
11	3.152	3.479	3.836	4.226	4.652	5.117	5.624	6.176	6.777	7.430
12	3.498	3.896	4.334	4.818	5.350	5.936	6.580	7.288	8.064	8.916
13	3.883	4.363	4.898	5.492	6.153	6.886	7.699	8.599	9.596	10.699
14	4.310	4.887	5.535	6.261	7.076	7.987	9.007	10.147	11.420	12.839
15	4.785	5.474	6.254	7.138	8.137	9.265	10.539	11.974	13.589	15.407
16	5.311	6.130	7.067	8.137	9.358	10.748	12.330	14.129	16.171	18.488
17	5.895	6.866	7.986	9.276	10.761	12.468	14.426	16.672	19.244	22.186
18	6.543	7.690	9.024	10.575	12.375	14.462	16.879	19.673	22.900	26.623
19	7.263	8.613	10.197	12.055	14.232	16.776	19.748	23.214	27.251	31.948
20	8.062	9.646	11.523	13.743	16.366	19.461	23.105	27.393	32.429	38.337
21	8.949	10.804	13.021	15.667	18.821	22.574	27.033	32.323	38.591	46.005
22	9.933	12.100	14.713	17.861	21.644	26.186	31.629	38.141	45.923	55.205
23	11.026	13.552	16.626	20.361	24.891	30.376	37.005	45.007	54.648	66.247
24	12.239	15.178	18.788	23.212	28.625	35.236	43.296	53.108	65.031	79.496
25	13.585	17.000	21.230	26.461	32.918	40.874	50.656	62.667	77.387	95.395
30	22.892	29.960	39.115	50.949	66.210	85.849	111.061	143.367	184.672	237.373
40	64.999	93.049	132.776	188.876	267.856	378.715	533.846	750.353	1051.642	1469.740
50	184.559	288.996	450.711	700.197	1083.619	1670.669	2566.080	3927.189	5988.730	9100.191

附錄2
現值因子表

期數	利率									
	1%	2%	3%	4%	5%	6%	7%	8%	9%	10%
1	.990	.980	.971	.962	.952	.943	.935	.926	.917	.909
2	.980	.961	.943	.925	.907	.890	.873	.857	.842	.826
3	.971	.942	.915	.889	.864	.840	.816	.794	.772	.751
4	.961	.924	.888	.855	.823	.792	.763	.735	.708	.683
5	.951	.906	.863	.822	.784	.747	.713	.681	.650	.621
6	.942	.888	.837	.790	.746	.705	.666	.630	.596	.564
7	.933	.871	.813	.760	.711	.665	.623	.583	.547	.513
8	.923	.853	.789	.731	.677	.627	.582	.540	.502	.467
9	.914	.837	.766	.703	.645	.592	.544	.500	.460	.424
10	.905	.820	.744	.676	.614	.558	.508	.463	.422	.386
11	.896	.804	.722	.650	.585	.527	.475	.429	.388	.350
12	.887	.789	.701	.625	.557	.497	.444	.397	.356	.319
13	.879	.773	.681	.601	.530	.469	.415	.368	.326	.290
14	.870	.758	.661	.577	.505	.442	.388	.340	.299	.263
15	.861	.743	.642	.555	.481	.417	.362	.315	.275	.239
16	.853	.728	.623	.534	.458	.394	.339	.292	.252	.218
17	.844	.714	.605	.513	.436	.371	.317	.270	.231	.198
18	.836	.700	.587	.494	.416	.350	.296	.250	.212	.180
19	.828	.686	.570	.475	.396	.331	.277	.232	.194	.164
20	.820	.673	.554	.456	.377	.312	.258	.215	.178	.149
21	.811	.660	.538	.439	.359	.294	.242	.199	.164	.135
22	.803	.647	.522	.422	.342	.278	.226	.184	.150	.123
23	.795	.634	.507	.406	.326	.262	.211	.170	.138	.112
24	.788	.622	.492	.390	.310	.247	.197	.158	.126	.102
25	.780	.610	.478	.375	.295	.233	.184	.146	.116	.092
30	.742	.552	.412	.308	.231	.174	.131	.099	.075	.057
40	.672	.453	.307	.208	.142	.097	.067	.046	.032	.022
50	.608	.372	.228	.141	.087	.054	.034	.021	.013	.009

期數	11%	12%	13%	14%	15%	16%	17%	18%	19%	20%
1	.901	.893	.885	.877	.870	.862	.855	.847	.840	.833
2	.812	.797	.783	.769	.756	.743	.731	.718	.706	.694
3	.731	.712	.693	.675	.658	.641	.624	.609	.593	.579
4	.659	.636	.613	.592	.572	.552	.534	.516	.499	.482
5	.593	.567	.543	.519	.497	.476	.456	.437	.419	.402
6	.535	.507	.480	.456	.432	.410	.390	.370	.352	.335
7	.482	.452	.425	.400	.376	.354	.333	.314	.296	.279
8	.434	.404	.376	.351	.327	.305	.285	.266	.249	.233
9	.391	.361	.333	.308	.284	.263	.243	.225	.209	.194
10	.352	.322	.295	.270	.247	.227	.208	.191	.176	.162
11	.317	.287	.261	.237	.215	.195	.178	.162	.148	.135
12	.286	.257	.231	.208	.187	.168	.152	.137	.124	.112
13	.258	.229	.204	.182	.163	.145	.130	.116	.104	.093
14	.232	.205	.181	.160	.141	.125	.111	.099	.088	.078
15	.209	.183	.160	.140	.123	.108	.095	.084	.074	.065
16	.188	.163	.141	.123	.107	.093	.081	.071	.062	.054
17	.170	.146	.125	.108	.093	.080	.069	.060	.052	.045
18	.153	.130	.111	.095	.081	.069	.059	.051	.044	.038
19	.138	.116	.098	.083	.070	.060	.051	.043	.037	.031
20	.124	.104	.087	.073	.061	.051	.043	.037	.031	.026
21	.112	.093	.077	.064	.053	.044	.037	.031	.026	.022
22	.101	.083	.068	.056	.046	.038	.032	.026	.022	.018
23	.091	.074	.060	.049	.040	.033	.027 ·	.022	.018	.015
24	.082	.066	.053	.043	.035	.028	.023	.019	.015	.013
25	.074	.059	.047	.038	.030	.024	.020	.016	.013	.010
30	.044	.033	.026	.020	.015	.012	.009	.007	.005	.004
40	.015	.011	.008	.005	.004	.003	.002	.001	.001	.001
50	.005	.003	.002	.001	.001	.001	.000	.000	.000	.000

附錄3
年金終值因子表

期數	利率									
	1%	2%	3%	4%	5%	6%	7%	8%	9%	10%
1	1.000	1.000	1.000	1.000	1.000	1.000	1.000	1.000	1.000	1.000
2	2.010	2.020	2.030	2.040	2.050	2.060	2.070	2.080	2.090	2.100
3	3.030	3.060	3.091	3.122	3.152	3.184	3.215	3.246	3.278	3.310
4	4.060	4.122	4.184	4.246	4.310	4.375	4.440	4.506	4.573	4.641
5	5.101	5.204	5.309	5.416	5.526	5.637	5.751	5.867	5.985	6.105
6	6.152	6.308	6.468	6.633	6.802	6.975	7.153	7.336	7.523	7.716
7	7.214	7.434	7.662	7.898	8.142	8.394	8.654	8.923	9.220	9.487
8	8.286	8.583	8.892	9.214	9.549	9.897	10.260	10.637	11.028	11.436
9	9.368	9.755	10.159	10.583	11.027	11.491	11.978	12.488	13.021	13.579
10	10.462	10.950	11.464	12.006	12.578	13.181	13.816	14.487	15.193	15.937
11	11.567	12.169	12.808	13.486	14.207	14.972	15.784	16.645	17.560	18.531
12	12.682	13.412	14.192	15.026	15.917	16.870	17.888	18.977	20.141	21.384
13	13.809	14.680	15.618	16.627	17.713	18.882	20.141	21.495	22.953	24.523
14	14.947	15.974	17.086	18.292	19.598	21.015	22.550	24.215	26.019	27.975
15	16.097	17.293	18.599	20.023	21.578	23.276	25.129	27.152	29.361	31.772
16	17.258	18.639	20.157	21.824	23.657	25.672	27.888	30.324	33.003	35.949
17	18.430	20.012	21.761	23.697	25.840	28.213	30.840	33.750	36.973	40.544
18	19.614	21.412	23.414	25.645	28.132	30.905	33.999	37.450	41.301	45.599
19	20.811	22.840	25.117	27.671	30.539	33.760	37.379	41.446	46.018	51.158
20	22.019	24.297	26.870	29.778	33.066	36.785	40.995	45.762	51.159	57.274
21	23.239	25.783	28.676	31.969	35.719	39.992	44.865	50.422	56.764	64.002
22	24.471	27.299	30.536	34.248	38.505	43.392	49.005	55.456	62.872	71.402
23	25.716	28.845	32.452	36.618	41.430	46.995	53.435	60.893	69.531	79.542
24	26.973	30.421	34.426	39.082	44.501	50.815	58.176	66.764	76.789	88.496
25	28.243	32.030	36.459	41.645	47.726	54.864	63.248	73.105	84.699	98.346
30	34.784	40.567	47.575	56.084	66.438	79.057	94.459	113.282	136.305	164.491
40	48.885	60.401	75.400	95.024	120.797	154.758	199.630	295.052	337.872	442.580
50	64.461	84.577	112.794	152.664	209.341	290.325	406.516	573.756	815.051	1163.865

期數	11%	12%	13%	14%	15%	16%	17%	18%	19%	20%
1	1.000	1.000	1.000	1.000	1.000	1.000	1.000	1.000	1.000	1.000
2	2.110	2.120	2.130	2.140	2.150	2.160	2.170	2.180	2.190	2.200
3	3.342	3.374	3.407	3.440	3.472	3.506	3.539	3.572	3.606	3.640
4	4.710	4.779	4.850	4.921	4.993	5.066	5.141	5.215	5.291	5.368
5	6.228	6.353	6.480	6.610	6.742	6.877	7.014	7.154	7.297	7.442
6	7.913	8.115	8.323	8.535	8.754	8.977	9.207	9.442	9.683	9.930
7	9.783	10.089	10.405	10.730	11.067	11.414	11.772	12.141	12.523	12.916
8	11.859	12.300	12.757	13.323	13.727	14.240	14.773	15.327	15.902	16.499
9	14.164	14.776	15.416	16.085	16.786	17.518	18.285	19.086	19.923	20.799
10	16.722	17.549	18.420	19.337	20.304	21.321	22.393	23.521	24.709	25.959
11	19.561	20.655	21.814	23.044	24.349	25.733	27.200	28.755	30.403	32.150
12	22.713	24.133	25.650	27.271	29.001	30.850	32.824	34.931	37.180	39.580
13	26.211	28.029	29.984	32.088	34.352	36.786	39.404	42.218	45.244	48.496
14	30.095	32.392	34.882	37.581	40.504	43.672	47.102	50.818	54.841	59.196
15	34.405	37.280	40.417	43.842	47.580	51.659	56.109	60.965	66.260	72.035
16	39.190	42.753	46.671	50.980	55.717	60.925	66.648	72.938	79.850	87.442
17	44.500	48.883	53.738	59.117	65.075	71.673	78.978	87.067	96.021	105.930
18	50.396	55.749	61.724	68.393	75.836	84.140	93.404	103.739	115.265	128.116
19	56.939	63.439	70.748	78.968	88.211	98.603	110.283	123.412	138.165	154.739
20	64.202	72.052	80.946	91.024	102.443	115.379	130.031	146.626	165.417	186.687
21	72.264	81.698	92.468	104.767	118.809	134.840	153.136	174.019	197.846	225.024
22	81.213	92.502	105.489	120.434	137.630	157.414	180.169	206.342	236.436	271.028
23	91.147	104.602	120.203	138.295	159.274	183.600	211.798	244.483	282.359	326.234
24	102.173	118.154	136.829	158.656	184.166	213.976	248.803	289.490	337.007	392.480
25	114.412	133.333	155.616	181.867	212.790	249.212	292.099	342.598	402.038	471.976
30	199.018	241.330	293.192	356.778	434.738	530.306	647.423	790.932	966.698	1181.865
40	581.812	767.080	1013.667	1341.979	1779.048	2360.724	3134.412	4163.094	5529.711	7343.715
50	1668.723	2399.975	3459.344	4994.301	7217.488	10435.449	15088.805	21812.273	31514.492	45496.094

附錄4
年金現值因子表

期數	利率									
	1%	2%	3%	4%	5%	6%	7%	8%	9%	10%
1	.990	.980	.971	.962	.952	.943	.935	.926	.917	.909
2	1.970	1.942	1.913	1.886	1.859	1.833	1.808	1.783	1.759	1.736
3	2.941	2.884	2.829	2.775	2.723	2.673	2.624	2.577	2.531	2.487
4	3.902	3.808	3.717	3.630	3.546	3.465	3.387	3.312	3.240	3.170
5	4.853	4.713	4.580	4.452	4.329	4.212	4.100	3.993	3.890	3.791
6	5.795	5.601	5.417	5.242	5.076	4.917	4.767	4.623	4.486	4.355
7	6.728	6.472	6.230	6.002	5.786	5.582	5.389	5.206	5.033	4.868
8	7.652	7.326	7.020	6.733	6.463	6.210	5.971	5.747	5.535	5.335
9	8.566	8.162	7.786	7.435	7.108	6.802	6.515	6.247	5.995	5.759
10	9.471	8.983	8.530	8.111	7.722	7.360	7.024	6.710	6.418	6.145
11	10.368	9.787	9.253	8.760	8.306	7.887	7.449	7.139	6.805	6.495
12	11.255	10.575	9.954	9.385	8.863	8.384	7.943	7.536	7.161	6.814
13	12.134	11.348	10.635	9.986	9.394	8.853	8.358	7.904	7.487	7.103
14	13.004	12.106	11.296	10.563	9.899	9.295	8.746	8.244	7.786	7.367
15	13.865	12.849	11.938	11.118	10.380	9.712	9.108	8.560	8.061	7.606
16	14.718	13.578	12.561	11.652	10.838	10.106	9.447	8.851	8.313	7.824
17	15.562	14.292	13.166	12.166	11.274	10.477	9.763	9.122	8.544	8.022
18	16.398	14.992	13.754	12.659	11.690	10.828	10.059	9.372	8.756	8.201
19	17.226	15.679	14.324	13.134	12.085	11.158	10.336	9.604	8.950	8.365
20	18.046	16.352	14.878	13.590	12.462	11.470	10.594	9.818	9.129	8.514
21	18.857	17.011	15.415	14.029	12.821	11.764	10.836	10.017	9.292	8.649
22	19.661	17.658	15.937	14.451	13.163	12.042	11.061	10.201	9.442	8.772
23	20.456	18.292	16.444	14.857	13.489	12.303	11.272	10.371	9.580	8.883
24	21.244	18.914	16.936	15.247	13.799	12.550	11.469	10.529	9.707	8.985
25	22.023	19.524	17.413	15.622	14.094	12.783	11.654	10.675	9.823	9.077
30	25.808	22.397	19.601	17.292	15.373	13.765	12.409	11.258	10.274	9.427
40	32.835	27.356	23.115	19.793	17.159	15.046	13.332	11.925	10.757	9.779
50	39.197	31.424	25.730	21.482	18.256	15.672	13.801	12.234	10.962	9.915

期數	11%	12%	13%	14%	15%	16%	17%	18%	19%	20%
1	.901	.893	.885	.877	.870	.862	.855	.847	.840	.833
2	1.713	1.690	1.668	1.647	1.626	1.605	1.585	1.566	1.547	1.528
3	2.444	2.402	2.361	2.322	2.283	2.246	2.210	2.174	2.140	2.106
4	3.102	3.037	2.974	2.914	2.855	2.798	2.743	2.690	2.639	2.589
5	3.696	3.605	3.517	3.433	3.352	3.274	3.199	3.127	3.058	2.991
6	4.231	4.111	3.998	3.889	3.784	3.685	3.689	3.498	3.410	3.326
7	4.712	4.564	4.423	4.288	4.160	4.039	3.922	3.812	3.706	3.605
8	5.146	4.968	4.799	4.639	4.487	4.344	4.207	4.078	3.954	3.837
9	5.537	5.328	5.132	4.946	4.772	4.607	4.451	4.303	4.163	4.031
10	5.889	5.650	5.426	5.216	5.019	4.833	4.659	4.494	4.339	4.192
11	6.207	5.938	5.687	5.453	5.234	5.029	4.836	4.656	4.487	4.327
12	6.492	6.194	5.918	5.660	5.421	5.197	4.988	4.793	4.611	4.439
13	6.750	6.424	6.122	5.842	5.583	5.342	5.118	4.910	4.715	4.533
14	6.982	6.628	6.303	6.002	5.724	5.468	5.229	5.007	4.802	4.611
15	7.191	6.811	6.462	6.142	5.847	5.575	5.324	5.092	4.876	4.675
16	7.379	6.974	6.604	6.265	5.954	5.669	5.405	5.162	4.938	4.730
17	7.549	7.120	6.729	6.373	6.047	5.749	5.475	5.222	4.990	4.775
18	7.702	7.250	6.840	6.467	6.128	5.818	5.534	5.273	5.033	4.812
19	7.839	7.366	6.938	6.550	6.198	5.877	5.585	5.316	5.070	4.843
20	7.963	7.469	7.025	6.623	6.259	5.929	5.628	5.353	5.101	4.870
21	8.075	7.562	7.102	6.687	6.312	5.973	5.665	5.384	5.127	4.891
22	8.176	7.645	7.170	6.743	6.359	6.011	5.696	5.410	5.149	4.909
23	8.266	7.718	7.230	6.792	6.399	6.044	5.723	5.432	5.167	4.925
24	8.348	7.784	7.283	6.835	6.434	6.073	5.747	5.451	5.182	4.937
25	8.442	7.843	7.330	6.873	6.464	6.097	5.766	5.467	5.195	4.948
30	8.694	8.055	7.496	7.003	6.566	6.177	5.829	5.517	5.235	4.979
40	8.951	8.244	7.634	7.105	6.642	6.233	5.871	5.548	5.258	4.997
50	9.042	8.305	7.675	7.133	6.661	6.246	5.880	5.554	5.262	4.999

附錄5
貸款1,000元每月應攤還本利和金額

利率	貸款月數										
	6	12	18	24	30	36	48	60	72	84	96
4.00%	168.62	85.15	57.33	43.42	35.08	29.52	22.58	18.42	15.65	13.67	12.19
4.25%	168.74	85.26	57.44	43.54	35.19	29.64	22.69	18.53	15.76	13.78	12.31
4.50%	168.86	85.38	57.56	43.65	35.31	29.75	22.80	18.64	15.87	13.90	12.42
4.75%	168.98	85.49	57.67	43.76	35.42	29.86	22.92	18.76	15.99	14.02	12.54
5.00%	169.11	85.61	57.78	43.87	35.53	29.97	23.03	18.87	16.10	14.13	12.66
5.25%	169.23	85.72	57.89	43.98	35.64	30.08	23.14	18.99	16.22	14.25	12.78
5.50%	169.35	85.84	58.01	44.10	35.75	30.20	23.26	19.10	16.34	14.37	12.90
5.75%	169.47	85.95	58.12	44.21	35.87	30.31	23.37	19.22	16.46	14.49	13.02
6.00%	169.60	86.07	58.23	44.32	35.98	30.42	23.49	19.33	16.57	14.61	13.14
6.25%	169.72	86.18	58.34	44.43	36.09	30.54	23.60	19.45	16.69	14.73	13.26
6.50%	169.84	86.30	58.46	44.55	36.20	30.65	23.71	19.57	16.81	14.85	13.39
6.75%	169.96	86.41	58.57	44.66	36.32	30.76	23.83	19.68	16.93	14.97	13.51
7.00%	170.09	86.53	58.68	44.77	36.43	30.88	23.95	19.80	17.05	15.09	13.63
7.25%	170.21	86.64	58.80	44.89	36.55	30.99	24.06	19.92	17.17	15.22	13.76
7.50%	170.33	86.76	58.91	45.00	36.66	31.11	24.18	20.04	17.29	15.34	13.88
7.75%	170.45	86.87	59.03	45.11	36.77	31.22	24.30	20.16	17.41	15.46	14.01
8.00%	170.58	86.99	59.14	45.23	36.89	31.34	24.41	20.28	17.53	15.59	14.14
8.25%	170.70	87.10	59.25	45.34	37.00	31.45	24.53	20.40	17.66	15.71	14.26
8.50%	170.82	87.22	59.37	45.46	37.12	31.57	24.65	20.52	17.78	15.84	14.39
8.75%	170.95	87.34	59.48	45.57	37.23	31.68	24.77	20.64	17.90	15.96	14.52
9.00%	171.07	87.45	59.60	45.68	37.35	31.80	24.89	20.76	18.03	16.09	14.65
9.25%	171.19	87.57	59.71	45.80	37.46	31.92	25.00	20.88	18.15	16.22	14.78
9.50%	171.32	87.68	59.83	45.91	37.58	32.03	25.12	21.00	18.27	16.34	14.91
9.75%	171.44	87.80	59.94	46.03	37.70	32.15	25.24	21.12	18.40	16.47	15.04
10.00%	171.56	87.92	60.06	46.14	37.81	32.27	25.36	21.25	18.53	16.60	15.17
10.25%	171.68	88.03	60.17	46.26	37.93	32.38	25.48	21.37	18.65	16.73	15.31
10.50%	171.81	88.15	60.29	46.38	38.04	32.50	25.60	21.49	18.78	16.86	15.44
10.75%	171.93	88.27	60.40	46.49	38.16	32.62	25.72	21.62	18.91	16.99	15.57
11.00%	172.05	88.38	60.52	46.61	38.28	32.74	25.85	21.74	19.03	17.12	15.71
11.25%	172.18	88.50	60.63	46.72	38.40	32.86	25.97	21.87	19.16	17.25	15.84
11.50%	172.30	88.62	60.75	46.84	38.51	32.98	26.09	21.99	19.29	17.39	15.98

11.75%	172.42	88.73	60.87	46.96	38.63	33.10	26.21	22.12	19.42	17.52	16.12
12.00%	172.55	88.85	60.98	47.07	38.75	33.21	26.33	22.24	19.55	17.65	16.25
12.25%	172.67	88.97	61.10	47.19	38.87	33.33	26.46	22.37	19.68	17.79	16.39
12.50%	172.80	89.08	61.21	47.31	38.98	33.45	26.58	22.50	19.81	17.92	16.53
12.75%	172.92	89.20	61.33	47.42	39.10	33.57	26.70	22.63	19.94	18.06	16.67
13.00%	173.04	89.32	61.45	47.54	39.22	33.69	26.83	22.75	20.07	18.19	16.81
13.25%	173.17	89.43	61.56	47.66	39.34	33.81	26.95	22.88	20.21	18.33	16.95
13.50%	173.29	89.55	61.68	47.78	39.46	33.94	27.08	23.01	20.34	18.46	17.09
13.75%	173.41	89.67	61.80	47.89	39.58	34.06	27.20	23.14	20.47	18.60	17.23
14.00%	173.54	89.79	61.92	48.01	39.70	34.18	27.33	23.27	20.61	18.74	17.37
14.25%	173.66	89.90	62.03	48.13	39.82	34.30	27.45	23.40	20.74	18.88	17.51
14.50%	173.79	90.02	62.15	48.25	39.94	34.42	27.58	23.53	20.87	19.02	17.66

參考資料

1. Garman Thomas E., Forgue Raymond, E., *Personal Finance*, Houghton Mifflin, 1994.

2. Keown J. Arthur, *Personal Finance*, 2nd Ed., Prentice Hall, 2000.

3. Sharpe William F., Alexander Gordon J., *Investments*, 4th Ed., Prentice Hall, 1998.

4. 廖宜隆，《投資學》，全威，2005。

5. 王台貝，《理財精算活用手冊》，金錢文化，1994。

問答題解答

Ch1

1. 五個目標：
    A. 精神上的滿足與物質上的享受
    B. 讓金錢成為朋友
    C. 從事公益幫助別人
    D. 改善生活方式
    E. 運用財富達成人生目標

2. 五種心理需求：
    A. 生理需求
    B. 安全需求
    C. 被愛與歸屬感
    D. 自尊心和受尊重的需求
    E. 自我實現需求

3. 透過合法節稅的方法，將遺產稅降到最低。

4. 三個階段：
    A. 財富累積階段
    B. 準備退休階段
    C. 退休階段

5. 五項重點：
    A. 購買人身保險確保資金安全
    B. 強迫儲蓄投資
    C. 結婚準備
    D. 貸款購屋規劃
    E. 遺產租稅規劃

6. 三項重點：

    A. 合法遺產稅規避

    B. 將各項資金轉變成流動資金，例如：現金

    C. 看護和醫療規劃

7. 經濟景氣循環三個階段

    A. 擴張期

    B. 衰退期

    C. 復甦期

8. 通貨膨脹將造成未來貨幣實質購買力降低，減少理財規劃效果，例如：將來身故保險理賠的金額實質購買力下降。

9. 經濟景氣循環對應燈號呈現藍燈。

10. 每期需償還的房屋貸款利息費用大幅增加，房屋貸款償還本金金額不變。

11. 降低交易成本（手續費）來提升投資報酬率。

12. 商品供給大於需求，造成商品價格下跌；商品供給小於需求，造成商品價格上漲。投資理財不要逆勢而為，跟著市場趨勢走。

Ch2

1. 四項因素：

    A. 教育背景

    B. 地理環境因素

    C. 性別

    D. 婚姻狀況

2. 一般來說，學歷愈高，就業初任薪資愈高，工作職位愈高。

3. 大部分就業機會存在於都會區。

4. 女性受到養兒育女、家事工作、職場工作和兼顧婚姻等因素影響。

5. 三種因素：

    A. 價值觀

    B. 工作態度

C. 工作性向

6. 四種因素行銷組合：

A. 價格──個人要求的薪資水準

B. 促銷──吸引雇主給予面試機會和僱用

C. 商品──個人本職學能

D. 通路──透過各種管道找到就業機會

Ch3

1. 資產＝負債＋業主權益

2. 收入和費用

3. 1,000,000元－個人綜合所得稅－680,000元＝150,000元

　　個人綜合所得稅＝170,000元

4. A. 基本流動比率：$2,000,000 \div 625,000 = 3.2$

B. 每月生活費保障比率：$2,000,000 \div (625,000 \div 12月) = 38.4$

C. 負債比率：$20,100,000 \div 6,705,000 = 2.99$

D. 收入負債比率：$500,000 \div 3,280,000 = 0.15$

E. 淨值投資比率：$(7,000,000 + 500,000) \div 13,395,000 = 0.559$

F. 儲蓄率：$1,358,000 \div 2,778,000 = 0.488$

5. 略，請參閱課本範例題。

Ch4

1. a. $1,000 \times 1.276 = 1,276$

b. $1,000 \times 1.210 = 1,210$

c. $1,000 \times 1.216 = 1,216$

2. a. $1,000 \times 0.792 = 792$

b. $1,000 \times 0.797 = 797$

c. $1,000 \times 0.823 = 823$

3. $1,000,000 = X \times 1.464$

　　$X = 683,060$

4. $100,000 \times 20.304 = 2,030,400$

5. 月提領退休金現值：

   $200,000 \times 12.462 = 2,492,400$元

   月提領退休金現值2,492,400元，小於一次提領3,000,000元，因此要選擇一次提領退休金。

6. $3,000,000 = FV \times 90.81$

   $FV = 33,036$元

7. 臺灣銀行：$1,000,000 \times (1 + 0.025) = 1,025,000$元

   台新銀行：$1,000,000 \times \left(1 + \dfrac{0.024}{2}\right)^2 = 1,024,144$元

   應選擇將1,000,000元存在臺灣銀行。

Ch5

1. 可分為A.有存款業務機構和B.非存款業務機構二種。

2. 分支機構多，存提款方便。

3. 信用合作社／農漁會信用部存放款業務開辦對象，僅限具有會員身分者。

   一般商業銀行接受一般民眾辦理存放款業務。

4. A. 證券經紀商

   B. 投資銀行

   C. 投資信託公司

   D. 票券金融公司

5. 接受投資人委託募集共同基金，代替客戶進行投資事宜。

6. A. 活期儲蓄存款

   B. 定期存款

   C. 支票存款

   D. 外幣存款

   E. 商業本票

   F. 國庫券

   G. 貨幣市場基金

7. 定期存款有固定投資期限，銀行可運用此筆資金在一定期限進行放款，賺取放款利息收入。

8. A. 本金利息收入

   B. 匯兌（匯率差價）收入

9. 附條件交易方式（附買回／附賣回）

10. A. 投資報酬率大於同期間的定期存款

    B. 資金週轉方便

    C. 資金安全性高

11. A. 投資報酬率高於同期間的定期存款

    B. 投資商品種類多

    C. 資金週轉方便

12. A. 利率水準高低

    B. 個人租稅負擔大小

    C. 資金週轉方便性高低

13. A. 60天期：$\left(1+\dfrac{0.0211}{4}\right)^4 - 1 = 2.126\%$

    B. 180天期：$\left(1+\dfrac{0.0212}{2}\right)^2 - 1 = 2.131\%$

14. A. 存票存款

    B. 活期存款

    C. 定期存款

    D. 法律要求之特定金融機構轉存款

    E. 接受存款金融機構之同業存款

Ch6

1. 信用卡和現金卡

2. A. 消費保護和收據保存

   B. 取得立即信用額度和支付緊急支出

   C. 取得銀行免費的信用額度和各項預約訂位服務

3. A. 以入帳日起計利息

　　B. 以結帳日起計利息

　　C. 以繳款截止日起計利息

　　*以入帳日起計利息方式，利息費用最高。

4. 假設信用卡循環利率20%

　　A. 入帳日起計利息

　　　(1) 20,000×30天×20%÷365天 = 329元

　　　(2) 10,000×24天×20%÷365天 = 132元

　　　　　　　　　　　　　　　　　 461元

　　B. 結帳日起計利息

　　　(1) 20,000×7天×20%÷365天 = 77元

　　　(2) 10,000×24天×20%÷365天 = 132元

　　　　　　　　　　　　　　　　　 209元

　　C. 繳款日起計利息

　　　10,000×24天×20%÷365天 = 132元

5. A. 年費費用

　　B. 延遲滯納金

　　C. 預借現金的手續費

　　D. 國外外帶消費附加外幣兌換費用

　　E. 循環信用利息費用

6. 現金卡利息費用是按月計算。

7. A. 現金提領手續費按次計算

　　B. 利息費用按日計算

8. A. 人格特質優劣

　　B. 資本多少

　　C. 還款能力高低

　　D. 抵押品多寡

　　E. 經濟景氣循環

9. A. 降低循環信用餘額

　　B. 控管刷卡消費項目

　　C. 卡債協商

Ch7

1. 抵押貸款利率水準比無抵押貸款利率水準低。

2. 需請申辦貸款者，購買消費貸款信用保險。

3. A. 基準利率

   B. 各銀行加碼利率

4. A. $3\% + 2.5\% = 5.5\%$

   B. $5.5\% + 3\% = 8.5\%$

5. 以總費用年百分率來表示。

6. $10,000 = R \times 100,000 \times 1$

   $R = 10\%$

7. $\dfrac{1 \times (95 \times 3 + 9) \times 4,000}{12 \times 3 \times (3 + 1)(4 \times 100,000 + 4,000)}$

   $= \dfrac{1,176,000}{144 \times 404,000}$

   $= 2.02\%$

   總費用率：$10.00\% + 2.02\% = 12.02\%$

8. $\dfrac{1 \times (95 \times 3 + 9) \times 4,000}{12 \times 3(3 + 1) \times (4 \times 90,000 + 4,000)}$

   $= \dfrac{1,176,000}{144 \times 364,000}$

   $= 2.24\%$

   $(10,000 \div 90,000) + 2.24\%$

   $= 11.11\% + 2.24\%$

   $= 13.35\%$

9. A. 壽險保險公司

   B. 商業銀行和信用合作社

   C. 金融融資公司

   以金融融資公司利率水準最高 / 壽險保險公司利率水準最低

10. A. 可支配所得償債比率法

    B. 淨值負債比率法

11. A. 採用機動利率貸款

B. 縮短貸款期限

C. 提高頭期款金額

Ch8

1. 需求vs.慾望的選擇

2. 購買商品延長保固保險

3. 強制險和任意險

4. A. 住宅火災及地震基本保險

   B. 住宅火災及地震基本保險附加險

   C. 住家綜合保險

5. A. 燃料費

   B. 牌照費

   C. 保險費

   D. 日常維修費

6. 20%

7. A. 純租賃

   B. 租購

   純租賃到期時，承租人不將租賃車購入。

   租購到期時，承租人可選擇租賃車購入或歸還。

8. A. 透天住宅

   B. 公寓住宅

   C. 大樓集合式住宅

   D. 大樓套房式住宅

9. 請參照表8-10

10. A. 年收入概算法

    B. 目標精準法

11. 30%

12. 請參照表8-13

Ch9

1. 大數法則，人身意外死亡或年老病故，在母體龐大的情況下，有一定的規律法則。一般來說，幼童和老年人的生病、死亡機率比較高，意外死亡機率非常低。

2. 要保人代表有購買保險意願，並且出錢支付保險費之人。

   被保險人代表在保單中被保險的標的物。

   保險受益人代表一旦被保險人出險，保險給付保險理賠金額的法定對象。

3. 雙薪家庭中賺取家庭收入的父母親二人，因為這二人賺錢養家，一旦這二人受傷或死亡，家中收入便大幅減少，家中生計無以為繼。

4. 年長者和幼童病故的機率比青壯人來得高，故其保費偏高。

5. A. 定期壽險

   B. 終身壽險

   C. 生死合險

6. 請參照表9-3

7. A. 要保者只要在保險繳費期限內繳完保費，則被保險人即可獲得終身之保障。

   B. 請參照表9-6

8. A. 生死合險表示在保險期間被保險人沒有病故，也可定期領回保險理賠，一旦身故也可領回理賠金。

   B. 結合終身壽險和養老儲蓄險。

9. 實支實付型和定額給付型。

10. A. 被保險人在投保期間非因疾病而引起之突發意外傷害、殘廢或人身死亡。

   B. 非自願性因素、偶發性質因素、突發事故因素和行業考慮因素。

11. A. 盈餘乘數法

   B. 需求預估法

   C. 三七法則預估法

12. $600,000 \times (1 - 0.25) \times 10.38$

   $= 4,671,000$ 元

13. A. 未來家庭生活需求

   B. 被保險人喪葬費用需求

   C. 清償各項動產和不動產貸款費用

   D. 子女未來教育需求費用

   E. 配偶退休金需求

   F. 財產移轉租稅需求

14. 保險金額為年薪的7倍，保險費用為月薪的三分之一。

15. 兩者皆面臨年度保費金額過高、保障偏低的問題。

Ch10

1. 投資股票沒有投資到期日的問題，大樂透投機有投機到期日的限制。請參照表10-1

2. 投機在時間層面上的限制較多，投機期限到期，不管有沒有獲利，都必須認賠殺出或獲利了結。

3. A. 實質利率　B. 預期通貨膨脹率　C. 違約風險報酬　D. 到期風險報酬　E. 變現性風險報酬

4. $\left[\dfrac{40 \times 2,000 + 1 \times 2,000}{30 \times 2,000}\right]^{\frac{1}{0.75}} \times 100\% - 1$

   $= \left[\dfrac{82,000}{60,000}\right]^{\frac{1}{0.75}} \times 100\% - 1$

   $= 136.4\% - 1$

   $= 36.4\%$

5. A. 算術平均法

   $(-10\% + 15\% + 5\% + 2\%) \div 4$

   $= 3\%$

   B. 幾何平均法

   $[(1 - 10\%) \times (1 + 15\%) \times (1 + 5\%) \times (1 + 2\%)^{1/4} - 1$

   $= 2.60\%$

6. $\sigma^2 = [(0.026 - (-0.1))^2 + (0.026 - 0.15)^2 + (0.026 - 0.05)^2 +$

 $(0.026 - 0.02)^2] \div 4$

 $\sigma^2 = (0.0158 + 0.0153 + 0.0005 + 0.000036) \div 4$

 $= 0.007909$

 $\sigma = 0.0889$

7. 請參照圖10-7

8. 公司風險代表公司或產業特色所形成之特殊風險。公司風險可透過其分散風險方式，將公司風險降到最低。

9. $300,000 + 500,000 + 200,000 = 1,000,000$

 $$\left[\frac{300,000}{1,000,000} \times 0.05 + \frac{500,000}{1,000,000} \times 0.1 + \frac{200,000}{1,000,000} \times 0.03 \right]$$

 $= 0.015 + 0.05 + 0.006$

 $= 0.071$

 $= 7.1\%$

10. A. 弱勢市場　B. 半強勢市場　C. 強勢市場

 說明請參照第10章第10.4節效率市場說明。

Ch11

1. A. 初級市場　B. 次級市場

2. A. 集中市場　B. 店頭市場

3. A. 1,000股／張　B. 最高漲幅+7.0%；最低跌幅-7.0%

4. 市價委託和限價委託二種

5. A. 融資買入　B. 融券賣出

6. A. 公司債和公債　B. 店頭市場交易方式

7. 附條件交易方式

8. A. 商業本票　B. 銀行承兌匯票　C. 銀行可轉讓定期存單　D. 國庫券

9. A. 投資信託公司向投資人募集資金，成立共同基金，代替投資人投資金融商品獲利。B. 國內基金和海外基金。

10. 依照投資人的生命週期和所得收入情況，在不同生命時期，投資不同的風險和報酬的金融商品。

11. A. 買賣手續費　B. 年度保管費　C. 操作績效費

12. A. 直接投資：股票、共同基金。

　　B. 間接投資：公債和公司債、商業本票、政府公債。

Ch12

1. 以委託書方式委託他人出席股東大會。

2. A. 出席股東大會投票權　B. 年度盈餘分配權　C. 剩餘資金分配權

3. A. 現金股利　B. 股票股利

4. $(80 - 5) = 75$元

5. $(80 - 5) \div (1 + 1 \div 10)$

　　$= 75 \div 1.1$

　　$= 68.18$元

6. A. 績優股　B. 成長股　C. 收益股　D. 景氣循環股

7. 每年可能收到固定金額的股利或特定的盈餘分配權。

8. A. 封閉型基金　B. 不動產證券化基金　C. 指數股票型基金

9. $90 \div 4 = 22.5$

　　且本益比22.5為適當

10. $x \div 15 = 3.0$　大大公司股價淨值比太高

　　$x = 45$元

11. $3 \div 80 = 3.75\%$

12. $2 \div (1 + 0.08)^1 + 2.5 \div (1 + 0.08)^2 + 2.5 \div (1 + 0.08)^3 + 3 \div (1 + 0.08)^4 + 3 \div (1 + 0.08)^5$

　　$= 1.85 + 2.14 + 1.98 + 2.20 + 2.04$

　　$= 10.21$元

13. 股價收紅

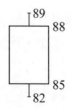

14. 大中公司股價處於超買狀況，空手的投資人可以融券賣出投機獲利。

15. 大中公司股價處於超賣狀況，持有現金的投資人可以融資買進投機獲利。

Ch13

1. 請參照表13-1。

2. 面額代表債券到期時，投資人所能收到的金額。

   票面利率代表債券在每期需支付給債券投資人的利率水準。

   到期日代表債券到期日，在本日債券發行人需支付債券投資人債券面額的金額。

3. $1,000,000 \times 6\% \div 2 = 30,000$

   $10\% \div 2 = 5\%$

   $30,000 \div (1 + 0.05)^1 + 30,000 \div (1 + 0.05)^2 + 30,000 \div (1 + 0.05)^3 + 30,000 \div (1 + 0.05)^4 + 30,000 \div (1 + 0.05)^5 + 30,000 \div (1 + 0.05)^6 + 10,000 \div (1 + 0.05)^6$

   $= 28,571 + 27,210 + 25,915 + 24,681 + 23,505 + 22,386 + 746,215$

   $= 898,483$（折價出售）

4. 投資級票面利率低，投機級票面利率高。

5. A. 當期收益率法　　B. 殖利率法

6. 殖利率：$6\% \div 2 = 3\%$

   $$98.50 = \frac{100 \times 3\%}{(1+YTM)^1} + \frac{100 \times 3\%}{(1+YTM)^2} + \frac{100 \times 3\%}{(1+YTM)^3} + \frac{100 \times 3\%}{(1+YTM)^4} + \frac{100 \times 3\%}{(1+YTM)^4}$$

   $YTM = 3.5\%$

   當期收益率：$\dfrac{100 \times 10\%}{98.50} = 10.1\%$

7. A. 買賣斷交易　　B. 附條件交易

8. 買賣斷交易表示投資人買入債券後，即持有至債券到期日後，投資人收回利息收入和本金。

9. A. 附條件交易表示投資人買入／賣出債券後，承諾對方投資人在一定期間內，賣出／買進該債券的有條件式交易。

   B. 附買回交易和附賣回交易二種。

11. 投資債券型共同基金。

Ch14

1.　優點：

A. 以低成本有效降低投資風險。

B. 變現流動性高，資金週轉容易。

C. 專業投資管理，注重投資績效表現。

缺點：

A. 大部分基金投資績效，低於市場指標報酬率。

B. 交易成本高。

C. 疊床架屋的投資結構，降低投資風險有限。

2.　A. 買賣手續費　B. 基金管理費　C. 操作績效獎金　D. 短期交易手續費

E. 信託管理費

3.　A. 證券投資信託公司和基金名稱

B. 基金類型和風險等級

C. 基金規模

D. 基金經理人

E. 指標指數

F. 交易成本

4.　從最高風險的PR5到最低風險的PR1，共分為5級。

5.　A. 基金現金股利　B. 基金資本分配利得　C. 基金期初期末價差

6.　A. 規模在50億元以上的基金

B. 基金報酬率在同類型基金報酬率排名的前四分之一

C. 3年投資報酬率績效，不輸給指標指數報酬率

D. 投資的共同基金數目不超過2支

E. 每1年定期檢視前面A.、B.、C.三條件是否符合

7.　共同基金投資報酬率應和其相對應的指標指數報酬率為比較標準，才能知道其投資報酬率是高或低。

Ch15

1. 地點、地點、地點等三因素

2. 請參照表15-1

3. 請參照表15-1

4. A. 毛收益乘數法　B. 收益率法　C. 現金流量折現法

5. $3,000,000 \div (15,000 \times 12) = 16.66\%$

   16.66%大於銀行1年期定期存款利率8%，因此大明可以投資該房地產。

6. $15,000 \times 12 \times 5 = 900,000$

   該房地產合理價格為900,000元

7. $(10,000 - 1,000) \times 12 \div 2,000,000$

   $= 5.40\%$

8. 股票投資報酬率10%大於房地產投資報酬率5.40%，大東不應投資該房地產。

9. $\dfrac{20,000}{(1.08)^1} + \dfrac{22,000}{(1.08)^2} + \dfrac{25,000}{(1.08)^3} + \dfrac{5,000,000}{(1.08)^4}$

   $= 18,518 + 18,861 + 19,845 + 3,675,149$

   $= 3,732,373$

   投資該房地產的淨現金收入3,732,373元，小於該房地產出價4,000,000元，林中不應買下該房地產。

10. 投資不動產證券化金融商品。

Ch16

1. 確定給付制和確定提撥制

2. 請參照表16-1

3. 請參照表16-2

4. 員工自我提撥退休金可以免列入個人綜合所得稅年度收入計算，可享有租稅優惠。

5. A. 勞保老年給付　B. 勞工退休金

6. 請參照第16章第16.3節。

7. $80,000 \times 60\% = 48,000$元

8. $400,000 \times 15.375 = 6,150,000$

   $6,150,000 \div 45.76 = 134,397$

   每年需提撥134,397元到退休帳戶中。

Ch17

1. A. 配偶　B. 直系卑親屬　C. 父母　D. 兄弟姊妹　E. 祖父母

2. A. 限定繼承　B. 拋棄繼承　C. 概括繼承

3. 未成年子女和禁治產的繼承人。

4. 遺產稅在遺產人死亡時才課徵。贈與稅在贈與人生前贈與時即課徵。

5. 請參照表17-3，遺產稅率為10%。

6. 父母親每人每年有1,100,000元額度。

7. 100萬元。

8. A. 事先轉移　B. 壓縮財產　C. 遞延繳稅　D. 分時贈與

9. 以躉售保單的方式，同時要保人和受益人為同一人。

10. A. 自書遺囑　B. 公證遺囑　C. 密封遺囑　D. 代筆遺囑　E. 口授遺囑
    公證遺囑法律效力最強。

11. 應繼分：按照《民法》第1144條規定，擁有遺產繼承權的權利人，受法
    律所保護的應有財產繼承權百分比。

    特留分：當財產繼承權人的應繼分權利被遺產繼承人的遺囑所剝奪時，
    財產繼承權人可主張的二分之一應繼分財產繼承權。

國家圖書館出版品預行編目資料

生涯理財規劃／廖宜隆著. -- 四版. -- 臺北
市：五南，2019.09
　　面；　公分
　　ISBN 978-957-763-471-9（平裝）

1.理財　2.生涯規劃

563　　　　　　　　　　108009614

1FR8

生涯理財規劃

作　　者 ─ 廖宜隆

發 行 人 ─ 楊榮川

總 經 理 ─ 楊士清

總 編 輯 ─ 楊秀麗

主　　編 ─ 侯家嵐

責任編輯 ─ 李貞錚

文字校對 ─ 陳俐君、石曉蓉

封面設計 ─ 盧盈良、王麗娟

出 版 者 ─ 五南圖書出版股份有限公司

地　　址：106台北市大安區和平東路二段339號4樓

電　　話：(02)2705-5066　　傳　真：(02)2706-6100

網　　址：http://www.wunan.com.tw

電子郵件：wunan@wunan.com.tw

劃撥帳號：01068953

戶　　名：五南圖書出版股份有限公司

法律顧問　林勝安律師事務所　林勝安律師

出版日期　2010年10月初版一刷
　　　　　2012年 9 月二版一刷
　　　　　2014年 9 月三版一刷
　　　　　2017年 3 月三版二刷
　　　　　2019年 9 月四版一刷

定　　價　新臺幣520元